Helga Wingert

SPUREN IN DIE VERGANGENHEIT

Eine Rekonstruktion
des Alltags
von der Steinzeit
bis zum Mittelalter

UMSCHAU

Die Deutsche Bibliothek – CIP-Einheitsaufnahme

Wingert, Helga:
Spuren in die Vergangenheit : eine Rekonstruktion des Alltags von der Steinzeit bis zum Mittelalter / Helga Wingert.–
Frankfurt am Main : Umschau-Buchverl., 1994
ISBN 3-524-69106-4

Lektorat: Martina Seith, Offenbach
Umschlaggestaltung: Kurt Bitsch, Birkenau
Buchgestaltung: Konrad Peter Zug, Birkenau
Produktion: Karin Kern
Gesamtherstellung: Druckerei und Verlag Bitsch GmbH, Birkenau

ISBN 3-524-69106-4

Inhalt

1. Teil: Vom Gejagten zum Jäger

2. Teil: Gestalt und Gestaltung

3. Teil: Der Mensch entdeckt Himmel und Erde

4. Teil: Kaufleute und Missionare

5. Teil: Stadtluft macht frei

Anhang

Vorwort

Da, wo ich aufgewachsen bin, im Harzvorland, zwischen Elm und Asse, war die Vergangenheit lebendig. Sagen und Märchen, die Großeltern erzählten, wenn Dämmerung übers Land sank, drehten sich um Irrlichter und Werwölfe, Riesen und Unterirdische, Huckauf und Gluhschwanz. An Teichen lauerte Hakemann, der ungehorsame Kinder ins Wasser zog, bei Gewitter durfte man nicht essen, und wenn jemand starb, wurden die Fenster geöffnet, damit der Seelenvogel hinausflattern konnte.

Der Schäfer vom Gutshof war ein Spökenkieker, die Nachbarsfrau besprach Krankheiten und ließ Warzen verschwinden. Dazu murmelte sie Zeilen aus den Merseburger Zaubersprüchen: Bein zu Bein, Glied zu Glied, als sein'n sie geleimt...

In den Wäldern lagen einsame Gasthäuser an alten Wegen, und der Wirt zur „Schunterquelle“, wo abends Gaslampen die Stuben beleuchteten, hatte eine Sammlung von steinernen Äxten, Beilen, Hacken und Spinnwirteln zusammengetragen. Dort hörte ich zum ersten mal, daß das Land nicht immer Bauernland gewesen ist, daß lange vor unseren Nachbarn, die auf den fetten Lößboden Getreide und Zuckerrüben anbauten, fremde Siedler Wälder rodeten, Äcker bestellten und Schafe und Ziegen mitbrachten. Ihre Hinterlassenschaften gaben die Felder beim Pflügen frei.

Ich bin mit Überlieferungen aufgewachsen, die Tausende von Jahren von einer Generation an die andere weitergereicht wurden, in den Vorstellungen und im Alltag von Menschen, die Felder bestellten und Tiere hielten. Noch heute denke ich, wenn es schneit, an Frau Hulda, die Regen und Fruchtbarkeit spendet, und die in der Gestalt der Roggenmuhme die alte Erdgöttin verkörperte.

Später, in der Schule, erfuhr ich, daß die großen Steingräber, über die sich zum Teil noch Hügel türmten, nicht von Riesen, sondern von Menschen errichtet wurden, von Menschen, die den Lauf der Gestirne beobachteten. Unterm Glockenturm der Kirche von Schöppenstedt, die die Missionare St. Georg, dem Drachentöter, weihten, verbirgt sich ein Kalksteinblock aus heidnischer, sächsischer Zeit. Er trägt ein Relief – steingewordene Erinnerung an ein Ereignis, das die megalithischen Astronomen beobachteten: einen Wechsel am Sternenhimmel direkt überm Nordpol, wo das Firmament um einen unsichtbaren Punkt zu kreisen scheint. Erinnerung an jene Zeit, als das Sternbild des Großen Bären das Sternbild des Drachen ablöste, als der Stern *Polaris* anstelle von zwei Sternen des *Draco* zum Nordstern wurde.

In diese fernen Zeiten und darüber hinaus reichen Vorstellungen und Rituale zurück, die zu Spielen geworden sind. Das Mühlebrett und der *Huckekasten*, auch *Himmel und Hölle* genannt, finden sich auf Felsritzungen in Frankreich und im Alpenraum. Reigentänze und Labyrinthe erinnern an Prozessionen bei Steinkreisen und in steinernen Alleen, wie sie in der Bretagne erhalten sind.

In den Geschichtsbüchern, seien sie von höfischen Chronisten oder von Kirchenmännern verfaßt, geht es um Macht, und die Beschreibungen entsprechen nicht immer den Tatsachen. Mich haben von Anfang an die Menschen interessiert, die hinter den materiellen Dingen stehen, die die Erde freigibt, Menschen, die oft nur als Schattenspuren in Gräbern überdauert haben. Meiner Suche nach den Spuren in die Vergangenheit habe ich geographische Grenzen gesetzt, die ich an mancher Stelle bewußt überschreite. Die Ursprünge unserer Landwirtschaft führen ins Zagrosgebirge und ins Zweistromland zwischen Euphrat und Tigris. Die bäuerliche Religion, in deren Mittelpunkt die Erdgöttin stand, wird zum erstenmal in Anatolien greifbar.

Im großen und ganzen ging es mir jedoch darum, wie die Menschen in unserem Lande mit den klimatischen und geographischen Bedingungen fertig wurden, wie aus Gejagten Jäger, aus Jägern Bauern wurden, die bis heute für unsere Ernährung sorgen.

Immer wieder kommen in diesem Buch Anthropologen und Archäologen zu Wort, denn sie liefern die Fakten, die Wegezeichen, wenn man so will, die diese Spuren in die Vergangenheit flankieren. Die Suche endet dort, wo Historiker auf den Plan treten, wo eine Fülle schriftlicher Dokumente über geschichtliche Zusammenhänge und Ereignisse Auskunft gibt. Das ist im Süden unseres Landes mit der Ankunft der römischen Legionen der Fall, jenseits des Limes mit dem Aufstieg Lübecks als Tor zur Ostsee.

Helga Wingert
Schlichting, im Mai 1994

Einleitung

Im Geißenklösterle

Hält mich die Wurzel, hält sie mich nicht? Schweißgebadet fasse ich Fuß in der flachen Mulde am Hang neben einem Birkenstrauch. Unter mir das Tal der Ach, über mir eine Felsformation, die an die Ruine einer Kathedrale erinnert. Das Geißenklösterle bei Blaubeuren.

Die ersten Kunstwerke: elfenbeinerne Figuren aus dem Geißenklösterle. Links eine Menschengestalt mit erhobenen Armen, in der Mitte ein Bison, rechts die Vollplastik eines aufgerichteten Bären, darüber ein Mammut, bei dem bestimmte Körperregionen durch Kerben markiert sind.

Als erstes habe ich den Bauwagen entdeckt. Wo solche Unterkünfte verloren in der Landschaft stehen, sind Archäologen meist nicht weit. Gleich hinter der Brücke, die über das glasklare Flüßchen führt, und wo Forellen stehen, ist eine junge Frau bei der Arbeit. Sie schüttet einen Eimer voll Erde in ein Sieb und spült Wasser darüber. Alles, was größer ist als ein Millimeter, bleibt in den engen Maschen hängen, egal, ob Mäusezahn, Fischgräte, Knochensplitter, Obstkern oder Perle.

Mein Blick schweift hinüber zur anderen Talseite. Dort liegt die Brillenhöhle, leicht zu erkennen an den beiden kreisrunden Löchern in der Kalksteindecke, die ihr den Namen gaben. Es hilft nichts, ich muß hoch. Meine Achtung vor den Eiszeitjägern wächst. Die haben sogar den Schädel eines jungen Mammuts hinaufgeschleppt, zwei Zentner schwer. Damals waren es noch siebzig Meter hinauf bis zur Höhle. Die zehn Meter starke Flußschotterschicht stammt erst vom Ende der letzten Kaltzeit. Daß es einen bequemeren, wenn auch längeren Weg nach oben gibt, erfahre ich erst später.

Über mir blubbert ein Benzinmotor. Auf allen Vieren krieche ich dem Lärm und Gestank entgegen und lande vor dem kahlen Felsen. Bloß nicht nach unten sehen! Zwischen Farnkräutern schlängelt sich ein Elektrokabel. Am anderen Ende müssen die Archäologen sein. Ich taste mich an der Felswand entlang, finde den Eingang zur Höhle, der sich nach Westen zum Tal hin öffnet.

Joachim Hahn und sein Team bei der Arbeit im Eingangsbereich des Geißenklösterle. Der Zugang zur Höhle ist durch ein Eisengitter vor Raubgräbern gesichert.

In einem Winkel des Raumes, von kahlen Glühbirnen ausgeleuchtet, knien vier Männer zwischen Schutt und Steinen. Einer zeichnet, ein zweiter hantiert mit dem Metermaß zwischen Bindfäden, die zu Quadraten gespannt sind, von der Höhlendecke baumelt ein Lot. Die beiden anderen legen mit

Pinsel, Spatel und kleinen Haken millimeterweise winzige Klumpen und Buckel frei. Ein Mann im blauen Overall, mit einer knallroten Basketballmütze auf dem Kopf, erhebt sich und reicht mir die Hand. „Willkommen in unserer Höhle", begrüßt mich Joachim Hahn, Urgeschichtler aus Tübingen.

Das Geißenklösterle hat um diese Tageszeit nichts Beklemmendes. Draußen malt die Morgensonne Kringel ins Laub der Bäume, scheint auf helle Felsen, Vögel singen um die Wette. Daß die Höhle so wenig düster wirkt, mag auch daran liegen, daß der Raum, obgleich die Decke zur Bergseite hin abfällt, eher einem Saal gleicht, an die einhundert Quadratmeter groß. Hinten zweigt ein Gang ab, nur erst als Spalt erkennbar, denn er ist noch nicht untersucht worden.

Seit 1973 gräbt Hahn hier oben, ab und zu auch im Winter, der sich auf der Alb manchmal früh einstellt. Gesund leben Höhlenarchäologen nicht. Wasser tropft von den Wänden, die Luft ist feucht und kalt, selbst im Sommer. Das war früher nicht anders, und deshalb haben Menschen Höhlen nur dann aufgesucht, wenn es draußen noch unwirtlicher war oder wenn es sich nicht lohnte, für ein, zwei Nächte ein Lager aufzuschlagen. Richtige Wohnungen waren die Höhlen nicht, nur Notbehelf.

Wenn man Stunde um Stunde auf den Knien oder auf dem Bauch liegt, um ein paar Steine oder Knochensplitter freizulegen, die nur im Zusammenhang einen Sinn ergeben, dann kriecht die Kälte bis ins Mark. Heißer Tee mit einem Schuß Rum wärmt zwar ein bißchen, vor Rheuma schützt er nicht. In einem Winter erfroren Joachim Hahns Finger, als er Aushub schlämmte, unten an der eisigen Ach.

Aus wissenschaftlicher Sicht hat diese Grabung einen großen Vorteil: Zeit spielt keine Rolle. Etwa dreißig Quadratmeter südlich des Eingangsbereichs sind untersucht worden, die aber gründlich. Jeder noch so winzige Fund wird einzeln eingemessen, dreidimensional, die Lage auf Plänen penibel verzeichnet. Ungewöhnliche Stücke werden zusätzlich fotografiert. Die Grabungsfläche selbst ist in Quadratmeter aufgeteilt. Aus jedem Planquadrat werden Erdproben entnommen, die für spätere Untersuchungen bestimmt sind.

Allzu viele Höhlen, in denen Neues zu entdecken wäre, gibt es bei uns nicht mehr, fast überall wurde gegraben, wenn es auch oft mehr ein Herumstochern als systematische Forschung war. Mit vielen Berichten läßt sich also wenig anfangen, manchmal sind nicht einmal Lageskizzen der Funde vorhanden. Recht und schlecht gilt es dann, am Schreibtisch in groben Zügen zu rekonstruieren, wo was gelegen haben könnte.

Mythisches Tier-Menschwesen oder Schamane im Löwenfell? Mit 28 Zentimeter Höhe ist diese Elfenbeinplastik aus dem Hohlenstein-Stadel das größte jungpaläolithische Kleinkunstwerk.

Nur so ist ein Vergleich mit anderen Höhlen möglich, und nur im Vergleich zeigt sich, ob zum Beispiel Werkzeug oder Arbeitsplätze grundsätzlich am Höhleneingang oder eher in der Nähe von Feuerstellen liegen, ob Rohstoffreserven innerhalb oder außerhalb des Wohnbereichs aufbewahrt wurden und dergleichen mehr. Probleme gibt es manchmal auch mit den Fundschichten, den „Horizonten". Frost und Tauwetter können die einzelnen Lagen, die im Idealfall übereinandergeschichtet sind, durcheinander gebracht haben.

Hahn hat sein Team aus den unterschiedlichsten Wissenschaftsdisziplinen rekrutiert, und das zahlt sich aus. Er brachte Erstaunliches über jene Menschen heraus, die in der vorletzten Kaltzeit auf der Schwäbischen Alb lebten. Menschen wie wir.

Vor rund 40 000 Jahren tauchten sie zum ersten Mal in Westeuropa auf. Sie kamen aus dem Osten, möglicherweise aus dem Gebiet nördlich des Kaspischen Meeres. Sie kamen nicht auf einmal, sondern in Schüben. Trotzdem war dieser Treck nach Westen eine regelrechte Völkerwanderung, nicht einfach ein Weiterreichen bestimmter Errungenschaften wie Steinschlagtechnik oder Jagdmethoden. Auf Einzelheiten der Wanderung wollen sich Archäologen und Anthropologen nicht festlegen. Ein neuer Rastplatz oder ein Grab an einem unerwarteten Ort, und schlagartig ändert sich das Bild.

Die Zeitmarke 40 000 bezeichnet den Beginn der Jüngeren Altsteinzeit, des Jungpaläolithikums, das die Archäologen in vier Abschnitte unterteilt und nach französischen Fundorten benannt haben: Aurignacien, Gravettien, Solutréen und Magdalénien.

Vor 36 000 Jahren hatten die Einwanderer die Schwäbische Alb erreicht. Im Geißenklösterle haben sie Rast gemacht.

Mein Blick wandert über herabgestürzte Felsbrocken und kreuzweis gespannte Fäden zum „Profil" hinüber, das am Ende der Grabungsfläche stehen blieb. Die einzelnen Schichten zeichnen sich als Bänder ab. Ganz unten, dicht überm Höhlenboden, liegen die beiden, um derentwillen ich hier heraufgeklettert bin: Schicht II a und Schicht II b. In sie eingebettet fand Joachim Hahn drei Figuren aus Elfenbein. Einen Bison, ein Mammut und einen Bären. Dazu ein rechteckiges Täfelchen, ebenfalls aus Elfenbein, 38 Millimeter lang, 14 Millimeter breit. Es sind die ältesten Kunstwerke der Welt. Das Täfelchen, die Bison-figur und ein bemalter Stein sind 33 000 Jahre alt. Mammut und Bär sind noch 3000 Jahre älter.

Das Interesse der Archäologen richtete sich auf die Tierplastiken, die Elfenbeinplatte hielt Hahn zunächst für das

Bruchstück eines verzierten Stabs. Erst beim Säubern stellte sich heraus, daß ausgerechnet dieses Täfelchen, halb so groß wie eine Streichholzschachtel, ein Fund sondergleichen ist. Es zeigt eine menschliche Gestalt. Das erste Bild, das der Mensch vom Menschen schuf.

Ein kleiner rundlicher Kopf sitzt auf langem, schmalem Rumpf, der die Gliedmaßen kräftig erscheinen läßt. Die Beine, ungleich lang, sind geknickt, die Füße plump wie Hufe, dazwischen ein *Fortsatz.* Ob Schurz, Schwanz oder Penis wird sich nicht mehr klären lassen. Die Arme sind abgewinkelt und nach oben gestreckt, wie in bittender oder segnender Gebärde. Ein Schamane vielleicht, als Tier verkleidet, oder ein abstraktes, ein *göttliches Wesen,* halb Mensch und halb Tier.

Nun kann man natürlich einwenden, daß die Gestalt nicht vollständig erhalten ist. Einzig der Fortsatz zwischen den Beinen läßt auf ein Mischwesen oder einen kostümierten Medizinmann schließen. Doch es gibt ein zweites Kunstwerk, 1000 oder 2000 Jahre jünger, das der Darstellung auf dem Elfenbeinplättchen in mancher Hinsicht ähnelt. Auch diese Figur kann sich mit einem Superlativ schmücken. Mit einer Höhe von 28 Zentimetern ist die Vollplastik das größte jungpaläolithische Kleinkunstwerk.

Die Figur stammt ebenfalls aus einer Höhle der Schwäbischen Alb, aus dem Hohlenstein-Stadel im Lonetal. Sie wurde zweimal ausgegraben, nämlich in der Höhle selbst, und dann dreißig Jahre später im Museum, in den Prähistorischen Sammlungen Ulm, wo der Schatz in einer Ecke verstaubte. Als Joachim Hahn im Jahre 1969 die Kiste mit den Funden vom Hohlenstein-Stadel öffnete, fand er durchbohrte Fuchszähne, Elfenbeinperlen, einen menschlichen Zahn und etliche hundert Elfenbeinbruchstücke. Er ließ sich auf das Geduldspiel ein, paßte die Teile aneinander und hielt schließlich eine menschliche Figur in der Hand. Gewisse Details ließen auf eine Tiermaske schließen, doch erst 1986 fand sich durch Zufall das Beweisstück – eine Schnauze. Hahns Vermutung erwies sich als richtig. Die Figur trägt einen Löwenkopf.

Eine schöne Figur in aufrechter Haltung. Wie bei der Halbplastik aus dem Geißenklösterle sitzt auf langem Rumpf mit relativ kurzen Beinen und Armen ein kleiner Kopf. Der linke Arm ist leicht angewinkelt, der rechte fehlt. Es könnte sein, daß die Hand einst auf die Hüfte gestützt war.

Der Arm ist kräftig, muskulös, so als hätte man den Bizeps darstellen wollen, der Ellenbogen wird durch eine schwach konkave Einziehung betont. Die kräftige Hand ist, falls sie menschlich sein soll, zur Faust geballt. Leider blieb nur das

Elfenbeinplättchen mit halbplastischer Menschenfigur aus dem Geißenklösterle. Die Gestalt hat die Arme wie in betender oder segnender Gebärde erhoben. Zwischen den kräftigen Beinen ist ein länglicher Fortsatz, wohl von einer Verkleidung, zu erkennen.

linke Bein vollständig erhalten, mit gut entwickelter Wade, das Knie durch einen leichten Knick angedeutet, der Fuß kurz und hoch, die Sohle schräg gestellt. Der Rumpf ist beschädigt bis auf das Gesäß, das aber nicht überbetont ist, wie bei späteren Figuren, die die Fruchtbarkeit der Frau symbolisieren, üblich. Vorn am Körper befindet sich ein dreieckiger Fortsatz, der kein Penis sein muß, sondern zum Löwenkostüm gehören könnte. Es ist also nicht sicher, daß die beiden Figuren Männer darstellen. Das Amt des Schamanen hatten immer auch Frauen inne, und die „Herrin der Tiere" wurde in späterer Zeit oft in Begleitung von Löwen abgebildet.

Am Übergang von den Schläfen zum Scheitel sitzen hoch am Kopf die Ohren, ausgehöhlt und nach vorn gerichtet. Die Augen sind durch Vertiefungen angedeutet. Ein Einschnitt markiert die Schnauze, die Nase ist deutlich herausmodelliert. Kleine halbkugelige Erhebungen an beiden Innenflächen der Füße kennzeichnen die Knöchel, Zehen sind nicht zu erkennen. Ob die Figur nur einen Löwenkopf trägt, oder ob der ganze Oberkörper der eines Löwen sein soll, und nur der untere Teil menschlich, läßt sich kaum noch entscheiden.

Daß auch die Halbplastik aus dem Geißenklösterle sicherlich nicht irgendeinen Menschen zeigt, verrät die Form der Elfenbeinplatte. Rechtecke, so hatten die Kunsthistoriker postuliert, seien in der Eiszeitkunst unbekannt gewesen, weil Rechtecke in der Natur praktisch nicht vorkommen. Das Rechteck ist eine Konstruktion, ein Parallelogramm mit vier rechten Winkeln.

Ungewöhnlich ist auch die Ansicht von vorn. Darstellungen *en face* sind noch unter den vielen – jüngeren – Höhlenbildern Frankreichs und Nordspaniens eine Seltenheit und offenbar dem Tier-Menschen-Wesen, dem Bären und dem Löwen vorbehalten.

Das Bildnis des Schamanen oder Fabelwesens auf der Vorderseite der Elfenbeinplatte beweist, daß der Mensch, der es schuf, Phantasie besaß. Striche und Punkte an den Kanten und auf der Rückseite verraten, daß er zählen konnte.

Alle vier Kanten tragen Kerben. Links und rechts sind es jeweils dreizehn an der Zahl, unten sechs und oben sieben. Zeichen sind auch in die Rückseite der Platte eingegraben, und zwar Punkte, gruppiert in vier Reihen: links und rechts außen wiederum dreizehn, in der Mitte links zehn und rechts zwölf Markierungen. Die Dreizehn taucht also vier-, beziehungsweise fünfmal auf, sicherlich nicht von ungefähr, denn sie hängt mit dem Mondzyklus zusammen. Die Vermutung liegt nahe, daß hier im Geißenklösterle der erste Kalender zutage kam.

Kunst und Kalender – wie steht es mit dem Kult? Joachim Hahn runzelt die Stirn. Wir begeben uns auf ein Gebiet, das moderne Archäologen nach Möglichkeit meiden, denn im Handumdrehen sitzt man in den Nesseln und zwischen sämtlichen Stühlen. Er räuspert sich.

„Ja, wenn wir das wüßten... Merkwürdigerweise haben wir im Geißenklösterle in der gleichen Schicht einen bemalten Kalkstein gefunden. Man hat ihn bearbeitet, zugeschlagen, so daß er eine Pyramidenform bekam, und dann mehrfarbig bemalt. Schwarz, rot, gelb. Das ist nicht üblich, sonst wurde nur Rot verwendet." Diese rotbemalten Steine und Platten von der Schwäbischen Alb, aus dem Altmühltal und aus Frankreich, auf die Hahn anspielt, sind wesentlich jünger. Sie tragen Punkte und Linien und sollen *magischen Zwecken* gedient haben.

Es mag Zufall sein, daß die drei Farben des Steines noch heute für Indianer eine ganz bestimmte Bedeutung haben. Bei den Miccosukee in den Sümpfen der Everglades von Florida stehen Gelb und Rot, Schwarz und Weiß für die vier Himmelsrichtungen.

VOM GEJAGTEN ZUM JÄGER

Der Homo erectus – der Mensch richtet sich auf

Jene Männer und Frauen, die im Geißenklösterle Figuren von Tieren und Menschen schnitzten und die Zeit nach Monden maßen, sind unsere Ureltern, von ihnen stammen wir ab. Sie waren nicht die ersten, die nach langer Wanderschaft in unserem Lande eine Heimat fanden. Doch die, die vor ihnen kamen, sahen anders aus als wir. Sie sind zwar verschwunden, doch nicht ohne Spur. Und die führt in die Eifel, ins Neuwieder Becken und zu den Vulkankegeln der Osteifel.

Dort hielten sich vor einer Million Jahre zum erstenmal Menschen auf, die ständig auf zwei Beinen gingen. Homo erectus, der aufrechtgehende Mensch, haben die Wissenschaftler dieses Wesen genannt. Homo erectus kam aus Ostafrika, wo er bereits mehrere Millionen Jahre früher den Urwald verlassen hatte, um in der Steppe zu leben. Da wir gerade bei Zahlen sind – unsere Erde ist viereinhalb Milliarden Jahre alt. Eine Zeitspanne, die menschliche Vorstellungskraft übersteigt. Denkt man sich diesen Zeitraum aber als eine Stunde, werden die Dimensionen faßbar. Nach dieser Gleichung existiert der Mensch erst seit einer Sekunde.

Eine Million Jahre alt ist das unscheinbare Werkzeug aus Geröllstein, grob zugeschlagen, das aus einer Tongrube bei Kärlich im Neuwieder Becken stammt. Aus den folgenden 500 000 Jahren blieb nichts erhalten. Die nächste Begegnung der Archäologen mit Homo erectus fand in der Nähe von Andernach statt, bei Miesenheim, und sie war recht ergiebig.

Vor 500 000 Jahren hatten sich die eiszeitlichen Gletscher wieder einmal zurückgezogen. Im Neuwieder Becken gab es Wälder mit Rothirschen und Rehen. Wetterfeste Kiefern und Birken, die als erste Bäume die Tundra wieder besiedeln, überwogen noch, doch Pollen von Buche, Hainbuche und Eiche verraten, daß es bereits relativ warm gewesen sein muß. Für ein gemäßigtes Klima sprechen auch die Überreste von Tieren, zum Beispiel der Milchzahn eines Steppennashornes und der obere Backenzahn des Bären *Ursus deningeri*, Tierarten, die ausgestorben sind. Knochen von Pferd und Ur oder Bison bedeuten, daß die Wälder in dieser Gegend nicht geschlossen waren, daß es dazwischen Weideland gab, wo Tiere grasen konnten.

Die Menschen von Miesenheim hielten sich am Ufer eines kleinen Gewässers auf und ließen steinernes Werkzeug zurück.

Genau wie ihre Artgenossen, die 150 000 Jahren später in einer ganz anderen Gegend, nämlich am Nordrand des Thüringer Beckens, bei Bilzingsleben, an einem flachen See kampierten.

Ob das Gewässer bei Miesenheim ehemals ein Teich war, ein Tümpel in einem Sumpfgebiet oder ein Bach, der träge durchs Gelände floß, muß offenbleiben. Algen, Muscheln, Schnecken und Biberknochen lassen alle drei Möglichkeiten zu. Im „Anmoor", einem braunen Sediment, dem einstigen Gewässer, fanden sich Reste von Nashorn, Reh, Rothirsch, Wolf, Bison, Bär und Elefant. Waffen, die auf Jagd schließen lassen könnten, kamen nicht zutage. Allem Anschein nach wurde das Fleisch hier nur aufgeteilt. Die Untersuchung im Labor brachte den Beweis. Mindestens einer, der Beinknochen eines Rothirsches, trägt Schnittspuren eines steinernen Messers. Andere Knochen sind vorsätzlich zertrümmert worden, um das Mark herauszubekommen – das verraten die flachen, geraden Bruchstellen. Knochen, die erst im Boden unter Druck zerbrechen, lassen unter dem Mikroskop ein anderes Muster erkennen, nämlich rauhe Bruchkanten.

Geröllgerät aus einer Tongrube bei Kärlich im Neuwieder Becken. Dieses unscheinbare Werkzeug, wahrscheinlich eine Million Jahre alt, ist der älteste Hinweis auf die Anwesenheit von Menschen in unserem Lande.

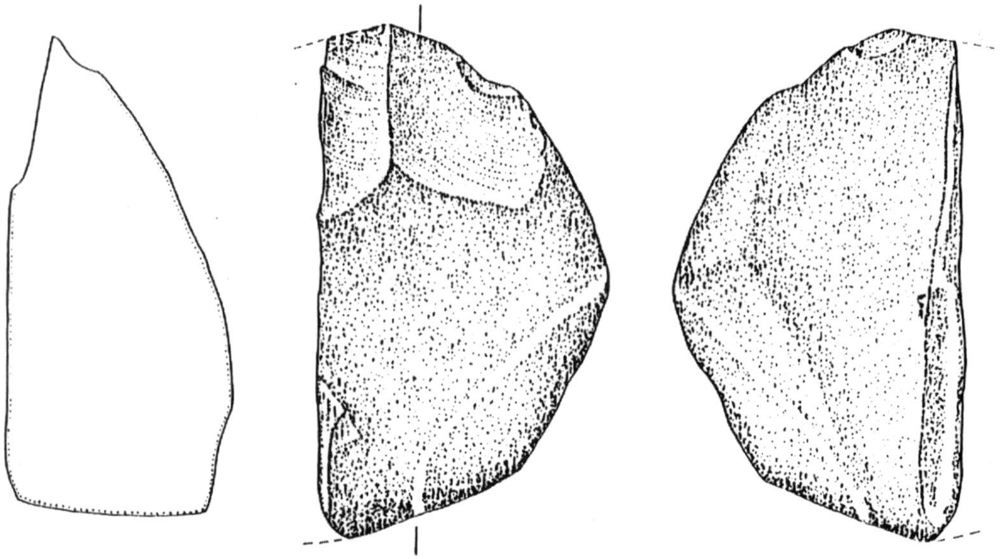

Als die Archäologen ihre Funde noch nicht mit naturwissenschaftlichen Methoden analysierten, mußte es also zu Irrtümern kommen. Dabei spielte auch die persönliche Einstellung der Forscher eine Rolle. Je nachdem, ob sie die frühen Menschen für Mörderaffen oder edle Wilde hielten, fielen auch die Befunde aus. Da wurde zum Beispiel die These aufgestellt, daß unsere Vorfahren sich gegenseitig umgebracht hätten, um einander aufzufressen. Diese Vorstellung hat sich hartnäckig in der einschlägigen Literatur gehalten, obgleich die angeführten Beweise entkräftet wurden.

Andere Forscher des 19. Jahrhunderts entdeckten überall eiszeitliche Kleinkunstwerke, die sie unter dem Begriff „bewegliche Kunst" zusammenfaßten. Dazu gehörten unter anderem Knochen mit verschlungenen Linienmustern, die sich – wie bei Vexierbildern – bei längerer Betrachtung zu Ornamenten und Figuren fügen: zum Kopf eines Wildpferdes, dem Umriß eines Vogels oder Fisches. Ein Gutteil dieser Gravuren aber stammt gar nicht von Menschenhand. Sie entstanden vielmehr unter der Erde, sind ein Werk von Wurzeln, die den Knochen Mineralien entzogen. Sie sind also von der Natur geschaffen, durch sogenannten „Wurzelfraß".

Auf Miesenheim folgt Ariendorf. Dazwischen liegen 200 000 Jahre, aus denen wir keinen Hinweis auf die Anwesenheit von Menschen im Neuwieder Becken besitzen. Der Fundplatz von Ariendorf liegt auf einem Plateau, der Leubsdorfer Terrasse, deren Abbruchkante heute nach Westen, zum Rhein hin, fünfzig bis sechzig Meter steil abfällt. Nach Norden und Osten schützen höhere Hänge die Stelle vor Wind und Wetter, ein Bach in der Nähe lieferte einst frisches Wasser. Der ideale Siedlungsplatz. Hier oben hatte sich eine Gruppe von Frühmenschen häuslich niedergelassen, mit Sack und Pack eine Zeitlang gewohnt.

Die Unterkunft selbst ist längst verschwunden, doch der runde Grundriß blieb als Verfärbung im Boden erhalten. Zwei Meter siebzig betrug der Durchmesser der Wohnung am Hang, wo Regen- und Schmelzwasser ungehindert ablaufen konnten. Weil das Wohnen auf schiefer Ebene unbequem ist, hatte man den Fußboden begradigt, indem man eine Stufe bergwärts in den Hang grub.

In der Mitte des Wohnrunds fanden die Archäologen Mahlzeitreste: Unterkiefer und Gelenkkugel vom Elefanten, zwei Zähne vom wollhaarigen Nashorn, Knochen von Pferd, Hirsch, Riesenhirsch und einer Rinderart. Ob Ur oder Bison läßt sich nur bestimmen, wenn ganz bestimmte Fußknochen vorliegen, und diese fehlen hier. Etwas abseits lagen noch flache Beckenknochen von Elefant oder Nashorn. Ebenso wie die Knochen an der Tränke von Miesenheim stammen auch sie von jungen Tieren.

Verschiedene Geweihstücke von Rotwild gehörten ursprünglich zu Abwurfstangen, waren also nicht durch Jagd erbeutet. Einfache Werkzeuge aus Quarz, Quarzit und Kieselschiefer, die man aus den Rheinschottern unterhalb des Wohnplatzes aufgelesen hatte, waren im Inneren der Behausung und im Freien davor zurückgeblieben. Der Fundstreuung nach zu urteilen lag der Eingang nach Süden hin.

Daß nach einem Festessen Knochen übrigbleiben, ist nichts Ungewöhnliches. Bei uns stammen sie meist von Rind, Schwein, Schaf und Geflügel, selten von Wild. In der Steinzeit waren es je nach Klima Reste von Mammut, Nashorn, Steinbock, Rotwild, Elefant und so weiter, normalerweise auf einen Haufen zusammengeworfen. In Ariendorf aber fehlten bei diesen Resten die Rippen. Die hatte man aussortiert und am Kreisrund des Wohnbereichs deponiert, wo sie kreuz und quer übereinander lagen. Das bereitete den Archäologen zunächst Kopfzerbrechen, doch mit fortschreitender Grabung bildete sich ein Muster heraus, das nur eine Folgerung zuließ: Die Rippen hatten als Dachsparren gedient, als knöchernes Gerüst für eine Kuppel, die mit Fellen bespannt werden konnte. Anscheinend blieben diese *Zeltstangen* zurück, weil die Menschen vorhatten, an den Ort zurückzukehren.

Neben der Freilandsiedlung Ariendorf und der Tränke von Miesenheim gibt es im Neuwieder Becken einen dritten Platz mit Hinterlassenschaften des Homo erectus. Es ist die Tongrube Kärlich, aus der auch der älteste Hinweis auf den ersten Menschen in unserem Lande – das bereits oben erwähnte Geröllwerkzeug – stammt. Dieser erneute Aufenthalt bei Kärlich liegt *nur* 250 000 Jahre zurück, unter zwanzig Meter dicken Lößschichten begraben. Auch diesmal sind Aussagen über die Umgebung möglich, denn in den morastigen Uferzonen des Gewässers, an dem auch diese Funde zurückblieben, haben sich Hölzer und Blütenpollen erhalten. Haselsträucher und Hainbuchen bildeten gemeinsam mit Eichen, Ulmen und Birken Laubwälder, in denen vereinzelt Nadelbäume, nämlich Kiefern, Fichten und Tannen standen. Daß es wärmer als heute gewesen sein muß, verraten Flügelnuß und Zürgelbaum, die jetzt im Mittelmeerraum heimisch sind.

Auch hier zerschlagene Röhrenknochen, zum Teil mit Schnittspuren von Steinmessern, und andere Knochen, die man zu Werkzeugen umfunktioniert hatte. Am Rande des Lagers fand sich der Stoßzahn eines Waldelefanten, was an sich auch nicht weiter ungewöhnlich ist. Unmittelbar daneben aber lagen zwei hölzerne Stäbe, jeweils vierzig Zentimeter lang. Es könnten die Überreste einer Lanze sein. Das wäre dann die einzige Waffe, die der Homo erectus liegenließ. All das steinerne Gerät, das wir aus seiner Zeit kennen, war nicht Waffe, sondern Werkzeug. Damit machten die ersten Menschen keine großen Umstände. Sie sammelten Geröllsteine ein und verpaßten ihnen eine scharfe Kante. Nach einem einzigen Schlag lassen sich die meisten Stücke als Messer verwenden. Ein paar Retuschen an den Kanten durch zusätzliche Schläge oder Druck, und fertig ist ein Schaber. Auch erfahrenen Archäologen können bei der Bestimmung Fehler unterlaufen, doch in Kärlich bleiben, selbst wenn man strengste Maßstäbe anlegt, rund hundert Stücke übrig, die vor 250 000 Jahren zweifelsfrei von Menschenhand zugeschlagen wurden. Sie konzentrierten sich an der Stelle, wo ein Faustkeil und die Reste eines Schädels von Ur oder Bison lagen. Auch dieser Faustkeil war Werkzeug, nicht Waffe. Es wäre glatter Selbstmord, wenn ein Mensch mit einem Steinkeil in der Hand auf einen Elefanten losginge. Ohne Waffen aber kann man schlecht jagen. Und so beweisen Schnittspuren und zertrümmerte Röhrenknochen lediglich, daß Homo erectus Fleisch von Großwild verspeiste. Wie er es sich beschafft hat, ist eine andere Sache.

Daß die Fundstellen am Wasser liegen, hat einen ganz bestimmten Grund. Dorthin kommen die Tiere zur Tränke, und dort lauern seit jeher Jäger auf Beute. Vierbeinige Jäger, Raubtiere. Homo erectus wartete, bis sie wieder fort waren und holte sich anschließend, was Raubkatzen, Bären oder Schakale übriggelassen hatten – und das war manchmal nicht viel mehr als die Röhrenknochen, in denen aber noch das Mark steckte.

Der erste Mensch war kein Jäger, sondern selbst Gejagter. Ein Aasfresser muß er deshalb ebenso wenig gewesen sein wie wir, die wir unser Fleisch von den Schlachthöfen beziehen.

Mutig war er trotzdem, wenn Mut bedeutet, Furcht zu überwinden. Homo erectus wagte sich als erstes Lebewesen in die Nähe des Feuers, nahm es schließlich in Besitz. Unscheinbare Holzkohlestückchen im Knochenhaufen von Kärlich künden von dieser Prometheus-Tat, die die Welt von Grund auf veränderte, die Wohltat und Verderben brachte. Es war ein langer Weg von jenem wärmenden Lagerfeuer, das ein namenloser Frühmensch aus der Glut eines Waldbrandes neu entfachte, bis hin zu jenem Feuer, das heller als tausend Sonnen strahlt, in Hiroshima und Nagasaki Atomtod brachte – und ausreicht, um alles Leben auf der Erde zu vernichten.

Die Zähmung des Feuers

Das Feuer, so sagten die Griechen, verdanken die Menschen Prometheus. Er stahl es den Himmlischen, und als Strafe für den Frevel ließ Göttervater Zeus ihn, den Titanen, verwandt mit Atlas, der den Himmel trägt, und Deukalion, der – Noah gleich – einer Sintflut entkam, an einen Felsen im Kaukasus schmieden. Den Menschen aber schickte er die Dame Pandora mit einer Büchse voll Unheil.

Die alten Griechen griffen wie bei Epen und Dramen auch bei ihren Göttersagen auf Überlieferungen zurück, die älter waren, abgeschliffen im Lauf von Jahrtausenden, und erfüllten sie mit prallem Leben. Prometheus war einst selbst ein Gott, den die Menschen auf Bergen verehrten. Ein Wettergott, von dem das Feuer kam, ein Gott des Gewitters. Das indogermanische „djeus" mit der späteren Bedeutung Gott steckt nicht nur im Namen des zeitlich jüngeren Göttervaters Zeus, dem olympischen Herrn von Blitz und Donner, sondern auch im Namen der älteren Gottheit Prometheus, was auf Griechisch soviel wie *Vorbedacht*, also Absicht, heißt.

Letzten Endes ist es ein Streit um des Kaisers Bart und das Haar des Propheten, ob die Götter den Menschen das Feuer schenkten, oder ob die Menschen es den Göttern stahlen. Sind doch Götter eine Hilfskonstruktion wie die Zahl Null. Ein Nichts von immenser Bedeutung.

Wer aus nächster Nähe erlebt hat, wie der Blitz in einen Baum fährt, vergißt das Ereignis sein Lebtag nicht, auch wenn er genau weiß, was es mit einem Gewitter auf sich hat. Umso gewaltiger muß ein solches Naturschauspiel auf den Homo erectus gewirkt haben, der die physikalischen Zusammenhänge nicht durchschaute und vielleicht nicht einmal über seine Empfindungen reden konnte.

Wenn der Blitzschlag einen Baum fällte, gar einen Wald- oder Steppenbrand entfachte, brach die Welt aus den Fugen. Als wahrhaft tollkühn erschien dann einer, der es wagte, Glut von diesem Brand zu nehmen, um ein neues Feuer zu entfachen. Das muß wieder und wieder geschehen sein, bis die Menschen gelernt hatten, das Feuer zu hüten und zu nähren, es schließlich selbst zu entzünden.

Noch im Alten Rom hüteten die Vestalinnen das Feuer im Tempel, die ewige Lampe in katholischen Kirchen und die olympische Flamme erinnern bis heute an die Prometheus-Tat. Wenn die Flamme erlischt, wird die Welt wieder kalt und dunkel.

Das offene Feuer, die Flamme, übt bis heute einen eigenartigen Reiz auf uns Menschen aus. Selbst ein erleuchtetes Fenster signalisiert Wärme und Geborgenheit, auch wenn der dazu nötige Strom aus der Steckdose kommt. Mit dem Feuer hatte der Mensch zum erstenmal nach einem Element gegriffen, das schützen und vernichten kann. Mag sein, daß die Heiligkeit des Feuers auf dieser Erkenntnis beruht. Dem praktischen Nutzen tat dies keinen Abbruch. Nicht nur, daß seine Glut wärmt, sein Licht vor wilden Tieren schützt und den Tag verlängert. Der Mensch wird schon früh entdeckt haben, daß Fleisch von einem Tier, das bei einem Waldbrand umkam und geschmort wurde, anders schmeckt und leichter verdaulich ist als rohes Fleisch. Sobald er das Feuer in Besitz genommen hatte, wuchs der Wunsch, es beliebig, nach eigenem Willen herzustellen. Für den ersten Schritt bedurfte es der Neugierde und des Mutes. Der nächste forderte Erfindungsgeist, dem Beobachtung zugrundeliegt.

Hunderttausende von Jahren hindurch hat der Mensch auf zweierlei Art und Weise Feuer erzeugt: Er schlug Funken aus Steinen, oder er bewegte zwei Hölzer gegeneinander, bis der Abrieb glomm. Welche Methode älter ist, wird sich nicht ergründen lassen, auch wenn einiges für das Feuerschlagen spricht. Diese Erfindung lag gewissermaßen in der Luft, seitdem die Menschen steinernes Werkzeug herstellten. Beim Aneinanderschlagen von Steinen entstehen Funken, speziell beim Feuerstein, der so zu seinem Namen kam. Doch ein Funke allein macht noch kein Feuer. Bevor die Flamme aufzüngeln kann, muß etwas glimmen. Genauer: der Funke, den der hohe Druck eines Schlages erzeugt, braucht wärmeisolierendes, leicht entzündliches Material, damit er Glut erzeugen kann.

Der Ulmer Archäologe Fritz Seeberger hat sich intensiv mit dem Feuermachen beschäftigt. Auf die Idee brachten ihn abgerundete Feuersteine mit körnig zugeschlagener Oberflächenpartie, die er bei Streifzügen auf der Schwäbischen Alb gefunden hatte. Seiner Ansicht nach handelte es sich um Feuerzeugzubehör, um Schlagsteine, und das wollte er beweisen. Nach einigem Experimentieren stellte er fest, daß sich als *Amboß*, als das Stück, gegen das der Feuerstein geschlagen wird, am besten Pyrit eignet. „Pyr" heißt auf Griechisch Feuer. Dieser Stein mit der chemischen Formel FeS_2, auch Schwefeleisen genannt, ist eine Ablagerung aus organischen Stoffen und kommt in allen Gegenden der Erde vor. Pyrit hat gegenüber anderen Materialien einen entscheidenden Vorteil: die abgelösten Teilchen glimmen nicht nur, sondern sie verbrennen, weil sie Eisen und Schwefel enthalten. Dadurch haben die Funken eine höhere Temperatur als solche, die aus gewöhnlichen Steinen schlagen.

Damit ein Funke sich nähren kann, braucht er Zunder. Seeberger benutzte für diesen Zweck den Zunderschwamm, einen Pilz, der auf Bäumen wächst. Aus unseren Wäldern ist er durch massiven Pestizideinsatz so gut wie verschwunden. Seeberger trieb im Bayrischen Wald noch ein paar Exemplare auf. Er schälte, ganz im Stil der Steinzeitmenschen, mit einem Feuersteinschaber die verholzte Kruste ab, schnitt das Fruchtfleisch mit einer unbearbeiteten Feuersteinklinge in feine Streifen, zupfte das faserige Gewebe auseinander und ließ es trocknen.

Die Frage, welcher Stein schlägt, welcher geschlagen wird, war bald geklärt, denn Seeberger hatte an seiner Schleifmaschine beobachtet, daß die Funken vorwiegend in Drehrichtung fliegen. Weil es umständlich ist, den Zunder in der Hand zu halten, um Funken, die nach oben springen, aufzufangen, schlug er mit dem Feuerstein auf den Pyrit, bei dem der Zunder lag. Soweit, so gut; doch was passiert dann, wenn der Feuerschwamm bei Temperaturen von rund 380°C endlich glimmt?

Die Birke – ein Baum für viele Zwecke

Seeberger verfiel auf Birkenrinde. Einmal, weil sie sehr dünn ist, zum anderen, weil sie ätherische Öle enthält. Überhaupt ist die Birke ein besonderer Baum. So zart sie auch erscheinen mag mit ihrem silberweißen Stamm und zarten Maigrün, sie ist winterhart wie kein anderer Baum. Bei Hammerfest, unter 70,5° nördlicher Breite, wächst sie noch in 250 Metern Höhe, und Birken waren die ersten größeren Gewächse, die sich in der eiszeitlichen Tundra wieder ansiedelten, sobald es etwas wärmer wurde. Dieser Baum, dessen Name „bherek" soviel wie hell, glänzend bedeutet, hat den Menschen in nördlichen Regionen seit jeher begleitet, ist als Maibaum zum Symbol von Frühling und Fruchtbarkeit geworden. Und praktisch alles an ihr ist von Nutzen.

Mit den Blättern fütterte man Schafe und färbte Wolle gelb. Aus dem zuckerreichen Birkenwasser, das im Frühjahr aus älteren Stämmen gezapft wird, braute man Birkenwein. Teer und Öl aus Rinde und Wurzeln verwendete man bei der

Zubereitung von Juchtenleder, Rumessenz und Parfum. Kanadische Indianer fertigten aus der Rinde Kanus, die vier Personen trugen und doch nicht mehr als 25 Kilogramm wogen. Die zarte Innenrinde wurde zu Mehl für Pfannkuchen zerrieben, dazu gab es Ahornsirup.

Aus dem dichten, feinen, sehr zähen Holz entstanden Leiterbäume, Felgen, Deichseln, Radzähne, Möbel und Webstühle. Das Maserholz eignet sich für Gewehrschäfte, Pfeifenköpfe und Dosen, aus Birkenreisig band man Besen. Die Lappländer nahmen die Rinde für Behälter, Kleidungsstücke und Schuhwerk, aus den feinen Wurzeln wurden Decken hergestellt. Das Harz aus den Stämmen lindert Gicht, heilt Hautkrankheiten und vertreibt Parasiten. Birkensaft gilt als Schönheitstrank und ist Bestandteil von Haarwasser. Auf den Färöer Inseln stehen noch heute Häuser, deren Dächer man mit luftgepolsterter, wasserundurchlässiger Birkenrinde isolierte, bevor man Grassoden darauf packte. Und uralt ist das Rezept für Birkenteer, eine Art Pech oder Klebstoff, der steinerne Speerspitzen, Klingen und Sichelschneiden an hölzernen Schäften hielt.

Am Lagerplatz von Kärlich standen vor 250 000 Jahren Birken, und nichts spricht dagegen, daß die Leute ihre Rinde zum Feueranmachen benutzten. So ohne weiteres funktioniert das allerdings nicht. Wenn man die Rinde auf glühenden Zunder legt, rollt sie sich lediglich zusammen, Feuer fängt die glatte Außenseite nicht. Man muß die Glut in die Rindenrolle hineinpacken, so daß sie mit dem feinen Flaum in Berührung kommt, dann bildet sich ein zündfähiges Luft-Gas-Gemisch, und im Nu steht die Rinde in Flammen. Ihre Hitze von 600°C reicht aus, um dürre Zweige anzubrennen – das Feuer ist entfacht. Diese Methode soll sogar funktionieren, wenn die Birkenrinde naß ist.

Zum Feuerbohren, der zweiten Methode, braucht man keine Steine, sondern Holz. Ein Brett aus Pappel, Linde oder Kastanie dient als Unterlage. Der Bohrer, oder zumindest seine Spitze, sollte härter sein, aus Kiefern- oder Eichenholz. Reibung erzeugt Hitze, und je schneller und länger sich der Bohrer auf dem Brett dreht, umso heißer wird es. Dann kommt der Moment, wo der Abrieb zu qualmen und schließlich zu glimmen beginnt. Durch behutsames Blasen springt der Funke auf den Zunder über, und gleich darauf wird die Flamme geboren. Statt Feuerschwamm eignen sich auch Distel- und Rohrkolbensamen oder feines Gras als Zunder, Hauptsache, das Material ist trocken.

Die Indianer sehen im Feuerbohren einen symbolischen Geschlechtsakt, und es steht bei bestimmten Festen im Mittelpunkt des Rituals. Aus der Vereinigung von Bohrer und Brett, der „Feuermutter“, entspringt ein Kind: die Flamme. Wie ein Kind muß sie genährt und gehütet werden, bis endlich das Feuer lichterloh brennt.

Das heißt nun nicht, daß die Menschen von Kärlich mit ihrem Lagerfeuer ein feierliches Ritual verbanden. Funde aus der Jungsteinzeit belegen, daß die *Geburt des Feuers* immer auch eine ganz profane Angelegenheit war. Da gibt es zum Beispiel den hölzernen Schaft einer Sichel, in den Löcher eingebrannt sind, wie sie beim Feuerbohren entstehen. Ob das Gerät ausgedient hatte, oder ob jemand Feuer brauchte und als weiche Unterlage nur den Griff seiner Sichel zur Hand hatte, verrät der Fund leider nicht.

Das Feuer hat von Anfang an ganz praktischen Zwecken gedient, mit erstaunlichen Folgen unterschiedlichster Art:

Ein Raubtier fällt unweigerlich nach jeder Mahlzeit in einen tiefen Verdauungsschlaf. Auch unsereinen überkommt nach einem üppigen Essen Müdigkeit, doch meist ist es mit einem Nickerchen getan. Kochen und Braten machen nämlich die Nahrung leichter verdaulich. Sie wird auch weicher, und das wiederum hatte Auswirkungen auf unser Gebiß, beziehungsweise es begünstigte Veränderungen des Kauapparates, die schon vor der Nutzung des Feuers begonnen hatten. Man hat diese Umstellung, die mit einem neuen Speisezettel zusammenhängen muß, beim Australopithecus beobachtet, der in Ostafrika lebte. Der Schädel seiner Vorgänger ähnelte noch dem der Menschenaffen: flache Hirnkapsel, vorspringende Schnauze und Reißzähne. Beim Australopithecus befindet sich der Kauapparat jedoch unter dem Schädel. Kürzere *Schnauze*, größere Zahnflächen, Überbauung des Kiefers, wodurch die Muskelansätze nach vorn rücken, und das Verschwinden der Eckzähne können nur die Folge einer Nahrungsumstellung sein. Die wiederum kann zwei Ursachen haben: einen Klimaumschwung, der eine Veränderung der Vegetation bewirkte, oder aber eine neue Technik. Weil der Mensch mit aufrechtem Gang ja die Hände frei hatte, übernahmen sie die Aufgabe, Nahrung zu zerkleinern, hartschalige Früchte mit Steinen aufzuschlagen. Vollends überflüssig wurden Eckzähne, als der Mensch dazu überging, sein Essen auch noch auf dem Feuer zu garen. Seither hat sich unser Gebiß nur unwesentlich verändert. Zwei geschlossene Zahnreihen besitzt nur der Mensch, bei allen anderen Säugetieren gibt es mindestens eine Lücke zwischen zwei Zähnen.

Doch das Feuer, so der französische Soziologe Edgar Morin, bewirkte noch mehr: „...es befreit den Schlaf; es bedeutet nächtliche Sicherheit für die ausgezogenen Jäger wie für die Frauen und Kinder, die an dem festen Sitz zurückgeblieben sind; mit dem Feuer entsteht der Herd als ein geschützter Zufluchtsort; das Feuer gestattet dem Menschen den tiefen Schlaf, während die übrigen Tiere auch im Schlaf stets in Alarmbereitschaft sind. Vielleicht begünstigt das Feuer sogar die Erweiterung und Freiheit des Traumes..."

Der Mensch ist das einzige Lebewesen, das gelernt hat, Feuer zu entzünden und zu nutzen. Ohne Feuer hätte er in den gemäßigten Breiten nicht bestehen, nie in arktische Zonen vordringen können. Ohne Feuer hätte er die Keramik nicht erfunden, nie ein Metall bearbeitet. Ohne Feuer gäbe es weder Stecknadel noch Auto, weder Frühstücksei noch Weltraumfahrt.

Freie Hand und freier Blick

Seitdem wir uns mit unserer Herkunft beschäftigen, sind die unterschiedlichsten Eigenschaften ins Feld geführt worden, die den Menschen von den Tieren unterscheiden: die Sprache, das Gedächtnis, das Gefühl, der Präzisionsgriff der Hände, das Gehirn, die Arbeit...

Doch begonnen hat die einzigartige Entwicklung des Lebewesens, das heute die Erde beherrscht, mit einer anatomischen Umbildung – mit dem aufrechten Gang. Ausgelöst durch *höhere Gewalt*, durch eine Veränderung der Umwelt infolge eines Klimawechsels, als sich die dichten Wälder lichteten, sich der Lebensraum unserer fernen Ahnen in lichtdurchflutete Savanne wandelte. So könnte es gewesen sein, wenn es stimmt, daß der Mensch ein Gewohnheitstier ist, das nur unter Zwang sein Verhalten ändert. Es wäre aber auch möglich, daß die Neugier ihn trieb, sich aus der Tiefe des Urwaldes ins freie Gelände zu wagen, so wie er später aufbrach, Meere und Kontinente zu entdecken, Gipfel zu erklimmen, Höhlen zu erforschen, den Mond zu erkunden.

Was auch immer den Anstoß gab – es begann mit dem aufrechten Gang. Der Mensch ist das einzige Säugetier, das ständig auf zwei Beinen geht. Er muß diese Haltung zwar mühsam erlernen, doch die technischen, die anatomischen Voraussetzungen sind ihm mitgegeben: Ein Knick in der Wirbelsäule, zwischen dem fünften Lendenwirbel und dem Kreuzbein, macht es möglich, daß wir den oberen Teil unserer Wirbelsäule aufrecht tragen können. Ein Kunststück, das eine ganze Kette von Veränderungen nach sich zog. Ob der aufrechte Gang wirklich angeboren ist, darüber kann man streiten, denn beim menschlichen Säugling ist die Wirbelsäule noch fast gerade gestreckt. Die Krümmung zur federnden Stützstruktur erfolgt erst später.

Die beiden großen Gesäßmuskel sorgen dafür, daß der Rumpf nicht vornüberkippt, ihnen verdanken wir, daß wir Treppen steigen, Lasten tragen, auf unebenem Gelände gehen können, ohne fortwährend das Gleichgewicht zu verlieren. Ohne sie kämen wir schwerlich vom Sitzen auf die Beine, es sei denn, wir nähmen wie unsere Verwandten, die Menschenaffen, die Hände zur Hilfe. Was wir ja hin und wieder auch tun.

Wenn man einem Kleinkind bei den ersten Gehversuchen zuschaut, zeigen sich die Tücken des aufrechten Ganges. Wie es sich mühsam hochzieht an einem Tischbein, des Krabbelns auf allen Vieren müde, neugierig, wie die Welt von oben aussieht, wie es hin- und herschwankt, mit den Armen rudert, um endlich, endlich das Gleichgewicht zu halten. Ein paar eilige Schritte ins Ungewisse, dann der taumelnde Fall. Gehen ist ein ständiges Auffangen des Fallens, ein Akt, der reichlich Übung braucht, bis er automatisch abläuft.

Er wird viel zitiert, unser aufrechter Gang, diese *menschliche Haltung*, die unsere Gattung über das Tierreich erhob. Vom Preis, den wir zahlen, ist selten die Rede. Unser Körper kommt nämlich mit der senkrechten Haltung bis heute nicht ganz klar. Das äußert sich in einem Katalog von Beschwerden wie Senk- oder Spreizfuß, Entzündungen an Hüft- und Beingelenken, Wirbelsäulenschäden, Bandscheibenschrumpfungen, Eingeweidesenkungen oder Stauungen in Bein- und Beckenvenen. Unter Umständen kostet sie uns gar das Leben. Wenn der Mensch längere Zeit unbeweglich auf einer Stelle steht – eingekeilt bei Popkonzert oder Massenkundgebung, festgenagelt beim Appell auf dem Kasernenhof, dann fällt der Blutdruck ab. Ohnmächtig sinkt der Betroffene zu Boden. Dieses Hinfallen ist ein Selbstrettungsmechanismus unseres Körpers, damit sich der Kreislauf erholen kann, sonst tritt über kurz oder lang der Tod ein. Verurteilte, die ans Kreuz geschlagen oder an den Marterpfahl gebunden waren, so daß sie aufrecht hingen, ohne sich rühren zu können, starben meist diesen Tod durch Kollaps.

Unsere Anpassung an den wohl bedeutendsten Evolutionsschritt ist zwar unvollkommen, hatte jedoch noch andere Folgen. Als die aufrechte Fortbewegung zur ständigen Gewohnheit wurde, mußte es notgedrungen an den beiden hinteren Extremitäten, unseren Beinen, die nun die Last des Körpers allein zu tragen hatten, zu Veränderungen kommen. Zwei *Umbauten* lösten das Problem: die schräggestellten Oberschenkel, die nur der Mensch besitzt, und der „Gewölbefuß", eine Spezialkonstruktion für den bipeden Gang, das Marschieren auf zwei Beinen.

Vom Knick in der Wirbelsäule war bereits die Rede. Durch die S-Form dreigeteilt wirkt sie wie eine kombinierte Federung. Frei beweglich sitzt der Kopf auf Atlas und Dreher, den obersten Wirbeln. Hinzu kommt die Beweglichkeit in den Hüftgelenken, die eine Wendung von 180 Grad ermöglicht. Erstaunlich groß ist auch der Spielraum von Armen und Händen. Mit einiger Übung und Gelenkigkeit erreichen unsere Finger jeden Punkt der Körperoberfläche. Kritisch allein ist jene Stelle am Rücken zwischen den Schulterblättern, wo beim Recken Siegfried das verhängnisvolle Lindenblatt haftete, als er sich im Drachenblutbad härtete.

Arme und Hände des Menschen sind ein vielfach gegliedertes allseitig bewegliches Hebelsystem von größter Vollkommenheit. Seitdem der Mensch nicht mehr auf allen Vieren läuft, sind sie freigestellt für andere Zwecke. Wir können unseren Daumen jedem anderen Finger gegenüberstellen, und der Präzisionsgriff soll nur dem Menschen eigen sein. Ein Irrtum, belehrt mich der Bochumer Anthropologe Holger Preuschoft, der zu diesem Thema eine Tagung veranstaltet hat.

Präzise greifen kann, wem es gelingt ein Weizenkorn von einer glatten Oberfläche aufzuheben. Das kann jeder Affe. Die Art und Weise, wie die Tiere greifen, ist sehr verschieden, je nach Art ihrer Finger, doch das Weizenkorn hatten im Verlauf des Experiments schließlich alle in der Hand. Der Präzisionsgriff, so die neue Definition, ist keine bestimmte Grifform, die nur dem Menschen eigen ist, sondern eine Funktion, die auch Affen beherrschen. Daß unsere Verwandten bei weitem nicht so dumm und ungeschickt sind, wie wir es gern hätten, zeigte ein Versuch, der über siebzig Jahre zurückliegt. Ein Schimpanse sollte damals ganz bestimmte Figuren, die man ihm zeigte, aus einem Sack heraussuchen, der an seinen Handgelenken zugebunden war. Er sah also nicht, was im Sack war. Trotzdem konnte das Tier Zwölfecke von Zehnecken unterscheiden. Manch einer von uns wäre mit dieser Aufgabe überfordert, selbst wenn er sich ans Zählen machte.

Abgesehen von Statur und Schädelbau, die sich aus den Knochenfunden rekonstruieren lassen, wissen wir nicht, wie der Homo erectus ausgesehen hat. Ob sein Körper noch behaart war, oder, wenn nicht, ob seine Haut dunkel war, weil er aus den Tropen kam, ganz zu schweigen von Details wie den Augen und den Lippen etwa.

Außer Skelettfragmenten und einzelnen Steinwerkzeugen war jahrelang nur ein Ort bekannt, wo sich homo erectus – zumindest vorübergehend – aufgehalten hat: der Rastplatz von Bilzingsleben am Nordrand des Thüringer Beckens. Dort, an einer Stelle, wo einst ein Bach in einen flachen See mündete, gingen vor 350 000 Jahren Menschen auf die Jagd. Weil keine Waffen gefunden wurden, nahm man an, die Leute von Bilzingsleben hätten Elefant, Nashorn und Wisent in morastige Bereiche des Sees getrieben, bis sie weder vorwärts noch rückwärts konnten und kampfunfähig waren. Wenn es so gewesen ist, war es eine mühsame Prozedur. Bevor Kolosse wie Elefant oder Nashorn hilflos im Sumpf feststecken, muß der Schlamm schon etwas tiefer sein. Dort aber wären auch die Jäger, die kaum eineinhalb Meter groß waren, bis zu den Schultern versunken.

Entdeckungen der vergangenen Jahre werfen neues Licht auf die Jagdmethoden des ersten Menschen in unseren Breiten. Daß diese Fundstellen samt und sonders im Rheinland liegen, im Neuwieder Becken, hat zwei Gründe. Zum einen wird in dieser Region die Altsteinzeit systematisch erforscht, zum anderen ist das Becken eine *Sedimentfalle*, umschlossen von Eifel, Hunsrück und Westerwald, von Höhenrücken, die 700 000 Jahre lang Schutz gegen Stürme und Erosion boten. Was hier abgelagert wurde, blieb ungestört liegen. Schicht auf Schicht wuchs heran, und ihre Abfolge verrät, wie warme und kalte, trockene und feuchte Perioden einander abwechselten. Und manchmal sind in diese Ablagerungen Spuren von Menschen eingebettet.

Als die Erde Feuer spie

Schweinskopf, Karmelenberg, Wannen und Wannenkopf, Tönchesberg, Eiterköpfe, Plaidter Hummerich... Tagelang bin ich mit Archäologen über Vulkane gestiefelt, durch Schlackenfelder gestolpert, im Nieselregen über glitschigen Löß balanciert, habe steile Hänge erklommen, auf windiger Höhe in metertiefe Suchgräben gestarrt, mächtige Profile und Abbruchkanten bewundert, einer Schichttorte ähnlich, an denen sich Kalt- und Warmperioden des Eiszeitalters ablesen lassen.

Die Vulkankegel der Osteifel sind relativ jung. Die ältesten entstanden vor 700000, die jüngsten vor 100000 Jahren. Der Mensch hat miterlebt, wie sich die Erde hier auftat und zerbarst. Alle 10000 bis 20000 Jahre, vorwiegend in Warmzeiten, wurde einer dieser Vulkane geboren. Homo erectus sah, wie Lavafontänen gen Himmel schossen, glühende Magmafetzen in der Luft erstarrten und erloschen auf die Erde herunterprasselten, wo sie sich zu einem Schlackenkegel auftürmten. Mehr als hundertmal ereigneten sich im Bereich der Täler von Brohlbach und Nette und rund um den Laacher See diese Naturschauspiele, furchterregend und faszinierend zugleich, doch unmittelbare Gefahr droht lediglich in der näheren Umgebung dieser Ausbruchstellen. Katastrophal wird es erst, wenn feuriges Magma und Wasser aufeinandertreffen. Die Druckwellen der Wasserdampfexplosion schleudern Gestein kilometerweit übers Land, wirbeln Staub und Asche in die Atmosphäre. Zwischen Lavafontänen und Vulkanexplosionen kommt es unter Umständen durch ein- oder ausdringendes Magma zu einer Wechselwirkung. Sobald das Wasser zu Dampf verpufft ist, kann die Explosion in eine Lavafontäne übergehen, so daß sich ein Schlackenkegel bildet. Umgekehrt explodiert ein Schlackenvulkan, sobald es zu einem Wassereinbruch kommt. Auch das ist in der Osteifel passiert, und zwar dreimal: der Riedener und der Wehrer Kessel sowie der Laacher See entstanden durch solche Explosionen.

Die letzte dieser drei Naturkatastrophen fand im Jahre 9080 v. Chr. statt. Ein Ereignis, das sich auf das Klima der Region auswirkte. Fünf Kubikkilometer Bimsstein wurden aus dem Krater im Nordteil des heutigen Laacher Sees herausgeschleudert, Staub- und Aschepartikel in der Atmosphäre müssen wochenlang die Sonne verdunkelt haben. Das verraten Kiefernstämme aus der Nähe von Winterthur in der Schweiz, die Archäologen datieren konnten. Genau zu diesem Zeitpunkt wiesen die Jahresringe eine deutliche Wachstumsschwäche auf.

Zur Ruhe gekommen ist die Erde in der Osteifel bis heute nicht, denn das Vulkanfeld liegt auf einer Scholle, die sich noch immer hebt. Quer hindurch zieht sich ein tektonischer Graben, eine Fortsetzung des Oberrheingrabens, über das Mittelrheingebiet hin bis zur Nordsee. Erdbeben in jüngster Vergangenheit und eine Anzahl kohlensäurehaltiger Quellen sind sichere Anzeichen dafür, daß der Vulkanismus hier nicht erloschen ist. Ein gewagter Standort für ein Atomkraftwerk wie Mülheim-Kärlich, das aus bodenlosem Leichtsinn oder menschlicher Überheblichkeit ausgerechnet an dieser Stelle errichtet wurde.

Kaum einer der verhältnismäßig kleinen Schlackenkegel ist noch intakt, manche sind bereits von der Landkarte verschwunden. Der Abbau begann schon vor 6000 Jahren, als die ersten Bauern im Rheinland ihr Getreide mit Mahlsteinen aus Mayener Basaltlava zerrieben. Als später die Römer Germanien bis zum Limes besetzt hielten, gehörten Reibsteine zur Grundausstattung jedes Legionärs. Basaltsteine aus der Osteifel gelangten im ersten Jahrtausend nach Christi Geburt als Handelsware und als Ballast per Schiff bis nach Haithabu an der Schlei, und Tuffsteinbrocken finden sich noch heute im Gemäuer alter Kirchen bis hinauf nach Norderdithmarschen.

In den vergangenen Jahren hat man auch für die Schlacke Verwendung gefunden – als Frostschutzkarkasse beim Straßenbau und als Ersatz für Streusalz. Heute werden keine Vulkane mehr zum Abbau freigegeben. Sie stehen unter Landschafts- oder Naturschutz, einige sogar unter Denkmalschutz, damit Lebensräume für selten gewordene Pflanzen und Tiere erhalten bleiben. Bereits erteilte Genehmigungen wurden allerdings nicht widerrufen.

Für die Archäologen im ehemaligen Jagdschloß Monrepos bei Niederbieber waren die Vulkankegel jahrelang eine reizvolle Silhouette am Horizont. Die Wissenschaftler des Forschungsbereichs Altsteinzeit unter Leitung von Gerhard Bosinski hatten im Neuwieder Becken alle Hände voll zu tun mit Grabungen wie Miesenheim, Kärlich, Ariendorf oder Gönnersdorf und Andernach. Ostern 1983 kam nun die Meldung, daß im Abraum des Plaidter Hummerichs Knochen und Werkzeug aus Quarz entdeckt worden waren. Dann ging es Schlag auf Schlag, ein Vulkankegel nach dem anderen bot neue Funde. Die Vulkane wurden regelrecht zur Plage, denn es mangelte an Wissenschaftlern, Hilfskräften und an Zeit. Manchmal mußte an fünf Orten gleichzeitig gegraben werden, weil der industrielle Abbau weitergehen sollte.

Voll Neid denken die Archäologen aus Bosinskis Team an französische Kollegen. Diese hatten unter ähnlichen geologischen Bedingungen für die Untersuchung einer Fläche von sechs mal sieben Metern zehn Jahre Zeit. Das Pensum müssen die Wissenschaftler von Monrepos manchmal in zwei Tagen bewältigen, dann rücken die Bagger nach, und die Fundstelle ist verloren.

Kratermulden sind Sedimentfallen im Kleinformat. Schicht auf Schicht lagerten dort in Kaltzeiten Lößpakete, in feuchten Phasen Humusbänder, in Warmzeiten Verwitterungsböden ab, Vulkanausbrüche schlugen sich als Schlacken nieder, bildeten Bänder aus Bimsen, Aschen und Tuffen.

Einige dieser Schichten enthalten Spuren vergangenen Lebens: Nashornzähne, Elefantenrippen und steinernes Werkzeug, denn immer wieder sind Menschen auf die Vulkane gestiegen. Zuerst der Homo erectus, der schon vor 300 000 Jahren den Karmelenberg aufsuchte. Daß er den Doppelkegel des Plaidter Hummerichs mied, hat einen einfachen Grund. Der Berg ist zu jung, er entstand erst vor 250 000 Jahren, und es dauert seine Zeit, bis so ein Krater *siedlungsfähig* ist.

Im Laufe der Jahrtausende verdichtete sich der eingewehte Lößstaub im porösen Schlackenkrater, Regen- und Schmelzwasser lösten ihn, daß er in die Poren eindringen und den Untergrund versiegeln konnte. Am Boden des Kraters sammelten sich Niederschläge zu einem kleinen See, erste Pflanzen siedelten sich an, Tiere stellten sich ein, der tote Krater füllte sich mit Leben und verwandelte sich allmählich in einen behaglichen Aufenthaltsort. Seine Wände boten Schutz gegen Wind und Wetter, die Sonne heizte sie auf, und noch lange nach Sonnenuntergang strahlte das Gestein Wärme ab. In der geschützten Mulde, auf mineralhaltigem Boden, gedieh die Vegetation üppiger als anderswo, und möglicherweise war der Mensch schon früh dahintergekommen, daß die im Wasser gelösten Mineralien heilkräftig wirken. Auf jeden Fall aber hatte man von dort oben eine herrliche Aussicht.

Der Neandertaler – mit Lanzen auf Mammutjagd

An einem Regentag auf den Vulkankegeln bin ich anderen Menschen begegnet, die vor uns lebten – den Neandertalern. Eine flüchtige Begegnung nur, ein paar steinerne Schaber und Messer samt Mahlzeitresten. Unsere Wege kreuzten sich später noch einmal – auf der Schwäbischen Alb. In dieser Landschaft, die im Winter rauh, im Sommer aber umso lieblicher sein kann, hat er mehr Spuren hinterlassen als in anderen Gegenden. In den Höhlen der Berghänge blieben sie zigtausende von Jahren hindurch unberührt.

Der Neandertaler hatte von Anfang an schlechte Karten. Die Skeletteile, die 1856 beim Kalkabbau in der „Kleinen Feldhofer Grotte" im Neandertal gefunden wurden, sorgten gleich zu Beginn für Aufregung unter den Wissenschaftlern. Der Naturkundelehrer Johann Carl Fuhlrott erkannte auf Anhieb, daß die Knochen, die man ihm für den Unterricht geschenkt hatte, nicht von einem Bären stammten, sondern von einem Menschen. Als er 1857, zwei Jahre, bevor Darwin seine Evolutionstheorie veröffentlichte, schrieb, es handele sich um einen Eiszeitmenschen, mußte Fuhlrott den Beweis für seine Behauptung schuldig bleiben. Stattdessen nahmen sich die Spezialisten der Sache an. Bei der Naturforscherversammlung in Kassel ging es hoch her. Darwins Ansichten über die Entstehung der Arten waren zwar noch nicht bekannt, doch das Thema lag in der Luft. Der Fund aus dem Neandertal war Gesprächsthema Nummer eins, die widersprüchlichsten Theorien wurden zum besten gegeben. Ein Gelehrter tippte auf einen Schwachsinnigen mit Wasserkopf, andere versteiften sich auf einen alten Holländer oder Kelten. Wieder andere sagten, es handele sich ohne jeden Zweifel um einen jener Kosaken, die 1814 am Rhein gestanden hatten, sogar ein Eremit, der einsam in seiner Höhle gestorben sein sollte, wurde ins Feld geführt. Auch der berühmte Arzt und Anthropologe Rudolf Virchow hielt Fuhlrotts Behauptung, der Mensch aus dem Neandertal hätte in der Eiszeit gelebt, für Unsinn. Hier seine spätere, etwas gemäßigtere Diagnose:

„Das fragliche Individuum hat in seiner Kindheit an einem geringen Grad von Rachitis gelitten, hat dann eine längere Periode kräftiger Tätigkeit und wahrscheinlicher Gesundheit durchlebt, welche nur durch mehrere Schädelverletzungen, die aber glücklich abliefen, unterbrochen wurde, bis sich später Arthritis deformans (verbildende Altersgicht) mit anderen, dem hohen Alter angehörigen Veränderungen einstellte, insbesondere der linke Arm ganz steif wurde; trotzdem aber hat der Mensch ein hohes Greisenalter erlebt. Es sind dies Umstände, die auf einen sicheren Familien- und Stammesverband schließen lassen, ja, die vielleicht auf Seßhaftigkeit hindeuten. Denn schwerlich dürfte in einem bloßen Nomaden- oder Jägervolk eine so vielgeprüfte Persönlichkeit bis zum hohen Greisenalter sich zu erhalten vermögen."

Britische Anthropologen sprachen ihm die Fähigkeit ab, „sittlich-moralische und religiöse Vorstellungen" zu entwickeln und nannten ihn „Homo primigenius". Nun sind Sitte und Moral stets dehnbare Begriffe gewesen. Daß „der Neandertaler" für Kranke und Alte sorgte, bewies schon Virchows Diagnose. Daß sich der Homo sapiens neanderthalensis auch Gedanken über Leben und Tod machte, bezeugen Gräber, die in Westeuropa, Asien, Palästina und Afrika freigelegt wurden: Dem „alten Mann" von La Chapelle-aux-Saints im Department Corrèze hatte man steinernes Werkzeug und einen Bisonschenkel ins Grab gelegt; der „Junge von Têsik Tâs"(Usbekistan) war in einem Kreis aus fünf Ziegenhörnerpaaren bestattet. Der „Schädel von Monte Circeo"(Italien) ruhte auf einem Kranz von Steinen, von Tierknochen umgeben. Und immer wieder fanden sich Spuren von roter Farbe, von Ocker, dem Symbol für Blut und damit Leben.

Anfang dieses Jahrhunderts barg der Schweizer Archäologe Otto Hauser im Tal der Vézère das Grab eines jungen Mannes. Der Fundort Le Moustier gab übrigens der „Neandertaler-Zeit" den Namen – Moustérien. Der Tote lag mit angewinkelten Beinen im Grab, sein Kopf ruhte auf dem rechten Arm, gerade so, als ob er schliefe. Als *Kopfkissen* diente ein Häufchen Feuersteinstücke. Tierknochen, ein Steinkeil und ein Schaber begleiteten ihn auf seinem letzten Weg. Ein liebevolles Begräbnis, das dann im Berliner Völkerkundemuseum in einer Vitrine ausgestellt wurde, den neugierigen Blicken der Besucher preisgegeben. Dieser junge Neandertaler muß auf den Archäologen tiefen Eindruck gemacht haben. Hauser fuhr wiederholt nach Berlin, legte einen Blumenstrauß auf das gläserne Grab und verharrte eine Weile in stillem Gedenken.

Das Grab des Mannes aus der Felsengrotte im Neandertal ist damals nicht untersucht worden. Man ging aber davon aus, daß dort ursprünglich ein unversehrter Leichnam bestattet wurde.

Seit über 130 Jahren sind die Skelettreste dieses weltberühmten Frühmenschen wieder und wieder untersucht worden. Doch erst jetzt stellte sich heraus, daß sich am Schädel, an Schlüsselbein und Schulterblatt Schnittspuren befinden. Unter dem Auflichtungsmikroskop mit sechs- bis fünfzigfacher Vergrößerung konnten sie eindeutig identifiziert werden, und sicher ist auch, daß sie alt sind. Das aber, so Ralf-W. Schmitz vom Rheinischen Landesmuseum, kann nur bedeuten, daß man das Fleisch von den Knochen entfernt hat, bevor man sie in der Höhle deponierte. „Kannibalismus zum Zwecke eines reinen Nahrungserwerbes scheint dabei kaum in Betracht zu kommen, denn die markhaltigen Langknochen wurden nicht aufgeschlagen und tragen auch keine Brandspuren. Rituelle Anthropophagie oder Leichenzerstückelung aus Wiedergängerfurcht dürfte ebenso wenig auszuschließen wie beweisbar sein."

Werkzeuge und Wohnplätze

Der europäische, der *klassische* Neandertaler, wird der bisher letzten Eiszeit zugerechnet, grob gerechnet also der Zeitspanne zwischen 70 000 und 30 000 vor heute. Er gilt als Variante des Homo erectus, der aus Afrika stammt, und wanderte lange vor der *klassischen* Zeit nach Westeuropa. Hier entwickelte er sich in relativer Isolation zu einer ganz speziellen Menschenart.

Sein Steckbrief: 1,50 Meter groß, gebeugter Gang mit eingeknickten Knien. Großer Kopf auf massivem, kurzem Hals, mächtiger Körper auf kurzen Beinen, Hände und Füße unverhältnismäßig groß. Füße fast ohne Fersen, daher einwärts gedreht, was den Eindruck unsicheren Ganges erweckt.

Doch der Schein trügt. Der russische Anthropologe Michail Michailowitsch Gerassimow geht davon aus, daß der Neandertaler sehr fest auf beiden Beinen stand. Er „war beweglich und flink, reagierte blitzschnell und wies eine große Elastizität seiner plumpen Gliedmaßen auf."

Unser Bild vom Neandertaler wird geprägt vom Kopf. Vom runden Schädel, dem schnauzenähnlichen *Spitzgesicht* mit ungewöhnlich stark entwickeltem Überaugenwulst, dem Torus, darunter große, fast kreisrunde Augenhöhlen. Dazu eine fliehende Stirn, massiger Unterkiefer mit kaum angedeutetem Kinn und abgeflachte Nasenwurzel, die auf eine breite, kurze Nase schließen läßt.

Daß die Anthropologen den Neandertaler später als sapiens einstuften, ihm schließlich doch noch Vernunft zubilligten, geschah unter dem Druck der Beweise. Rehabilitiert ist er, zumindest in der Öffentlichkeit, noch nicht. Sein Image ist weiterhin miserabel. Er gilt als grobschlächtig, ungehobelt und geistig minderbemittelt.

Was er wirklich dachte und fühlte, werden wir in Einzelheiten nie erfahren, das läßt sich nur in groben Umrissen als Annäherung aus den Spuren, die wir finden, rekonstruieren: aus Rastplätzen, Jagdbeute und aus Gräbern. Angeblich haben die Neandertaler mit Kunst nichts im Sinn gehabt. Das Werkzeug ist zwar ohne jede Verzierung, doch manch Faustkeil oder Schaber verrät Sinn für Form, zeigt, daß die Menschen, die das Werkzeug schufen, nicht nur die Funktion im Kopf hatten. Nichts spricht dagegen, daß in den hölzernen Griff des einen oder anderen Gerätes ein Muster geschnitzt war.

Schnitzen ist ein uraltes Handwerk, eine Kunst, die nicht von einem Tag auf den anderen entstanden sein kann. Gerade die Tatsache, daß sie mit dem Nachfolger des Neandertalers, mit unseren Ahnen, den Jungpaläolithikern, voll entwickelt, scheinbar ohne jede Vorübung auftaucht, muß nachdenklich stimmen. Der Kunst des „sapiens sapiens“, die er im Geißenklösterle oder im Hohlenstein-Stadel hinterließ, muß eine Entwicklungsphase vorausgegangen sein. Daß Kunstwerke vorwiegend in Höhlen gefunden wurden, liegt einfach daran, daß sie hier geschützt lagen.

Als ein früher Neandertaler vor 100 000 Jahren zum erstenmal seinen Kopf in den Eingang einer Höhle auf der Schwäbischen Alb steckte, suchte er Obdach. Daß diese festen Unterkünfte begehrt waren, muß er gewußt haben, denn mit der Natur kannte er sich aus. Leichtsinn, das hatte ihn Erfahrung gelehrt, ist verhängnisvoll.

Mit Eule, Fuchs und Fledermaus kann man sich arrangieren, doch mit Löwen oder Bären ist nicht zu spaßen. Nicht ohne Grund haben gerade diese beiden Tiere dem Menschen imponiert. Dieser Respekt schlug sich in Mythen und Märchen, in Kunst und Kult nieder. Ein ausgewachsener Höhlenbär war an die zweieinhalb Meter groß und wog rund 15 Zentner. Ein Nachbar, dem man besser aus dem Wege ging.

Ob die Neandertaler auf der Schwäbischen Alb es mit einem Bären aufnahmen, muß dahingestellt bleiben. Zwar finden die Archäologen haufenweise Bärenknochen, wenn sie in Höhlen graben, doch das muß nicht bedeuten, daß es sich um Jagdbeute handelt. Die Tiere nutzten Höhlen als Winterquartier, die Weibchen brachten dort ihre Jungen zur Welt, und in die Höhle zog sich manch altes, krankes Tier zurück, um in die ewigen Jagdgründe einzugehen. Daß Bär und Mensch sich die Wohnung teilten, ist unwahrscheinlich. Wer lebt schon gern auf Tuchfühlung mit einem Raubtier, und an unbewohnten Höhlen mangelte es nicht. Die Bärenknochen stammen nämlich aus verschiedenen Zeiten. Nach Aussage von Zoologen haben zum Beispiel in der Gegend von Blaubeuren, im Talzug der Flüsse Ach, Blau und Schmiech, nie mehr als zwei Bärenfamilien zur selben Zeit gelebt.

Die Höhlen auf der Alb sind 200 000 bis 300 000 Jahre alt, und eigentlich liegt es nahe, daß schon Homo erectus dort gelegentlich Unterschlupf suchte. Die Archäologen haben jedoch vergeblich nach Hinweisen für seine Anwesenheit gesucht. Die untersten und damit ältesten Schichten sind nur 100 000 Jahre alt, und da gab es den erectus nicht mehr. Ganz ähnliche Beobachtungen werden von den nahezu vierzig Felsüberhängen, den „abris", der Fränkischen und Schwäbischen Alb gemeldet. Dort stammen mit ein, zwei Ausnahmen die ältesten Schichten sogar erst aus dem Magdalénien, aus der Zeit der Jungpaläolithiker. Alles was noch älter war, ist verschwunden.

Die einzig plausible Erklärung für diesen Befund wäre eine Flutkatastrophe. Die müßte sich dann vor 15 000 Jahren ereignet haben, und genau in diese Zeit fällt das Ende der letzten Eiszeit. Das Ende einer Eiszeit, das wissen wir heute, kam immer abrupt. Demnach hätten sich jedesmal, wenn die Gletscherfronten zusammenbrachen, gewaltige Sturzbäche durch Schluchten und Täler gewälzt und alles mit sich fortgerissen, was im Laufe der Zeit dort abgelagert worden war. Wenn bei solchen Klimakatastrophen, ausgelöst durch eine plötzliche Erwärmung, sintflutgleiche Wassermassen von den Alpengletschern zu Tal schossen, können sie ohne weiteres auch die Spuren des Homo erectus in Höhlen der Schwäbischen Alb fortgespült haben.

Daß sich Neandertaler in Höhlen aufhielten, bedeutet nicht, daß sie sich wie Familie Feuerstein dort häuslich eingerichtet hätten. Die Höhlen dienten nur vorübergehend als Unterschlupf für Jägertrupps, gelegentlich wohl auch für eine Sippe. Ein Dutzend Erwachsene vielleicht, dazu Kinder und Halbwüchsige, mehr sind bei umherstreifender Lebensweise nicht durchzubringen. Es ist anzunehmen, daß die Größe des Verbandes, wie bei nomadisierenden Stämmen in neuerer Zeit, relativ konstant gehalten wurde, entweder durch Geburtenregelung oder durch Teilung der Gruppe, je nach dem, wie leicht Nahrung zu beschaffen war.

Nach demoskopischen Berechnungen haben in der ersten Hälfte der Würm-Eiszeit in Südwestdeutschland nie mehr als 50 000 Menschen gleichzeitig gelebt. Das entspricht der Bevölkerungsdichte der Eskimo am Polarkreis. Auf den ersten Blick scheint das eine Menge Platz zu sein. Untersuchungen der Lebensweise der Nunamiut-Eskimo in Alaska zeigten jedoch, daß dreißig, vierzig dieser Wildbeuter, die weder Tiere züchten noch Pflanzen anbauen, innerhalb von zehn Jahren ein Kernwohngebiet von rund 5400 Quadratkilometern nutzen. Insgesamt jedoch brauchen sie für die Versorgung mit Nahrung und allen möglichen Gebrauchsgütern an die 30 000 Quadratkilometer. Nur so ist gewährleistet, daß sich die Bestände regenerieren können.

Noch zu der Zeit, als der Neandertaler entdeckt und Darwins Evolutionstheorie veröffentlicht wurde, waren viele Altertumskundler eher Raritätensammler, auf der Jagd nach ungewöhnlichen Stücken. Heute kommt den Fundumständen mindestens ebenso große Bedeutung zu wie den Objekten selbst, denn nur im Zusammenhang geben Schätze und Scherben wenigstens teilweise ihr Geheimnis preis. Das Schwergewicht liegt nicht mehr auf eher kunstgeschichtlichen Untersuchungen wie etwa der Verbreitung des germanischen Griffzungenschwertes oder der Typologie keltischer Wendelringe, sondern auf der Frage: Wie wurden diese Gegenstände hergestellt, wozu wurden sie benutzt und warum. Kurz, es geht der modernen Archäologie um eine Rekonstruktion des Lebens der Menschen in der Vergangenheit. Ein Unternehmen mit tausend Fallstricken, weil jede Fundinterpretation bestenfalls ein Indizienbeweis und obendrein subjektiv entsprechend der Einstellung des Interpreten gefärbt ist. Die Gefahr der Einäugigkeit besteht auch in der Ethnologie, die sich mit der Lebensweise lebendiger Menschen beschäftigt. Kein Forscher kann sich völlig von der Prägung durch die Kultur, in der er aufgewachsen ist, freimachen, sich in fremde Lebens- und Denkweise voll und ganz hineinversetzen. Diese Vorbehalte gelten besonders für ältere Berichte, die häufig von Missionaren oder Forschungsreisenden stammen, durchweg aber von Männern, denen der Lebensbereich der *Frauen und Kinder* weitgehend verschlossen blieb. Von sprachlichen Verständigungsschwierigkeiten ganz zu schweigen.

Selbst wenn Beschreibungen vom Leben und Treiben bestimmter Menschengruppen hieb- und stichfest sind, und wenn man annähernd gleiche Umweltbedingungen wählt, läßt sich zum Beispiel die Lebensweise von Eskimos, Maori oder Schwarzfußindianern nicht einfach auf Neandertaler oder nacheiszeitliche Rentierjäger übertragen. Ethnologische Vergleiche können aber Denkanstöße geben und helfen, bestimmte archäologische Fundumstände zu deuten. Dabei mag die Aussage der Wahrheit sehr nahekommen. Man darf also annehmen, daß die Neandertaler, wie später auch unsere Vorfahren, in kleinen Gruppen durchs Land zogen, die einen lockeren Stammesverband bildeten. Zu bestimmten Zeiten traf man sich, vielleicht zu gemeinsamer Großwildjagd, sicher aber auch, um Feste zu feiern und Informationen auszutauschen. Möglicherweise gab es ein größeres Lager, in dem der Stamm gemeinsam den Winter verbrachte.

Nachweisen läßt sich das nicht, aber die Beschaffung von Wild wird Sache der Männer gewesen sein. Die Jagd ist ein Unternehmen, um das zwar auch heute noch viel Wesen gemacht wird, das aber zu allen Zeiten von mehreren Faktoren abhängig und außerdem nicht ungefährlich war. Erfahrung und Geschick sind Voraussetzung für reiche Beute, doch Glück gehört auch dazu. Warum sonst der fromme Wunsch: Waidmannsheil?

Heutzutage verzichtet weniger als ein Prozent der Weltbevölkerung freiwillig auf Fleisch, und weniger als 0,1 Prozent sind strenge Vegetarier, die auch Fisch, Eier und Milchprodukte meiden. Ein saftiger Braten war einst wie heute im allgemeinen hochwillkommen, wenn auch nicht immer und überall selbstverständlich.

In gemäßigten Breiten, so haben Ernährungswissenschaftler errechnet, war es vor Einführung der Landwirtschaft möglich, 35 Prozent der Kalorien durch den Verzehr von Wild zu decken. Den Großteil der Menschheitsgeschichte hindurch soll unser Organismus sogar auf den täglichen Verzehr von eineinhalb Pfund Fleisch eingestellt gewesen sein. Wir verspeisten pro Magen und Jahr hundert Kilogramm Fleisch. Eineinhalb Pfund wären also fast die dreifache Menge. Damit ist allerdings nicht gesagt, daß das Fleisch unbedingt von Nashorn, Elefant, Mammut und so weiter stammen mußte. Insekten zum Beispiel haben es auch in sich. Dazu der amerikanische Anthropologe Marvin Harris:

„Einhundert Gramm afrikanische Termiten enthalten 610 Kalorien, 38 Gramm Protein und 46 Gramm Fett. Zum Vergleich enthält ein hundert Gramm schwerer gebratener mittelfetter Hamburger nur 245 Kalorien, 21 Gramm Protein und 17 Gramm Fett. Wenn man das Trockengewicht nimmt, bewegt sich bei Heuschrecken der Anteil Protein zwischen 42 und 76 Prozent und der Anteil Fett zwischen 6 und 50 Prozent. Bescheidene Hausfliegenlarven enthalten 63 Prozent Protein und 15 Prozent Fett, während Bienenlarven im Trockenzustand aus über 90 Prozent Protein und 8 Prozent Fett bestehen."

Für den kleinen Hunger zwischendurch und als Beilage gab es Obst, Gemüse und Salat aus Wald, Wiese und Steppe, dazu – je nach Jahreszeit und Klima – Kräuter, Samen, Wurzeln, Beeren, Pilze, Nüsse und Knospen oder Kleingetier wie Schnecken, Eidechsen, Muscheln, Frösche und Vogeleier. Und wenn man den Trick kennt, ist es selbst für Kinder keine Kunst, Fische mit bloßen Händen zu fangen oder Schlingen für Hasen und Schneehühner auszulegen.

Im großen und ganzen aßen also die Neandertaler so ziemlich dasselbe wie wir. Bis auf die Insekten, die zwar im Gefolge der *Edelfreßwelle* als Baby-Bienen, geröstete Termiten und Heuschrecken in Feinkostläden auftauchten, jedoch ebenso wie Gecko-Schnaps auf mehr Abscheu als Abnehmer stießen. Auch Garnelen, die an der Küste Krabben oder Granat heißen, gelten nicht überall als kulinarischer Leckerbissen. Als vor ein paar Jahren die ersten Wagenladungen der niedrigen Löhne wegen von der Westküste Schleswig-Holsteins nach Polen zum Puhlen geschickt wurden, bedurfte es einiger Überredungskünste, bis die Arbeiterinnen ihren Ekel vor den gepanzerten vielfüßigen Meerestieren überwunden hatten.

Essen ist eine Frage des Angebots und der Gewohnheit. Insekten kamen hierzulande in jüngerer Zeit offenbar nicht mehr auf den Tisch, ausgenommen Maikäfer, aus denen angeblich eine Kraftbrühe gekocht wurde, die Kranken wieder auf die Beine geholfen haben soll. Nach dem Genuß, versteht sich. Ein hervorragendes Beispiel für biologische Schädlingsbekämpfung – wurden doch um 1880 allein im Bezirk des Landwirtschaftlichen Zentralvereins der Provinz Sachsen 30 000 Zentner dieser Krabbeltiere gesammelt, so an die eineinhalb Milliarden Stück.

Die erste Mauer

Doch zurück zur Schwäbischen Alb. In den Kaltzeiten scheint das Gebiet menschenleer gewesen zu sein. In der Gegend um Stuttgart lag dann die Temperatur im Jahresmittel bei −1 °C. Das bedeutet im Sommer durchschnittlich 8 °C, im Winter durchschnittlich −10 °C. Aber auch heute, in einer Zwischeneiszeit, sind die Winter dort oben meist lang und rauh, davon können die Archäologen, die dort arbeiten, ein Lied singen.

Als sie in der Großen Grotte, einer Höhle unterhalb der Ruine Rusenschloß bei Blaubeuren gruben, blies der eisige Wind den Schnee schon im Frühherbst bis in den hintersten Winkel der Höhle. Kein angenehmer Aufenthaltsort, und doch sind Neandertaler dort eingekehrt. Vielleicht hatte sie ein plötzlicher Wintereinbruch überrascht, und sie warteten besseres Wetter ab. Doch sie nahmen die Dinge nicht einfach hin, wie sie waren und kauerten sich wärmesuchend ums Feuer. Sie taten etwas, das Planung und Methode voraussetzt. Sie sammelten Steine und schichteten sie zu einer kleinen Mauer auf, die die schlimmste Zugluft abhielt. Diese Mauer in der Großen Grotte ist das älteste „Bauwerk" der Welt. Geschaffen vom Neandertaler. Ganz ähnliche Trockenmauern, ohne Mörtel oder Zement, zum Teil in einer Art Muster aus Feldsteinen aneinandergefügt, werden noch heute überall auf der Welt errichtet, auch in Europa. In Irland zum Beispiel schützen sie Gärten vorm Wind und trennen Weideflächen ab, im Norden Portugals stützten sie die erosionsgefährdeten Terrassen von Weinbergen.

Mag die Große Grotte auch nicht sonderlich gemütlich gewesen sein, so bot sie doch Schutz. Im Laufe von 5000 Jahren haben Neandertaler dort wiederholt Unterschlupf gesucht. Es waren seltene Besuche: Alle paar tausend Jahre schaute eine Handvoll Leute vorbei, doch in der Archäologie schlägt auch das zu Buch. Sie hinterließen die Mauer, 50 Steinwerkzeuge und die Asche eines kleinen Feuers. Nach jeweils kurzem Aufenthalt zogen die Jäger weiter. Das Tal der Ach entlang, vorbei an Brillenhöhle und Geißenklösterle, zum Sirgenstein.

Von der Höhle am Sirgenstein, 35 Meter über der Talsohle, hat man einen herrlichen Rundblick. Ein überhängender Fels bietet Schutz gegen Regen und Wind, auf dem Vorplatz mögen sie tagsüber in der Sonne, an milden Abenden am Feuer gesessen haben. Wenn man den Höhleneingang passiert hat, gelangt man, vorbei an Nischen, Grotten und Gewölben, in einen Raum mit kuppelförmiger Decke. Durch zwei Öffnungen fällt gedämpftes Tageslicht ins Innere, eine behagliche Wohnung. Zwei-, höchstens dreimal waren Neandertaler am Sirgenstein, dafür scheinen es längere Aufenthalte gewesen zu sein. Tausend Feuersteinstücke blieben zurück, Werkzeug und Abfall, dazu die Asche einer großen Feuerstelle. Zu jener Zeit rückten die Gletscher wieder vor, die Wälder verschwanden und Brennholz wurde knapp. Das erklärt, warum die Leute am Sirgenstein Knochen verfeuerten. Mahlzeitreste, Wildpferd, Ren, Mammut, Wollnashorn und Steinbock konnten die Zoologen identifizieren.

Den Hohlen Fels von Schelklingen ließen die Neandertaler links liegen, sie mieden ihn aus irgendeinem Grunde. Die nächste Station, wo sie nachweislich Halt machten, war ein Felsen am Fuß des Schelklinger Berges, in der Nähe von Schmiechen. Dicht dabei lag einst der Schmiechener See, und der Kogelstein war ein strategisch günstiger Punkt. Von dort aus konnten die Jäger das Wild beobachten, wenn es von der Alb her über die Talwechsel zur Tränke zog, und zuschauen, wie sich Mammut und Wollnashorn in den seichten Uferzonen des Sees suhlten, denn Schlamm kühlt nicht nur, er schützt auch gegen Mückenstiche. Diese Plagegeister des arktischen Sommers mögen auch den Jägern zugesetzt haben.

Die Höhlen waren eher Verlegenheitslösungen bei schlechter Witterung. Im Sommer genügte wohl ein einfacher Windschirm, für längere Aufenthalte, vor allem im Winter, stellte man solidere Behausungen auf. Gerüste aus Stangen oder Langknochen, die mit Fellen bespannt wurden, so wie wir sie bereits vom Homo erectus aus Ariendorf kennen. Die Archäologen bezeichnen solche Plätze als „Freilandstationen".

Ein Windschirm ist im Handumdrehen aufgestellt und wiegt nicht viel. Stangen und Felle für Zelte sind umständlicher zu transportieren, vor allem, wenn man sie auf dem Rücken tragen muß. Noch hatte der Mensch weder Rind, Pferd oder Esel gezähmt, die Erfindung von Rad und Straßen lag in ferner Zukunft. Möglich wäre es, daß schon die Neandertaler ihre Habseligkeiten auf ein Stangengestell banden, das sie hinter sich herschleiften. Ein Vergnügen ist auch das nicht, und so werden sie darauf bedacht gewesen sein, diese Basislager für längere Zeit aufzuschlagen. Von einem solchen Stützpunkt aus konnten die Männer auf Jagdzüge gehen, die sicher manchmal Tage, wenn nicht gar Wochen dauerten.

Barbecue auf dem Vulkan

Anläßlich solcher Jagdausflüge haben sie auch die Vulkane der Osteifel besucht. Im Laufe von 100000 Jahren – zwischen 150000 und 60000 vor unserer Zeit – hat es sie immer wieder in die Kratermulde des Plaidter Hummerichs gezogen, und einer der Gründe war sicherlich der weite Blick von dort oben. Ein einziges Mal, in einer der ersten wärmeren Phasen der letzten Eiszeit, blieben sie länger. Ob sie damals mit Kind und Kegel hinaufgestiegen sind, oder ob es wieder nur eine Jagdgesellschaft war, läßt sich nicht mehr feststellen. Auf alle Fälle schleppten sie Rohmaterialreserven mit auf den Berg, schwere Blöcke aus Quarz und Quarzit, um daraus Werkzeug herzustellen.

Grabungen auf Vulkanen haben trotz mancher Probleme technischer Art einen gewaltigen Vorteil: alles, was nicht gerade Schlacke ist oder vom Ausbruch eines benachbarten Kegels stammen kann, müssen Menschen dort deponiert haben. Steinernes Rohmaterial und Werkzeug wiederum geben Auskunft über den Aktionsradius ihrer Besitzer. Über neunzig Prozent des Materials stammen aus der unmittelbaren Umgebung, aus Flußschottern des Rheins, der heute acht Kilometer entfernt fließt. Spitzen aus Feuerstein aber verraten, daß die Leute durchaus über den Dunstkreis des Schlackenkegels hinausgekommen sind. Die nächsten Lagerstätten von Flint oder Silex liegen nämlich erst im Einzugsbereich der Maas.

Da saßen sie also in luftiger Höhe und hielten Ausschau nach Beute, die sie in der Ebene kilometerweit erspähen konnten. Unterdessen wurde ihnen die Zeit nicht lang, sie fertigten Werkzeug und Waffen auf Vorrat. Schaber, mit denen sie Holz bearbeiteten, und Messerklingen, mit denen sie Tiere häuten und das Fleisch zerteilen konnten. Fleisch von Tieren, die sie selbst erbeutet hatten.

Die Neandertaler waren wirklich Jäger. Sie begnügten sich nicht mehr mit dem, was Raubtiere an einer Tränke oder bei ihren Schlafplätzen zurückließen. Sie waren zwar klein von Statur, doch im Kampf mit Nashorn und Elefant standen sie ihren Mann. Nur mit einer Lanze bewaffnet, wagten sie sich in unmittelbare Nähe dieser Kolosse. Dazu gehören Mut und Geschicklichkeit – vor allem aber Planung und Vorbereitung. Zielstrebiges Vorgehen gibt es auch bei Tieren. Wenn Möwen Steine auf Muscheln fallen lassen, damit sie zerschmettern, wenn Affen zum Stock greifen, um Bananen außerhalb ihrer Reichweite zu angeln, wird mit Hilfe von Technik oder Werkzeug etwas möglich, was *von Natur aus* eigentlich nicht möglich wäre.

Not macht bekanntlich erfinderisch. Wenn aber erst einmal etwas erfunden worden ist, kann es weiterentwickelt werden bis zur Perfektion. Es kann ebenso wieder in Vergessenheit geraten, wenn die Notwendigkeit entfällt. Ein Gutteil Erfindungen entstanden durch Versuch und Irrtum – man probiert solange aus, bis etwas klappt. Andere wiederum entstanden aus dem Spiel, oder aus Nachahmung.

Die Jagd war, nach Werkzeug und Feuer, ein weiterer Versuch des Menschen, sich von den Gegebenheiten unabhängig zu machen. Sie war auch, wenn man so will, ein weiterer Schritt zu einer komplizierteren Gesellschaftsform.

Wenn Jäger gemeinsam auf die Pirsch gehen, müssen sie vorher planen und organisieren, das ist auch heute noch so. Wie das zu Neandertalers Zeiten im einzelnen vor sich ging, wissen wir nicht. Daß sie auf die Jagd gingen, steht außer Frage. Es gibt einen Beweis dafür: die *Lanze von Lehringen.* Es ist die älteste Lanze der Welt, die vollständig, wenn auch in elf Teile zerbrochen, erhalten blieb. Diese Waffe steckte noch zwischen den Rippen eines Waldelefanten, als sie in einer Mergelgrube bei Verden an der Aller entdeckt wurde. Sie ist aus Eibenholz gearbeitet, 125 000 Jahre alt und zeugt von beachtlichem handwerklichen Können. Abnutzungsspuren am Schaft der gut zwei Meter langen Waffe zeigen, daß sie längere Zeit in Gebrauch war. Das liegt nahe, denn ihre Herstellung war verhältnismäßig aufwendig. Mitsamt dem Entfernen der Äste vom Eibenzweig brauchten Archäologen rund fünfeinhalb Stunden, bis sie mit Steinwerkzeugen ein Duplikat der Lanze zustandegebracht hatten. Ein brauchbarer Faustkeil dagegen ist in einer Viertelstunde zurechtgeschlagen. Daß die Spitze der Lanze tatsächlich im Feuer gehärtet wurde, konnten Experimente nicht eindeutig beweisen. Dafür stellte sich heraus, daß man das andere, spatelförmige Ende gut als eine Art Schaufel benutzen kann.

Als zu Beginn unseres Jahrhunderts der Kunststoff entwickelt wurde, wurden zwei Fliegen mit einer Klappe geschlagen. Der neue Werkstoff war billig und nahezu unverwüstlich.

Werkplatz, an dem steinernes Werkzeug zugeschlagen wurde. Ringsum verstreut Abschläge und Klingen, dazu Kernsteine, die Reste des Werkstoffes.

Wenn Archäologen von einem fremden Stern in 1000 Jahren die Trümmer unserer Zivilisation durchwühlen würden, müßten sie auf die Idee kommen, unsere Epoche als Plastikzeit zu bezeichnen. Das wäre aber ebenso irreführend wie das Etikett *Steinzeit,* das wir dem weitaus längsten Teil der Menschheitsgeschichte verpaßt haben. Die Steine haben lediglich überdauert, während die meisten Gegenstände aus vergänglichem Material verschwunden sind.

Bei den Massen von Faustkeilen, Schabern, Klingen, Speerspitzen und „Abschlägen", die sich in Museumsvitrinen und -magazinen angesammelt haben, ist es erstaunlich, daß erst vor zwanzig bis dreißig Jahren Archäologen begannen, die Werkzeuge auszuprobieren, systematisch zu experimentieren, wie und wozu sie hergestellt und benutzt wurden. Vorher siegte nur vereinzelt Neugier über Pietät, wie zum Beispiel bei dem Braunschweiger Archäologen Alfred Tode. Der hatte schon 1952 einen Rastplatz von Neandertalerjägern bei Salzgitter-

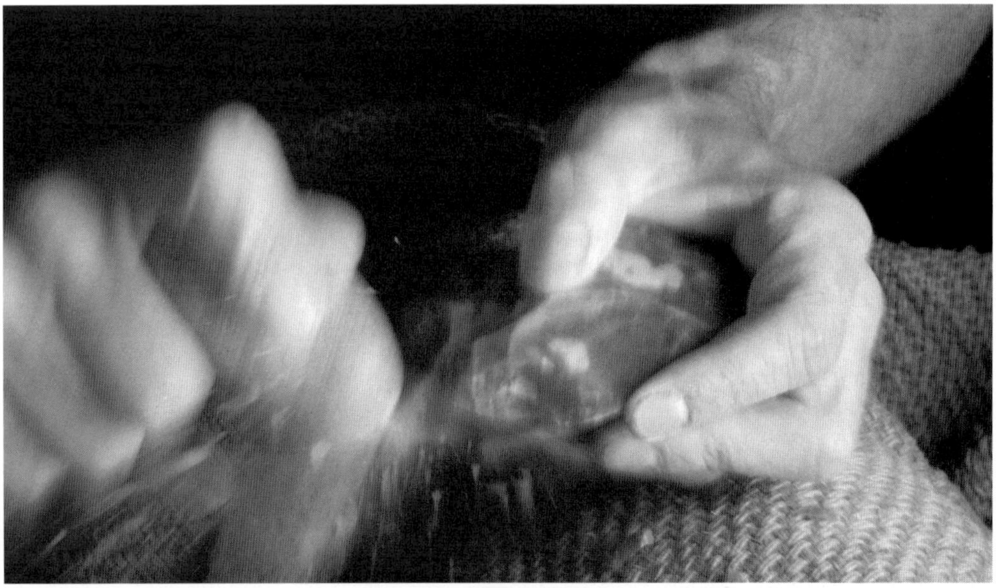

Flint und Hornstein eigneten sich hervorragend für Waffen und Werkzeug, weil sie hart sind und weil sich die Abschläge berechnen lasssen.

Lebenstedt ausgegraben. Vor 100 000 Jahren blieben dort sorgfältig bearbeitete Steingeräte zurück, darunter sogenannte Winkelschaber. Tode gab sich mit dieser vagen Bezeichnung nicht zufrieden. Er wollte es genau wissen und drückte kurz entschlossen seinem Schlachter eines dieser Geräte in die Hand. Der machte sich damit über eine Kalbskeule her.

„Ich hätte gewünscht, daß Hunderte gesehen hätten, wie elegant die Arbeit vonstatten ging", schreibt Tode über den Versuch. „Mit wenigen Schnitten war...die Keule aufgetrennt und das Schulterblatt, kaum sichtbar geworden, freigelegt. Die linke Hand faßte stets nach unten und zog das Fleisch vom Knochen, mit der rechten wurde geschnitten und getrennt."

Neuere Experimente bewiesen, daß es für bestimmte Tätigkeiten gar nicht nötig ist, einen schlichten Feuersteinabschlag großartig zu bearbeiten. Ohne Probleme ließ sich damit ein einjähriger Dambock von etwa vierzig Kilo Lebendgewicht enthäuten und zerlegen. Die Schnittleistung der Abschläge, so stellte sich heraus, ist hervorragend. Ein Nachschärfen stumpf gewordener Schneideflächen durch Retuschieren ist ein Notbehelf, wenn Rohmaterial für neue Abschläge fehlt. Sofern man kleine Schnittwunden in Kauf nimmt, braucht man diese Messer nicht einmal zu schäften.

Ungeübte Archäologen brauchten fürs Häuten und Zerlegen eine Dreiviertelstunde. Ein routinierter Jäger erledigt diese Arbeit samt Ausweiden ohne weiteres in einer halben Stunde. Steinwerkzeuge können also ebenso wirkungsvoll funktionieren wie unsere Stahlklingen, mit dem Vorteil, daß man sie vor Ort je nach Bedarf anfertigen kann – vorausgesetzt, man hat Rohstoffknolle und Schlagstein dabei.

Nashorn und Elefant sind wehrhafte Tiere. Wenn sie gereizt oder gar verwundet sind, besteht auch für den mutigsten und geschicktesten Jäger Lebensgefahr. Die *Lanze von Lehringen* beweist, daß Neandertaler sich an Großwild heranwagten. Ob dabei ein einzelner Mann dem Tier gegenüberstand, oder ob man die Beute gemeinsam zur Strecke brachte, verrät sie nicht.

Bei afrikanischen Großwildjägern konnten Ethnologen folgende Methode beobachten: Eine Handvoll bewaffneter Männer nähert sich vorsichtig einem grasenden Elefanten. Wie auf ein geheimes Kommando hin stoßen sie dem Tier gleichzeitig ihre Speere in den Bauch, dann bringen sie sich geschwind in Deckung. Aus sicherer Entfernung verfolgen sie später das waidwunde Tier, bis es zusammenbricht. Das kann lange dauern, und daher reiben sie die Spitze ihrer Waffen vor Jagdbeginn mit dem Saft bestimmter Pflanzen oder einfach mit Schmutz ein, damit sich die Wunden schneller entzünden. Das funktioniert recht gut, hat aber den Nachteil, daß man trotz allem schwer abschätzen kann, wo das Tier verenden wird.

Wenn man davon ausgeht, daß der Mensch nach Möglichkeit den bequemsten Weg wählt, um ans Ziel zu gelangen, dann läge es eigentlich nahe, daß schon die Neandertaler auf den Gedanken gekommen waren, eine Art Treibjagd zu veranstalten oder Fallgruben auszuheben. Ihre Nachfolger taten das. Mit lodernden Fackeln versetzten sie die Tiere in Panik, hetzten sie über Abhänge oder Klippen, wo sie in den Tod stürzten. Wo sich diese Gelegenheit nicht bot, trieben sie die

Beute in einen Talkessel, in dem zuweilen ein planvoll angelegtes System von Fallgruben wartete.

Diese Jagdmethode ist nicht nur ungefährlicher, sie spart auch Arbeit. Wenn man die Fallgruben in der Nähe des Lagerplatzes aushebt, beziehungsweise das Lager nicht allzu weit von den Gruben entfernt aufschlägt, erübrigt sich eine Menge Lauferei und Schlepperei. Obendrein ist die Ausbeute ergiebiger. Wenn Schlachtplatz und Lager weit auseinander liegen, wird man nur die besten Stücke heimtransportieren. Verendet das Wild jedoch dort, wo sich Frauen, Kinder und Alte aufhalten, läßt sich ohne weiteres das gesamte Tier verwerten.

Im Lauf von 100 000 Jahren haben Neandertaler wiederholt den Kraterwall des Plaidter Hummerichs aufgesucht, und zwar in den wärmeren Perioden, den Interstadialen der frühen Würm-Eiszeit. Sobald arktisches Klima hereinbrach, mit heißen trockenen Sommern, jedoch bitterkalten schneearmen Wintern, zogen sie allem Anschein nach in freundlichere Gegenden südlich der eurasischen Hochgebirge. Behausungen fanden sich auf keinem der Osteifel-Vulkane. Daß der Krater des Hummerichs jedoch ein Wohnplatz war, steht außer Frage, das beweisen Feuerstellen, steinernes Rohmaterial, Werkzeuge sowie Mahlzeitreste. Von dort oben beobachteten die Menschen, wie Pferde, Rinder und Wildesel über die weite Graslandschaft zogen, je nach Jahreszeit zwischen den Sommereinständen und dem Winterquartier hin- und herpendelten. Sobald das Wild günstig stand, begann die Jagd.

Der Speisezettel war abwechslungsreich. Außer Wildschwein, das zu jener Zeit in dieser Gegend nicht vorkam, wurde praktisch jedes größere Tier erlegt, dessen man habhaft werden konnte, wie Pferd, Rind, Wildesel, Nashorn, Mammut, sogar der Fußknochen eines Löwen wurde gefunden. Die Existenz von Waldelefanten zeigt, daß kein hocharktisches Klima geherrscht haben kann, weil es Wald gegeben haben muß. Der Rothirsch allerdings kann nur unter Vorbehalt als Klimaanzeiger angeführt werden. Er gilt zwar als typischer Waldbewohner, doch man findet ihn heute auf der Schneekoppe bei einer mittleren Jahrestemperatur von 0° C ebenso wie in der Rheinebene, wo im Durchschnitt zehn Grad plus gemessen werden, und in den Alpen äst er auf Almen, die oberhalb der Baumgrenze liegen. Umgekehrt ist auch das Rentier nicht auf arktische Gegenden begrenzt. In Schottland wurde es erst im Mittelalter ausgerottet, und südlich des Ontariosees war es noch Anfang des 19. Jahrhunderts anzutreffen.

Eigenartigerweise fehlen auf dem Hummerich Mammutknochen, und Nashörner waren auffällig selten vertreten. Auf dem Karmelenberg und den Wannen aber wurden diese Tiere zur selben Zeit gebraten und verspeist. Des Rätsels Lösung ist – Bequemlichkeit. Die Leute hatten einfach keine Lust, eine ganze Mammutkeule 150 Meter hoch auf den Berg zu schleppen. Sie schnitten sich lieber Steaks oder einen Braten ohne Knochen heraus, und auch von anderem Wild nahmen sie nur Teile mit hinauf. Lediglich Rehe, die ein Mann ohne weiteres über die Schulter werfen kann, und ein paar Pferde, die damals recht klein waren, kamen im Stück mit nach oben.

Die Knochen von Maulwürfen und Mäusen sind wohl eher zufällig unter die Speisereste geraten, doch auch sie vermitteln wichtige Informationen. Das Vorkommen von Sumpfmaus, Feldmaus, Spitzmaus, Steppenbirkenmaus, sibirischer Zwiebelmaus läßt auf eine Tundren- oder Steppenlandschaft schließen. Da Lemminge fehlen, kann es nicht allzu kalt gewesen sein. Die Ostschermaus schließlich erhärtet die Datierung des Wohnplatzes in die vorletzte Kaltzeit. Früher nämlich gab es sie in Nordwesteuropa noch nicht.

Mit den Murmeltieren, die auf dem Hummerich in Kolonien siedelten, ist es etwas anderes. Diese Tiere, die mit den Eichhörnchen verwandt sind, galten noch bis in unsere Zeit in den Alpen als Delikatesse, besonders im Herbst, bevor sie sich, dick und fett gefressen, zum Winterschlaf in ihre Höhlen legen. Man hat sie vielleicht mit den Abwurfstangen von Rothirschen erschlagen, die in der Kratermulde lagen. Ganz ähnlich zugerichtete Stangen fand man anderswo zusammen mit Resten erschlagener Biber.

Der Jetztmensch – doppelt mit Vernunft begabt

Vor 36000 Jahren war es spürbar unwirtlicher geworden. Die Zeit der Neandertaler neigte sich dem Ende zu. Fremde Jäger erschienen auf der Schwäbischen Alb und anderswo mit neuen Waffen, gut gerüstet für kalte Zeiten.

Diesen Neuankömmlingen sind wir bereits im Geißenklösterle begegnet. Die Wissenschaft gab ihnen verschiedene Namen: Neanthropine oder Jetztmenschen; Cro-Magnon, nach einem Fundort in Frankreich; Jungpaläolithiker, zu deutsch Jung-Altsteinzeitler oder aber Homo sapiens sapiens, der im Gegensatz zum Neandertaler doppelt mit Vernunft begabte Mensch. Doch damit nicht genug. Bei jedem neuen Vor- oder Frühmenschenfund entbrennt ein heftiger Disput unter Paläoanthropologen, wie er aufgrund bestimmter Merkmale zu klassifizieren sei, und wenn alles festgefahren ist, zieht man sich kurzerhand mit einem neuen Namen aus der Affäre.

Hiesige Wissenschaftler tendieren gegenwärtig zur Bezeichnung Jungpaläolithiker für unsere direkten Vorfahren, die damals auf die Neandertaler trafen. Daß sich die beiden Arten miteinander vermischt haben, ist wegen der nahen Verwandtschaft nicht auszuschließen, doch die meisten Anthropologen halten es für unwahrscheinlich. Beweise gibt es weder für noch wider diese Annahme. Vermutungen, daß mit den „Töchtern der Menschen", von denen in der Bibel die Rede ist, und den „wilden Männern" in vielen Sagen Neandertaler gemeint sind, gehören ins Reich der Spekulation. Tatsache ist, daß Jungpaläolithiker und Neandertaler eine Zeitlang ein- und dasselbe Gebiet bewohnt haben. Wie sich das Zusammenleben im einzelnen gestaltete, entzieht sich unserer Kenntnis.

Trotzdem hält sich hartnäckig die Mörderthese: Homo sapiens sapiens soll Homo sapiens neanderthalensis systematisch verfolgt, getötet und verspeist haben. Unter Humangenetikern kursiert das zynische Bonmot, der Neandertaler sei die Fleischreserve des geistig überlegenen Jungpaläolithikers gewesen. Als Beweis für diesen ersten Genozid der Weltgeschichte müssen meist die Funde aus der Höhle von Krapina in Kroatien herhalten. Die Knochen sollen Reste einer kannibalischen Orgie sein. Der Tübinger Anthropologe Alfred Czarnetzki winkt ab. „In diesem Punkt stehe ich gegen die meisten Anthropologen. Die wollen Schlagmarken an den Knochen nachweisen. Für mich gibt es aus Krapina keinen einzigen Befund, der mich überzeugen könnte. Aufgrund meiner Erfahrung mit Höhlenfunden weiß ich, was mit den Skeletten passiert, die darin liegen. Sie werden feucht, dann gefriert es, dann taut es wieder, und dann platzen die Knochen auseinander. Das sieht haargenau so aus, als wären sie zerschlagen worden.“ Czarnetzki lehnt die Mord- und Kannibalismus-These entschieden ab. Doch unterm Strich laufen die Dinge auf dasselbe hinaus: Die Neandertaler starben aus, weil die Neuankömmlinge ihnen die Lebensgrundlage entzogen.

Diese subtile Form des Völkermordes, ohne Blutvergießen und körperliche Gewaltanwendung, findet auch heute noch statt. Überall dort, wo *weiße Zivilisation* und ihre Technik mit Menschen in Berührung kommen, die noch halbwegs in Umwelt und Natur eingebunden sind, ist der Untergang Lebensweise vorprogrammiert. Staudämme und Straßen, der Abbau von Uran oder Gold, das Abbrennen und Abholzen von Wäldern vernichten auf der ganzen Welt die Identität und damit die Existenz ethnischer Gruppen. Selbst scheinbar vernünftige Maßnahmen im Rahmen des Naturschutzes können katastrophale Folgen für die alteingesessenen Bewohner betroffener Gebiete haben. Die Kampagne gegen Robbenmord, der Boykott von Seehundfellen, so vernünftig sie sind, treffen gleichzeitig die Eskimos, die vorwiegend von der Jagd auf diese Tiere gelebt haben. Oder ein anderes Beispiel: Als die amerikanische Regierung weite Teile der Everglades zum Nationalpark erklärte, verbot sie auch den dort lebenden Indianern das Fischen und die Jagd und entzog ihnen damit ihre Lebensgrundlage. Dahinter muß keine böse Absicht stecken, das kann einfach aus Gedankenlosigkeit geschehen sein. Die Gedankenlosigkeit derer, die sich überlegen dünken. Weder Eskimo, Indianer noch die Ureinwohner Australiens haben der Erde mehr genommen als sie zu geben bereit waren.

Die Neandertaler waren gute Jäger, weil sie sich mit der Natur auskannten, auskennen mußten. Was Sinneswahrnehmungen betrifft, so waren sie uns überlegen – eine Binsenweisheit, denn jeder technische Fortschritt bedeutet einen Schritt weiter fort von der Natur. Ein Weg, den schon Homo erectus beschritt, als er das Feuer zu nutzen begann. 100 000 Jahre waren Neandertaler über die Schwäbische Alb gezogen, hatten auf Eifel-Vulkanen und in der norddeutschen Tiefebene Rast gemacht. 100 000 Jahre ohne einschneidende Veränderung der Lebensweise, die vom wechselndem Klima der Eiszeiten bestimmt wurde.

Der Mensch ist nicht das einzige Lebewesen, das Hilfsmittel benutzt, um ans Ziel seiner Wünsche zu gelangen. Doch er allein stellt planmäßig Werkzeug her. Der Neandertaler beließ es dabei, Vorhandenes in Form zu bringen, damit es seinen Zweck besser erfüllte – er schlug Steine zurecht, schnitzte aus Zweigen Speere.

Vor 40000 Jahren erschien Homo sapiens sapiens auf der Bildfläche, und er hatte bereits den entscheidenden Schritt vollzogen. Er setzte ein Hilfsmittel ein, um ein Hilfsmittel wirksamer zu machen – der Anfang vom Fortschritt. Er hatte eine Schleuder erfunden, die die Reichweite des Speeres verlängert, eine kombinierte Waffe, die erste Fernwaffe der Welt. Mit der Speerschleuder trifft man auf einhundert Meter und mehr. Es war nicht mehr nötig, sich listenreich dicht ans Wild heranzupirschen, und hundert Meter Abstand sind eine relativ sichere Distanz.

Die Landnahme der Jungpaläolithiker mag ohne Blutvergießen vonstatten gegangen sein. Sie zog sich über einen längeren Zeitraum hin, und die eiszeitlichen Pioniere kamen schubweise, in vergleichsweise kleinen Trupps. Dennoch war offenbar den Neandertalern der Rückzugsweg in die Regionen hinter dem Eis abgeschnitten. Sie wurden in immer unwirtlichere Gebiete in der Nähe der Gletscher zurückgedrängt. Dort aber konnten sie nicht überleben. Sie hätten es nicht gekonnt, selbst wenn sie ihre Lebensweise arktischen Bedingungen angepaßt hätten, denn ihr Körper war nicht auf ein Dasein am Rande des Eises eingestellt. Der Schädel verrät es. Er weist zwei Merkmale auf, die keinen Zweifel daran lassen, daß die Neandertaler an Sonne und Wärme gewöhnt waren.

Da ist einmal der ausgeprägte Überaugenwulst, der Torus. Man hat ihn mit dem massigen Unterkiefer des Neandertalers in Verbindung gebracht, doch Vergleiche mit Primaten zeigen, daß zwischen beiden kein Zusammenhang bestehen kann. Der Orang Utan nämlich besitzt ein gewaltiges Gebiß, aber keinen Torus. Der Gorilla dagegen, mit ebenso kräftigem Gebiß, hat den Überaugenwulst. Der Schimpanse, mit wesentlich zierlicherem Gebiß, besitzt ebenfalls einen.

So ein Sonnenschirm ist aber äußerst nützlich für jemanden, der wie der Neandertaler in der lichtdurchfluteten Savanne zu Hause ist.

Ein Nachteil wird dieses adaptive, angepaßte, Merkmal auch in weniger warmen Regionen nicht gewesen sein. Das eigentliche Handicap war die kurze Nase, oder vielmehr die breite Nasenöffnung. Sie wurde, davon ist Czarnetzki überzeugt, dem Neandertaler zum Verhängnis. „Damit kann man am

Rande des Eises nicht existieren", sagt der Tübinger Anthropologe, „da unterkühlen im Nu die Lungen." Menschen, die in kalten Gebieten wohnen, brauchen schmale Nasenöffnungen, in denen die Luft vorgewärmt wird. Damit war das Schicksal des Neandertalers besiegelt. Diagnose: Tod durch Unterkühlung – Lungenentzündung.

Die Ahnen

„Das Leben des Urmenschen", heißt es in Meyers Konversationslexikon von 1888, „kann nur ein höchst kümmerliches gewesen sein, denn vielleicht jahrtausendelang vermochte er sich lediglich aus Stein, Knochen und Horn ganz rohe Werkzeuge herzustellen."

Ein Paradies ohne Maschinen und Fabriken paßte nicht die Vorstellungswelt der Industriellen Revolution. Maler und Schriftsteller aber zog es zurück zur Natur. Sie entdeckten, vorzugsweise in der Südsee, den *edlen Wilden*, bevor ihn die Zivilisation überrollte. Zivilisation – laut Fremdwörter-Duden „die durch den Fortschritt der Wissenschaft und Technik erschaffenen verbesserten Lebensbedingungen, Lebensverfeinerung, Gesittung."

Der polnische Science-fiction-Autor Stanislaw Lem schildert die Genesis in seiner Erzählung „Mondnacht" als peinliches Malheur: Einsam und allein rührt das Höchste Wesen einen Sonnenteig, aus dem vernunftbegabte Wesen entstehen sollen. Normale Wesen, keine Menschen, da sei Gott vor. Doch dann gerät „das Antlitz", froh über jede Abwechslung, mit einem irdischen Astronauten ins Plaudern, vergißt darüber das Umrühren, das Unheil nimmt seinen Lauf. „... und wieder ist mir der ganze Sonnenteig zusammengelaufen und geronnen", jammert der alte Mann, „das gibt doch wieder Klumpen und wieder entsteht Eiweiß! Wieder Evolution und Menschheit und Zivilisation!"

Archäologen und Anthropologen konnten das Rätsel unserer Herkunft bisher nicht zufriedenstellend lösen. Genforscher glauben nun, die Wurzeln unserer Abstammung gefunden zu haben. Zweimal, so verkünden sie, sei der Mensch von Afrika aus aufgebrochen, um die Erde zu erobern. Das erste Mal hatte er gerade gelernt, auf zwei Beinen zu gehen. Als Homo erectus begann er vor mindestens eineinhalb Millionen Jahren die gesamte Alt Welt zu erkunden. Beim zweiten Vorstoß drang er als Homo sapiens sapiens bis nach Australien und Amerika vor. Rhesus-Faktor, Hämoglobin-Moleküle, Mitochondrien und Y-Chromosomen verraten angeblich, daß diese zweite Vertreibung aus dem afrikanischen Paradies vor 100 000 Jahren stattfand.

Der Genforscher Luigi Cavalli-Sforza hat die Verwandtschaft heutiger Völker, beziehungsweise ihren genetischen Abstand, untersucht. Den größten Unterschied – was der längsten Trennung gleichkommt – stellte er zwischen Afrikanern und den Bewohnern der übrigen Erdteile fest. „Die Asiaten trennten sich von den Afrikanern vor 100 000 Jahren, die Australier von den Asiaten vor 50 000 Jahren und die Europäer von den Asiaten vor 35 000 oder 40 000 Jahren. In diesen Fällen konnten wir überprüfen, daß die genetischen Abstände proportional zur Dauer der Trennung sind. Sie liefern also akzeptable biologische Uhren." Die Neue Welt müssen unsere Vorfahren vor etwa 35 000 Jahren erreicht haben, meint Cavalli-Sforza, nicht viel später also als unsere Region.

Vom Homo erectus und vom Neandertaler fand sich im genetischen Material heute existierender Völker keine Spur. Das könnte bedeuten, daß sie eine eigene Rasse bildeten. Mischehen wären dann entweder kinderlos geblieben oder aber die Nachkommen wären unfruchtbar gewesen. Dieses Problem stellt sich bei uns Jetztmenschen nicht, weil wir einer Art angehören, die noch nicht lange genug existiert, als daß sich Untergruppen hätten herausbilden können. Die Unterteilung der Menschen in Rassen ist biologisch ebenso falsch wie die Annahme, irgendein Volk sei *rassenrein*. Immer und überall hat es, seitdem Homo sapiens sapiens sich die Erde untertan machte, Vermischungen gegeben.

Daß Verbindungen zwischen ähnlichen Tierarten möglich sind, beweisen Pferd und Esel, deren Nachkommen Maultiere und Maulesel sind. Maulesel entstehen aus der Kreuzung von Pferdehengst und Eselstute. Das größere Maultier entstammt der Verbindung von Eselhengst und Pferdestute. In beiden Fällen sind die männlichen Nachkommen unfruchtbar.

Im *Dritten Reich*, wo einerseits *Menschenmaterial* für den Einsatz in der Industrie und an der Front gezüchtet werden sollte, andererseits in den Hirnen von Rassenfanatikern wie Hitler und Rosenberg schaurige Träume vom *nordischen Übermenschen* wucherten, waren Genetiker auf die Idee verfallen, arische Walküren mit Gorillas zu kreuzen. Das Projekt kam allerdings nicht zustande.

Mit unseren Ahnen tun wir uns schwer. Erst war uns die Verwandtschaft mit den Affen peinlich, dann tauchte der Ne-

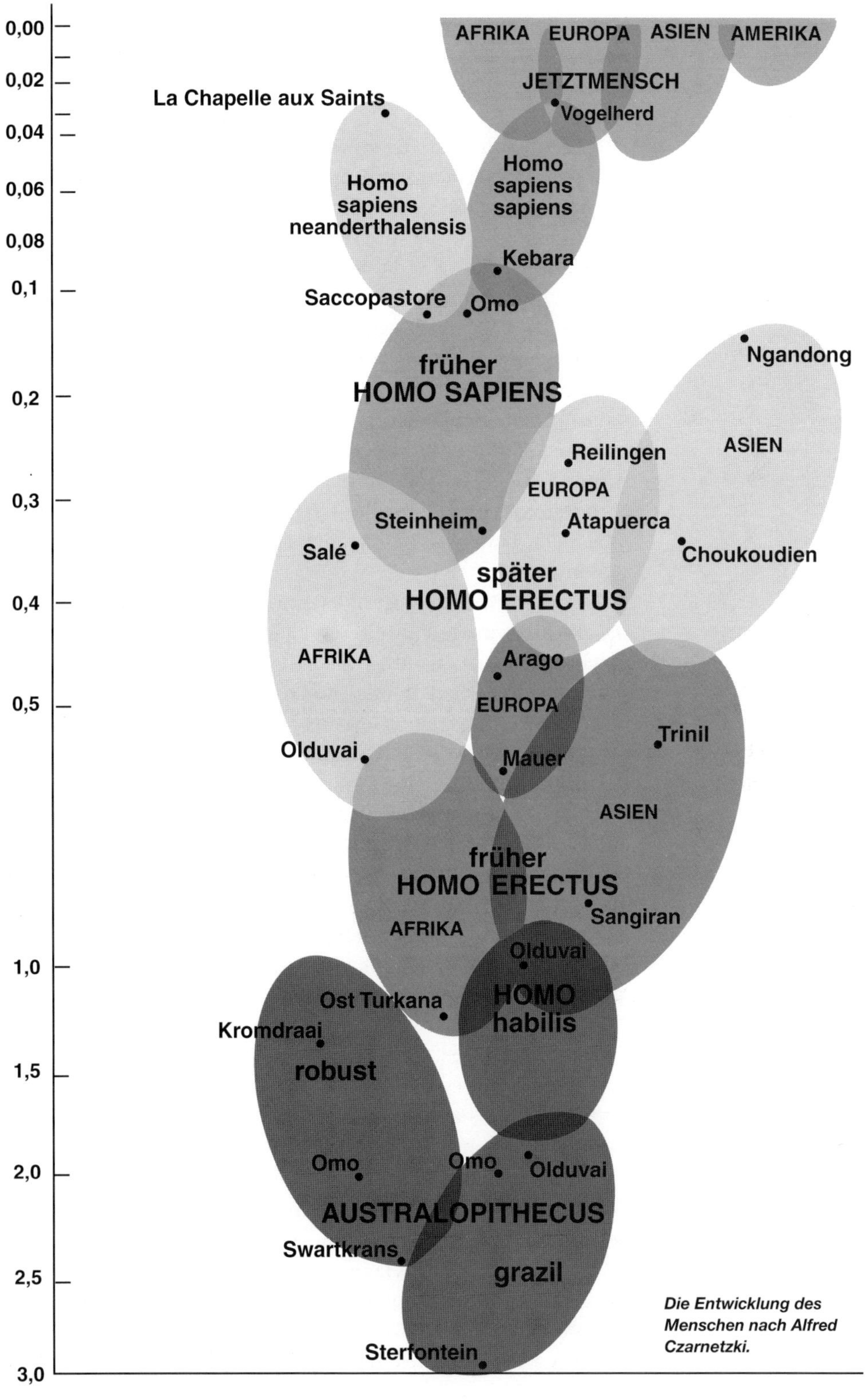

Die Entwicklung des Menschen nach Alfred Czarnetzki.

andertaler auf, der eher Halbaffe als Mensch zu sein schien, aber doch kein Affe mehr, bis schließlich nichts andres übrigblieb, als die schwarzen Schafe unseres Stammbaums zu legalisieren.

Um Ordnung in die teilweise willkürliche Nomenklatur zu bringen, bezeichnen Anthropologen heute die „Menschenartigen" als Hominiden. Die Unterfamilie der „Homidinen" wiederum umfaßt die Gattung Homo, unterteilt in zwei Arten: erectus und sapiens. Für die Subspezies, die Unterart, gibt es eine weitere Bezeichnung. Wir Jetztmenschen sind, seit den Jungpaläolithikern, Homo sapiens sapiens, also gleich doppelt mit Vernunft begabt. Immerhin würde man nach diesem System posthum auch dem Neandertaler gerecht, der zum Homo sapiens neanderthalensis avancierte. Damit stünden ihm nachträglich Menschenrechte zu, auf die er vorher keinen Anspruch hatte. Das „Statement on the Nature of Race and Race Differences", nach dem die UNESCO Rassen und Rassenunterschiede beurteilt, beschränkt sich nämlich auf den Homo sapiens.

Erectus und Neandertaler sowie Neandertaler und Jungpaläolithiker mögen jeweils ein paartausend Jahre gleichzeitig gelebt haben, doch im Prinzip ist die zeitliche Folge wissenschaftlich festgelegt: Homo erectus, Homo sapiens neanderthalensis, Homo sapiens sapiens.

Nach Ansicht vieler Anthropologen steht die These von der Entstehung des Homo sapiens sapiens vor 200 000 Jahren in Ostafrika samt anschließendem Exodus 100 000 Jahre später auf wackligen Füßen. Es gibt nämlich Funde, die nicht ins Bild passen. Dazu gehört der Schädel einer Frau, die einwandfrei als Jetztmensch identifiziert wurde. Sie aber lebte bereits vor 250 000 Jahren und obendrein fern von Afrika.

Ein seltsames Puzzle

Anthropologisches Institut Tübingen. Gleich neben der Tür empfangen mich Orang-Utan, Gorilla, Schimpanse und Gibbon – unsere Vettern, die Menschenaffen, präpariert und ausgestopft. Vom Fenster her grüßt blicklos eine Gipsbüste des Neandertalers, hinter Glas lagern Schädel und Schädelfragmente, die in der Paläoanthropologie zu Ruhm und Ehren kamen.

Bis unter die Decke türmen sich in Regalen Kisten und Kartons, gefüllt mit Schädeln, Rippen, Wirbeln, Ellen und

Speichen, Oberarm- und Schenkelknochen, Finger- und Zehengliedern, Unterkiefern und Zähnen. Menschenknochen, die der Untersuchung harren. Es riecht nach verstaubten Akten, nach Gruft und Moder in diesem Ossuarium, einem Beinhaus der Wissenschaft zur Erforschung der menschlichen Herkunft.

Mein Blick fällt auf ein Skelett in der Ecke unter einer Dachschräge. „Negerin" steht in altmodischer Schrift auf dem vergilbten Schildchen. Ein Mitbringsel aus den Kolonien? Heute kommen Skelette überwiegend aus Indien. Dort kauft man billig ein, denn Arbeitskräfte sind wohlfeil und Gebeine auch. Für Studienzwecke, versichert mir Alfred Czarnetzki, taugen Kunststoffskelette nicht viel, da kann es schon vorkommen, daß der Designer den einen oder anderen unserer 223 Knochen vergessen hat.

Die aber muß ein Anthropologe in- und auswendig kennen, damit er die Bruchstücke, die Archäologen aus der Erde holen, ergänzen kann. Komplette Skelettfunde haben Seltenheitswert, insbesondere von frühen Menschen sind meist nur Schädel oder Teile davon erhalten. Das ist kein Zufall. Zum einen sind gerade Schädelknochen besonders hart und widerstandsfähig, zum anderen legte man im vergangenen Jahrhundert wenig Wert auf das übrige Skelett. Zum Glück weist gerade der Schädel charakteristische Merkmale auf, nach denen der Anthropologe die Zugehörigkeit mehr oder minder sicher bestimmen kann.

Doch selbst so unscheinbaren Resten wie jenem einzelnen Zahn, der bei Bad Cannstatt gefunden wurde, kann ein erfahrener Anthropologe noch Informationen entlocken. Ausgerechnet die geben manchmal Anlaß, einen wissenschaftlichen Disput zu entfachen.

Ein menschlicher Eckzahn, sagte Czarnetzki, das beweist die Prismenstruktur. Etwas klein, doch nicht immer gerät ein Zahn wie der andere, was jeder bei sich selbst feststellen kann. Alter: 250 000 Jahre.

Czarnetzki publizierte den Zahn nebst Analyse und gab das kostbare Stück zum Härten ins Stuttgarter Naturkundemuseum. Dort teilte man dem verblüfften Anthropologen ungefragt mit, daß es sich um den Zahn eines Hirsches handele, eine ausgestorbene Art. Zweifel am morphologischen, durch Vergleich ermittelten Befund, seien ausgeschlossen.

Der älteste Menschenfund in unseren Breiten ist ein Homo erectus. Seine Entdecker tauften ihn seinerzeit „homo heidelbergensis". Es handelt sich um einen Unterkiefer, der 1907 in einer Sandgrube bei Grafenrain gefunden wurde, in einem alten Flußbett des Neckars. Der „Unterkiefer von Mauer", wie der Fund auch heißt, lag 24 Meter tief unter einem großen Stein, der ihn vor Tierfraß und Witterungseinflüssen schützte. Der Knochen wirkt im Vergleich zu unserem Unterkiefer massig. Zähne und Zahnbögen dagegen sind unseren recht ähnlich.

Die Anthropologen haben den Fund von Mauer mit Homo erectus-Funden aus China, Java und aus Afrika einem Vergleich unterzogen, doch ein exaktes Gegenstück zu diesem Unterkiefer scheint es nicht zu geben. Nun hält sich einerseits die Zahl vergleichbarer Stücke in Grenzen, und andererseits muß man die Variationsbreite einkalkulieren. Das ist heute nicht anders. Obgleich Eskimo, Massai und Europäer allesamt Neanthropinen sind, also Jetztmenschen, unterscheiden sie sich im Aussehen, und nicht einmal alle Bayern oder alle Friesen sehen gleich aus. Es gibt zwar insgesamt betrachtet typische Merkmale, doch die sind bei den einzelnen Menschen unterschiedlich stark ausgeprägt.

Beide Erklärungen, meint Alfred Czarnetzki, reichen aber nicht aus, um die Abweichungen zu erklären, die er auch bei anderen Schädeln festgestellt hat. „Wir haben hier in Deutschland gewissermaßen eine Unikaten-Sammlung", resümiert er, „alle Funde weichen von gleichzeitigen Funden anderswo in irgendeiner Weise charakteristisch ab." Gerade so, als hätte bei uns eine eigenständige Entwicklung stattgefunden. Mehr läßt sich dazu gegenwärtig nicht sagen.

Der Unterkiefer von Mauer wird auf eine halbe Million Jahre taxiert. Der nächste Fund ist jünger. Ein Schädel aus dem Schotter einer Kiesgrube bei Steinheim an der Murr. Alles in allem ist der Schädel gut erhalten, wenn auch der Unterkiefer fehlt und die linke Seite beschädigt ist. Die „Steinheimerin" wird auf 250000 Jahre geschätzt. Sie hätte damit ungefähr zu der Zeit gelebt, als die Leute von Kärlich, die als Homo erectus identifiziert wurden, den Elefantenstoßzahn zu ihrem Lagerplatz am See schleppten. Doch Czarnetzki ist, was das Alter angeht, skeptisch. Den absoluten Daten, so höre ich, sei nicht mehr zu trauen, das sei ein ständiges Auf und Ab. Kürzlich erst hätten Geologen den Schädel um 70000 Jahre älter, den Unterkiefer von Mauer dagegen um 80000 Jahre jünger gemacht.

Daß die „Steinheimerin" mindestens 200000 Jahre später als der Besitzer des Unterkiefers von Mauer lebte, gilt als gesichert. Sie gehört in jedem Fall in die offizielle Zeit des Homo erectus – ohne selbst eine gewesen zu sein. „Ich habe mich zwei Jahre lang mit dem Schädel auseinandergesetzt", sagt Czarnetzki, „das ist ganz eindeutig ein sapiens, wie er im Buch steht."

Die Anthropologen haben einen ganzen Katalog von Merkmalen aufgestellt, nach denen sich Schädel, oder auch Bruchstücke davon, bestimmen lassen. Daß die Zuordnung mitunter heftige Kontroversen auslöst, liegt auf der Hand, denn selten sind, wie gesagt, die typischen Kennzeichen so ausgeprägt, daß eine eindeutige Identifikation möglich wäre. Lägen von der „Steinheimerin" zum Beispiel nur Partien von der Stirn oder dem seitlichen Gesichtsschädel vor, hätte man sie wohl als Frühmenschen einstufen müssen. Überaugenwulst und ein hohes Wangenbein sind nämlich dem urtümlicheren Homo erectus eigen. Doch die Form des Schädels insgesamt verrät, wie nahe sie uns steht: Von hinten betrachtet, hat er die sogenannte Hausform. Und die findet sich ausschließlich beim Homo sapiens, bei Jetztmenschen. Die Steinheimerin beweist damit, daß erectus und sapiens gleichzeitig lebten, zumindest in unserer Gegend. Sie beweist aber auch, und das ist neu, daß „sapiens" vor dem Neandertaler da war, der nach herkömmlicher Lehrmeinung zwischen Homo erectus und Jetztmensch stand.

Das Faszinierende an der Anthropologie ist, daß sie nicht nur allgemeine Fakten wie Alter, Geschlecht und Typus herausarbeitet, sondern manchmal auch über das ganz persönliche Schicksal des betreffenden Menschen Auskunft geben kann. Das ist bei der Frau von Steinheim der Fall.

An ihrem Schädel fällt auf, daß das Hinterhauptsloch beschädigt ist, ein Umstand, der Anlaß für Spekulationen bot. Die Frau, so wurde behauptet, sei erschlagen und – zumindest ihr Hirn – im Rahmen eines kannibalischen Festmahls verspeist worden. Wie bei den Neandertaler-Funden von Krapina schließt Czarnetzki auch bei der Frau von Steinheim gewaltsamen Tod oder gar Ritualmord aus. Gerichtsmedizinische Untersuchungen stützen seine Aussage. „Das sind Brüche, die Sie an jedem Schädel finden, wenn er ein paar hundert Jahre im Boden gelegen hat." Er hält mir ein Exemplar aus dem frühen Mittelalter hin. „Sehen Sie? Da unten, wo das Kleinhirn liegt, das sind papierdünne Knochen. Wenn Sie den Schädel gegen das Licht halten, können Sie beinahe hindurchschauen. Genau da bricht's."

Czarnetzki entdeckte etwas anderes, etwas, das all den Medizinern, die im Laufe von gut fünfzig Jahren den Schädel untersucht haben, entgangen ist. Die Frau von Steinheim war krank. Sie hatte ein Meningiom, eine Blutgeschwulst, die im oberen Bereich des Schädels einen deutlich erkennbaren Abdruck hinterlassen hat. Das Stadium des Krebses war zu dem Zeitpunkt, als die Frau starb, noch nicht erreicht, doch einen Druck auf das Gehirn könnte die Geschwulst bereits ausgeübt haben. Ein seltsames Puzzle halte ich in den Händen, drei Teile eines menschlichen Schädels. Ein Stück vom Scheitelbein, eine Hinterhauptsschuppe und ein Stück vom Schläfenbein. „Homo erectus reilingensis", dem Czarnetzki und seine Freunde in Bierlaune den Beinamen „asparagensis" verliehen. Bisher nämlich war der Fundort Reilingen nur für seinen Spargel berühmt, der auch auf der Speisekarte des gesunkenen Luxusliners „Titanic" gestanden haben soll. Mit dem Schädel aus dem Baggersee ging das Städtchen nun in die Wissenschaft vom Menschen ein.

Die Teile des seltsamen Puzzles wurde 1978 im Baggeraushub entdeckt und im Stuttgarter Naturkundemuseum abgeliefert. Dort setzten die Knochen fünf Jahre lang Staub an. Als Czarnetzki durch Zufall einen Blick darauf warf, vermutete er auf Anhieb ein hohes Alter. Er nahm den Fund mit, untersuchte und verglich ihn mit anderen Schädeln, insbesondere mit dem von Steinheim, diskutierte den Fall mit Kollegen. Seine Vermutung bestätigte sich. In den Regalen des Naturkundemuseums hatte er einen weiteren Homo erectus entdeckt, älter als die Steinheimerin, jedoch jünger als der von Mauer. An die 300 000 Jahre alt.

„Eine ganz späte erectus-Morphologie", versichert Czarnetzki, obgleich er einräumt, daß gewisse Ähnlichkeiten mit der „Steinheimerin" nicht zu übersehen sind. „Sei's drum", sagt er entschlossen, „ich mache ihn zum Homo erectus. Wenn man den Steinheimer Schädel als frühesten sapiens bezeichnet, dann kann man den Reilinger nicht auch als sapiens bezeichnen. Das geht nicht. Dafür ist er zu altertümlich."

Der Genforscher Cavalli-Sforza mag sich, was die Verwandtschaftsverhältnisse betrifft, nicht festlegen. Er läßt offen, „ob der Sapiens eine wirklich neue Art darstellt oder eine entwickeltere Form der Unterart." Zwischen Homo erectus und Homo sapiens könnte seiner Ansicht nach ein genetischer Austausch stattgefunden haben.

Damit ist das Rätsel der Herkunft des Neandertalers nicht gelöst. Daß er die Vorform des heutigen sapiens ist, hält Czarnetzki für ausgeschlossen. Evolutionsgenetisch sei das ein Ding der Unmöglichkeit. „Sobald Gene einmal mutiert sind, ist der Vorgang nicht mehr direkt umkehrbar. Wenn sie wieder mutieren, dann kommt etwas anderes dabei heraus."

Weil keine Mischformen von Neandertaler und Jetztmensch bekannt sind, scheint der Neandertaler tatsächlich

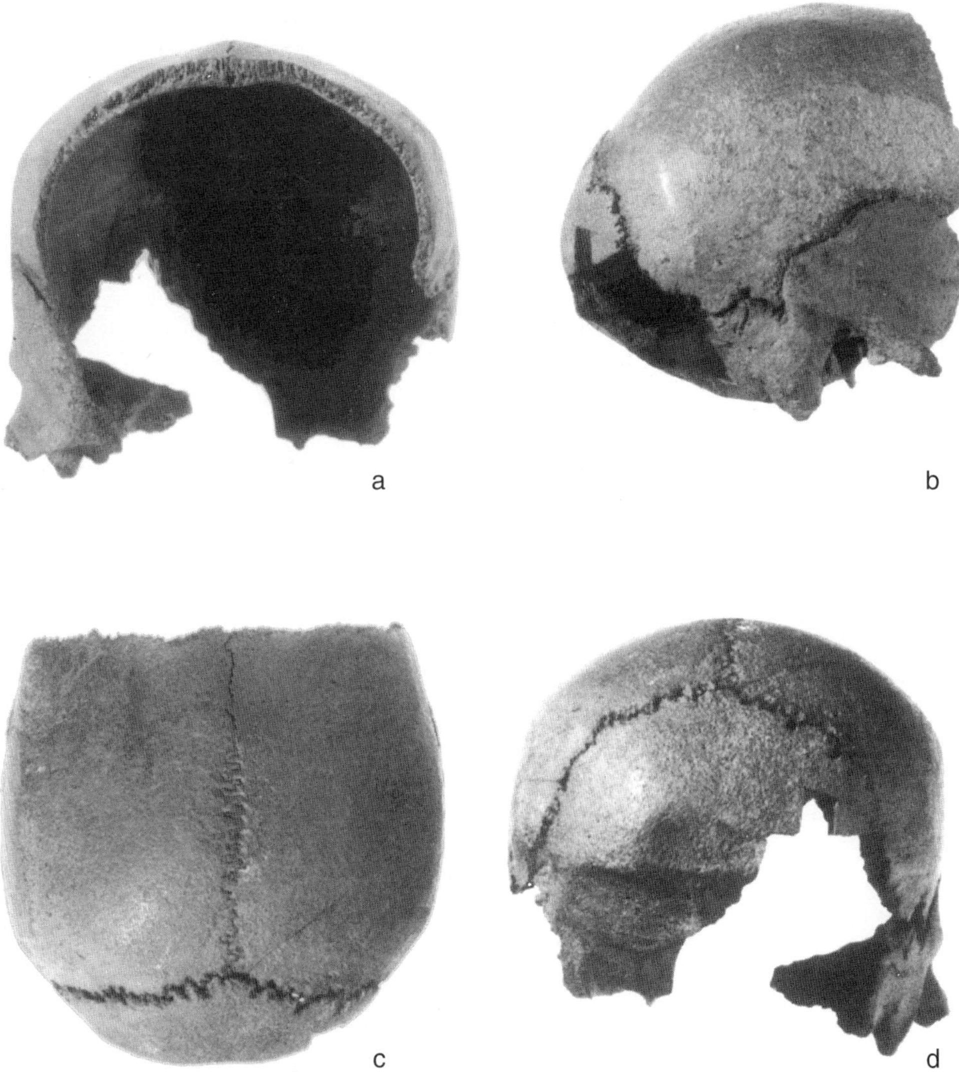

Schädelfragment des Homo reilingensis, ein Homo erectus, der, wie alle unsere frühen Menschenfunde, nicht recht in das Entwicklungsschema der Anthroplogen passen will.

a) von vorne (frontal)
b) von rechts (lateral rechts)
c) von oben (vertikal)
d) von hinten (occipital)

eine Sackgasse der Evolution gewesen zu sein. Er weist Merkmale auf, die vorher nicht da waren und nachher auch nicht. Der Schädel der Frau von Steinheim dagegen besitzt Merkmale, die sich später beim sapiens sapiens wiederfinden. Das weist auf eine andere Spur der Verwandtschaftslinie.

Indizien mehren sich für die Annahme, daß sich die Art Homo sapiens bereits in der Mindel-Riß-Zwischenwarmzeit aufgliederte in Homo sapiens neanderthalensis und Homo sapiens sapiens. Im Nahen Osten nämlich lebten zu der Zeit, als bei uns der *klassische Neandertaler* auf der Schwäbischen Alb Steinböcke jagte und sich auf den Vulkanen der Osteifel Rehbraten schmecken ließ, Menschen, die ihm ähnlich sahen. Die typischen Merkmale – runder Schädel und schnauzenähnliches *Spitzgesicht* – waren allerdings dort nicht so deutlich ausgeprägt. Diese weniger typischen Neandertaler lebten einst auch bei uns, allerdings früher als im Nahen Osten. Um Verwechslungen zu vermeiden, hat man sie vorläufig als Prä-Neandertaler bezeichnet.

Wenn man ähnlich mit den entsprechenden Menschenfunden im Nahen Osten verfahren wäre, hätte man sich eine Menge Ärger erspart. Sie laufen stattdessen unter der Bezeichnung „Neandertaler", die falsch ist. Aus diesem hochwüchsigen, grazilen Typus entwickelte sich nämlich der Jetztmensch, der vor rund 40 000 Jahren bei uns auf Verwandte traf. Auf die *klassischen Neandertaler*, die denselben Ursprung haben. Der russische Anthropologe Michail Michailowitsch Gerassimov vermutete bereits vor mehr als 25 Jahren, „daß der Schädel von Steinheim jene uralte Menschenform repräsentiert, die sich später in zwei Richtungen entwickelte: in die eine, die aus uns unbekannten Ursachen in eine Isolation geriet, sich biologisch zu spezialisieren begann und zur Entwicklung des klassischen Neandertalers führte... Die andere Richtung dürften minder isolierte, südliche Menschengruppen genommen haben, die an den Meeresküsten in engerem Kontakt miteinander lebten. Ihr Weg, der zu einer schnelleren Kulturentwicklung infolge ständiger Kontakte und biologischer Vermischung der Gruppen führte, fand seine Fortsetzung in der Herausbildung des rezenten Menschen."

Das Gehirn

Eigentlich ist es ein Wunder, daß wir nicht längst ausgestorben sind. Unsere körperliche Ausstattung ist mangelhaft, und wir sind länger auf die Fürsorge Erwachsener angewiesen als alle Tiere. Körperliche Mängel kompensieren wir durch Werkzeug und Technik. Die Abhängigkeit der frühen Jahre dagegen schuf enge soziale Bindungen. Die verlängerte Kindheit setzte den Prozeß des Lernens in Gang, schuf Voraussetzung für die Sprache.

Zum Lernen im eigentlichen Sinne sind selbst Menschenaffen, unsere nächsten Verwandten, nur bedingt in der Lage. Das Erfassen eines Prinzips übersteigt ihre Fähigkeiten. Abstraktes Denken, der Umgang mit Symbolen bis hin zu

Schriftzeichen ist eine Eigenart,die nur dem Menschen zuzuschreiben ist. Wir verdanken sie unserem Gehirn. Dem Groß- oder Endhirn, einem Spezialorgan des Menschen, das uns in Kombination mit durchschnittlicher Begabung unsere Sonderstellung einbrachte.

Unser Gehirn empfängt jede Sekunde rund eine Milliarde Informationen oder Bits, wie es in der Computersprache heißt. Das ist unvorstellbar viel. Aus dieser Unmenge von Daten unterschiedlichster Art wählt das Gehirn diejenigen aus, die ihm wichtig und brauchbar erscheinen. Das ist unter jeweils 10 Millionen eine einzige Information. Bewußt verarbeiten wir dann an die hundert Bits in der Sekunde, immer noch eine Riesenmenge. Zehn davon werden kurzfristig, ein Bit dagegen langfristig gespeichert, als Gedächtnisinhalt. Außerdem gibt das Gehirn ungefähr den hundertsten Teil des bewußt verarbeiteten Informationsmaterials an die Muskeln weiter, ein Vorgang, der sich in Mimik, Sprache und Handlungen aller Art äußert.

Die Entwicklung dieses erstaunlichen Organs muß begonnen haben, als sich der Mensch auf zwei Beine stellte und Veränderungen am Schädel stattfanden. Bereits beim Homo erectus stellten die Anthropologen eine Vergrößerung des Gehirns fest. Die sogenannte Enzephalisation wurde bei allen Säugetieren beobachtet. Beim Menschen aber verlief sie besonders spektakulär. Umgerechnet alle 100000 Jahre war ein Zuwachs von 100 Kubikzentimetern Gehirn zu verzeichnen, das ist schon beachtlich. Bedeutet es doch für jede Generation 30 Milligramm mehr an grauen Zellen. Der Neandertaler kam schließlich auf 1625 Kubikzentimeter Gehirn, wir können im Weltdurchschnitt nur mit 1450 aufwarten. Die Größe des Gehirns sagt allerdings wenig über die Intelligenz aus, bedeutende Persönlichkeiten hatten zum Teil nur 1000 Kubikzentimeter aufzuweisen.

Der polnische Anthropologe Konrad Fialkowski erdachte für das Superhirn des Neandertalers eine Lösung, die plausibel klingt. Dessen riesiges Volumen, so seine pragmatische Erklärung, schützte die Jäger in der heißen Savanne vor dem Hitzschlag.

Die nächtliche Jagd verbot sich von selbst, da wären die Jäger selbst schnell die Gejagten und eine leichte Beute der Raubtiere geworden. Tagsüber aber stand sengende Sonne über der Steppenlandschaft. Es kann viele Stunden dauern, bis verwundetes Wild zusammenbricht, und solange mußten ihm die Jäger auf den Fersen bleiben. Dabei gerieten sie ins Schwitzen. Das kann eine anrüchige Sache sein, doch von Natur aus handelt es sich um ein ausgeklügeltes Kühlungssystem, das ausgelöst wird, um die Körpertemperatur bei 37 °C zu halten. Das funktioniert jedoch nur bedingt. Marathonläufer haben nach dem Ziellauf bis zu 41 Grad Fieber, das ist dicht an der Grenze zum tödlichen Hitzestau.

Das Riesenhirn, so Fialkowski, half den frühen Jägern, einen kühlen Kopf zu behalten. Seine Rechnung ist einfach. Wenn einer, sagen wir, nur 300 bis 600 Kubikzentimeter Gehirnvolumen besitzt, hat er auch entsprechend weniger Nervenzellen. Diese aber reagieren sehr empfindlich auf Hitze, sie versagen. Je mehr Nervenzellen vorhanden sind, um so länger kann der Hitzestreß ertragen werden.

Das große Gehirn hätte demnach der Steuerung lebenswichtiger Funktionen gedient. Das gilt auch für andere Bereiche. Noch heute kann der Mensch mit einigem Training Herzschlag, Blutdruck, Atmung und andere Körperfunktionen bewußt beeinflussen, was offenbar keinem Tier möglich ist. Diese Fähigkeiten mögen Relikte aus jener Zeit sein, als das Gehirn gegen Hitzschlag schützte.

Zur Erhärtung seiner ungewöhnlichen These führte der polnische Anthropologe eine Arbeit des amerikanischen Mathematikers John von Neumann an, der sich Gedanken über die „Wahrscheinlichkeitslogik und die Konstruktion zuverlässig arbeitender Organismen aus unzuverlässigen Einzelteilen“ machte. Die Essenz dieser Arbeit: Ein kompliziertes System arbeitet zuverlässig, auch wenn mehrere Einzelteile ausfallen, sobald man die Zahl der Teile, vor allem aber die Zahl der Verknüpfungen vermehrt.

Die rasante Vergrößerung des Gehirns ist vermutlich auf sogenannte Präadaption zurückzuführen. Von Präadaption sprechen die Anthropologen, wenn sich ein hochspezialisiertes Organ aus einem einfachen Vorläufer entwickelt, der ursprünglich für andere Zwecke bestimmt war. Als Paradebeispiel für einen solchen Vorgang gilt das Ohr.

Unser Hörorgan war vorzeiten, man mag es fast nicht glauben, ein kleiner Sack. Er ruhte im Körper eines längst vergessenen Vorzeitfisches und war mit Flüssigkeit gefüllt. Sehr einfache Nerven tasteten dieses Säckchen ab und stellten fest, in welche Richtungen die Flüssigkeit in ihrem Behälter hin- und herschwappte. Dieser Bewegung entsprechend konnte sich der Fisch im Raum, sprich im Wasser, orientieren, feststellen, wo oben und unten, vorn und hinten war. Mit der Zeit verfeinerte sich das System, es wurde ständig komplizierter, bis schließlich die Nerven die Vibrationen der Flüssigkeit als Schallwellen wahrnehmen konnten. Fertig war das Ohr. Seine ursprüngliche Funktion als Gleichgewichtsorgan hat es darüber hinaus bewahrt.

Als das Gehirn zu wachsen begann, dehnte es sich nicht aufs Geratewohl aus, das ging schon deshalb nicht, weil der Platz begrenzt war. Daß schließlich doch die doppelte Menge und mehr in den Schädel hineinpaßte, daß die Oberfläche der zwei bis drei Millimeter dicken Schicht von Nervenzellen in der Rinde erheblich vergrößert werden konnte, gelang durch einen genialen Trick: Das Gehirn bildete Furchen und Falten aus, jene sprichwörtlichen Windungen, die einem manchmal beim Denken wehtun.

Was sich da im Schädel entwickelte, waren die beiden Hälften des Großhirnmantels, die Neurinde oder Neocortex, die das Stammhirn umgibt. Ein Stammhirn, das – salopp ausgedrückt – vom Unterbewußtsein regiert wird, besitzen alle Säugetiere. Unseres ist vergleichsweise einfach beschaffen.

Diese Neuerwerbung, das Groß- oder Endhirn, unterscheidet uns von den Tieren. Es versetzte uns in die Lage, vom *Baum der Erkenntnis* zu kosten. Über seine einzelnen Regionen, die für ganz unterschiedliche Funktionen zuständig sind, wissen wir längst noch nicht alles. Sicher ist jedoch, daß in bestimmten Teilen des Stirnhirnes, im Scheitelhirn und in den basalen Teilen des Schläfenlappens die *höheren* geistigen Funktionen stattfinden. Hier werden unsere Gedanken, Vorstellungen und Entschlüsse *geboren*. Man bezeichnet diese Teile deshalb auch als Assoziationsgebiete. Unsere Triebregungen aus den Tiefen des Stammhirnes werden in der Rinde des Stirnhirnes, die als *gewaltiger Hemmungsapparat* gilt, gefiltert und umgewandelt.

Ein Großteil der einschlägigen Untersuchungen stammt aus dem Zweiten Weltkrieg. Immer wieder beobachteten Lazarettärzte bei Soldaten, die eine Kopfverletzung im Bereich der basalen Neurinde des Stirn- und Schläfenhirnes erlitten hatten, ernste Störungen der Persönlichkeit. Die „formale Intelligenz", so der Gehirnforscher Hugo Spatz, blieb davon jedoch unberührt. „Hier kann man nicht mehr von ‚Werkzeugstörung' sprechen, wie etwa bei Sprachstörungen", fährt Spatz fort, „sondern hier ist der Mensch in seinem innersten Kern getroffen. Es kommt zum Schwund der ethischen Hemmungen, zum ‚Zerfall der Gesittung'."

Diese wissenschaftliche Erkenntnis berechtigt allerdings nicht zu dem Umkehrschluß, der Neandertaler, bei dem die Assoziationsgebiete weniger entwickelt waren, sei bar jeder Hemmung durchs Land gezogen. Damit wäre er nicht weit gekommen. Jedes Lebewesen muß bestimmte Spielregeln im

Umgang mit seinesgleichen, aber auch im Umgang mit dem Rest der Welt einhalten, sonst überlebt es nicht lange. Tiere reagieren instinktiv. Bei uns ist es damit nicht mehr weit her, denn unser Stammhirn ist vergleichsweise unterentwickelt. Das muß beim Neandertaler oder beim Homo erectus nicht so gewesen sein.

Der Mensch ist eine Frühgeburt. Er kommt ein ganzes Jahr zu früh auf die Welt, und das ist gut so, denn später wäre der Kopf zu groß für den Geburtskanal. Zum Zeitpunkt der Geburt hat unser Gehirn erst ein Viertel seiner endgültigen Größe erreicht, doch danach wächst es rapide weiter. Im dritten Lebensjahr sind drei Viertel des Normalvolumens erreicht. Die Schädelnähte schließen sich erst im Alter von 35 bis 40 Jahren. Damit ist die Entwicklung aber nicht zum Stillstand gekommen. Unser Gehirn bleibt bis ins hohe Alter fähig, neue Fertigkeiten und Strategien zu erwerben, neue Anpassungsleistungen hervorzubringen. Mit anderen Worten: Wir sind nie richtig *erwachsen*. Die wissenschaftliche Bezeichnung für dieses Phänomen ist *Neotenie*.

Neotenie oder Verjüngung, so der französische Soziologe Edgar Morin, „die dem Erwachsenen gewisse Merkmale des Fötus und des jungen Tieres verleiht, ist in der biologischen Evolution insofern häufig wirksam gewesen, als sie die neuentstandene Art von spezialisierten Merkmalen befreit, die auf eine spezifische Anpassung an ein spezifisches Milieu zurückgehen, und insofern als sie, wenn sie mit einer gleichzeitigen Entwicklung des Gehirns einhergeht, die Entwicklung von umfassenden Kompetenzen und vielfach anpassungsfähigen Eigenschaften ermöglicht."

Hierbei handelt es sich um ein Phänomen, das sich nicht auf Primaten beschränkt. Eine *Verjüngung* kann bei allen Lebewesen auftreten, die derart perfekt an ihre Umwelt angepaßt sind, daß schon geringfügige Veränderungen zur Katastrophe führen müssen. Das drohende Aussterben einer Art wird dann durch sogenannte Zufallsvarianten verhindert, durch weniger gut angepaßte Exemplare der betroffenen Spezies, bei denen das Wachstum langsamer vonstatten geht. Langsameres Wachstum bedeutet eine verlängerte Jugendphase. In dieser Zeit ist eine Umstellung, eine Neuanpassung an veränderte Umstände möglich, zu der biologisch erwachsene Lebewesen nicht mehr fähig sind.

Beim Menschen, der von Natur aus ohnehin nicht mit hervorragenden körperlichen Fähigkeiten begabt wurde, ist dieser neotene Zustand augenfällig. Kein Tier ist so lange abhängig von Schutz und Fürsorge seiner Artgenossen wie ein

Menschenkind. Daß wir nicht längst ausgestorben sind, liegt daran, daß bereits in grauer Vorzeit ein immer engeres Netz sozialer Bindungen geschaffen wurde, die nicht nur den Nachwuchs, sondern auch Schwache und Kranke schützen. An sich ist der Nesthocker-Zustand des Kindes beendet, sobald es ohne Hilfe gehen und essen kann. Selbständig ist es damit noch nicht. Es ist weiterhin auf seine Sippe angewiesen, und damit verlängert sich der Zeitraum, in dem intensives Lernen stattfinden kann, noch einmal um Jahre.

Lernen beruht auf Neugier und ist untrennbar verbunden mit dem Spiel, das einem Training entspricht. Im Spiel kann sich der junge Mensch in den Fertigkeiten der Erwachsenen üben, und fast nebenbei bekommt er die Spielregeln des Zusammenlebens mit – das soziale Verhalten. Spielen heißt auch entdecken, und wir Menschen verlieren diese Fähigkeit nie.

Lernen, das ist Beobachten, dem das Nachahmen folgt. Dazu bedarf es nicht vieler Worte. Daß Menschen, die kulturell auf der Stufe von Steinzeitmenschen stehen, ungewöhnlich gute Beobachter sind, kann jeder Völkerkundler bestätigen.

So reiste zum Beispiel ein Team von amerikanischen Wissenschaftlern vor Jahren nach Neuguinea, um einen Papua-Stamm zu erforschen, der bis dahin keinen direkten Kontakt mit der modernen Zivilisation hatte. Das tropische Klima setzte der elektronischen Filmkamera zu, und eines schönen Tages nahm der Kameramann das Ding kurz entschlossen auseinander. Die einzelnen Teile legte er der Reihe nach auf eine Decke, die er am Boden ausgebreitet hatte. Kam hatte er begonnen, den Apparat zu zerlegen, da gesellte sich ein Papua zu ihm, beobachtete das Geschehen schweigend, auf die Fersen gehockt.

Die Kamera war schließlich gesäubert und konnte wieder zusammengebaut werden. Doch leider waren ein paar Teile durcheinander geraten. Mit wachsender Ungeduld versuchte der Kameramann, die Schrauben und Rädchen in die richtige Reihenfolge zu bringen, bis sich der Papua erhob, und das Zubehör sortierte. Er hatte den Arbeitsgang fotografisch genau registriert und im Gedächtnis gespeichert, obgleich er nie zuvor eine Filmkamera gesehen hatte. Während der ganzen Zeit fiel nicht ein einziges Wort, denn keiner verstand des anderen Sprache.

Nicht nur Arbeitsgänge lassen sich ohne Worte begreifen, auch elementare Bedürfnisse und Empfindungen können schweigend ausgedrückt werden, sogar intensiver und unmittelbarer als mit wohlbedachten Sätzen. Die Pantomime beweist es, die bildende Kunst kommt ohne das Wort aus. Der Zauber eines Bildes, einer Skulptur oder eines Teppichs liegt darin, daß sie unmittelbar wirken, wenn man so will, archaische Bereiche jenseits von Logik berühren. Das Geheimnis eines Kunstwerkes läßt sich nicht in Worte fassen.

Die Sprache steht heute zwar im Vordergrund, doch Gestik und Mimik spielen noch immer eine wichtig Rolle. Gerade haben Psychologen wieder einmal entdeckt, daß die Körpersprache mehr verraten kann als Wörter, die oft nur Verwirrung stiften.

Die Sprache

Die Anfänge unserer Sprache liegen weiter zurück, als lange Zeit angenommen wurde. Sie hängen mit der Entwicklung unseres Gehirns zusammen. Das sogenannte Broca-Zentrum, das die Sprache organisiert und die Sprechmuskulatur in Gang setzt, konnte schon beim Homo erectus nachgewiesen werden.

Der Ursprung der Sprache ist, so die Anthropologin Doris F. Jonas und ihr Mann, der Psychiater A. David Jonas, noch vor der rapiden Expansion des Großhirns anzusetzen. „Die von der Neurinde bewirkte Förderung der Denkfähigkeit erfolgte, als die Sprachfähigkeit schon einen gewissen Grad der Entwicklung erreicht hatte. Die sich neu eröffnenden Möglichkeiten, Gesten durch Lautgebilde zu ersetzen, hatten vielmehr einen stimulierenden Einfluß auf das zentrale Nervensystem, das seinerseits durch positive Rückkopplung die Weiterentwicklung der Sprache förderte."

Ob der Neandertaler sprechen konnte, ist strittig. Das sagt allerdings nichts über seine Intelligenz aus, denn zwischen ihr und der Sprache besteht kein direkter Zusammenhang.

Anläßlich einer Tagung der Anthropologen, die 1973 in Chicago stattfand, wartete der amerikanische Linguist Philip Lieberman mit einer interessanten Theorie auf. Der Neandertaler, so verkündete er, könne deshalb nicht zu den unmittelbaren Vorfahren des Jetztmenschen zählen, weil er nicht richtig sprechen konnte. Damit sei auch erklärt, warum er vor rund 40 000 Jahren recht schnell von der Bildfläche verschwand. Er sei dem redegewandteren Jungpaläolithiker, dem homo sapiens sapiens, nicht gewachsen gewesen.

Lieberman gründete seine Vermutung auf Experimente. Er hatte die Sprachapparate des Neandertalers, des Homo sapiens sapiens, eines Säuglings und eine Schimpansen miteinander verglichen. Mit Hilfe von Computern und Lichteffekten stellte er fest, welche Laute der Neandertaler hervorbringen konnte. Das Ergebnis: Die Vokale **a**, **i** und **u** vermochte er nicht zu bilden, über Lallen und Grunzen soll er nicht hinausgekommen sein. Daß er sprachlos war, bedeutet das nicht. Selbst wenn der westeuropäische, der „klassische" Neandertaler, dem der Rachen fehlte, nur etwa über zehn Prozent der Sprachfähigkeit eines modernen Menschen verfügte, war er damit in der Lage, sich zu verständigen. Eine Mutter versteht ihr Kind, obgleich es lallt. Eine solche Sprechweise aus modulierten Geräuschen, begleitet von Gesten und Mimik hat, so Jonas und Jonas, allerdings weniger mit Informationsaustausch zu tun, sie dient vielmehr dazu, soziale Bindungen zu verstärken. Daß diese beim Neandertaler vorhanden waren, steht außer Zweifel, davon legen die fürsorglichen Bestattungen Zeugnis ab.

Die Sprache ist im Laufe der Jahrtausende zu einem der wichtigsten Werkzeuge des Menschen geworden. Sie kann verbinden und trennen, Frieden und Unheil stiften. Der griechische Philosoph und Naturwissenschaftler Aristoteles nannte den Menschen „zoon legon echon", das Lebewesen, das „logos" besitzt – Wort und Vernunft. Für den Philosophen Martin Heidegger war die Sprache „worthafte Stiftung des Seins", für Antoine de Saint Exupéry „die Quelle der Mißverständnisse". André Malraux schloß aus dem Grad der (Un)Verständlichkeit der Sprache eines Politikers auf den Grad seiner Heimtücke, und der amerikanische Sprachforscher Edward Sapir schrieb: „Nichts ist an der Sprache überraschender als ihre Universalität. Man kann darüber streiten, ob es Stämme gibt, die keine Religion oder keine Kunst haben, aber wir kennen kein Volk ohne eine vollentwickelte Sprache."

Je komplexer eine soziale Organisation, umso notwendiger ist die Kommunikation, sagen die Soziologen. Man kann es auch anders formulieren. Ständige Information in Wort und Bild beziehungsweise Schrift ist notwendig, wenn es darum geht, Zusammenhänge zu vermitteln, die dem einzelnen oder einer Gruppe nicht selbstverständlich sind. Höchste Beredsamkeit wird eingesetzt, wenn es nicht um Einsicht, sondern um Überzeugung, um Überredung, geht wie in Politik, Religion oder Werbung.

Voraussetzung für sprachliche Kommunikation ist jedoch nicht eine hochkomplizierte soziale Organisation, sondern zunächst einmal die anatomische Fähigkeit, Laute hervorzubringen und die geistige Fähigkeit, ihnen einen Sinn zu geben. Ohne Kehlkopf und Sprachzentrum im Gehirn hätten wir nie ein Wort über die Lippen gebracht.

Der rein mechanische Vorgang der Artikulation hat jahrhundertelang Erfinder beschäftigt, die versuchten, sprechende Automaten zu konstruieren. Der mechanische Vorgang des Sprechens ist dabei kein Geheimnis: Kehlkopf, Rachen, Zunge, Zähne und Lippen formen einen Luftstrom, der aus der Lunge kommt, zu einem Laut. Dabei müssen rund hundert Muskeln gleichzeitig oder nacheinander, mit oder ohne Rhythmus, zusammengezogen, beziehungsweise entspannt werden. 14 Reizungen sind nötig, damit wir 210 bis 220 Silben in der Minute artikulieren können.

Unser Sprechapaparat wird durch motorische Nervenbahnen kontrolliert, die aus unterschiedlichen Teilen des Gehirns stammen. Bewegungsorgane und Steuerungsapparat der Sprache werden in der Hirnrinde miteinander verbunden. Das Broca-Zentrum in der Stirnrinde am Stirnrand koordiniert die zum Sprechen erforderliche Bewegung der Mund- und Kehlkopfmuskulatur. Für Sprachstruktur und Sinngebung dagegen ist das Wernicke-Zentrum im Bereich des Schläfenlappens zuständig. Hier laufen auditive und visuelle Informationen zusammen. Im Wernicke-Zentrum werden Worte in grammatikalischen Zusammenhang gebracht und über Nervenbündel ans Broca-Zentrum weitergeleitet. Die Rindenteile, die mit dem Ursprung von Sprachsymbolen und Begriffen zu tun haben, liegen bei den meisten Menschen auf der linken Seite des Gehirns, der dominierenden Hemisphäre. Bei einer Schädigung im frühen Kindesalter kann sich das Sprachzentrum jedoch auf die rechte Seite verlagern.

Normalerweise ist die linke Hemisphäre fürs Überlegen zuständig, hier findet eine lineare, kausale Kette von Folgerungen statt, die wir als „logisches Denken“ bezeichnen. In der rechten Hemisphäre dagegen findet die non-verbale, bildhafte Darstellung aller Sinneseindrücke statt, sie ist zuständig für schnelles Handeln. Diese funktionelle Asymmetrie der beiden Gehirnhälften ist eine Neuheit in der Evolution des Menschen. Typisch menschlich ist auch die Asymmetrie der Hände, denn die linke Gehirnhälfte kontrolliert die rechte Hand, und die rechte Seite die linke Hand. Dasselbe gilt, wenn auch weniger deutlich ausgeprägt, für unsere unteren Extremitäten und für unsere Ohren. Verbale Laute, die Sprache also, werden im allgemeinen mit dem rechten Ohr, non-verbale Laute wie Musik, Alarmsignale oder animalische Lock- und Warnrufe mit dem linken Ohr wahrgenommen.

Daß wir unsere Gedanken artikulieren können, verdanken wir einigen, an sich geringfügigen, Veränderungen wie der Kinnbildung, einer Verkürzung der Zunge und der Herausbildung von Muskeln, die ein Auf- und Abbewegen des Mundbodens ermöglichen, so daß die Nasenhöhle vollständig geschlossen werden kann. Dadurch gelangt die Atemluft durch den Mund nach außen, Zunge und Lippen können den Luftstrom unterbrechen und zu Lauten formen. Für den Klang der Sprache sind die Stimmlippen oder die Stimmritzen in der Kehle verantwortlich. Vokalklänge entstehen durch die Form der Röhre, die von Larynx, Pharynx und Mund gebildet wird. Lippen und Zunge fügen die Konsonanten hinzu.

Der amerikanische Anthropologe Bernard Campbell äußerte die Ansicht, „daß das wirklich wichtige physische Merkmal des Menschen der Besitz der Pharynx ist, der kleine Spalt zwischen Kehlkopfdeckel und kleinem Gaumen. Hier ist die Röhre, die die frequenzabhängige menschliche Lautbildung ermöglicht." Der Unterschied zwischen Menschen und Menschenaffen liegt seiner Meinung nach nicht in der Fähigkeit des Menschen zur Klangbildung, sondern in der Art von Klängen, die er erzeugt und der Art und Weise, wie er die frequenzabhängigen Töne für die Konsonanten unterbricht. Die Mundbewegungen, so Campbell, sind nicht sehr verschieden von denen für Saugen und Schlucken.

Alle menschlichen Sprachen sind reine Lernsprachen, lediglich die Fähigkeit zu sprechen wird vererbt. Darüber hinaus gibt es offenbar eine allgemein gültige Lautsymbolik, die man in allen Sprachen feststellen kann. Experimente und Tests mit Angehörigen verschiedener Völker ergaben, daß Laute mit hohen Frequenzen vorwiegend kleine Gegenstände bezeichnen, während niedrige Frequenzen – die Vokale **a** und **u** – für größere Gegenstände gebraucht werden.

Die Mainzer Anthropologin Ilse Schwidetzky berichtet von einem Experiment, das man in Deutschland, Tansania und den USA durchführte, und bei dem die Versuchspersonen sinnlose Wörter mit bestimmten Figuren assoziieren sollten. Die beiden Kunstwörter „maluma" und „takete" konnten entweder einer unregelmäßigen Zackenfigur mit vielen herausragenden Spitzen oder einer Art Doppelbretzel mit Kurven und Rundungen zugeordnet werden. Das Resultat war eindeutig. Die Mehrzahl der Versuchspersonen ordnete das Wort „takete" der Zackenfigur zu. „Maluma" erschien ihnen passender für die rundliche Doppelbretzel.

Zufall ist das nicht, denn die Sprache und das Sprechen entwickelten sich allmählich, Schritt für Schritt, und in den Anfängen war der Mensch noch nicht in der Lage all die Laute, die wir heute beherrschen, hervorzubringen. Ebenso wie bei Tieren muß auch beim Menschen einzelnen Lauten ursprünglich eine bestimmte Bedeutung zugekommen sein, die elementare Dinge wie Liebe, Wut, Gefahr, Hunger und Durst oder Zufriedenheit signalisierte. Andere Wörter sind Lautmalerei, sie ahmen natürliche Vorgänge nach. Das deutsche Wort Gähnen, im Englischen yawn, fällt in diese Kategorie, ebenso das lateinische plumbum für Blei.

Die Sprachforschung hat sich mit dem Ursprung des Wortes nur am Rande befaßt. Sie beschränkt sich auf schriftliche Belege, und diese sind bestenfalls 6000 Jahre alt. Mit ihrer Hilfe lassen sich Verwandtschaftsverhältnisse zwischen Völkern und Stämmen, Herkunft und Wanderwege rekonstruieren, über den Ursprung der Sprache an sich gibt sie keine Auskunft.

Der Sprachforscher Richard Fester beschritt neue Wege. Er verglich mehr als 200 Sprachen in aller Welt miteinander und filterte Gemeinsamkeiten heraus. Dabei kam er auf sechs „Urwörter der Menschheit", Archetypen, die er bis in die Anfänge menschlicher Sprache zurückführt.

Bei diesen sechs Archetypen handelt es sich nicht um Wörter in unserem Sinne mit eng umrissener Bedeutung. Das *Wort* BA zum Beispiel, nach Fester das älteste, deckte den gesamten Erlebnisbereich des frühen Menschen ab. BA ist der erste Silbenlaut, mit dem ein Baby verbalen Kontakt mit seiner Umwelt aufnimmt. Aus Baba und Aba werden Mama und Papa, eine veränderte Lippenstellung wandelt das B über BW zu W und P, über PF zu F und M, beziehungsweise MB. Kind oder Baby heißt bei den Bantu („Mensch, Leute") BWA, bei den Schotten BAIRN. Das Wort BABY spricht für sich.

Kombiniert man die genannten Konsonanten mit den Vokalen A, O, U, E, I, die in dieser Reihenfolge dazugekommen sein sollen, erhält man rund 900 BA-Wörter. Ein durchschnittlich gebildeter Engländer kommt mit demselben Wortschatz aus, um sich in allen Lebenslagen zu verständigen.

Das nächste *Wort* war KALL, ein Sammelbegriff, der, ein wenig spezieller, für alles Hohle stand. Für Höhle, Mutterleib, Schädel und Hölle. Höhle und Hölle haben miteinander zu tun, weil manche Höhlen später heilig waren. Hel war bei den Germanen die Göttin des Totenreiches, der Unterwelt. Holda-Frija, auch Hulda oder Herke, deren Wagen Katzen ziehen, war als Göttermutter für Fruchtbarkeit zuständig. Hel und Hulda sind vielleicht zwei Aspekte ein- und derselben Gottheit, die älter war. Als alte Frau Holle mit riesigen Zähnen haust sie im Grimmschen Märchen noch immer unter der Erde, ein Brunnen ist der Zugang zu ihrem Reich mit einem Backofen voller Brot und einem Baum, von dem überreife Äpfel regnen.

Und wenn sie ihre Betten schüttelt, „daß die Federn fliegen, dann schneit es in der Welt".

Mit dem neuen Wortfeld KALL vervielfältigten sich die Variationsmöglichkeiten wiederum. Außerdem konnten schwache BA-Wörter durch starke KALL-Wörter ersetzt oder durch eine Kombination von beiden genauer definiert werden. Das war offenbar bei Feuer der Fall.

Die Bezeichnungen aus dem BA-Vokabular, so nimmt Fester an, beziehen sich auf das „gestohlene" Feuer, das sorgsam gehütet werden mußte. Das Feuerwort, das dem KALL-Bereich entlehnt wurde, benannte dann das Feuer, das der Mensch selbst entzündete. In beiden Fällen schwingt der Begriff Wärme mit. Das ändert sich mit dem dritten Archetyp, mit TAG, der für groß, hoch, erhaben, Gott und Zeugung steht. Das TAG-Wort für Feuer bezieht sich nicht mehr auf Wärme, sondern auf Hitze, verbrennen. In Festers Liste stehen TAG-Wörter 97 Mal für heiß, Feuer und zünden, jedoch nur neunmal für Wärme. 82 Mal steht TAG für Himmelserscheinungen wie Sonne, Mond, Sterne, Sternschnuppe oder Blitz, 31 Mal bezeichnet es den hellen Tag.

BA und KALL benannten auch Farben. Fester war irritiert, weil er beim besten Willen keine überzeugende sprachliche Verbindung zwischen dem Feuer und der Farbe Rot, unserem Feuerrot, entdecken konnte. Vielmehr bedienen sich auffällig viele Sprachen des KALL, um sowohl Feuer als auch Gelb zu beschreiben. Im Deutschen zum Beispiel ist gelb eine Kombination aus KALL-BA - gel'b. Die Erklärung liegt auf der Hand, wenn man genauer hinschaut: „...natürlich ist die hellbrennende Flamme gelb, man denke an Kerzenlicht, und natürlich ist ein Holzfeuer im Freien... leuchtend gelb, wenn es auch ein rötliches, ‚warmes' und ungemein angenehmes Gelb ist."

Die Wurzeln der Sprachfunktion reichen bis ins Viszeralhirn, ein sehr alter Teil des menschlichen Gehirns, der nach Meinung einiger Mediziner für nichtverbalen Symbolismus zuständig ist. Das Viszeralhirn begreift zum Beispiel die Farbe Rot nicht als ein Wort mit drei Buchstaben oder als spezifische Wellenlänge des Lichtes. Es verknüpft Rot stattdessen mit Blut, Sonnenuntergang, Kampf oder Rosen, faßt also symbolisch Phänomene zusammen, die nichts miteinander zu tun haben müssen. Demnach könnte das Viszeralhirn, das nicht sauber analysieren und unterscheiden kann, für bestimmte psychische Krankheiten wie Verfolgungswahn oder Zwangshandlungen verantwortlich sein. Psychotherapeuten vermuten, daß das „animalistische und analphabetische" Viszeralhirn mit dem, was Sigmund Freud „das unbewußte Es" nannte, identisch ist.

Anatomische Voraussetzungen wie die Weiterentwicklung des Gehirns oder die Herausbildung des Kehlkopfs machten Sprache möglich. Dafür, daß der Mensch die anatomischen Gegebenheiten nutzte, daß er tatsächlich zu sprechen begann, muß es Beweggründe gegeben haben. Erstaunlicherweise verfielen die Anthropologen ausgerechnet auf die Jagd als treibende Kraft. Vielleicht, weil diese Tätigkeit den Gelehrten archaisch genug erschien, vermutlich aber, weil sie eine Domäne der Männer ist. Nun gehört zur Jagd zwar viel Trara, großer Sprachfertigkeit bedarf es dazu aber nicht. Im Gegenteil: Geschwätzige Jäger vertreiben das Wild, strengste Ruhe ist bei der Pirsch angesagt. Bliebe höchstens das Jägerlatein beim anschließenden Umtrunk...

Friedrich Engels hob die Bedeutung der Arbeit für die Sprache hervor, wobei nach der marxistisch-leninistischen Auffassung Arbeit die Grundbedingung für ein menschliches Leben ist. Wenn man sich auf seine Arbeit konzentriert, ist man aber besonders wortkarg, geredet wird in den Pausen. Überhaupt findet der wesentliche Teil kulturellen Lebens nach getaner Arbeit statt. Jagderlebnisse und Abenteuer, Begebenheiten und Märchen erzählt man sich in Sibirien und am Kongo, in der Wüste Sahara ebenso wie im tropischen Regenwald am Lagerfeuer, nach Feierabend.

Die *Ursprache* der Menschen bestand nicht aus vorsätzlich ersonnenen Wörtern mit ganz bestimmter Bedeutung. Am Anfang gab es Laute, die – wie bei den Tieren – Erlebnisbereichen oder Emotionen zuzuordnen sind. Sprache, Kultur und Gesellschaft sind eng miteinander verflochten und nicht voneinander zu trennen. Die ersten sozialen Bindungen der menschlichen Gesellschaft entstanden zwischen Mutter und Kind. Das ist biologisch bedingt durch die *Neotenie*, die vorzeitige Geburt und die damit verbundene Abhängigkeit des Säuglings und Kleinkindes. Daß sich im Vergleich zu anderen Säugetieren komplizierte soziale Strukturen entwickelten, hängt mit der langen Kindheits- und Jugendphase unserer Spezies zusammen.

Die amerikanische Anthropologin Evelyn Reed ging das Problem der Sprache pragmatisch an. Sie trug eine Fülle von Fakten aus allen Bereichen des menschlichen Lebens zusammen und kam zu dem Schluß, daß nicht die Männer, die auf Jagd gingen, die Sprache *erfanden*, sondern die Frauen – wenn sie mit ihren Kindern spielten, mit anderen Frauen täglich anfallende Arbeiten verrichteten und am Feuer zusammensaßen.

Solange eine Frau ein Kind stillt, ist die Verbindung zwischen beiden eng wie keine andere Beziehung zwischen Menschen. Daß Mutter und Kind miteinander *verbal kommunizieren*, bleibt nicht aus. Diese Verständigung beginnt auch heute noch mit der Lallsprache, mit der die Mutter die ersten Laute ihres Kindes beantwortet. Nach und nach bekommen die Laute eine bestimmte Bedeutung, werden zu Worten und Sätzen. Zwischen Mutter und Kind ist Sprache noch immer zunächst einmal „Mittel zur arterhaltenden sozialen Bindung". Zum Medium für Informationsaustausch wird sie erst später.

Jungen tun sich mit dem Sprechenlernen schwerer als Mädchen. Das ist kein Ammenmärchen, das hängt mit der unterschiedlichen Entwicklung des Gehirns zusammen. Doppelt soviel Jungen wie Mädchen weisen Sprachstörungen auf, und 82 Prozent aller Kinder mit Legasthenie sind Jungen. Der Grund dafür ist, daß das Gehirn von Mädchen früher reif, das von Jungen anfälliger für Krampffieber ist, das die dominante linke Hemisphäre, wo sich die Sprachzentren befinden, schädigen kann. Andererseits sind Jungen zwischen fünf und acht Jahren Mädchen bei non-verbalen Lauten überlegen. Non-verbale Erfahrungen wie Zeitsequenzen, Musik und visuelle Fähigkeiten werden von der rechten Hemisphäre bestimmt.

Das Ehepaar Jonas stellte bei seinen Untersuchungen fest, daß Legasthenie und Raumsinn miteinander zu tun haben. Raumsinn bezieht sich auf dreidimensionale Objekte. Größe, Schatten, Form oder Vertrautheit von Gegenständen vermitteln ein klares Bild von der Distanz, ein wichtiger Punkt bei der Jagd. Die Raumorientierung ist bei Männern deutlich ausgeprägter als bei Frauen. Genau deshalb haben Legastheniker Probleme mit dem Lesen. Der Sprachfaktor, so Jonas und Jonas, trifft hier auf einen archaischen Typ des Raumsinns. Legastenikern fällt es schwer, die zweidimensionalen dunklen Zeichen auf hellem Hintergrund – die Schrift – zu erkennen und auseinanderzuhalten. Als das Ehepaar Jonas auf die Idee kam, das Lesen mit Hilfe dreidimensionaler Kartonbuchstaben zu üben, machten die kleinen „Patienten" erstaunliche Fortschritte. Je nachdem, ob der Text aus den dreidimensionalen Zeichen in einer geraden Linie oder unregelmäßig plaziert war, kam es zu einer Verbesserung von 55, bzw. 65 Prozent. Um sogar 85 Prozent gegenüber dem gedruckten Text steigerte sich die Leistung dann, wenn die Jungen die Buchstaben obendrein berühren durften.

Von der typisch menschlichen Asymmetrie der beiden Gehirnhälften war schon die Rede. Die rechte Seite steht für schnelles Handeln, die linke für Überlegen. Diese Asymmetrie findet sich auch bei den Händen. Die meisten Menschen führen kompliziertere Arbeiten mit der rechten Hand aus, die linke unterstützt – und sie dient zum Tragen. Seitdem wir unser Fell verloren haben, tragen Mütter ihr Kind, und zwar links, wo das Herz schlägt, dessen Töne und Rhythmus dem Neugeborenen schon aus dem Mutterleib vertraut sind. Auch die Madonnen tragen das Jesuskind fast ausnahmslos auf dem linken Arm. Das bedeutet, daß die meisten Arbeiten mit der rechten Hand bewältigt werden mußten. Daher bildete sich mit der Zeit die vorwiegende Rechtshändigkeit heraus, und dieser Vorgang wiederum könnte dazu geführt haben, daß sich das Sprachzentrum, das die rechte Hand kontrolliert, auf die linke Hemisphäre verlagerte. Fingerfertigkeit, so Jonas und Jonas, stimulierte die Nervenzentren zu einer Verbesserung der Reizübertragung, und die stimulierten Nervenzentren förderten die Fingerfertigkeit noch weiter. Aktivierte Gruppen von Nervenzellen neigen aber dazu, Stimulationen, die aus neuem Verhalten resultierten, an sich zu ziehen.

Untersuchungen lassen darauf schließen, daß Frauen darüber hinaus durch die Ausschüttung spezieller Hormone angeregt werden, mit ihrem Kind stimmlichen Kontakt aufzunehmen. Auf Grund dieser biologischen Gegebenheit und durch das ständige Zusammensein mit dem Nachwuchs verbesserte sich die Lautgestaltung der Frau ständig. Die Muttersprache entstand. Beim Mann dagegen, bedingt durch ebenfalls biologische Gegebenheiten und seine intensive Beschäftigung mit der Jagd, entwickelte sich ein ausgeprägter Raumsinn. „Es könnte sehr wohl so gewesen sein, daß der frühmenschliche Mann eine Tugend aus seiner Sprachuntüchtigkeit machte, zumal seine Hauptaufgabe, die Jagd, sowieso komplette Stille erforderte."

Daß sich mit der Zeit gerade Männer zu ausgesprochenen Redekünstlern entwickelten, steht zu den Anfängen nicht im Widerspruch. Mit der verlängerten Kindheits- und Jugendphase bekamen auch Jungen, die ja dieselben anatomischen Voraussetzungen für Sprachfertigkeit besitzen wie Mädchen, ausreichend Gelegenheit zum Lernen.

Auf großes Interesse in der Öffentlichkeit stießen seinerzeit die Bemühungen von Verhaltensforschern, Schimpansen die menschliche Sprache beizubringen. Der Erfolg hielt sich in Grenzen. Nicht nur, weil ihr Sprachapparat weniger entwickelt ist als unserer. Die Forscher haben es auch mit nicht-verbalen Methoden versucht, zum Beispiel mit der Taubstummensprache Ameslan und mit Kärtchen, auf die Symbole gedruckt waren. Der Anatom Kurt Goerttler hat die Frage, warum Affen nicht sprechen, kurz und bündig auf folgenden Nenner gebracht: „Erstens, weil ihnen die Artikulationsmöglichkeit ihrer Stimmlaute und damit der Reichtum des menschlichen Ausdrucksvermögens fehlt, und zweitens, weil sie nichts zu sagen haben.“

Symbole schaffen, ein abstraktes Prinzip begreifen, das kann nur der Mensch. Sein Gehirn, das immer größer wurde, indem sich neue Bereiche bildeten, die unseren Affenvettern fehlen, versetzte ihn in die Lage, die menschliche Sprache zu schaffen.

Als die Sprache, ursprünglich der sozialen Bindungen wegen, entstanden war, erwies sie sich als äußerst nützlich. Der Mensch war in seiner Entwicklung nun nicht mehr ausschließlich auf die biologische Art der Weitergabe von Überlebenstechniken angewiesen. Mit der Sprache war eine neue Form des Weitergebens entstanden. Mit ihrer Hilfe konnte der Mensch seine persönlichen Erlebnisse, seine Erfahrungen und Gedanken, die ganze Summe seines Könnens an andere Menschen weitergeben. Neben die Evolution war die Tradition getreten, „die geistige Übergabe von Erlerntem an neue Generationen zu eigenständigem Gebrauch, Umbildung und Weiterbildung“, wie es der Anthropologe Georg Siegmund formuliert. Dieses Weiterreichen von immer abstrakterem Wissen machte Technik und Kultur, die Zivilisation schlechthin, möglich.

GESTALT UND GESTALTUNG

Die Leute vom Geißenklösterle

Die Menschen, die vor 36 000 Jahren auf der Schwäbischen Alb erschienen und vorübergehend im Geißenklösterle logierten, haben also miteinander gesprochen. Über Kind und Kegel, Essen und Trinken, Wind und Wetter. Und wenn vom Flüßchen, das im Tal unterhalb der Höhle dahinfloß, die Rede war, nannten sie es wahrscheinlich bei dem Namen, den es heute noch trägt – Ach. In ländlichen Gegenden haben Wasserläufe oft keinen besonderen Namen.

Das Geißenklösterle, eine Höhle, 60 Meter hoch über dem Tal der Ach gelegen, diente vor mehr als 30 000 Jahren eiszeitlichen Jägern wiederholt als Unterschlupf.

Für die Einheimischen sind sie einfach „der Bach" oder „die Au". Die Bezeichnung B'ach steckt auch in manchem Flußnamen, in der Isar zum Beispiel und der Eisack. Beides heißt „eisiger Wasserlauf".

Die Menschen des Aurignacien, des ältesten Abschnitts der jüngeren Altsteinzeit, waren zweimal in der Höhle. Beim ersten Mal kamen sie im Herbst. Auf diese Jahreszeit läßt ein Rentiergebiß schließen, vorausgesetzt, das Zahnwachstum der Tiere entwickelte sich damals ähnlich wie heute.

Die Dauer des Aufenthaltes läßt sich schwer abschätzen, denn die Menge steinerner Werkzeuge, auch wenn sie an Ort und Stelle hergestellt wurden, sagt wenig darüber aus. Mit etwas Übung kann eine einzige Person innerhalb weniger Stunden ein paar hundert Werkzeuge und einen Haufen Abfall produzieren, egal, welche Technik angewendet wird.

Die Neandertaler schlugen ihre Klingen und Schaber mit einem Stein direkt von der Rohstoffknolle ab. Die Jungpaläolithiker verwendeten zusätzlich ein Zwischenstück aus Knochen oder Geweih: Zuerst brachten sie an der Flint- oder Hornsteinknolle Leitbahnen an, dann begann die eigentliche Werkzeugherstellung. Dabei setzt man das Zwischenstück genau dort an, wo sich die Klinge lösen soll. Eine geistreiche Weiterentwicklung der Steinbearbeitung, denn das elastische Zwischenstück leitet den Druck direkt auf den gewünschten Punkt, gleichzeitig mindert sich auf diese Weise die Wucht des Schlages.

Eine Klinge, mit einem einzigen Schlag hergestellt, besitzt zwei rasiermesserscharfe Schneiden, und das kann bei bestimmten Arbeiten gefährlich sein. Durch Druck, das sogenannte Retuschieren, werden solche Klingen ohne weiteres zu Sticheln, Kratzern, Schabern, Meißeln, Sägen, Speerspitzen, Abspaltern in allen denkbaren Variationen. An die 30 Haupttypen liegen vor, ein regelrechter Werkzeugkasten.

Bei Gegenständen aus Knochen oder Elfenbein und bei Ledersachen liegen die Dinge anders. Ihre Herstellung braucht mehr Zeit. Wenn der Arbeitsaufwand bekannt ist, wenn man weiß, wie lange die Herstellung einer Perle oder eines Mokkassins dauert, läßt sich in etwa auch abschätzen, wie lang ein Aufenthalt gewesen sein muß.

Dies war einer der Gründe, warum Joachim Hahn, der Tübinger Urgeschichtler, das Elfenbeinschnitzen lernte. Natürlich kam ihm die handwerkliche Fertigkeit auch in anderer Hinsicht zugute, zum Beispiel beim Rätselraten um die Kerbstäbe. Diese merkwürdigen Elfenbeinstäbe sind in bestimmten Abständen markiert, und ihre Bedeutung war bis dahin ungeklärt. Hahn machte sich an die Arbeit und bewies, daß sie ganz einfach herzustellen sind. Er grub zwei parallele Rillen in ein Stück Mammutstoßzahn und hebelte den Span in der Mitte heraus. Was aber hatten die Kerben zu bedeuten?

Perlen aus dem Geißenklösterle. Von links nach rechts die einzelnen Produktionsschritte vom Elfenbeinspan über den Kerbstab zur polierten Perle. In der Mitte mißlungene Stücke.

An einen Kultgegenstand mochte Hahn nicht glauben, es mußte eine profane Erklärung geben. Er kerbte den Span entsprechend den Vorbildern und stellte fest, daß sich der Stab – wie vermutet – an diesen Stellen leicht zerbrechen läßt. Er glättete und polierte ein Bruchstück und hielt eine tropfenförmige Perle in der Hand. Er nahm sich ein zweites Bruchstück vor, ein drittes, und nach einiger Übung hatte er alle drei Stunden eine Perle fertig. Die Schmuckstücke glichen aufs Haar jenen, die in derselben Fundschicht zutage gekommen sind, und die einst Kleidungsstücke verziert haben.

Drei Millimeter messen die kleinsten, die man knapp zwischen den Fingern halten kann, eineinhalb Zentimeter die größten. Manche sind doppelt durchbohrt, ähnlich wie Knöpfe. Das heißt, regelrecht gebohrt sind die Löcher nicht. Der Drehbohrer war damals noch nicht erfunden, und der rotierende Bohrer, der im Prinzip wie ein Feuerbohrer funktioniert, kam erst in der Jungsteinzeit auf. Man hatte einfach die Stellen, wo das Loch hindurchführen sollte, angeritzt, und die Perle dann von beiden Seiten bis zur Mitte ausgeschabt.

Nach dem Arbeitsaufwand für die Gegenstände aus Elfenbein zu urteilen, müßten die Leute ungefähr eine Woche in der Höhle kampiert haben. Die Knochenreste ihrer Mahlzeiten aber sprechen für eine längere Dauer. Selbst wenn die Jäger nur die besten Teile der Beute mit nach Hause brachten, und selbst wenn man davon ausgeht, daß kein Familienverband mit Kindern, sondern ein Jägertrupp in der Höhle Rast machte, dann müßten zwei Wildpferde, zwei Mammute und ein Steinbock zehn hungrige Männer länger als nur eine Woche sattgemacht haben. Auch das Rohmaterial für Werkzeug – dreißig Hornsteinknollen – , das die Jäger im Gepäck hatten, deutet darauf hin, daß sie bereits beabsichtigten, länger zu bleiben.

3000 Jahre vergingen, bis zum zweitenmal Menschen ins Geißenklösterle kamen. Diesmal war Frühling. Daran besteht kein Zweifel, denn auf dem Speisezettel standen Eier von Enten oder Gänsen.

Frühling auf der Alb. Unten am Fluß, in den Auenwäldern, schimmerten weißsilbrige Weidenkätzchen, die raupenförmigen Blüten der Zwergbirken reckten sich, wurden gelb und gelber, bis die Pollen stäubten. Dazwischen standen Kiefern. Die kahle Steppe bedeckte sich nach dem Winter wieder mit Kräutern und Blumen. Mit Sonnenröschen, das die Albbewohner Goldraisle nennen, mit Steinbrecharten, Läusekraut, Nelken und verschiedenen Sorten von Kreuz- und Doldenblütlern. Die meisten von ihnen wachsen heute nur im Hochgebirge, in kälteren Regionen. Der Mattensteinbrech (Saxifraga decipiens) blieb der Alb erhalten. Als Relikt der Eiszeit blüht er am Hang einer kahlen Felsschlucht in der Nähe von Blaubeuren, eine von Naturschützern gehütete botanische Kostbarkeit.

Den Menschen im Norden und im Gebirge kommt es jedes Jahr aufs neue wie ein Wunder vor, daß auf den eisigsten Winter ein Frühling folgt. Wenn an geschützten Stellen der Schnee schmilzt, weiße, gelbe und blaue Blüten sich in den ersten warmen Strahlen der Märzsonne öffnen, Tiere aus dem Winterschlaf erwachen und schließlich die Zugvögel heimkehren, atmen sie auf. Vielleicht haben damals die Jäger auf der Schwäbischen Alb Blumen gepflückt, so wie es heute noch die Bauern und Hirten in den schroffen Gebirgszügen Savoyens tun. Um Pfingsten herum steigen sie, weiße Sträuße in schwieligen Händen, von den Bergen, auf denen der Schnee verschwindet, talwärts zu ihren Dörfern.

In Sicherheit konnten sich die Menschen nicht wiegen, dafür sorgte das Eis. Von den Albhöhen aus, im Südwesten, sahen sie die weißen Flächen des Rheingletschers im flimmernden Dunst liegen. Im Sommer jedenfalls, wenn das Wetter gut war, wenn vom Gletscher her kalte Winde bliesen, Sand und Staub aufwirbelten, Löß mit sich forttrugen, der zum fruchtbaren Ackerboden der späteren Bauern werden sollte. Doch bis dahin mußten noch an die 30 000 Jahre vergehen, eine Ewigkeit, und doch ein Katzensprung, gemessen an der Zeit, die vergangen war, seitdem sich der Mensch auf zwei Beine stellte.

Die Menschen, die in jenem Frühling vor 33 000 Jahren im Geißenklösterle Station machten, waren aus einem ganz bestimmten Grund gekommen. Sie warteten auf die Ankunft der Rentiere, die auf die Alb zogen, um dort ihre Jungen zur Welt zu bringen.

Nicht nur im Geißenklösterle warteten Eiszeitjäger. Andere hatten bei Lommersum, in der Nähe von Köln, ihr Lager aufgeschlagen. Dieser Trupp war aus der Gegend von Düren gekommen, das verrät das Rohmaterial für Steinwerkzeug, das sie mitgeschleppt hatten.

Die Jäger von Lommersum warteten auf Herden, die Ende März, Anfang April mit trächtigen Muttertieren zu Tausenden von der Niederrheinischen Bucht in die Eifel zogen, die wie die Schwäbische Alb ein Setzgebiet war. Fette Beute konnten die Männer nicht erwarten, denn im Frühjahr sind auch die Rentiere mager. Trotzdem bieten sie eine Delikatesse: den Magen, oder vielmehr den unverdauten Inhalt – Moose, Flechten, Gräser und Kräuter. Vitamine also, die die Menschen den Winter über entbehrt hatten.

In nördlichen Regionen mußten die Menschen, um durch den Winter zu kommen, seit jeher Vorräte anlegen. Fleisch und Fisch wurden gedörrt oder eingefroren, und wenn das Jagdglück hold war, kam ab und zu ein frischer Braten, sei es auch nur ein Hase oder ein Schneehuhn gewesen, aufs Feuer. An Gemüse und Kräuter war bei Eis und Schnee nicht zu denken, und Kohl, den man hätte lagern oder säuern können, war noch nicht gezüchtet worden. Aber es gab Nüsse, Haselnüsse, wahre Kalorienbomben, die mehr Fett enthalten als Schweinefleisch. Damit sie nicht ranzig wurden, röstete man sie in Gruben am Feuer. Dabei zersprangen die Schalen, und man mußte die Kerne in festen Behältern aufbewahren, damit sich Mäuse und andere Nager nicht darüber hermachen konnten.

Will man Haselnüsse frisch verzehren, braucht man einen Nußknacker, wenn man seine Zähne nicht ruinieren will. Die sahen damals anders aus als heute. Flache, runde oder ovale Steine waren es, mit einer Mulde mittendrin. Man findet sie überall auf der Welt, wo es Nüsse gibt, und auch in Museen. Dort allerdings werden sie den Besuchern oft als *Kultstein* oder als *Taschenschalenstein* präsentiert, obwohl bekannt ist, daß man noch in diesem Jahrhundert auf Inseln im Pazifik mit solchen Steinen ganz prosaisch Nüsse knackte. In unserer Ernährung haben Nüsse an Bedeutung verloren, nur um Weihnachten wird noch einmal die Erinnerung wach an ferne Zeiten, als sie den Winter über zu den lebenswichtigen Grundnahrungsmitteln gehörten.

Die Jäger von Lommersum müssen einen Seitentrupp von Rentieren abgepaßt haben oder Nachzügler, alte und sterile Weibchen und noch nicht geschlechtsreife männliche Tiere, die im Abstand von ein, zwei Wochen der Hauptherde folgten. Vielleicht waren die Leute spät dran, und die Hauptherde war schon vorbeigezogen.

Das Schlachtfest fand Ende April statt. Die Jäger trieben ihre Beute in das einst sehr enge Tal, töteten die Tiere und schleppten sie zum Hang, wo aufgebrochen, zerlegt und gehäutet wurde. Dort fanden die Archäologen massenweise Knochen, vor allem Markknochen. Man hatte sie zerschlagen, übers Feuer gehalten, bis das Mark flüssig wurde und bis zum letzten Tropfen herausgesogen werden konnte. Markknochen sind bis heute die Grundlage einer kräftigen Brühe.

Geschlachtete Rentiere wurden vollständig verwertet. Sie lieferten Fleisch, dazu Felle und Häute für Kleidung, Schuhwerk, Bettzeug und Zeltbespannung. Die Sehnen wurden gekaut und als Nähgarn verwendet, aus Knochen stellte man Werkzeug und Gebrauchsgegenstände oder Schmuck her, wenn Brennholz knapp war, warf man sie auch aufs Feuer, um sich zu wärmen und um zu kochen.

Daß heute Herstellungsmethoden, Arbeitsaufwand, Gebrauchsspuren an Gegenständen oder Details wie Fettreste an Kochsteinen untersucht werden, ist ein Verdienst der *Neuen Archäologie*. Den modernen Altertumsforschern geht es in erster Linie darum, wie die Menschen früher lebten, wie sie mit dem, was ihre Umgebung bot, überlebten und wie sie allmählich begannen, die Umwelt zu verändern.

Bis vor zehn, zwanzig Jahren gab man sich, was die Eßgewohnheiten der Eiszeitmenschen betrifft, mit dem zufrieden, was Forscher aufgrund ihrer Beobachtungen bei Eskimostämmen rekonstruiert hatten. Die pflanzliche Ernährung kam bei diesen Expeditionen zu kurz, denn die Ethnologen gingen mit den Männern auf Fischfang und auf die Jagd. Daß der unverdaute Inhalt von Rentiermägen eine Delikatesse ist, die einen Gutteil des Vitaminbedarfs decken kann, ist so ziemlich die einzige Mitteilung in Bezug auf Pflanzenkost. Was Frauen und Kinder sonst noch sammelten, wird, wenn überhaupt, nur am Rande erwähnt. Weitaus mehr Platz nehmen Schilderungen ein, wie Eskimofrauen ganz selbstverständlich zu den fremden Forschern ins Bett krochen.

Kochgruben wie diese gehörten zum festen Inventar der Eiszeitküche. Man kleidete sie mit Leder aus, füllte sie mit Wasser und Gemüse oder Fleischstücken. Glühendheiße Steine brachten den Eintopf zum Sieden.

Bis in die jüngste Zeit hinein orientiert sich der Mensch bei seinen technischen Erfindungen an der Natur. Das gilt für das Flugzeug ebenso wie für den Kochbeutel mit Fertiggerichten. Lange bevor es Metalltöpfe oder Keramikgeschirr gab, dienten größere Tiermägen und Beutel aus Leder als Kochgefäß. Man füllte sie mit Wasser, Fleisch, Gemüse und Kräutern, holte mit einer Zange aus gekreuzten Hölzern glühendheiße Geröllsteine aus der Feuersglut und tat sie in den Beutel. Keine Viertelstunde später begann der Eintopf zu brodeln. Im Geißenklösterle, das ergab die Analyse solcher Kochsteine, ist mindestens einmal Rentiergulasch auf den Tisch gekommen. Ob auch Wurzelknollen und Kräuter dabei waren, verriet die Untersuchung nicht. Für Gemüse war es noch zu früh im Jahr.

Irgendwann kam ein Mensch auf die Idee, in einen Rentiermagen, nachdem sein frischer Inhalt verspeist war, Fleisch und Gemüse hineinzupacken und das Ganze zu kochen. Eine Idee, die so hervorragend war, daß sie nicht in Vergessenheit geriet. Vermutlich wissen nicht einmal die Schotten, wie alt ihr Nationalgericht wirklich ist. Daß der Haggis – ebenso wie Schwarzsauer, Pfälzer Saumagen oder Brägenwurst – nicht jedermanns Sache ist, steht auf einem anderen Blatt.

Fremden erzählt man in Inverness oder Braemore gern folgende Geschichte: Der Haggis, so heißt es, stammt von ganz besonderen Schafen, die es nur im schottischen Hochland gibt. Sie grasen im Uhrzeigersinn rund um die Berge der Highlands, und im Laufe der Zeit nutzen sich dabei die Beine auf der rechten Seite ab, sie werden kürzer. Urplötzlich, und niemand weiß warum, ändert das eine oder andere Haggisschaf eines Tages die Richtung, macht kehrt, tritt mit den Stummelbeinen ins Leere, stürzt in die Tiefe, wandert in den Kochtopf und wird als Haggis serviert. Haggis, das ist gefüllter Schafsmagen. Der wahre Hintergrund dieser Erfindung hat allerdings wohl weniger mit der Geschichte vom Haggisschaf zu tun als mit der Armut unwirtlicher Gegenden, die ihre Bewohner zwang, die geschlachteten Tiere restlos zu verwerten.

Schafe und Ziegen waren, abgesehen vom halbzahmen Rentier, die ersten Nutztiere, die der Mensch domestizierte.

Falls jemand Appetit auf Haggis hat, hier ist das Rezept: Man wasche einen Schafsmagen gründlich, drehe das Innere nach außen und schabe ihn mit einem scharfen Messer glatt. Anschließend lege man ihn über Nacht in kaltes Salzwasser.

Die gewaschenen Innereien, Herz und Leber, dazu die Zunge, gebe man in einen Topf mit kochendem Wasser, füge einen Teelöffel Salz hinzu und lasse das Ganze etwa zwei Stunden kochen. Dann entferne man Sehnen, Haut und so weiter und schneide ein Viertel der Leber, das Herz und die Zunge in kleine Stücke. Man füge ein halbes Pfund (1/2 lb) gehackten Talg und zwei halbgare, ebenfalls gehackte Zwiebeln hinzu.

Unterdessen röste man im Backofen zwei Tassen grobes Hafermehl goldgelb und füge es der Mischung bei. Danach kräftig würzen mit Salz und Pfeffer, nach Geschmack auch mit einer Prise Muskatblüte oder Gewürznelken, und etwa einen halben Liter Fleisch- oder Zwiebelbrühe hinzufügen. Den abgetropften und trockengetupften Magen nur zu drei Vierteln mit der Masse füllen, damit das Hafermehl Platz zum Quellen hat.

Wenn der Magen zugenäht ist, steche man mehrmals mit einer Nadel hinein, gebe ihn in einen Topf mit kochendem Wasser, auf dessen Boden ein Teller steht. Bei geschlossenem Deckel lasse man den gefüllten Magen je nach Größe zwei bis drei Stunden sachte köcheln. Darauf achten, daß er stets mit Wasser bedeckt ist. Haggis wird heiß serviert mit Kartoffelbrei und Steckrüben.

Kleidung und Werkzeuge

Während die Jäger im Geißenklösterle auf die Ankunft der Rentiere warteten, wurde ihnen die Zeit nicht lang, sie hatten genug zu tun. Gebrauchsspuren an Messern und Pfriemen verraten, daß sie Elfenbein und Knochen bearbeiteten. Fertiges Werkzeug hatten sie mitgebracht, und sie nutzten es bis zum letzten Rest. Wenn ein Messer so abgenutzt war, daß es sich beim besten Willen durch kein Retuschieren mehr schärfen ließ, zerlegten sie es in kleine und kleinste Teile, die sie als Widerhaken in Speere einsetzten.

Das Schlachtfest fand Ende April statt, und es dauerte anschließend zwei Wochen, bis die Felle gesäubert, getrocknet und gewalkt waren. Vor Mitte Mai also konnte die Schneiderarbeit nicht beginnen.

Ursprünglich hatte Kleidung einzig und allein vor Kälte zu schützen. Nur so konnte der Mensch, der sein Haarkleid im Laufe der Evolution verloren hatte, in kühleren Gegenden überleben. Er tat, was nahelag – er wickelte sich in die Felle von Tieren, die mit einer Kordel oder einem Riemen gegürtet wurden, damit sie nicht verrutschten. Das ist eine Notlösung, weder praktisch noch besonders warm, vor allem, wenn ein kalter Wind bläst.

Der Mensch mag ein Gewohnheitstier sein, und er kann sich ohne weiteres auf ein paar Grad mehr oder weniger einstellen. Aber irgendwann beginnt auch der hartgesottenste Naturbursche zu frieren. Dann zieht er sich wärmer an, und zwar so, daß ihn die Kleidung bei der Arbeit möglichst wenig behindert.

Man kann davon ausgehen, daß es im Aurignacien schon leichte Sommer- und warme Winterkleidung gab. Eine Frau, die ihre Kinder stillte, wird andere Kleidungsstücke praktisch gefunden haben als ein Jäger. Es könnte in Ansätzen eine Art Berufskleidung gegeben haben, und allem Anschein nach auch schon Sonntagskleider für festliche Anlässe. Damit ist nicht gesagt, daß die Leute vom Geißenklösterle für jede Gelegenheit ein passendes Modell im Kleiderbündel hatten. Sie werden drei, vier Kleidungsstücke besessen haben, die sie beliebig kombinieren konnten.

Das Leder ist vergangen, doch in der Sowjetunion stießen Archäologen auf Männergräber, in denen beinerne Nadeln, Perlen und Schmuckschnecken, die zur Tracht gehörten, noch weitgehend so lagen, wie sie einst an den Gewändern befestigt waren. Die Anordnung des Schmuckbesatzes gibt Anhaltspunkte auf den Zuschnitt, und so unternahm Anne Scheer vom Landesdenkmalamt Tübingen den Versuch, das *Outfit* eines eiszeitlichen Jägers zu rekonstruieren.

Das Oberteil ähnelt einem Anorak. Dafür wurden zwei rechteckige Teile, das vordere mit Halsausschnitt, sackartig zusammengenäht. Als Nähgarn verwendete man eingefettete, leicht gedrehte Sehnen oder schmale Lederstreifen. Zwei kleinere Rechtecke wurden zu Ärmeln. Dieses geschlossene Modell gab es offenbar auch als Jacke, vorn offen. Sie konnte mit langen Nadeln aus Elfenbein oder Knochen geschlossen werden. Dazu trug man Hosen, die tatsächlich den Plural verdienen. Diese Beinkleider bestanden nämlich aus zwei einzelnen Hosenbeinen, die jeweils ein längeres, offenes Oberteil hatten. Bei der Germanen bedeutete „huson" soviel wie „Hülle", im Englischen ist „hose" heute der „Schlauch". Diese Hosen hielt um die Taille ein Gürtelband zusammen. Vielleicht hat der Eiszeitmann unter seinen Lederhosen auch eine Art Lendenschurz oder Unterhose aus weicherem Leder getragen. An ganz kalten Tagen warf er zusätzlich einen Umhang aus Fellen über die Schultern.

Die Fußbekleidung dürfte der Jahreszeit entsprochen haben. Für den Sommer, sofern man nicht barfuß ging, eine Art Mokkassins, möglicherweise aus einem einzigen Stück Leder, am Knöchel zusammengebunden. Im Winter wird man festeres Schuhwerk getragen haben, eventuell auch Gamaschen. Selbst Einlegesohlen aus Gras oder Moos waren schon bekannt. Sie sollten nicht Senk- oder Spreizfüße stützen, sondern wärmen und vor Feuchtigkeit schützen.

Auch legten die Jungpaläolithiker bereits Wert auf ein gemütliches Heim. Nicht nur, daß sie über die gras- und moosgepolsterten Bettstellen Felle und Pelze breiteten, sie hatten abends auch Licht in der Höhle. Die Lampe im Geißenklösterle war gewissermaßen eingebaut.

Im nördlichen, windgeschützten Bereich lag ein großer Kalksteinblock, auf dessen Oberseite eine Rille und eine Vertiefung eingegraben sind. Der Stein war stellenweise rotgefärbt. Genau das passiert, wenn Kalkstein mit Feuer, das eine Temperatur von 300 Grad hat, in Berührung kommt.

Die Kölner Archäologin Helga Van Driest hat mit tönernen Lampen einer späteren Epoche experimentiert. Für den eigentlichen Brennvorgang spielt es aber keine Rolle, ob er sich in einem ausgehöhlten Stein oder in einer tönernen Schale abspielt.

Als Docht verwendete Helga Van Driest Laubmoospflanzen, die wie ein Schwamm den flüssigen Brennstoff aufsaugen und gewährleisten, daß die Flamme ständig gespeist wird. Getrocknete Gräser, zusammengedreht, erwiesen sich als weniger geeignet. Solche Dochte nahmen die Flüssigkeit nur schlecht auf, so daß eine größere Oberflächenhitze entstand und das Gras schnell verbrannte. Als Brennstoff verwendete die Archäologin Tran und Talg. Tran wird den Jägern vom Geißenklösterle nicht zur Verfügung gestanden haben. Talg dagegen konnten sie ohne weiteres gewinnen, indem sie Fett von Mammut oder Ren zerließen.

Drei Gramm getrocknetes Moos lagen bei dem Experiment auf dem Boden der Lampe, an einer Stelle ragte der Docht etwas heraus. Die Archäologin goß eine Tasse (150 Kubikzentimeter) warmen geschmolzenen Rindertalg über das Moos, ließ ihn abkühlen und fest werden. Dann entzündete sie den Docht. 165 Minuten später war der Talg in der Hälfte der Schale, die dem Docht am nächsten war, fast verbraucht. Der Talg auf der anderen Seite schmolz nur langsam, das Licht war kerzenhell. Nach 230 Minuten brannte die gesamte Fläche lichterloh, und nach 260 Minuten erlosch die Flamme. Die Lampe brannte also nahezu viereinhalb Stunden. Am Ende des Brennvorganges hatte die Temperatur an der Innenwand des Lampenbodens ungefähr 300 Grad Hitze erreicht, genug, um Kalkstein rot zu färben.

Auf rötliche Verfärbungen stieß Hahn auch in anderen Teilen der Höhle, doch die hatten nichts mit Feuer zu tun. Es handelt sich um Spuren von Rötel. Das bräunlich- bis blutrote Gemenge aus Eisenocker und Ton kommt auf der Schwäbischen Alb zusammen mit Roherzablagerungen vor. Der Farbstoff steht griffbereit zur Verfügung und wurde schon früh als Mal- und Anstrichmittel entdeckt. Rot, die Farbe des Blutes, galt seit den Neandertalern als Symbol für Leben, sie streuten Rötelpulver über ihre Toten. Rötel spielte aber auch im Alltagsleben eine Rolle, zum Beispiel beim Schäften von Werkzeug. Wenn eine Messerklinge in einen Griff aus Holz oder Elfenbein eingesetzt werden sollte, griff man häufig zu Harz als

Klebemittel. Frisches Kiefernharz war leicht zu beschaffen, es ist jedoch spröde wie Glas. Erst Zugaben von Staub oder Rötelpulver machen es so elastisch wie Kitt.

Rötelspuren hafteten auch an den Perlen, mit denen die Kleidung bestickt war. Hahn vermutet, daß man den Farbstoff zum Gerben von Fellen und Häuten oder zum Imprägnieren der ledernen Anoraks verwendet hat. Im übrigen soll der Farbstoff ein wirksames Mittel gegen Läuse und Flöhe sein.

Lederkleidung macht zwar einen strapazierfähigen Eindruck, doch sie hält, täglich getragen, bestenfalls ein Jahr, dann ist sie zerschlissen. Mokkassins und Stiefel ohne feste Sohle sind noch eher durchgetreten. Das bedeutet, daß Jahr für Jahr neue Sachen geschneidert werden mußten, wenn auch nicht immer für die ganze Sippe. Es bot sich an, diese Arbeit im Frühjahr zu erledigen, dann brauchte man die frischgegerbten Häute und Felle nicht mitzuschleppen. Man konnte die fertige Kleidung deponieren und sie dann bei Bedarf abholen. Genau das taten die Leute vom Geißenklösterle, denn nur so läßt sich ihr Vorhandensein in der Höhle erklären. Nach der Anordnung der Perlen zu schließen, wurden die Kleider ordentlich zusammengepackt und mit den Elfenbeinfiguren verstaut. Man brauchte sie erst zum Winter und würde sie auf dem Rückweg mitnehmen. Doch dazu kam es nicht.

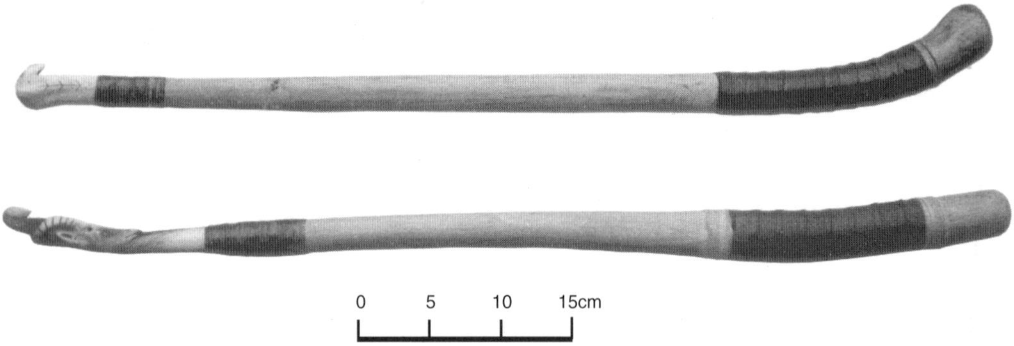

Mit ihrer neuen Wunderwaffe, der Speerschleuder, waren die Jungpaläolithiker den Neandertalern bei der Jagd überlegen. Im Experiment konnten bei Distanzwürfen Weiten von mehr als 140 Metern erreicht werden.

Kurz nach dem Aufbruch gab es ein Erdbeben und die Höhlendecke stürzte ein. Herabfallende Steinbrocken zerschlugen zwar Knochen und Werkzeug, gleichzeitig aber schützten sie alles, was sie unter sich begruben. Selbst kleinste Splitter waren noch vorhanden. Daraus schließt Joachim Hahn, daß der Einsturz kein Jahr nach dem letzten Aufenthalt stattfand, sonst hätte der Wind, der sich im Felsenkessel fängt, alle kleineren Fragmente sowie Holz- und Knochenkohle aus der Höhle herausgewirbelt.

Für die Leute, die im Herbst wieder vorbeikamen, um ihre Habseligkeiten abzuholen, war der Deckensturz zweifellos eine böse Überraschung. Es wäre ihnen wohl kaum ein Trost gewesen zu wissen, daß in unvorstellbarer Ferne, im 20. Jahrhundert, Menschen ihrer Art, die Trümmer beiseiteräumen und sich über Sinn und Zweck ihrer Habe den Kopf zerbrechen würden.

Über den *Lochstab* zum Beispiel. Auch ihn hatten die Kalksteinblöcke zertrümmert, doch es gelang, die einzelnen Teile aneinanderzulegen und das Original zeichnerisch zu rekonstruieren.

Dieser elfenbeinerne Stab hat vier Löcher von unterschiedlichem Durchmesser, die in einer Reihe hintereinander angebracht sind. Die Ränder der Löcher tragen Kerben, und Kerben trägt auch die Kante. Ganz ähnliche Objekte hatte man schon früher gefunden, und weil die Ausgräber sie für Abzeichen der Häuptlingswürde hielten, bekamen sie das Etikett *Kommandostäbe*. Ob es damals überhaupt schon Häuptlinge gab, darüber streiten die Gelehrten. Die Sache mit den Kommandostäben jedenfalls ist geklärt. Betrachtet man sie unvoreingenommen, fällt die Ähnlichkeit mit einem Schraubenschlüssel auf, und tatsächlich handelt es sich bei den Stäben um Werkzeuge. Noch im vergangenen Jahrhundert benutzten Eskimo und Indianer solche Kommandostäbe, um von Natur aus krumme Geweihstangen geradezubiegen.

Damit die Sache funktioniert, muß man Knochen, Geweih oder Elfenbein zunächst einmal einweichen. Dann wickelt man den Werkstoff in nasses Fell oder nasse Häute und läßt diese Hülle in der Glut des Feuern langsam verkohlen. Danach lassen sich die Stangen mit dem Lochstab, der als Hebel benutzt wird, ohne Mühe zurechtbiegen.

Um ein stabiles Flugverhalten der Speere zu gewährleisten, hat man die Schäfte mit Federn versehen. Hier eine dreifache Radialbefiederung, die sich bei Experimenten am besten bewährte.

Die Wunderwaffe der Steinzeit

Von der Wunderwaffe der Jungpaläolithiker, der Speerschleuder, war schon die Rede. Eine Waffe, an sich nichts weiter als ein Stab oder Brett, am Ende ein Widerlager, wo der Speer aufliegt. Trotzdem eine geniale Erfindung, denn nach dem Prinzip des verlängerten Hebelarmes erhöhen sich durch die Schleuder Reichweite und Durchschlagskraft beträchtlich. Ein Speer fliegt, von Hand geworfen, vierzig Meter weit. Mit der Speerschleuder sind es hundert Meter und mehr.

Ulrich Stodiek vom Institut für Vor- und Frühgeschichte Köln hat die rund 125 Speerschleudern, die bekannt sind, untersucht, einige von ihnen nachgebaut und experimentell erprobt. Das älteste Stück ist knapp 20 000 Jahre alt, der überwiegende Teil wird in die Zeit zwischen 11 500 und 10 800 vor Christi Geburt datiert. Alle sind sie aus Geweih geschnitten, das die Jahrtausende überdauerte. Hölzerne Gegenstände sind in der Regel längst im Boden vermodert. Funde wie die *Lanze von Lehringen* haben bei uns Seltenheitswert.

Ganze neun Speerschleudern sind in voller Länge erhalten, von den anderen existieren nur Fragmente, meist das dickere Hakenende. Im Verhältnis zu heutigen Speerschleudern sind die alten Stücke kurz. Sie messen zwischen 7 und 30 Zentimetern, ein einziges Exemplar ist 42 Zentimeter lang und erreicht damit die Untergrenze der ethnologischen Vergleichsstücke. Die kürzesten finden sich mit 40 Zentimeter Länge bei den Eskimo, die vom Kajak aus Jagd auf Meeressäuger und Vögel machen. Speerschleudern, die für die Jagd auf Landsäugetiere benutzt werden, so wie im Jungpaläolithikum, sind durchschnittlich 60 bis 80, die der australischen Ureinwohner gar 120 Zentimeter lang.

Längen zwischen 55 und 75 Zentimeter waren auch in der Jüngeren Altsteinzeit gang und gäbe, die kurzen Hakenenden waren nämlich in Schäfte eingepaßt. Löcher am Ende einiger der vollständig erhaltenen Stücke brachten Stodiek auf diese Idee, und er fand heraus, daß zur Befestigung einfache Bindungen aus eingeweichten Rentiersehnen, die sich beim Trocknen zusammenziehen, genügen. Aufgerauhte Flächen an anderen Exemplaren lassen auf die Verwendung einer Art Thermokleber schließen. Stodiek benutzte eine Mischung aus Kiefernharz und Bienenwachs im Verhältnis 2 : 1. Diese Masse wird am Feuer zähflüssig und erstarrt beim Erkalten schnell. Ein anderes Klebemittel könnte gekochter Birkenteer gewesen sein. Zusätzlich hat man die Verbindungsstellen wohl noch mit Rentiersehnen, dünnen Lederriemen oder auch mit Pflanzenfasern umwickelt, die man mit Knochenleim verklebte.

Hölzerne Speerschleudern und Schäfte wurden bisher nicht gefunden. Das gilt auch für die Schäfte, an denen die Speerspitzen saßen, die allerdings in großer Anzahl ausgegraben wurden. Von der maximalen Basisbreite dieser Speerspitzen kann man ohne weiteres auf die Maße des Schaftendes schließen. Eine übergangslose Verbindung beider mit Thermokleber und Rentiersehnen erhält man nur dann, wenn Spitzenbasis und Schaftende einander entsprechen. Für die Schäfte wählte Stodiek Kiefernholz. „Da das spezifische Gewicht dieses Holzes nicht sehr stark von dem des Rengeweihs (Geschoßspitzen) abweicht, liegt der Schwerpunkt des Speeres auch mit eingesetzter Spitze weiterhin nahezu in der Mitte. Für ein stabiles Flugverhalten erwies es sich als unerläßlich, den Speer mit einer Befiederung zu versehen. Besonders bewährt hat sich eine dreifache Radialbefiederung, wobei die einzelnen Federfahnen entweder an den Schaft gebunden oder auf ihn aufgeklebt werden."

Über die Länge des Schaftes sagen die Speerspitzen nichts aus. Diese Maße lassen sich nur im Experiment ermitteln, und das ergab, daß sie bei einer Schaftdicke von zehn Millimetern zwischen 120 und 220 Zentimetern liegen kann, je nach dem, welchen Zweck der Speer erfüllen soll.

Die längeren Speere, so zeigte sich bei Speerschleuderwettbewerben, schneiden durchweg beim Zielwurf gut ab. Die besten Werfer erreichten eine Trefferquote von fünfzig Prozent. Bei einem versierten Jäger wird sie höher liegen. Die kürzeren Speere, 120 bis 150 Zentimeter lang, die leichter sind und einen geringeren Luftwiderstand haben, eignen sich bestens für Distanzwürfe. Der Rekord liegt bei 140 Metern.

Höhere Trefferquoten auf längere Distanzen, das bedeutet mehr Fleisch für den Kochtopf. Ein größeres Angebot hochwertiger Nahrung führt zu einem Anwachsen der Bevölkerung. Das wiederum bedeutet, daß noch mehr Nahrung beschafft werden muß, bis schließlich eine Reduzierung des anstehenden Wildes spürbar wird. Stichhaltige Beweise für die Behauptung, die Jungpaläolithiker hätten tatkräftig zur Ausrottung einiger Tierarten beigetragen, stehen allerdings noch aus. Dagegen zeigt das ausgeklügelte Landnutzungssystem eines Eskimo-Stammes in Alaska, daß Nomaden – und das waren die Jungpaläolithiker auch – sehr behutsam mit der Umwelt und den Ressourcen umzugehen wissen.

Sicherlich werden in wärmeren Zeiten und wärmeren Gegenden die Sippen mehr Kinder aufgezogen haben. Abgesehen davon, daß in guten Zeiten weniger Kinder an Unterernährung oder Krankheiten sterben, ist Geburtenkontrolle keine Erfindung der Neuzeit. Wenn die Sippe zu groß wurde, teilte sie sich. Platz gab es genug. In Mangelzeiten sorgte der Stamm dafür, daß weniger Kinder geboren wurden. Verhütung, Abtreibung und Kindestötung reichen weit in die Menschheitsgeschichte zurück.

Als die Gletscher der letzten Eiszeit vorrückten, hatte Homo sapiens sapiens gelernt, unter arktischen Bedingungen zu existieren. Mit Feuer, Jagdmethoden und Geräten war er für kalte Zeiten gerüstet. Soldaten von Eliteeinheiten werden spärlicher ausstaffiert in Gebirgen und Wüsten abgesetzt, um Überleben zu trainieren.

Homo sapiens sapiens war bereit, es mit einer ganz speziellen Umgebung aufzunehmen mit Hilfe seiner Erfindungen. Doch jeder Schritt, der scheinbar dazu beitrug, die Umwelt zu meistern, war in Wirklichkeit ein Schritt in die Abhängigkeit – Abhängigkeit von Werkzeug und Technik. Dazu Karl J. Narr, einer unserer prominentesten Vor- und Frühgeschichtler: „In überspitzter Formulierung dürfen wir die Aussage wagen, daß wenigstens einige Gruppen sich durch eine kulturelle Anpassung weitgehend der natürlichen Angepaßtheit des Menschen begeben und damit eine eigene und zuweilen sehr tiefgreifende selbstverursachte Abhängigkeit von der natürlichen Umwelt herbeigeführt hatten."

Anfang der zwanziger Jahre erschien ein Buch, das die Nationalsozialisten 1933 öffentlich verbrannten. „Der Ausbruch aus dem Gefängnis – zu den Entstehungsbedingungen des Menschen" war der Titel, der Autor Paul Alsberg. Was der Kölner Arzt und Bakteriologe veröffentlicht hatte, entsprach nicht den Thesen vom arischen Übermenschen.

Tiere stehen, wie Alsberg es formuliert, unter dem „Entwicklungsprinzip des Körperzwanges". Wenn es ihnen nicht gelingt, sich veränderten Umweltbedingungen anzupassen beziehungsweise ökologische Nischen zu finden, sterben sie aus. Mammut und Wollnashorn, Säbelzahntiger und Höhlenbär blieben auf der Strecke, weil sich ihr Körper nicht schnell genug umstellen konnte.

Der Mensch dagegen überlebte, ohne daß sich sein Körper angepaßt hätte. Das war nicht mehr nötig, weil er inzwischen andere Mittel besaß, um den Wechselfällen des Lebens zu begegnen. Diese Hilfsmittel aber bewirkten, daß beim Menschen die entgegengesetzte Entwicklung eintrat. Jedes neue Gerät, jede neue Technik trug dazu bei, seinen Körper ein Stückchen mehr auszuschalten. Hinter allem Werkzeug, zu dem Paul Alsberg auch Sprache, Kunst, Religion, kurzum Kultur und Technik rechnet, steckt „nur das eine unscheinbare Prinzip der Befreiung vom naturbeschränkten Körper, das Prinzip der Naturanpassung durch das leistungsfähigere Werkzeug". Das gilt nicht nur für Gliedmaßen und Organe, das gilt auch für die Sinne. So hat der Mensch zum Beispiel die körperliche Anpassung des Tieres durch Instinkte mit der außerkörperlichen Anpassung durch vorsätzliche Ideen, zum Beispiel die Ethik, ersetzt.

Daß der Begriff Kultur nicht fest umrissen ist, zeigen die Auslegungen im dtv-Lexikon. Demnach bedeutet Kultur:

a) die Summe der Bestrebungen einer Gemeinschaft, die Grundbedürfnisse der menschlichen Natur nach Nahrung, Kleidung, Obdach, Schutz, Fürsorge und Zusammenhalt unter Meisterung der natürlichen Umwelt zu befriedigen und untereinander auszugleichen;

b) die Hilfsmittel zu diesen Leistungen und ihr objektiver Ertrag in den Techniken der Nahrungsgewinnung, der gewerblichen Arbeit, der Behausung, des Transports und Verkehrs, in Geräten, Zeichen, Wissenselementen, sittlichen, religiösen und politischen Ordnungen und Institutionen, den Kulturgütern...;

c) die Bestrebungen nach Veredelung, Verfeinerung und Formung (Kultivierung) der menschlichen Persönlichkeit unter Bändigung und Sublimierung ihrer Triebnatur.

Der Mensch hat es nicht dabei belassen, sich mit der eigenen Kultivierung abzumühen. Er hat spätestens mit dem Beginn von Ackerbau und Viehzucht angefangen, auch die Natur zu bändigen. In unserem Jahrhundert haben wir nach den Sternen gegriffen, feierten mit dem ersten Mann auf dem Mond unseren Einzug ins Universum. Ein paar Jahre später berichteten Astronauten nach Weltallreisen immer besorgter, daß unser blauer Planet sich zusehends in einen grauen Planeten verwandelt, und brachten uns auf die Erde zurück.

Jeder Eingriff in die Natur zieht eine ganze Kette von Folgen nach sich. In der Reaktion auf äußere Herausforderungen, auf Probleme, reagieren wir nicht anders als unsere fernen Eiszeitahnen. Das Prinzip ist dasselbe geblieben, doch die Verhältnismäßigkeit hat sich verschoben. Wenn die Eiszeitmenschen froren oder einen Braten schmoren wollten, sammelten sie dürres Gras, Schilf oder Moos und Holz, kramten Flintstein und Pyrit heraus und entfachten ein Feuer. Wir schalten dazu den Eektroherd oder die Mikrowelle ein, und deren Strom kommt aus Kohle- und Atomkraftwerken.

Geheimnisse der Höhlen

Ich sitze am Hang in der Sonne, auf halber Höhe zwischen Geißenklösterle und dem Tal der Ach. Drüben auf der anderen Seite des Tales liegt die Brillenhöhle. Zwei Deckendurchbrüche, von hier aus als dunkle Löcher im Kalkstein zu erkennen, haben ihr den Namen gegeben. Ein kleiner Eingang führt von Süden her in die ovale Kuppelhöhle. Durch die beiden Öffnungen in der Decke zieht es gewaltig, ein ungemütlicher Ort, doch die Jäger des Aurignacien wußten Abhilfe. Sie machten es ähnlich wie die Neandertaler vor ihnen in der Großen Grotte. In der Nordoststrecke der Halle schichteten sie ein Steingehäuse auf, bauten einen kleineren beheizbaren Raum direkt an die Höhlenwand, sechs Meter lang und fünf Meter breit. Diese Stelle ist bis heute der trockenste Teil der Höhle.

Zwei Deckendurchbrüche gaben der Brillenhöhle ihren Namen. Direkt unter den Öffnungen, am kältesten Platz der Höhle, hatten jungpaläolithische Jäger eine Vorratskammer aus Steinen aufgeschichtet.

Frei im Zentrum der Halle stand ein zweites, kleineres Gehäuse, von fünf mal zwei Metern Grundfläche. Dies ist der hellste, gleichzeitig auch der kälteste Platz, direkt unter den Deckenlöchern – allem Anschein nach die Vorratskammer.

Tausende Jahre später, in der ausgehenden Eiszeit, haben sich in dieser Höhle geheimnisvolle Dinge abgespielt. Man fand Skelettreste von vier Menschen, drei davon ließen sich identifizieren: ein Kind im Alter von acht bis zehn Jahren, ein Mann zwischen 40 und 50 Jahren und eine Frau. Ihre Knochen waren zertrümmert, einige trugen Schnittspuren, und sie lagen, mit Tierknochen vermischt, über mehrere Quadratmeter verstreut in der Nähe von Feuerstellen.

Meine Gedanken wandern wieder ins Geißenklösterle, zu den Menschen, die unten im Fluß Lutten und Äschen fingen, lachsartige Fische, die sie oben am Feuer brieten, die in der Höhle im flackernden Schein der Lampe Werkzeug, Waffen und Kunstwerke schnitzten, sich Gedanken darüber machten, wie sie am besten den nächsten Winter überstehen konnten.

Im Korridor zwischen den Eismassen wird nicht jeder Frühling lind und jeder Sommer warm gewesen sein, und die Gletscher am Horizont ließen die Menschen nie vergessen, wer der Stärkere war. Wenn sie bestehen wollten, mußten sie gewappnet sein, Leichtsinn rächte sich früher oder später. In nördlichen Gegenden war die Umwelt selten Paradies oder Schlaraffenland, sie zeigte den Menschen zwei Gesichter. Ein gütiges und ein unbarmherziges. Die Kluft, die sich seit der Vertreibung aus dem afrikanischen Garten Eden aufgetan hatte, wurde immer spürbarer, und die Menschen machten sich Gedanken darüber. Das beweisen die elfenbeinernen Figuren, die sie in den Höhlen der Schwäbischen Alb zurückließen.

Die meisten stammen aus einer Höhle am Vogelherd, einer kleinen Erhebung am Rande des Lonetals in der Nähe von Heidenheim. Die Ausgrabungen fanden in den dreißiger Jahren nach damals sehr modernen Methoden statt. Nach heutigen Maßstäben war es kaum mehr als Raubgräberei. In nur

Aus dieser Höhle am Vogelherd im Lonetal stammen die meisten Elfenbeinfiguren, die auf der Schwäbischen Alb gefunden wurden. Außer Feuerstellen und Arbeitsplätzen kam auch das Grab eines etwa fünfzigjährigen Menschen zutage.

drei Monaten waren 170 Quadratmeter untersucht. Joachim Hahn nahm sich allein für die 30 Quadratmeter im südlichen Eingangsbereich des Geißenklösterles zehnmal soviel Zeit.

Von dem Abschnitt der Vogelherdhöhle, in dem die Kunstwerke gefunden wurden, liegt uns nicht einmal eine Lageskizze vor. Wo sich die einzelnen Stücke tatsächlich befanden, läßt sich daher nur unter Vorbehalt sagen. Ein Jammer, denn gerade im Vogelherd hätte sich die seltene Gelegenheit geboten, herauszufinden, inwiefern Höhlen nach einem ganz bestimmten Muster genutzt wurden. Selbst die ungefähre Rekonstruktion der Fundverteilung läßt noch erkennen, daß es offenbar Wohnbereiche gab, die ganz speziellen Zwecken dienten – wie in unseren Häusern und Wohnungen mit Küche, Bad, Schlaf- und Wohnzimmer, Abstell- und Vorratskammer und Hobbyraum.

Die drei Öffnungen der Höhle sind durch Gänge miteinander verbunden. Ein langer, schmaler, nordorientierter mündet mit Blick aufs Lonetal. Die beiden größeren Gänge verlaufen in Süd-, beziehungsweise Südwestrichtung und sind untereinander durch einen bis zu sieben Meter breiten Korridor verbunden. Aus der Zeit der ersten Jungpaläolithiker in unserer Gegend, dem Aurignacien, datieren zwei Fundschichten. Sie stammen jeweils von mehreren Aufenthalten, doch in welchen Abständen die Besuche stattfanden, läßt sich nicht mehr feststellen.

In der älteren Schicht lagen Skelettreste eines 40- bis 50-jährigen Menschen, der dort wohl begraben worden war.

Es gab insgesamt sechs Feuerstellen, drei davon am südwestlichen Eingang. Direkt davor, an der Südwand im Freien, befand sich die *Werkstatt.* 30 steinerne Kerne und 300 Abschläge verraten, daß hier Werkzeug gefertigt wurde, und links vom Eingang waren Knochen gestapelt. Unter anderem Reste von zwei Stoßzähnen, mehrere Schulterblätter, Teile eines Schädels und eines Unterkiefers, samt und sonders vom Mammut. Im Inneren dieses Knochenhaufens steckten auch Teile von Rentieren und einige Nashornzähne. Ganz in der Nähe fand sich ein Bündel von 25 halbfertigen Geschoßspitzen oder Stäben aus Elfenbein.

Der eigentliche Arbeitsplatz des Elfenbeinschnitzers lag bei einer Feuerstelle. Dort wurde ein viereckiger Kalksteinblock ausgegraben, der noch zentimeterdick mit Spänen bedeckt war, dicht daneben zehn Elfenbeinplatten von einheitlicher Größe. Am Südeingang hatte man Material deponiert, Stoßzähne vom Mammut, die bereits in 30 bis 50 Zentimeter lange Teilstücke zerlegt worden waren.

Für die jüngere Schicht sind drei große und eine kleinere Feuerstelle belegt, Werkzeug wurde am alten Platz vor dem Südwesteingang produziert. Der Schlafbereich könnte sich dort befunden haben, wo der Osteingang in die Haupthalle mündet. An der Stelle jedenfalls kamen ein *Lochstab*, ein Stab aus Elfenbein mit eingeschnittenen x-Zeichen, eine Jagdpfeife aus Knochen und Elfenbeinfiguren zum Vorschein. Joachim Hahn hat alle siebzehn Figuren, die in Südwestdeutschland gefunden wurden, miteinander verglichen, und er kam zu erstaunlichen Schlüssen.

Der Code der Elfenbeinfiguren

Kunst ist ein Mittel der Kommunikation, sie drückt etwas aus, teilt dem Betrachter etwas mit. Die Botschaft kann beim Betrachter aber nur ankommen, wenn er den Code kennt, nach dem der Sinn verschlüsselt wurde. Das läuft weniger über den Verstand als über unbewußte Rezeptoren. Sender und Empfänger müssen sich auf derselben Wellenlänge befinden, sonst funktioniert die Übertragung nicht. Daß die Bilder und Figuren, die die eiszeitlichen Jäger hinterlassen haben, noch heute einen eigenartigen Reiz auf den Betrachter ausüben, liegt daran, daß wir alle noch Antennen für archaische Ausdrucksweise besitzen. Der zeitliche Abstand fällt in der langen Entwicklungsgeschichte des Menschen kaum ins Gewicht.

Mit kunstgeschichtlichen Diskussionen kommt man bei der Eiszeitkunst nicht weit, völkerkundliche Vergleiche führen oft in die Irre. Wenn die Kunst um der Kunst willen geschaffen wurde, muß jede Deutung ohnehin Spekulation bleiben. Etwas anderes ist es, wenn die Bilder und Plastiken eine spezielle Botschaft enthalten. Ähnlich wie die Bilder von Hieronymus Bosch und Pieter Breughel, die Schatztruhen voller Geschichten und Anspielungen sind. Wenn man erst den Schlüssel besitzt, einmal den Zugang gefunden hat, liest man in ihnen wie in einem Buch.

Joachim Hahn war davon überzeugt, daß die Figuren aus dem Geißenklösterle, dem Vogelherd und anderen Höhlen eine Botschaft enthalten, und er ging daran, den Code zu knacken.

Zunächst einmal fällt auf, daß es sich bei den Figuren ausschließlich um Säugetiere handelt. Dargestellt wurden Mammut, Bison, Nashorn, Wildpferd, Bär, Löwe – und der Mensch.

Die Tiere wiederum lassen sich in zwei Gruppen einteilen: in Fleischfresser und in Pflanzenfresser. Es sieht so aus, als hätten die Künstler ganz bewußt eine Auswahl getroffen, so wie es später auch die Maler der Höhlenbilder taten.

Die drei gängigsten Erklärungen für die Herstellung der ersten Kunstwerke sind: l'art pour l'art, die Kunst um der Kunst willen, wobei der Akt der Schöpfung im Vordergrund steht; Jagdmagie, wobei mit Hilfe der Abbilder im Sinne von Sympathiezauber reiche Beute gesichert werden sollte, und schließlich Fruchtbarkeitskult, eine Deutung, die sich mit der Jagdmagie überschneidet. Mit den Figuren, die Hahn untersuchte, scheint es jedoch eine andere Bewandtnis zu haben.

Bison-Halbrelief aus dem Geißenklösterle. Deutlich zu erkennen sind die dreizehn Kerben auf dem Rücken und sechs weitere auf der Partie zwischen Schulterblatt und Rippenbogen.

Einige von ihnen tragen deutliche Abnutzungsspuren. Man hat sie offenbar als Amulett getragen oder auf die Kleidung aufgenäht. Über einen längeren Zeitraum hinweg dienten sie einem ganz besonderen Zweck, so daß ihre Herstellung nicht im Vordergrund gestanden haben kann.

Jagdmagie und Fruchtbarkeitszauber scheiden ebenfalls aus, denn bei keinem der Tiere sind die primären Geschlechtsteile dargestellt, keines der Tiere ist trächtig. Hinzu kommt der zahlenmäßig hohe Anteil von Raubtieren. Sie machen ein Viertel der Figuren aus, und das entspricht nicht ihrem tatsächlichen Anteil an der Beute. Diese Unstimmigkeit findet sich auch bei den jüngeren Höhlenbildern. In der französischen Höhle von Lascaux malten die Künstler Pferde, Rinder und Rotwild an die Wände. Ihre Jagdbeute aber bestand zu 90 Prozent aus Rentieren. Das war auf der Alb ganz ähnlich. Bär und Löwe wurden äußerst selten erlegt, das Ren dagegen, ebenfalls ein Säugetier und vorrangiges Jagdwild, taucht kein einziges Mal in der Sammlung auf.

Hahn ging daraufhin das Problem von einer anderen Seite an. Ihm war aufgefallen, daß die Tiere in unterschiedlicher Haltung dargestellt sind. Die Raubtiere wirken ausgesprochen aktiv, fast aggressiv, wie der Bär aus dem Geißenklösterle, der auf den Hinterbeinen steht, mit hochgerecktem Kopf und geöffnetem Maul, die Pranken zur tödlichen Umarmung ausgebreitet. Die Pflanzenfresser dagegen erscheinen in statischer, ruhiger Haltung. Mit Ausnahme des Wildpferdes. Der gesenkte Kopf erinnert an das Imponiergehabe eines Hengstes vor seiner Herde. Vielleicht hat das Pferd die Jäger durch seine Schnelligkeit und Ausdauer beeindruckt.

Die Gegenüberstellung von friedfertigen und aggressiven Tieren findet sich in Mythen wieder, die in verschiedenen Teilen der Welt überliefert wurden. Die Osage-Indianer zum Beispiel führen ihren Ursprung auf zwei grundverschiedene Ahnensippen zurück: auf kriegerische Fleischesser und auf friedliebende Vegetarier.

Eine Sonderstellung nehmen die beiden Menschenfiguren ein. Sie tragen Felle. Das kann Tarnung während der Jagd sein, bei der Mensch und Raubtier ja Konkurrenten sind. Denkbar ist aber auch, daß es sich um Mensch-Tier-Darstellungen handelt, um Mischwesen, die eine Verbindung zwischen geistiger und materieller Welt verkörperten. Die Kombination von Mensch und Löwe ließe sich dann, so Hahn, als ein *Superzeichen* interpretieren. Der Gedanke an eine Gottheit liegt nahe.

Wenn bei der Auswahl der Tiere, die teils halb-, teils vollplastisch dargestellt wurden, tatsächlich Kraft und Stärke ausschlaggebend waren, dann „spiegeln die Tiere symbolisch ein gestuftes Wertsystem wider, das vielleicht sogar Rückschlüsse auf soziale Strukturen zuläßt". Nicht auf eine hierarchisch gegliederte Gesellschaft, aber doch auf eine relativ feste Rollenverteilung innerhalb einer Gruppe von Menschen. Mit anderen Worten – die Menschen hatten begonnen, sich über die soziale Ordnung, das gesellschaftliche Gefüge, den Kopf zu zerbrechen.

„Wenn diese Vermutungen zutreffen", meint Hahn, „dann zeigen uns die Elfenbeinfiguren des Aurignacien weniger die vordergründige Suche nach der täglichen Nahrung, sondern auch oder eher ein Ordnungsprinzip, das den eiszeitlichen Großwildjägern erlaubte, ihren Platz in der Welt zu finden."

Bei den Tierfiguren von der Schwäbischen Alb handelt es sich also um Fleisch- und Pflanzenfresser. Schlangen, Insekten, Frösche, Fische oder Vögel fehlen in dieser frühen Kunst, ebenso wie Nagetiere oder kleinere Säuger. Sie tauchen erst später auf.

Doch es ist nicht nur diese vorsätzliche Auswahl der Motive, die verrät, daß die Figuren eine Botschaft übermitteln sollen. Da ist etwas, das dem Betrachter sofort ins Auge springt: Alle Figuren tragen Zeichen, Punkte oder Kerben und x-förmige Zeichen. Und die, so sagt Joachim Hahn, „stellen vermutlich codierte zusätzliche Informationen dar, welche wir heute nicht mehr entschlüsseln können. Wenn unsere Vermutung richtig ist, dann sind die Zeichen als ein früher Vorläufer der Schrift, als eine Art Gedächtnisstütze zu werten." Damit lägen die Anfänge der Schrift mehr als 30 000 Jahre zurück!

Der Schlüssel zum Code war verloren, Hahn hat dennoch nach der Lösung gesucht. Zunächst machte er eine Bestandsaufnahme. An den siebzehn Figuren zählte er insgesamt 736 Zeichen unterschiedlicher Art. Meist handelt es sich um Punkte und um horizontale oder vertikale Kerben. Schräggestellte Kerben dagegen wiegen bei den Stücken aus dem Geißenklösterle vor, x-Zeichen sind ausschließlich den Figuren aus dem Vogelherd vorbehalten. Ganz selten sind kommaförmige Zeichen vertreten.

Die Zeichen sind alles andere als gleichmäßig verteilt, dennoch läßt sich eine gewisse Gesetzmäßigkeit feststellen: Der Höhlenlöwe trägt die meisten Zeichen auf den meisten Körperpartien, der Mensch dagegen weist die wenigsten Zeichen auf. Beim Wildpferd fehlen Punktreihen, beim Mammut findet sich ein höherer Anteil an schräggestellten Kerben. Flächendeckende Zeichen sind typisch für den Höhlenlöwen, sie kommen allerdings auch bei einem Bison vor. Die vollplastisch dargestellten Mammutfiguren tragen Zeichenreihen auf den Beinen, dem Rücken und der Bauchpartie. Bei Wildpferd, Bär, Nashorn und Bison überwiegen die Zeichen auf Rücken und Bauch.

Alles in allem kristallisierte sich, trotz der Unvollständigkeit der meisten Stücke, für die Verteilung der Zeichen folgendes Muster: „Bei Feliden und Herbivoren sind die Punktzeichen am besten vertreten, bei den Mammuten die x-Zeichen, bei den Anthropomorphen die horizontalen Kerben. Trotzdem unterscheiden sich die Herbivoren durch stärkere Beteiligung der horizontalen und senkrechten Kerben von den Feliden. Die Mammute haben als einzige einen höheren Anteil der schrägen Kerben, die auch bei den Anthropomorphen vorkommen."

Die flächendeckenden Punktzeichen könnten eine ähnliche Bedeutung haben wie die *Lebenslinien* auf etwas späteren sibirischen Darstellungen. Kerben und x-Zeichen aber markieren, auf einem Teil der Figuren zumindest, die Hauptachsen des Körpers und die Körperhöhle – sie schematisieren das Skelett. Diese Detailinformationen erinnern an „eine extrem vereinfachte Tierkunde. Die Figuren könnten daher auch als Lehrobjekte im weitesten Sinne verstanden werden, an denen bestimmte Eigenschaften erklärt werden."

Diese Figuren wären damit anatomische Modelle für den theoretischen Biologieunterricht der Eiszeitkinder gewesen. Lange bevor sie zum erstenmal mit auf die Jagd durften, nachdem sie die Initiationsriten durchgestanden hatten und zu den Erwachsenen zählten, lauschten sie am Feuer dem Lehrer. Ein gravierter Knochen aus der Vogelherdhöhle macht den Eindruck, als hätte ein Schüler mit ungelenker Hand das Anbringen von Kerben und Kreuzen geübt. Ähnlich wie die Schaubilder aus Kochbüchern, die zeigen, von welchem Teil des Rindes oder Schweines Tafelspitz, Rouladen oder Koteletts stammen, könnten die Figuren als Schaubilder gedient haben, mit deren Hilfe die zukünftigen Jäger sich mit dem Großwild vertraut machten. Die Raubtierdarstellungen und die Mischwesen lassen vermuten, daß die Unterweisung über den bloßen Biologieunterricht und die Ausbildung zum Jäger hinausging. Eingepackt war der Lehrstoff in Abenteuer und Begebenheiten, mythische und reale Ereignisse, die der Lehrer dazu erzählte. Eine Tradition, die sich lange hielt. Noch die Bänkelsänger erzählten ihre Geschichten, zu denen sie Bilder zeigten, auf ähnliche Weise, und die ersten Stummfilme wurden von einem Geschichtenerzähler kommentiert.

Die aggressive Haltung bei einem Viertel der Figuren aus Südwestdeutschland muß nicht unbedingt Angriff und Gefahr bedeuten. Hahn ist der Ansicht, daß man sie auch als Imponiergehabe, als männliches Verhalten gegenüber weiblichen Tieren deuten kann. Über das Verhältnis zwischen Männern und Frauen sagt diese Deutung aber ebensowenig aus wie die Tatsache, daß aus dieser frühen Zeit bisher keine weiblichen Darstellungen bekannt sind. Eindeutig männliche übrigens auch nicht. Ob der Fortsatz bei der menschlichen Figur aus dem Geißenklösterle wirklich ein Penis ist, steht nicht fest, und die Tiere sind geschlechtslos wiedergegeben. Lediglich die Imponierhaltung bei Raubtieren und Wildpferd läßt auf männliche Exemplare schließen.

Die Eiszeitkünstler von der Schwäbischen Alb haben ganz bestimmte Tierarten und sich selbst, den Menschen, abgebildet. Den Menschen, der begriffen hatte, daß sich eine Kluft zwischen ihm und der Umwelt aufgetan hatte, eine Kluft, die er in steigendem Maße mit Kunst und Kult zu kitten versuchte. Daß diese Trennung, die eigentliche Vertreibung aus dem Paradies, in seiner eigenen Entwicklung begründet ist, beginnt ihm erst heute, da die Erde selbst in Gefahr ist, zu dämmern.

Die Hamburger Rentierjäger

Vor etwas mehr als 20 000 Jahren begannen die Temperaturen noch einmal zu sinken, bis das Kältemaximum der letzten Eiszeit erreicht war. Zu dieser Zeit war Mitteleuropa allem Anschein nach nicht bewohnt. Dann wurde es wieder wärmer, und allmählich begannen die Gletscher zu schmelzen. Dieser Vorgang zog sich über Tausende von Jahren hin, wie auch früher schon, um dann einen jähen Abschluß zu finden. Manche Sintflutsagen mögen Erinnerungen an diesen letzten Zusammenbruch der Eisfronten mit katastrophalen Folgen sein. Bis es jedoch soweit kam, wich das Eis in den Sommern zurück und rückte in den Wintern wieder vor. Mal mehr, mal weniger, so daß in einer einzigen Generation der Umschwung kaum spürbar wurde.

Eis gab es nicht nur im Süden, wo die Alpengletscher die gesamte Schweiz samt Nachbargebieten unter sich begraben hatten. Gletscher rückten auch aus Schottland und aus Skandinavien vor. Zwischen den beiden Fronten lag ein eisfreier Korridor, der quer durch Mitteldeutschland verlief, und Teile Spaniens, Frankreichs, Südenglands und Irlands mit dem Donautal, dem Balkan und Südrußland verband. England und Schottland waren damals noch keine Insel, bis zum Ende der letzten Eiszeit reichte das Festland bis in das Gebiet nördlich der Doggerbank.

Im Norden unseres Landes erstreckten sich die skandinavischen Gletscher bis zur Elbe, die von Polen her in weitem Bogen am Rande des Eises entlangführte und Schmelzwasser aufnahm. Der Fluß hatte sich ein weites Urstromtal gebahnt, das bei Hamburg bis zu zwölf Kilometer breit war. Diese Gegend war vor 15 000 Jahren tiefstes Binnenland. Erst 500 Kilometer hinter dem späteren Tor zur Welt mündete der Fluß ins Meer. Helgoland war damals ein Festlandfelsen.

Wenn mit dem Frühjahr die Schneeschmelze begann, wälzten sich tosende Wassermassen durch das Urstromtal, doch den Sommer über lag die Landschaft friedlich da. Die Elbe verzweigte sich in zahllose Arme und Rinnsale, zwischen denen Sandbänke lagen, die man über seichte Furten erreichen konnte. Eine Landschaft in Braun-, Beige- und Grüntönen mit flachen Hügeln, von Felsblöcken und Steinen aller Größen übersät, baumlos. Zwergbirke, Polarweide und Krüppelkiefer, die an geschützten Stellen und in Talmulden wuchsen, waren Miniaturausgaben von Bäumen, kaum kniehoch. Die Blätter der Birken etwa hatten den Durchmesser einer Erbse. Selten und ebenfalls winzig waren Wacholder und Sanddorn, noch niedriger blieben Krähenbeeren und Heidekraut. Die kahlen Kuppen der Hügel bedeckten Flechten und Moose, und für kurze Zeit im Frühling breitete sich an manchen Stellen ein bunter Blütenteppich über die Tundra.

Zwei, drei Monate war Sommer hier oben vor dem Gletscher, und dann wurde das Land lebendig. Fuchs, Vielfraß und Iltis, Ziesel, Hase, Lemming und Mäuse stellten sich ein, dazu Vögel wie Sumpf- und Schneehühner, Enten, Gänse, Möwen, Kraniche und Schwäne. Nicht zu vergessen allerlei Insekten, vor allem Mücken, die den arktischen Sommer zur Plage machen.

Wenn der Fluß wieder abschwoll und die Winde weniger eisig bliesen, kamen auch Rentiere – und Menschen. Menschen, die vor mehr als 13 000 Jahren lebten, und in deren Leben das Rentier die Hauptrolle spielte.

Rentier und Hirsch sind miteinander verwandt. Beide lebten ursprünglich in Nordamerika und wanderten zusammen mit Reh und Elch über die Beringstraße nach Nord-Eurasien. Vom Rotwild unterscheiden sich die Rentiere in zwei Punkten: Sie leben in Herden, und bei ihnen tragen auch die weiblichen Tiere ein Geweih.

Zweimal im Jahr, im Frühling und im Herbst, sammeln sich die Herden und machen sich auf den Weg zu neuen Weidegründen, denn sie lieben es kühl. Die Tiere tun gut daran, sommerliche Temperaturen zu meiden. In wärmeren Gegenden kommt nämlich die Rentier-Bremse vor, ein Insekt, dessen Maden sich in den Nasenlöchern der Tiere festsetzen und von da aus in Rachen und Nebenhöhlen geraten. Das bringt dem befallenen Ren nicht nur Schmerzen, sondern auch Atembeschwerden, die zum Ersticken führen können.

Noch heute pendeln die Rentiere zwischen Tundra und Wald hin und her, selbst die halbzahmen Herden der Lappen machen keine Ausnahme. Ihren Besitzern bleibt nichts anderes übrig, als hinterherzuziehen. Ein beschwerliches Leben, von dem Johan Olafsson Turi Anfang dieses Jahrhunderts berichtete. Er war selbst noch mit seinem Stamm durchs nördliche Norwegen gezogen, den Rentieren nach.

„Wenn das Gras anfängt zu welken, dann beginnt das Renntier, sich danach zu sehnen, Flechten zu fressen", erzählt Turi, dann ist die Zeit gekommen, die große Sommerherde zu teilen, mit kleineren Trupps nach Süden zu ziehen. Der Weg führt durchs Gebirge, in unwirtliche Regionen, wo kein Baum mehr wächst, der Brennholz liefern könnte.

Wenn das Wetter nicht mitspielt, wenn der Spätsommer schon Schnee und Regen bringt, und die Herden nur unter Schwierigkeiten auseinandersortiert werden können, verzögert sich der Aufbruch. Bis Menschen und Tiere sich endlich in Bewegung setzen können, sind die Tage kurz geworden, die Nächte lang und dunkel, „so dunkel, daß man nicht vor seinen Füßen sehen kann, zuweilen rennt man gegen einen Stein und zuweilen in einen See oder einen Sumpf und gegen Bäume, und die Renntiere sieht man auch nicht, man hört sie nur".

Die Gruppe zieht mit Kind und Kegel den Tieren hinterher, und einmal, so erinnert sich Turi, war eine hochschwangere Frau dabei. Sie gebar ihr Kind unterwegs, „und es war nichts anderes dabei zu machen, als das Kind an die bloße Brust hineinzulegen und die Renntiere weiterzujagen, bis sie den Platz erreichten, wo sie schon die Koten aufstellten".

Wenn diese Koten, wie die Lappenzelte heißen, aufgeschlagen sind, der Hausrat ausgepackt ist, kehrt etwas Ruhe ein. Die Männer sind für die Rentiere zuständig, bessern beschädigte Schlitten aus und bauen neue, fertigen Schneeschuhe, Kisten mit Deckeln, „und alles, was der Lappe gebraucht". Die Frauen kümmern sich um Essen und Feuerholz, flicken oder nähen Kleidung und Schuhe. Wenn jedoch eine „Brandkälte" ist, um –40 Grad, so daß in der Kote Frostnebel herrscht, „daß man nichts auf der andern Seite des Feuers sehen kann", dann bleibt die Handarbeit liegen. An solchen Tagen sind die Frauen vollauf damit beschäftigt, genug Feuerung herbeizuschaffen und acht zu geben, daß die Kinder nicht frieren oder sich gar etwas erfrieren.

Im Frühjahr, wenn die Zeit des Kalbens bevorsteht, naht der Aufbruch. Die Rentierkühe ziehen dann zu Plätzen, wo sie früher gekalbt haben, und anschließend geht es in den Norden zurück, „wo Gras ist und wo es in der wärmeren Zeit kühl ist". In einzelnen Etappen deponieren die Lappen unterwegs Schlitten, Kleidung und allerlei Dinge, die im Winter gebraucht werden, „damit einige von den Sachen näher sind, wenn man wieder nach Süden zieht". Auch diese Reise ist kein Vergnügen. Noch Ende Mai ist im Gebirge mit Schneestürmen zu rechnen, das kann den Verlust von manchmal Hunderten von Rentierkälbern bedeuten. Kein Wunder, daß alle erleichtert sind, wenn sie den Sommerwohnplatz erreicht haben. Gleich nach der Ankunft bringt man Göttern und Geistern Opfer und feiert ein großes Fest. „Und wenn der Mensch gut ist, und wenn alles gut geht, dann findet er, daß der ganze Wohnplatz sich freut, und wenn es traurig für den Menschen ist, oder wenn er in Sorgen ist, dann dünkt es ihn, daß der ganze Wohnplatz weint, und alle Steine und alle Bäume und alles in der ganzen Welt..."

Der Hund – das älteste Haustier

Die Menschen, die vor mehr als 13 000 Jahren Rentierherden bis in die Gegend von Hamburg gefolgt waren, fanden keine Höhlen vor, in denen sie hätten unterschlüpfen können. Da sie vorhatten, den Sommer in der Tundra zu verbringen, werden sie ihre Unterkünfte mitgebracht haben. Bäume, die Zeltstangen hätten liefern können, wuchsen dort oben nicht, und bis Felle von frisch erlegten Rentieren fertig sind, vergehen ein paar Wochen. Was sie nicht mitbringen mußten, war Material für Werkzeug und Waffen. Flintknollen für steinernes Gerät brauchten sie nur aufzusammeln, alles übrige – vom Beil, mit dem man das Wild erschlug, bis hin zur Jagdpfeife – fertigten sie aus Knochen und Geweihen der Rentiere.

Ob die Rentierjäger jedes Mal im Sippenverband nach Norden gezogen sind, ist nicht bewiesen. Der eine oder andere Rastplatz könnte ein reines Jägerlager gewesen sein, denn auch heute noch gehen bei Jäger- und Sammlergruppen die Männer häufig allein auf die Pirsch. Möglich aber wäre es, daß sie Hunde dabei hatten oder halbwegs zahme Wölfe.

Alle Hunderassen gehen auf den Wolf zurück, so unglaublich einem das beim Anblick eines Pudels, Mopses oder Pinschers auch vorkommen mag. Jäger werden Welpen mit ins Lager gebracht haben, und das eine oder andere Tier schloß sich dem Menschen an. Wölfe, die in Gefangenschaft leben, sind nach ein paar Generationen kleiner als ihre wildlebenden Genossen. Erste Anzeichen einer Domestikation sind nach etwa zehn Generationen zu erkennen, und zwar am Gebiß. Die Zähne nämlich verkleinern sich nicht so schnell wie das Skelett. Damit sie dennoch Platz im Kiefer finden, ändert sich ihre Stellung. Die Backenzähne eines domestizierten Wolfes sind gegeneinander versetzt. Diese „Kulissenstellung" ist ein untrügliches Zeichen für die ersten Hunde.

Wölfe fand man häufiger bei der Ausgrabung späteiszeitlicher Rastplätze. Einige Skelette waren unversehrt, das heißt, man hat sie nicht verspeist, sondern offenbar begraben. Das allein besagt noch nicht viel, denn auch am Wohnplatz der Ahrensburger Jäger bei Stellmoor fand sich ein komplettes Wolfsskelett. Der jedoch scheint erlegt worden zu sein, denn zwei Rückenwirbel waren verletzt, und im dritten steckte noch eine abgebrochene Pfeilspitze.

Bereits seit achtzig Jahren bekannt ist ein Grab in der Nähe von Oberkassel, wo in einer rotgefärbten Grube ein ungleiches Paar lag: eine Frau von etwa zwanzig Jahren und ein etwa fünfzigjähriger Mann. Bei den Tierknochen, die dieser Bestattung beilagen, so fand Günter Nobis vom Zoologischen Forschungsinstitut und Museum Alexander Koenig in Bonn bei Nachuntersuchungen heraus, gab es seinerzeit eine Reihe von Fehlbestimmungen. So wurde ein rechter Unterkiefer als *canis lupus*, als Wolf, identifiziert. Die Länge der Zahnreihen und der Reißzahn jedoch weisen genau die Veränderungen auf, die für domestizierte Wölfe typisch sind.

Vergleichbare Funde aus Thüringen, der Ukraine, dem Irak und dem Jordantal lassen, so Nobis „an eine Domestikation autochthoner Wolfspopulationen und somit an mehrere, voneinander unabhängige Zentren der Haustierwerdung denken".

Der Haushund von Oberkassel, ein kleinerer Schäferhund, beweist, daß der Hund den Menschen schon wesentlich länger begleitet, als bisher angenommen – seit 17 000 Jahren.

Hinterlassenschaften der Rentierjäger, die man in die Hamburger und die etwas jüngere Ahrensburger Stufe unterteilt hat, kamen bereits vor dem Zweiten Weltkrieg zutage. Einzelne Fundstücke stammen aus Holland, aus der Gegend südlich der Elbe bei Cuxhaven, aus der Umgebung von Meppen an der Ems, aus Itzehoe, der Lüneburger Heide und dem Hamburger Raum. Hier, im Ahrensburg-Meiendorfer Tunneltal, setzte der Hamburger Archäologe Alfred Rust in den dreißiger Jahren den Spaten an und grub eine Reihe von Wohnplätzen aus.

Es fehlte an Geld, Ausrüstung und Fachkräften, und so glichen diese Grabungen eher einer Schatzsuche als wirklich wissenschaftlicher Arbeit. Vor allem die Bergung von Funden aus Teichen, den „Augen der Tundra", ging teilweise unter abenteuerlichen Bedingungen vonstatten. Die Ausgräber, Angehörige des Freiwilligen Arbeitsdienstes, standen in Meiendorf bis zu den Knien in Wasser und Schlamm, als die Kieler Professoren Schwantes und Gripp zur Begutachtung der Funde anreisten. „Wir glaubten uns in ein Märchenland versetzt", schrieb Rust später. „Man brauchte nur zu sagen: Greift noch mal eins, so fuhren die Jungen in den Schlamm hinein, fummelten darin herum und zogen eiszeitliche Kulturreste hervor wie aus einer Zauberkiste."

Bei der Arbeit im Ahrensburger Tunneltal. Mitte der dreißiger Jahre war Improvisation gefragt. Oft standen die Ausgräber hüfthoch in Wasser und Schlamm.

Auf der anderen Seite bewies Rust ein erstaunliches Gespür dafür, wo er nach Wohnplätzen suchen mußte. Das hing zweifellos damit zusammen, daß er sich auf eigene Faust in der Welt umgetan hatte. Mit dem Rad war er von Hamburg nach Ägypten und Syrien gefahren, um dort an Ausgrabungen teil-

zunehmen, mit dem Rad fuhr er täglich die 20 Kilometer von seiner Wohnung ins Tunneltal hin und zurück, weil er sich die Bahnfahrt nicht leisten konnte. Er wußte also, was es heißt, unterwegs zu sein. „Ich war oft selbst mit einem Zelt durch die Lande gezogen, hatte auch längere Zeit an einem Orte verweilt, aber wenn ich dann weiterzog, so hinterließ ich vielleicht drei Steine der Feuerstelle für den Kochtopf, sonst aber nichts, was auf eine errichtete Behausung hätte hindeuten können – die verlassenen Zeltplätze sahen eigentlich immer so aus wie die drei ergrabenen Wohnplätze vom Borneck." Dort allerdings waren die Fundschichten durcheinander geraten, weil zu verschiedenen Zeiten Menschen an der selben Stelle ihr Lager aufgeschlagen hatten. Fünfzehn Jahre mußte Rust nach einem ungestörten Lagerplatz suchen, 1947 fand er ihn, den ersten seiner Art, ebenfalls am Borneck, etwas weiter östlich im Tunneltal gelegen. Nach Anordnung der Steine, die als Beschwerung für die Bespannung dienten, handelte es sich um ein Schlaf- oder Innenzelt, oval, von 2,50 mal 3,50 Metern, umgeben von „der Wand eines 5,50 Meter weiten, hufeisenförmigen Außenzeltes..." Feuerstelle, Arbeitsplatz und an die 4000 Werkzeuge, Klingen und Abschläge lagen außerhalb im Freien.

Ungefähr zur selben Zeit, als Hamburger Jäger am Borneck rasteten, hatten andere Rentierjäger ihr Zelt am Ufer der Belaja, nördlich des Baikalsees aufgeschlagen. Diese Behausung stand an einem Hang, und deshalb hatte man den Fußboden, damit er eben war, zur Neigung hin eingetieft. Die Hanglage war sehr beliebt, weil Niederschläge abfließen, ohne die Umgebung in Morast zu verwandeln. Der Durchmesser des Zeltes von Mal'ta betrug vier Meter, das Gerüst bildeten hölzerne Stangen. Für die Bespannung einer solchen Unterkunft mit zwölf Quadratmetern Wohnfläche braucht man an die 20 Rentierfelle. Von außen hatten die Leute zur Sicherung und als Schutz größere Kalksteinplatten an die Wand gelehnt, innen waren die Felle mit y-förmigen Geweihstücken, die man als *Heringe* in den Boden gerammt hatte, befestigt.

Bedingt durch die Hanglage befand sich die Zeltspitze nicht, wie sonst üblich, in der Mitte des Wohnraumes, das verrät die Lage der Feuerstelle. Die nämlich – eine flache Vertiefung, mit Steinplatten ausgelegt – lag in der Nähe des Eingangs, unter der offenen Zeltspitze, wo der Rauch abziehen konnte. Zwischen Feuerstelle und Nordwand hatte man eine Kochgrube eingerichtet. Wir haben diese Gartechnik schon im Geißenklösterle kennengelernt: Man setzt einen Lederbeutel oder einen Tiermagen in die Grube, füllt Wasser samt Zutaten hinein und bringt den Eintopf mit heißen Steinen zum

Kochen. Auf diese Weise wird man vor allem Gemüse gegart haben, während größere Fleischstücke am Feuer gebraten wurden.

Den Fußboden bedeckte eine rötliche Farbschicht. Das kennen wir ebenfalls von hiesigen Wohnplätzen, und auch in Mal'ta fanden sich in der Nähe der Feuerstelle bearbeitete Knochen, Elfenbeinstücke und Knochen von Mahlzeitresten.

Doch zurück nach Ahrensburg. Von den Teichen im Tunneltal war schon die Rede. Im Schlamm stecken Waffen, Werkzeug und Knochen, überwiegend von Rentieren. Daß es damals relativ kalt gewesen sein muß, ergab die Untersuchung der Skelettreste im Teich von Meiendorf. Tiere aus gemäßigten oder gar warmen Zonen fehlen. Rust fand insgesamt 72 Rentiere. Dabei handelt es sich um 32 ausgewachsene Tiere und 22 Tiere im zweiten oder dritten Lebensjahr. 17 Tiere waren Kälber im ersten Lebensjahr, manche nur wenige Wochen alt. Eine Schonzeit für Jungtiere gab es also nicht.

Ein ausgewachsenes männliches Rentier bringt 70 bis 90 Kilogramm, im Herbst auch zwei Zentner und mehr auf die Waage. Davon sind gut 50 Prozent reines Fleisch und knapp 40 Prozent Innereien. Ein Tier von 80 Kilogramm Lebendgewicht liefert also rund 40 Kilogramm Fleisch und 30 Kilogramm Innereien. 100 Gramm Rentierfleisch wiederum enthalten 21 Prozent Protein und 4 Gramm Fett.

Dem Klima und den Lebensbedingungen entsprechend mußte ein Eiszeitjäger pro Tag zweieinhalb- bis dreieinhalbtausend Kalorien zu sich nehmen. Das entspricht 220 Gramm tierischem Protein. Nach dieser Rechnung mußte er täglich ein Kilogramm Rentierfleisch essen, um fit zu bleiben. Wenn man die Beikost – Gemüse, Beeren, Nüsse, Früchte, Samen, Kräuter, Vögel und Fische – mitrechnet, konnte sich ein Jäger 50 Tage von einem Rentier ernähren. Eine Sippe von 20 Personen kam zweieinhalb Tage damit aus.

Bedingt durch die jahreszeitlichen Wanderungen konnte man das Fleisch aber nicht jeweils bei Bedarf beschaffen. Gejagt wurde saisonweise, und dann wurden weitaus mehr Tiere erlegt, als die Menschen frisch verzehren konnten. Das bedeutet, daß sie Vorräte anlegten und das Fleisch in irgendeiner Weise konservierten, sei es durch Trocknen, Räuchern oder Einfrieren. Vielleicht hatten die Hamburger Rentierjäger ja schon den Pemmikan erfunden, ein Nahrungsmittel, das leicht ist, wenig Platz einnimmt, und trotzdem eine Menge Kalorien enthält. Der Name kommt von der Bezeichnung der nordamerikanischen Cree-Indianer für „Fett“. Für die Zubereitung trocknet man dünne Fleischscheiben in Sonne und Wind oder am Feuer, zerstampft sie und mischt ungefähr die gleiche Menge zerlassenes Fett, etwas Knochenmark und ein paar Hände voll wilder Kirschen oder auch gedörrtes Gemüse, wie Wildrüben, darunter. Die Mischung wird dann in Rohlederbeutel eingenäht und mit Talg versiegelt. Mitte des 19. Jahrhunderts gab man solchen, nach den damals neuesten ernährungswissenschaftlichen Erkenntnissen verfeinerten Pemmikan Forschern mit, die zu Expeditionen in die Arktis aufbrachen.

Opferteich oder Kühlschrank?

Die Rentierjäger verwerteten praktisch alles, was ein Tier zu bieten hat – Sehnen, Knochen, Hufe und Geweih inbegriffen. Das Fell wurde von Fleisch- und Fettresten gesäubert und, wie bei der Sämischgerbung, eingefettet oder aber geräuchert und anschließend mit Asche abgerieben. Ein Rentierfell ergibt etwa einen Quadratmeter *Leder*. Für einen Anorak braucht man drei, für eine Hose zwei Felle. Und solange die Kleidungsstücke neu waren, müssen sie für unsere Begriffe ziemlich gestunken haben.

Wie nicht anders zu erwarten, benutzten auch die Rentierjäger für spezielle Tätigkeiten ganz spezielle Werkzeuge, die für sie typisch sind: das Lyngbybeil, den Zinken und den Riemenschneider.

Der Riemenschneider wurde aus dem flachen Schaufelteil des Geweihes geschnitten und ist an einem Ende wie ein Haken gebogen. Dicht unterhalb der Biegung befindet sich ein V-förmiger Schlitz, in den man eine Klinge aus Flint klemmte. Je nach Größe dieser Klinge kann man mit diesem Zugmesser robuste Pferdefelle oder aber zarte Vogelbälge zuschneiden.

Der Zinken wurde aus Stein zugeschlagen. Am oberen Ende sitzt eine zur Seite gebogene Spitze mit kräftigem, breitem Ende. Mit solchen gebogenen Sticheln lassen sich ohne große Mühe Späne aus dem Geweih lösen.

Das Lyngbybeil, nach einem Fundort in Dänemark benannt, ist eine Waffe aus Rentiergeweih. Der Schaft dient als Griff und ein zugerichteter Teil der Eissprosse als Schneide. Man hat diese Beile vermutlich benutzt, um Tiere zu erschlagen, wenn sie dicht an dicht einen Fluß durchquerten und in ihrer Bewegungsfreiheit eingeschränkt waren.

Für eine Überraschung sorgten Einschußlöcher an einigen Vogelknochen und steinerne Geschosse, die noch im Schulterblatt und im Halswirbel eines Renskeletts steckten. Sie beweisen, daß die Hamburger Jäger mit Pfeil und Bogen umgehen konnten. Eine Waffe, die erst mit der Erfindung des Schießpulvers aus der Mode kam.

Aus dem Meiendorfer Teich hatte Rust die Überreste von mindestens 72 Rentieren geborgen. Die aufgeschlagenen Röhrenknochen lassen auf Mahlzeitreste schließen. Gegen Ende der Grabung jedoch stießen die Ausgräber auf das Skelett eines unversehrten Tieres – und einen Stein. „Der Stein war... erstaunlich groß, und als wir ihn ganz freigelegt hatten, lag ein 8,25 kg schwerer Gneis auf den Brustwirbeln und auf der zweiten Brustkorbhälfte. Die Rippen umschlossen den Stein, als läge er in einem Korb." Es handelte sich um ein zweijähriges Tier, um eine Renkuh.

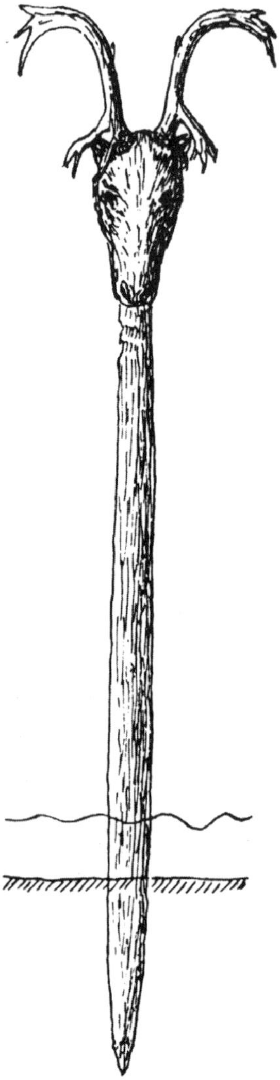

Der Kultpfahl von „Stellmoor". Der Schädel auf der Kiefernholzstange stammt von einer Renkuh, die 16 Jahre alt war, einem alten Tier also mit schwachem Geweih.

Im Teich von Stellmoor fanden sich zwei weitere unversehrte Skelette mit Steinen im Brustkorb, wiederum weibliche Tiere, zwei Jahre alt. Bei Stellmoor hatten vor 10000 Jahren noch einmal Menschen ihre Zelte aufgeschlagen, Rentierjäger, die der Ahrensburger Stufe zugerechnet werden. Auch sie waren jeweils im Sommer da, an die zwanzig-, dreißigmal innerhalb von hundert Jahren. In dieser Zeit haben sie mehr als 1000 Rentiere erlegt. Mindestens zwölf Skelette, vielleicht auch dreißig, waren unversehrt und mit Steinen beschwert. Wieder handelt es sich um zweijährige Rentierkühe. Dazu fanden sich Pfeile und Reste von Bögen aus Kiefernholz.

Rust hat diese unversehrten Tiere als Gaben an die Götter interpretiert, die man in den *Opferteichen* versenkte, um das Jagdglück zu sichern. Ein ungewöhnlicher Fund im Teich von Stellmoor schien diese Vermutung zu bestätigen.

Dort lag in der alten Uferpartie ein Pfahl aus Kiefernholz, 211 Zentimeter lang, 9,5 mal 12 Zentimeter dick, mit einer Auskerbung am runden Oberende. Der untere Teil war zugespitzt. Beim oberen Teil des Pfahles lag ein Rentierschädel, der einst auf dem Pfahl gesteckt haben muß. Eine Jagdtrophäe war Rusts erster Gedanke, doch dann ergab die Untersuchung des Schädels, daß es sich zwar auch diesmal um ein weibliches Tier handelte, daß es jedoch nicht zwei, sondern sechzehn Jahre alt war. Ein Renschädel als Jagdtrophäe gibt aber nur Sinn, wenn er ein prachtvolles Geweih aufzuweisen hat, und das war bei dieser alten Renkuh nicht der Fall. Das Geweih der weiblichen Tiere ist ohnehin schwächer ausgebildet als das der männlichen, und da obendrein nach dem achten bis zehnten Lebensjahr eine Rückbildung einsetzt, kann das Geweih nicht sonderlich imposant gewesen sein. Rust mutmaßte daraufhin „die Ehrung des altmütterlichen Tieres".

Das kann zutreffen, doch die Archäologen suchen heute erst einmal nach profanen Erklärungen, bevor sie Kult in Betracht ziehen. Der *Opferteich* von Meiendorf zum Beispiel war ein Toteisloch, eine Grube, etwa 8 Meter tief und 15 Meter breit, die ein Eisblock ausfüllte, der nur langsam schmolz. Theoretisch hätten sich solche Stellen hervorragend als Kühltruhe geeignet. Und *Opferpfähle* wie der von Stellmoor hätten dann ganz einfach die Funktion gehabt, das Vorratslager zu markieren, so daß man es notfalls auch unter einer Schneedecke begraben wiederfinden konnte. Ohne neue Grabungen wird sich kaum beweisen lassen, welche Bewandtnis es wirklich mit den *Opferteichen* im Ahrensburger Tunneltal hatte.

Geklärt dagegen ist, welchem Zweck einige merkwürdige Objekte dienten, die zwischen Knochen und Werkzeugen gefunden wurden. Da sind zunächst einmal knapp zwei Dutzend Flügelknochen von Schwänen und Gänsen, bei denen ein Gelenkende ganz, das andere zur Hälfte entfernt wurde. Das durchlässige, schwammartige Innengewebe der halbierten Gelenkenden hat Ähnlichkeit mit einem Filter, und als solcher hat es auch gedient. Der Lappe Turi berichtet von solchen Knochen, die er und seine Leute als Trinkrohre benutzt haben. Der Filter sollte verhindern, daß man Froscheier, Schwimmkäfer oder Pflanzen einsog. „Solcher Tiere wegen gebraucht der Lappe ein Rohr. Das Rohr ist aus Rentiergeweih angefertigt, und man braucht es auch aus dem Grunde, damit der Mund im Frühling nicht verwundet werden soll (vom Eiswasser). Und ein anderes Trinkrohr macht man aus dem Schenkelbein eines Vogels; darin ist gleichsam ein Netz, so daß Tiere nicht dadurch in den Mund hineinkommen können. Das braucht man in der Wildnis."

Bei einem anderen Objekt handelt es sich um ein poliertes Knochenstück, das am breiten unteren Ende durchbohrt ist. „Es ist 2,5 cm breit, ungefähr weidenblattförmig, in sich wie ein Uhrglas gekrümmt und bei 0,3 cm Stärke an den Kanten messerscharf." Rust befestigte den Fund an einem Band und schwang das Ding durch die Luft. Nichts geschah. Dann probierte er es andersherum, entgegen dem Uhrzeigersinn, und da begann der Knochen zu singen. Die Klänge, die solche Schwirrgeräte hervorbringen, lassen sich schwer mit Worten beschreiben. Im Kopenhagener Nationalmuseum habe ich Tonbandaufnahmen davon gehört, und selbst in dieser *zivilisierten* Umgebung noch klangen sie mir wie Geisterstimmen, die ein Schamane rief. Für Geisterbeschwörung spricht auch,

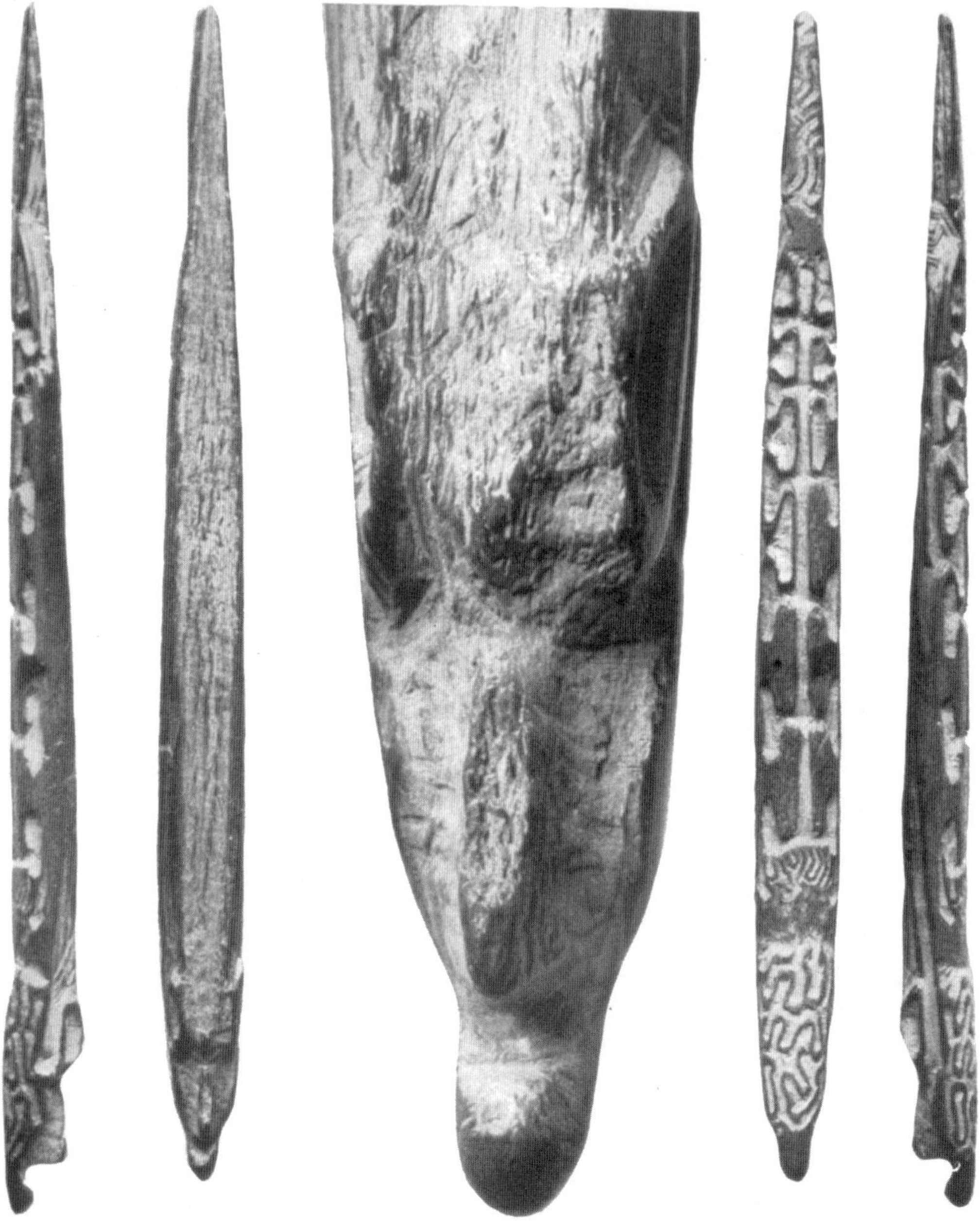

Dieses Objekt aus Rentiergeweih zeigt ein Männergesicht und Ornamente, die in ganz bestimmten Abständen angebracht worden sind. Vermutlich ein Mehrzweckwerkzeug: Pfriem und Zollstock.

daß der Knochen nur *singt*, wenn er entgegen dem Uhrzeigersinn bewegt wird. Die Linksdrehung hat weltweit bei Ritualen eine Rolle gespielt, sei es der linksgedrehte Faden, mit dem noch heute Geistheiler in den Anden arbeiten, oder der Brauch, der sich in Westeuropa bis in unser Jahrhundert erhielt, wobei die Gemeinde zu Ostern drei-, sieben- oder neunmal linksherum um die Kirche schritt oder tanzte.

Ein weiterer Gegenstand, der möglicherweise mit Feierlichkeiten zu tun hatte, ist leider sehr schlecht erhalten. Es ist ein bearbeitetes Rengeweih, das Stücken ähnelt, die von anderen Fundstellen bekannt sind. Bei ihnen sitzt das Geweih noch am Schädeldach, in das vier Löcher gebohrt sind. Man hat diese Geweihe als *Tanzmasken* gedeutet, so wie sie der *Zauberer* auf einem Bild in der französischen Höhle von Les Trois Frères trägt. Es wäre aber auch möglich, daß die Jäger solche Geweihe als Tarnung trugen, wenn sie auf Jagd gingen.

Mit der Jagd haben auch bestimmte Anlagen zu tun, die auf den ersten Blick nicht unbedingt verraten, daß Menschen sie benutzt haben. Wo immer es möglich war, versuchten die Jäger, die Herde zwischen zwei Barrieren in eine Art natürlichen Pferch zu treiben, um sie dort zu erlegen. Meist nutzte man Landschaftselemente, suchte Stellen aus, wo zwei Hügelketten eine Begrenzung bildeten. In bestimmten Abständen schichtete man an diesen Hügeln Steine auf, die man mit Moos und alten Kleidern bedeckte, so daß sie menschlichen Gestalten ähnelten. Diese *Steinmenschen* sollten die Tiere erschrekken und helfen, sie dorthin zu treiben, wohin man sie haben wollte.

Die *Ansitze* dagegen sind leichter als planvolle Anlage zu erkennen. Manche sind in den Hang eingegraben, andere bestehen aus halbkreisförmigen Mäuerchen. Hier warteten die Jäger manchmal einen halben Tag und länger auf die Ankunft der Herden. Die *Ansitze* boten den Wartenden nicht nur Sichtschutz, sie hielten auch den Wind ab. Um sich warmzuhalten, ohne ein offenes Feuer, das die Tiere gewarnt hätte, unterhalten zu müssen, bedienen sich die Eskimo einer Methode, die auch die eiszeitlichen Jäger gekannt haben müssen. Gleich nach der Ankunft entfachen sie ein Feuer auf einem Herd, den sie aus den Steinen der Mauer errichtet haben. Dann schichten sie die heißen Steine wieder zum Mäuerchen auf, das nach dem Prinzip des Kachelofens noch stundenlang Wärme ausstrahlt.

Das vielleicht schönste Fundstück aus dem Ahrensburger Tunneltal ist ein *Pfriem* aus Rengeweih. Das Werkzeug ist 14,8 Zentimeter lang, und auf einer Seite kunstvoll mit Ornamenten und Mäandermustern verziert. Die andere Seite zeigt ein Männergesicht mit großer Nase, vorspringendem Kinn und großen, spitzen Ohren, die an einen Fuchs oder einen Wolf erinnern.

Die Ornamente brachten den Hamburger Ingenieur und Vermessungstechniker Paul V. Molt auf eine Idee. Jahrzehntelang hatte er Großsteingräber, Steinkreise, Schalensteine und

Felszeichnungen untersucht und nachgewiesen, daß es schon recht früh genormte Maße gab. Er nahm die Abstände der Ornamente unter die Lupe, verglich die Zahlen mit Maßen, die ihm bereits vorlagen, und kam zu dem Ergebnis, daß der

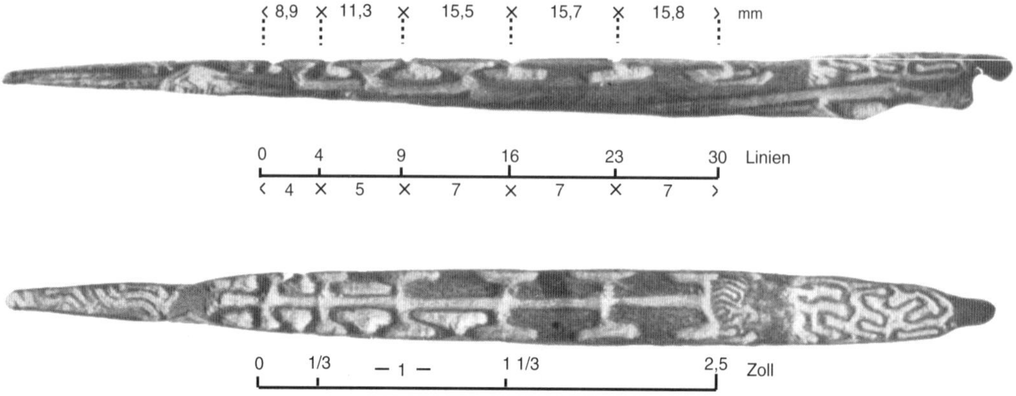

Lange Zeit war der menschliche Körper das Maß aller Dinge. Es gab Finger-, Daumen- und Handbreiten, dazu Elle und Fuß, die bis in unsere Zeit überdauert haben.

Pfriem ein Zollstock ist. Die Maßeinheit, die ihm zugrundeliegt, ist der „Ahrensburger Fuß" von 31,7 Zentimeter Länge. Dabei entsprechen 26,9 Millimeter einem Zoll. Mit Hilfe dieses Maßstabes im wahrsten Sinne des Wortes konnte man die Geweihstärke feststellen und Muster skizzieren, bevor man ans Schnitzen ging.

Drei Monate, den Sommer über, blieben die Jäger in der Tundra bei Hamburg. Wenn der Herbst kam, zogen sie mit den Herden fort. Rust vermutet, daß sie den Winter westlich vom Emsland und von Holland in einem Gebiet verbrachten, das heute unter den Fluten der Nordsee liegt.

Im Doppelbett am Lagerfeuer

Mit Feuer, Kleidung, Waffen und Geräten hatte sich der Mensch Prothesen zugelegt, die seine dürftige körperliche Ausstattung wettmachten. Sprache, Gedächtnis, abstraktes Denken und Phantasie versetzten ihn in die Lage, sein Rüstzeug optimal zu nutzen. Und genau da lag die Gefahr. Homo sapiens sapiens durchbrach die allen Lebewesen vorgegebenen Spielregeln und Begrenzungen, geriet aus dem Gleichgewicht, dem Einssein mit der Natur. Daß er das spürte, verraten die beiden Elfenbeinfiguren von der Schwäbischen Alb, halb Mensch, halb Tier, Mischwesen, Mittler zwischen zwei Welten. Der Mensch, dessen Instinkte immer mehr ins Hintertreffen gerieten, dessen *Fort-Schritt* eine Eigenmotorik entwickelt hatte, erkannte, daß er bestimmte Gesetze einhalten mußte, um notdürftig die Balance zu wahren. Er begann, Regeln aufzustellen, die fürs Überleben wichtig waren, gab sie mündlich von Generation zu Generation weiter mit dem Versuch, sie zu deuten. Märchen und Mythen reichen weit in die Zeit zurück.

Bauern gibt es bei uns erst seit etwa sechseinhalbtausend Jahren. Die Anfänge von Ackerbau und Viehzucht in anderen Regionen der Erde liegen zwar noch ein paar weitere Jahrtausende zurück, doch das ändert nichts daran, daß wir Menschen die längste Zeit unseres Daseins, 99 Prozent, mit Jagen und Sammeln verbracht haben. Jagen und Sammeln bedeutet, daß die Menschen sich von dem ernähren, was die Natur ihnen bieten kann. Und das hängt vom Klima und von geographischen Gegebenheiten ab.

Das Eiszeitalter, das Pleistozän, war eine Epoche extremer Klimaverhältnisse. Auf echte Eiszeiten folgten zum Teil langandauernde Wärmeperioden, die Europa tropisches Klima bescherten. Dann fühlten sich bei uns Elefanten und Nashörner wohl, und Funde in der Nähe von London beweisen, daß sich dort sogar Nilpferde tummelten.

Bevor man einen *eiszeitlichen* Fundkomplex nach Mustern untersucht, die bei heutigen Jägern und Sammlern zu finden sind, muß also geklärt werden, welche Klimaverhältnisse zur fraglichen Zeit herrschten. Die Rentierjäger von Hamburg lebten unter ähnlichen klimatischen Bedingungen wie heute noch Eskimogruppen in Alaska. Dennoch bleibt ein entscheidender Unterschied – der Sonnenstand, und damit die Lichtverhältnisse, die sich gravierend auf Wachsen und Gedeihen von Pflanzen und Tieren auswirken. Selbst zwischen Hamburg und Husum, wo die Sommernächte heller und die Wintertage dunkler als bei Freiburg oder München sind, hat es damals keine Mitternachtssonne und keine Polarnacht gegeben.

Bevor ich nun von dem amerikanischen Archäologen Lewis Binford und seinen erstaunlichen Untersuchungen bei den Nunamiut-Eskimo berichte, möchte ich kurz auf den Begriff „Nomaden" eingehen.

Nach landläufiger Meinung sind Nomaden Menschen, die keine Heimat kennen, die mehr oder weniger ziellos durchs Land ziehen, solange an einem Ort verweilen, wie es ihnen dort behagt, und dann weiterwandern, bis sie einen anderen Platz finden, der ihnen zusagt. Diese Vorstellung ist falsch.

Nomaden wie zum Beispiel die Rentierjäger von Hamburg oder die Nunamiut leben zwar nicht über Generationen hinweg am selben Ort, doch Planlosigkeit können sie sich noch weniger als Seßhafte leisten. Sie haben kein festes Dach über dem Kopf und lagern keine großen Vorräte, mit denen sie notfalls eine Weile durchhalten könnten. Nachbarn gibt es auch nicht, so ein Stamm von dreißig, vierzig Personen ist auf sich selbst gestellt. Ihr Leben hängt davon ab, daß sie wissen, wo sie Nahrung finden, wohin sie sich wenden müssen, wenn am Aufenthaltsort die Erträge zur Neige gehen. Sie kennen das Land, in dem sie leben, sehr genau, wissen, wann und wo der Fischfang oder die Beerenlese am ergiebigsten sind, wo ausreichend Brennholz für den Winter steht, wann die Zeit für die Jagd kommt.

Genauso wie Bauern nutzen auch Jäger und Sammler das Land. Der Bauer nutzt ein- und dasselbe Stück Erde immer wieder, muß es daher bearbeiten, damit es fruchtbar bleibt. Nomaden dagegen nehmen nur, was die Natur gedeihen läßt, ziehen dann weiter und überlassen das Land wieder sich selbst. Wo, wie in den kalten Zonen der Erde, die Natur nicht gerade üppige Nahrung liefert, muß man länger suchen, ein größeres Gebiet durchstreifen, um satt zu werden. Je karger die Erträge sind, umso mehr Land braucht man, um durchzukommen.

Lewis R. Binford, der als herausragender Vertreter der Neuen Archäologie gilt, hatte in Frankreich an Grabungen teilgenommen, bei denen Wohnplätze von Neandertalern freigelegt wurden. Entsprechend den Gerätschaften teilte man die einzelnen Fundstellen bestimmten Kulturen zu. Je einfacher die Gegenstände, umso älter die *Kultur* hieß es früher, weil man davon ausging, daß eine geradlinige Entwicklung vom Einfachen zum Komplizierten stattgefunden hat. Mit zunehmend präziseren Datierungsmethoden stellte sich jedoch heraus, daß es Fundstellen gibt, die aus ein- und derselben Zeit stammen und trotzdem Fundinventare liefern, die unterschiedlichen *Entwicklungsstufen* entsprechen. Das Problem wurde gelöst, indem sich die Archäologen darauf einigten, daß Gruppen unterschiedlich entwickelter Kulturen nebeneinander gelebt haben.

Der französische Archäologe François Bordes wies als einer der ersten darauf hin, daß man die Technik der Geräteherstellung und die Formgebung der Objekte nicht über einen Kamm scheren dürfe, daß man beide unabhängig voneinander beurteilen müsse. Bordes befaßte sich vorwiegend mit Hinterlassenschaften der Neandertaler aus der Zeit zwischen 125 000 und 30 000 v. Chr., dem Moustérien.

Das Problem ist jedoch nicht auf Neandertaler beschränkt. Anhand von Standardtypen kam Bordes auf insgesamt vier Gruppen mit jeweils typischem Werkzeugkasten. Vier Kulturstränge, die weit in die Vergangenheit zurückreichen, ohne daß sie sich untereinander vermischt hätten, wechselten – so Bordes – einander ab, traten auf und verschwanden wieder.

Damit mochte sich Binford nicht zufriedengeben. Er tendierte mehr in Richtung seiner amerikanischen Kollegen, die die Kulturen der Neuen Welt erforschten und diese Dinge pragmatischer angingen. Für sie stand die enge Beziehung zwischen einer *Kultur* und der Umwelt, in der sie sich entwickelte, im Vordergrund.

Binford nahm einen Koffer voll Unterlagen über Moustérien-Fundstätten mit nach Hause, stellte alle denkbaren Querverbindungen zwischen Gerätschaften und Knochen her. Ohne Ergebnis. Schließlich stellte er sich angesichts des erdrückenden Fundmaterials die grundsätzliche Frage: „Wie kann man aus statischem Material Rückschlüsse auf die Dynamik vergangener Epochen ziehen?" Das klingt kompliziert, ist aber ganz einfach. Funde sind Objekte, die durch Menschen an den Ort geraten sind, wo der Archäologe sie wieder ausgräbt. Wie und warum, das verraten sie häufig nicht. Binfords Idee war, daß bei bestimmten Tätigkeiten möglicherweise eine ganz bestimmte Verteilung von Werkzeugen, Abfällen und so weiter anfällt. Wenn das zutrifft, müßte es umgekehrt zumindest in groben Zügen möglich sein, von einer beliebig alten Fundanordnung auf die ausgeübte Tätigkeit zu schließen. Ob diese Annahme richtig ist, läßt sich relativ einfach überprüfen, indem man Gewohnheiten und Hinterlassenschaften von Menschen untersucht, die heute noch unter ähnlichen Bedingungen wie Neandertaler oder Rentierjäger leben. Binford entschied sich für einen Eskimo-Stamm, reiste nach Alaska, um Antworten auf seine Fragen zu finden. In erster Linie interessierten ihn Wander- und Siedlungsgepflogenheiten, und zwar aus der Sicht des Archäologen.

Zwischen 1969 und 1973, als Binford die Nunamiut in der Arktis besuchte, beschafften sie sich ihren Lebensunterhalt durch Sammeln und Jagen. Der Anbau von Gemüse und Getreide ist in diesen Regionen ohnehin nicht möglich, und sie hatten auch keine Nutztiere, bis auf den Hund. Wichtigster Fleischlieferant war das wildlebende Karibu, das Wildren der Tundrazone Eurasiens und Nordamerikas. Die Nunamiut waren also ausschließlich auf das angewiesen, was die Natur zu bieten hat, genauso wie seinerzeit die Menschen in den eisfreien Zonen zwischen den Gletschern Nordeuropas, die allerdings im Vorteil gewesen sein dürften, weil es dort keine Polarnacht und damit eine längere Vegetationsperiode gab.

Daß Menschen, die in karger Umwelt leben und selbst keine Nahrungsmittel produzieren, mobil sein müssen, liegt auf der Hand. Selbst die Lappen unter dem Polarkreis, die das Ren domestiziert haben, sind zum Wandern gezwungen, damit die Herden satt werden.

Die Nunamiut sind also Nomaden, notgedrungen, doch sie ziehen nicht ziellos durchs Land. Sie nutzen ein ganz bestimmtes Gebiet nach einem ausgeklügelten Plan, den die Natur diktiert.

Nicht nur, daß am Polarkreis die Erträge spärlicher sind, es dauert auch länger, bis sich die Bestände regenerieren. Weiden zum Beispiel, die dort Brennholz liefern, sind erst nach 45 Jahren nachgewachsen. Ein Grund für die Nunamiut, einen Wohnplatz, den sie verlassen, frühestens nach fünfzig Jahren wieder aufzusuchen. Die Sippe, deren Gewohnheiten Binford erforschte, wanderte in einem Kreis, der in fünf große Wohngebiete aufgeteilt war. Diese Wohnplätze sind keine Durchgangslager, sondern ein Stück Heimat. Jeweils zehn Jahre, grobgerechnet, bleibt die Gruppe in derselben Gegend, und mit den einzelnen Aufenthaltsorten verbinden sich für jeden Nunamiut ganz persönliche Ereignisse in seinem Leben. Nach ungefähr fünfzig Jahren schließt sich für ihn der Kreislauf der Wanderung. Dann kehrt ein Nunamiut in das Gebiet zurück, in dem er geboren wurde, sieht als Erwachsener vertraute Orte wieder, die Erinnerungen wecken an die Kindheit, die Reifezeremonie, den ersten Kuß, den ersten Jagdausflug, an geliebte Tote. Ein Nunamiut kann sich im Alter seinen Erinnerungen hingeben. Zwar wird ihm im *Gebiet der Kindheit* manches kleiner und weniger weitläufig vorkommen, doch im großen und ganzen findet er die Dinge an ihrem Platz. Während wir einen Ort, der uns einmal vertraut war, oft nach wenigen Jahren kaum noch wiedererkennen und mit dem Gefühl abreisen, beraubt und betrogen worden zu sein.

Zehn Jahre bleiben die Nunamiut also in einem Wohngebiet. Das sogenannte Basislager wird dort errichtet, wo Trinkwasser und Brennholz, die ständig gebraucht werden und umständlich zu transportieren sind, zur Verfügung stehen. Von hier aus ziehen die Männer auf Jagd, Frauen und Kinder suchen die Umgebung nach Pflanzen und Beeren ab. Diese Aktivitäten können tage- oder wochenlang dauern, und dann werden unterwegs Behelfslager aufgeschlagen. So ein Kerngebiet ist oft mehr als 5000 Quadratkilometer groß. Weitere

25 000 Quadratkilometer werden für die zusätzliche Versorgung mit Nahrung und Gebrauchsgütern genutzt, so daß man insgesamt auf 30 000 Quadratkilometer kommt. Das entspricht in etwa der Fläche von Baden-Württemberg. Eine Menge Land für drei Dutzend Menschen, aus der Sicht einer Seßhaften jedenfalls, die in einem für unsere Begriffe dünn besiedelten Landstrich lebt, wo jedem Einwohner laut Statistik immerhin 10 000 Quadratmeter zustehen, zwei Fußballfelder.

Doch die Rechnung geht noch weiter. Wenn man zu den fünf Kerngebieten plus Umland noch Wanderungen, Jagdzüge und dergleichen hinzurechnet, „beträgt die Fläche des Terrains, das ein männlicher Nunamiut-Eskimo im Laufe seines Lebens durchstreift, im Durchschnitt etwa 300 000 Quadratkilometer. Infolgedessen hat jede Nunamiut-Gruppe zu jedem beliebigen Zeitpunkt rund viermal soviel Land zur Verfügung, wie sie tatsächlich zu ihrem Lebensunterhalt braucht." Eine ähnlich großflächige Raumnutzung stellte Binford bei den Ureinwohnern der Wüste Mittelaustraliens und bei einem Algonkin-Indianerstamm auf der Halbinsel Labrador fest.

Diese fünf separaten Wohngebiete der Nunamiut sind noch einmal unterteilt. Außer dem Basislager gibt es Sommerlager, Jagdlager, Schlachtplätze, Vorratslager, die über das jeweilige Kerngebiet verteilt sind.

Daß ein Schlachtplatz anders aussieht als ein Wohnlager versteht sich von selbst, und den unterschiedlichen Aktivitäten entsprechend werden spezielle Werkzeuge benutzt, bleiben mehr oder weniger typische Abfälle zurück. Alle Hinterlassenschaften stammen jedoch von ein- und derselben Nunamiut-Sippe. „... alle Wohn-, Jagd- und sonstigen Stätten dieses Volkes sind Teile eines umfassenden Systems. Von Wohnplätzen einmal abgesehen, nutzt man die vielfältigsten Örtlichkeiten für Spezialaufgaben, die alle aber nur Mosaiksteine eines umfassenden Musters von Verhaltensweisen sind, die es ermöglichen, in der Arktis zu überleben."

Und hier setzt Binford an. Es wäre denkbar, daß Neandertaler und Jungpaläolithiker ihr Land ähnlich weiträumig nutzten. Dann aber müßten sich Parallelen in den Spuren finden, die an den Aufenthaltsorten von Eiszeitjägern und Eskimo zurückblieben. Überspitzt formuliert könnte das auch bedeuten, daß sich zum Beispiel die vier Moustérien-Gruppen, die Bordes auflistete, in Wohlgefallen auflösen. Der typische Werkzeugbestand ließe dann auf unterschiedliche Aktivitäten ein- und derselben kulturellen Gruppe, nicht jedoch auf vier Gruppen mit unterschiedlicher Kultur schließen. Ob diese Theorie hieb- und stichfest ist, muß sich erst noch herausstellen. Nicht nur, daß in der eiszeitlichen Tundra in unseren Breiten andere Bedingungen herrschten als in der Arktis, es ist auch riskant, allein vom Gerätebestand auf bestimmte Tätigkeiten zu schließen. Bei manchen Arbeiten braucht man verschiedene Werkzeugsätze und auf der anderen Seite kann man mit einem einzigen Werkzeugsatz ganz unterschiedliche Arbeiten erledigen. Obendrein können an einem Ort Aktivitäten ganz unterschiedlicher Art stattgefunden haben.

Trotz aller Wenns und Abers haben diese neuen, pragmatischen Ansätze dazu beigetragen, daß die Archäologen heute dem gesamten Fundumstand, und nicht nur einzelnen Objekten, ihre Aufmerksamkeit widmen, um herauszufinden, wie jene Menschen, die diese Spuren hinterließen, gelebt haben.

Es gibt Werkzeuge, das Beil zum Beispiel, oder der Keil, die seit zigtausend Jahren dieselbe Form haben, weil sie optimal ist. Ähnlich verhält es sich mit manchen Tätigkeiten, die offenbar weltweit nach dem gleichen Schema ablaufen und demzufolge auch ein gleichbleibendes Verteilungsmuster von Werkzeug und Abfällen verursachen. Nehmen wir zum Beispiel Arbeiten an einer Feuerstelle. Ob Afrika, Australien oder Arktis, wenn ein Mensch unter freiem Himmel kocht, backt oder Werkzeug schäftet, er sitzt stets rechtwinklig zum Feuer, damit genug Platz zum Hantieren bleibt. Arbeiten mehrere Personen an einer Feuerstelle, dann rücken alle ein wenig ab, und Überreste häufen sich nicht an einer, sondern an mehreren Stellen. Wieder anders sieht die Sache aus, wenn Menschen mit einem Braten ums Feuer herumsitzen. Nach solchen Mahlzeiten sind deutlich *Wegwerfzonen* zu erkennen, wo der Abfall gelandet ist. Kleine Knochensplitter, die weiter nicht stören, läßt man einfach fallen, größere Teile wirft man hinter sich, wo sie dann, je nachdem wie groß die Runde war, halbkreis- oder kreisförmig mit Abstand um die Feuerstelle liegenbleiben. Wenn der Archäologe auf solch ein Verteilungsmuster stößt, braucht er nicht lange nach Pfostenlöchern oder Steinen für die Zeltbeschwerung zu suchen. Die Mahlzeit fand unter freiem Himmel statt. Innerhalb der eigenen vier Wände hätte man aufgeräumt, Asche und Mahlzeitreste hinausgetragen. Herdfeuer, die im Inneren einer Behausung lagen, sind noch an einem anderen Merkmal zu erkennen: Sie sind meist von größeren Steinen eingefaßt, die verhindern sollen, daß Glut auf den Fußboden fällt und Gras, Häute oder Matten, die als Teppich dienen, in Brand setzt. Feuer im Freien dagegen werden immer wieder durchwühlt, Asche und Rückstände an den Rand geschoben, bevor man ein neues Feuer entfacht. Wird so eine Feuerstelle über einen längeren

Zeitraum hinweg benutzt, verschiebt sie sich in die eine oder andere Richtung.

Jeder, der einmal am Lagerfeuer gesessen hat, weiß, wie lästig es ist, wenn der Wind dreht und einem Rauch ins Gesicht treibt. Das ist umso ärgerlicher, wenn man sich mit sämtlichen Utensilien niedergelassen hat, um Elfenbein zu schnitzen, ein paar Messerklingen zu schlagen oder Mittagessen zu kochen. Es ist umständlich und zeitraubend, jedesmal mit allen Siebensachen umzuziehen. Binford beobachtete, daß die Leute stattdessen einfach ein neues Feuer an der anderen Seite machen. Genau das tat auch vor 15 000 Jahren ein Mensch, der bei Pincevent im französischen Department Seine-et-Marne am Feuer saß. „In Pincevent verrät die Verteilung der Abfälle an drei Herden, daß an zwei dieser Feuerstellen nur eine einzige Person tätig war. Wie es scheint, drehte sich der Wind, und die Person am Feuer vollführte ihrerseits einfach eine Drehung um 180 Grad und entzündete ein neues Feuer, um nicht mehr vom Rauch des ersten gestört zu werden."

Es klingt wie Hexerei, aber Binford kann aufgrund seiner Beobachtungen bei heutigen Jägern und Sammlern sogar die Schlafgewohnheiten der Eiszeitmenschen rekonstruieren. Ihm war aufgefallen, daß in vielen Halbhöhlen, den „abris", die Feuerstellen nach einem ganz bestimmten Muster ausgerichtet sind. Sie liegen 120 bis 200 Zentimeter von der rückwärtigen Höhlenwand entfernt, und dieser Abstand entspricht genau der *Bettbreite* bei Stämmen in Australien, Thailand und Alaska. 120 Zentimeter bedeutet ein Einzel-, 200 Zentimeter ein Doppelbett, wobei natürlich noch etwas Freiraum zwischen Feuerstelle und Bettzeug abgezogen werden muß. Einzelbetten, so Binford, lassen auf ein reines Jägerlager, Doppelbetten auf ein Familiencamp schließen.

Im Winter bettete man sich parallel zur Höhlenwand, das wärmende Feuer lag dann vor der Längsseite der Schlafstelle. Im Sommer, wenn der Fels tagsüber die Hitze speicherte und sie nachts wieder abgab, schliefen die Menschen im rechten Winkel zur Wand, die Feuerstellen zwischen den Betten.

Mit naturwissenschaftlichen Methoden, der experimentellen Archäologie und der Beobachtung, welche Aktivitäten welche Spuren hinterlassen, kann man Steine und Knochen zum Reden bringen. Ähnliche Umweltbedingungen führen zu ähnlichen Verhaltensweisen. Doch manche Fundstelle wird einfach deshalb nicht mehr zu deuten sein, weil sie mit Bräuchen zu tun hat, die längst vergessen sind.

Binford kam eines Tages an einen verlassenen Lagerplatz der Nunamiut. Drei Steinkreise, die als Zeltbeschwerung gedient hatten, waren zurückgeblieben, vor jedem lag eine Feuerstelle unter freiem Himmel. Nach den Fundumständen zu urteilen, hatte man diesen Platz nur einmal benutzt. Binford schloß auf ein Jägerlager. Das war im Prinzip auch richtig, doch es waren Jäger ganz besonderer Art, und der Archäologe wäre nie auf die Lösung gekommen, hätte ihm nicht ein alter Eskimo verraten, was es mit diesem Platz auf sich hatte.

Wenn der Sommer zu Ende geht, müssen die Nunamiut den Gürtel enger schnallen. Die Karibus stehen weit im Norden, die Jagd auf Hirsche und Bergschafe wird immer mühseliger. Selbst nach tagelangen Märschen kehren die Männer oft mit leeren Händen heim, erschöpft und ausgehungert. Wenn man keine zusätzliche Nahrung herbeischaffen kann, muß man die Vorräte strecken – indem man weniger ißt, oder aber, indem man sich ein paar Esser vom Hals schafft. Genau das tun die Nunamiut, und die Leute gehen auch noch freudig. Es sind junge Liebespaare, die im Spätsommer die Erlaubnis bekommen zusammenzuleben. Weitab vom Basislager allerdings, und unter der Bedingung, daß sie sich selbst mit Nahrung und Brennholz versorgen. Eine geniale Lösung.

Die tanzenden Frauen von Gönnersdorf

Frühsommer 9080 v. Chr. Schafgarbe, Löwenzahn und Wegwarte sprenkeln die Wiesen, Beifuß schießt ins Kraut, an Kirschbäumen röten sich die Früchte. Doch die Gestalt, die dem Hang entgegenhastet, hat keinen Blick für Blumen und Früchte. Im Laufen späht sie nach der Rauchwolke, die sich durch die Ebene wälzt, Flammen züngeln näher. Hat der Wind gedreht? In der Ferne ein Grollen. Die Gestalt erreicht die Mulde am Fuße des Hanges, läßt sich schweratmend zu Boden fallen. Dann geht die Welt unter. Bimsregen prasselt vom Himmel, begräbt den zusammengekauerten Menschen unter sich, sieben Meter tief, bedeckt das Neuwieder Becken und die Hänge des Westerwaldes.

1922 stoßen Arbeiter in Weißenthurm bei der *Kettiger Höhe* auf das Grab unterm Bims. Als der Archäologe Adam Günther zur Fundstelle kommt, sind nur noch ein paar vom Feuer geschwärzte Knochen, Schädelbruchstücke und vierzehn Zähne vorhanden. Ein fünfzigjähriger Mensch war es, mehr läßt sich nicht sagen. Nur, daß die Stelle an sich einen vortrefflichen Schutz gegen Unwetter geboten hat, „und so mag auch der vom Bimsauswurf überraschte Mensch hier noch Schutz vor dem drohenden Untergang gesucht haben."

Der Unglückliche war sicher nicht der einzige Mensch im Neuwieder Becken, es muß noch weitere Opfer dieser Naturkatastrophe gegeben haben. Der Bimsregen hat Wohnplätze und Wälder verschüttet, wie den Birkenwald von Thür bei Mayen, den Archäologen ausgegraben haben. Eine Holzkohleschicht unterm Bims an verschiedenen Orten verrät, daß Flächenbrände dem Ausbruch vorangegangen sind.

Der Vulkanausbruch erfolgte im Gebiet des heutigen Laacher Sees, und in der Nähe der alten Krater ist die Bimsdecke zehn Meter mächtig. Bims ist ein schwammiges oder schaumiges Gestein, das entsteht, wenn Gase und Dämpfe durch glutflüssige Lava strömen. Er schoß explosionsartig aus den Schloten des Laacher-See-Vulkans, regnete herunter und erstarrte. Feinere Gesteinspartikel, der „Britzstaub", hielten sich länger in der Luft, wurden vom Wind fortgetragen. Sie lagerten sich bis zu 1000 Kilometer vom Ausbruchsort entfernt in der Schweiz, in Polen und auf der Insel Rügen als schmales Band am Erdboden ab. Eine so gewaltige Eruption bleibt nicht ohne Folgen für das Klima. Auch dafür fanden sich Beweise. Bei Winterthur in der Schweiz wurden Bäume aus jener Zeit ausgegraben, an deren Jahresringen ein über Jahre reduziertes Wachstum abzulesen ist. Mit Hilfe dieser Jahresringe ließ sich auch das Datum des Unglücks bestimmen. Daß Frühsommer war, verraten Kirschkerne, die unter dem Bims gefunden wurden.

Dieses aus Elfenbein geschnitzte Porträt aus Dolní Věstonice (Mähren) ist nur viereinhalb Zentimeter groß. Das Frauenköpfchen stammt aus einem Lager von Mammutjägern, ca. 23 000 v. Chr., und zählt zu den Meisterwerken der Altsteinzeitkunst.

Für die Wissenschaft ist der Vulkanausbruch ein Glücksfall, denn die Gesteinsschicht versiegelte alles, was unter ihr lag. Zum Beispiel die beiden Wohnplätze von Gönnersdorf und Andernach-Martinsberg, die damals allerdings nicht mehr benutzt wurden. Sie datieren in die Zeit um 10 400 v. Chr., sind also in etwa zeitgleich mit den Lagern der Hamburg-Ahrensburger Rentierjäger in der nordmitteleuropäischen Tiefebene.

Die prallen Brüste und das ausladende Gesäß lassen keinen Zweifel daran, daß die „Venus von Willendorf" aus Niederösterreich Fruchtbarkeit symbolisiert. Ungeklärt ist jedoch, was es mit ihrem Kopfputz auf sich hat.

Die Leute von Gönnersdorf und Andernach jagten Pferde, sie zählen zur Kulturstufe des Magdalénien.

Die Anfänge des Magdalénien liegen bei 11000 v. Chr., als unbekannte Künstler wunderschöne Bilder von Tieren an Wände und Decken von Höhlen wie Les Trois Frères oder Tuc d'Audoubert zu malen begannen. Diese Jägerkultur der aus-

Die „Venus von Dolní Věstonice“, 11,4 Zentimeter hoch. Die Figur, deren Gesicht nur angedeutet ist, wurde aus einer mit pulverisierten Knochen vermischten Tonmasse modelliert.

Weiblicher Elfenbeinkopf, dreieinhalb Zentimeter, aus der französischen Grotte du Pape bei Brassempuoy (Landes). Solche Freiplastiken menschlicher Köpfe mit Gesicht aus dem Jungpaläolithikum sind äußerst selten.

gehenden Eiszeit breitete sich über West- und Mitteleuropa aus, erstreckte sich zwischen 10 400 und 10 100 v. Chr. von Südfrankreich und Nordspanien über die Mittelgebirgslandschaft Mitteleuropas bis hin nach Mähren. Zwischen den Magdalénien-Leuten und den Rentierjägern ließen sich bisher nur wenige Querverbindungen nachweisen. Mit den Kulturen Südwesteuropas dagegen bestehen zum Teil verblüffende Übereinstimmungen. Kunstwerke und Gebrauchsgegenstände, wie sie in Gönnersdorf und Andernach ans Licht kamen, fand man sogar noch in der Ukraine.

Der Gönnersdorfer Wohnplatz wurde beim Ausschachten für das Fundament eines Neubaus angeschnitten. Weil der Besitzer einen Weinkeller haben wollte, mußten die Bagger etwas tiefer greifen. Dabei stießen sie durch die Bimsschicht, die hier, auf der anderen Seite des Rheins, in Luftlinie zwölf Kilometer vom Laacher See entfernt, zwischen ein und zwei Meter dick ist. Im Lößboden unter dem Bims lagen große Steinplatten und Knochen. Fast 12 500 Jahre früher hatten sich schon einmal Menschen für diesen Ort entschieden.

Vierzig Meter über dem Strom, auf einem leicht abschüssigen Geländesporn, hatten sie ihre Behausungen aufgeschlagen. Ein Steilhang im Rücken schützte vor Nord- und Nordwestwinden, nach Osten, Süden und Westen hin war das Gelände offen, bekam von morgens bis abends Sonne. Der Rhein sah damals anders aus als heute. Wie ein See, aus dem Inseln und Sandbänke herausragten, breitete er sich im Neuwieder Becken aus. Die Flußniederung war mit Röhricht gesäumt, an den Ufern standen Buschwerk und Erlen, deren Stämme Bauzwecken dienten.

Oberhalb des Wohnplatzes, auf der Mittel- und Hochterrasse, erstreckte sich eine offene Graslandschaft, die Ähnlichkeit mit der Prärie Nordamerikas hatte. Dort standen Wacholderbüsche, die, ebenso wie die Kiefern am Hang, Brennholz lieferten. Im Frühling und im Sommer blühten dort oben Sonnenröschen, Flocken- und Kornblumen, Kamille und Schafgarbe.

Bei Gönnersdorf fanden sich also drei Regionen von unterschiedlichem Typus, die Wild im Überfluß boten. In der Flußniederung gab es Fische, Wassergeflügel und im Sommer Elche. Im Kiefernwald am Hang standen Hirsch und Ur, und oben auf der Grassteppe weideten Saigaantilopen, Wisente und Pferde, im Winter zogen allem Anschein nach Rentiere durch. Aufgrund der besonderen Klimaverhältnisse der ausgehenden Eiszeit lebten dort am Mittelrhein also Tiere zusammen, die heute nur getrennt voneinander, in ganz bestimmten Klimazonen anzutreffen sind.

Auch an Gemüse und Kräutern herrschte, anders als in der Arktis, kein Mangel. Dietrich Evers hat aufgelistet, welche Pflanzen den Gönnersdorfern als Nahrungsmittel gedient haben könnten. Wenn es auch keine Knollenfrüchte und kaum Obst gab, so war man doch nicht allein auf Haselnüsse und Samen von Gräsern angewiesen, die man rösten, mahlen oder kochen konnte. Aus Eicheln läßt sich ein Brei, aus Wacholderbeeren Mus kochen. Löwenzahn und Meldenarten kann man als Salat zubereiten, gekocht schmecken sie ähnlich wie Spinat. Von der Wegwarte ist die Wurzel eßbar, in der *schlechten Zeit* nach dem Krieg, röstete man sie zu Zichorienkaffee – „Blümchenkaffee". Auch die Wurzeln von Nelkengewächsen sowie die Blütenstände von Kamille und Schafgarbe kann man essen, und der Beifuß – „die ganze Pflanze vor Knospenaufbruch gekocht in ausgelassenem Talg oder Fett eßbar" – gilt bis heute als klassisches Gewürz für einen fetten Gänsebraten.

Die Gönnersdorfer Magdalénien-Jäger erlegten in erster Linie Pferde. Wie diese aussahen, wissen wir von Bildern in verschiedenen Höhlen Frankreichs und Spaniens. Sie zeigen Tiere von mittlerer Größe und hellbrauner Farbe mit einer helleren Bauchpartie, die ein M-Zeichen bildet. Über den Rücken läuft ein durchgehender dunkler Strich, auch der untere Teil der Beine ist dunkel.

Diese Pferde waren bei uns längst ausgestorben, doch im Jahre 1878 entdeckte der russische General und Asienforscher Nikolai Michailowitsch Prschewalski im Gebiet zwischen Altai-Gebirge und Tienschan solch wildlebende Steppenpferde, die heute nach ihm benannt sind. Der renommierte Hamburger Zoo „Hagenbecks Tierpark" rüstete darauf hin eine Expedition aus, die einige Exemplare einfing und nach Hamburg brachte, wo man sie dann planmäßig zu züchten begann. Daher wissen wir, was die Höhlenbilder nicht verraten: daß so ein Prschewalski-Pferd zwischen 150 und 250 Kilogramm Fleisch und Fett liefert.

Zelt der Jäger von Gönnersdorf, die auf dem Plateau über dem Neuwieder Becken Pferde jagten. Neben der Feuerstelle eine Kochgrube. Der Rauch konnte durch eine Öffnung an der Zeltspitze und durch eine Klappe an der Seite abziehen.

Im Mai 1968 begann Gerhard Bosinski vom Institut für Ur- und Frühgeschichte in Köln mit der Ausgrabung des Geländes, soweit es die Bebauung in der Nachbarschaft zuließ. Gleich im ersten Jahr konnte er mit seinem Team alle wesentlichen Funde und Befunde sichern. Die nachfolgenden Grabungskampagnen brachten nichts grundsätzlich Neues. Dasselbe gilt

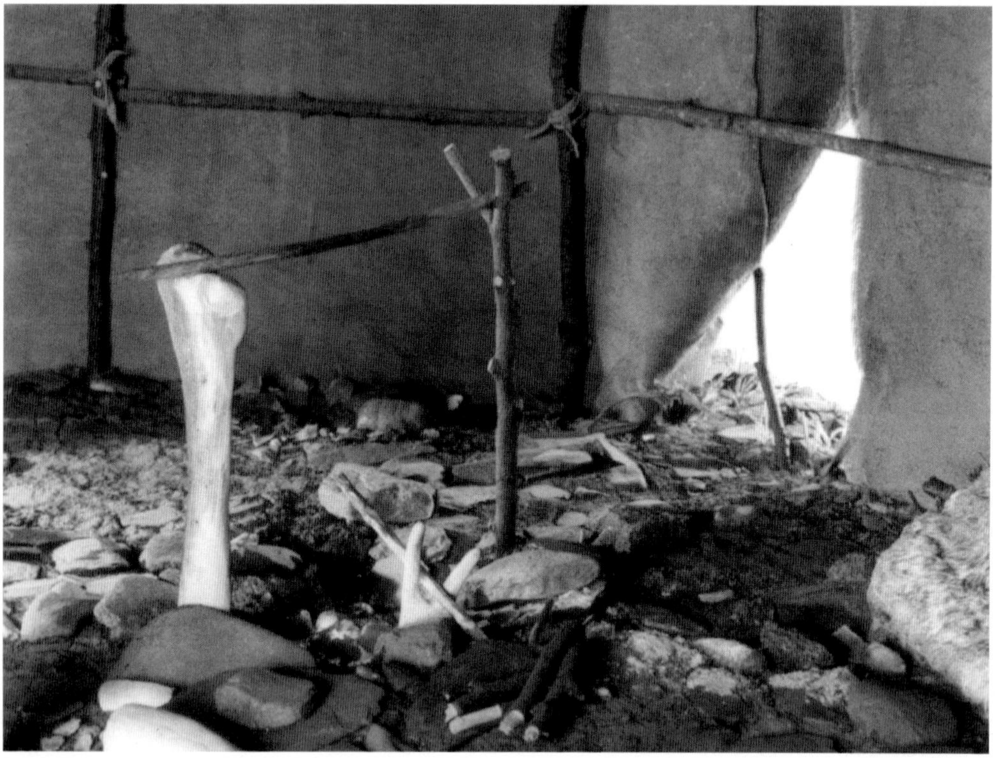

Der Grill von Gönnersdorf, darunter ein Bock mit hölzernem Fleischspieß, an dem man kleinere Stücke briet. Der Drehspieß, ein Luxusmodell, stammt von einem Siedlungsplatz in der Ukraine.

nach I.G. Pidopličko

für Nachgrabungen am Fundplatz Andernach-Martinsberg, der seit über hundert Jahren bekannt ist. Beide Wohnplätze liegen in Sichtweite voneinander, nur durch den Rhein getrennt, und sind zeitgleich. Das muß jedoch nicht bedeuten, daß beide auch zur selben Zeit benutzt wurden, und daß die Leute einander besuchten. Aufs Jahr genau lassen sich solche Wohnstätten nicht datieren. Wenn jedoch, wie in Gönnersdorf, an einem Ort mehrere Behausungen vorhanden sind, läßt sich aufgrund der Schichten, der Fundlage oder eventueller Überschneidungen mit einiger Bestimmtheit sagen, ob die Unterkünfte tatsächlich gleichzeitig standen.

Bosinski legte in Gönnersdorf zwei verschiedene Typen von Behausungen frei. Da waren einmal vier Stangenzelte unterschiedlicher Größe, die den Tipis der nordamerikanischen Indianer beziehungsweise dem Zelt von Mal'ta ähnelten, von dem im Zusammenhang mit den Rentierjägern schon die Rede war. Reguläre Herdstellen fehlten, dafür fanden sich Hinweise auf eine Variante der Kochbeutel-Methode. Neben einem kleineren Feuer stand statt einer Kochgrube ein Dreibock, an dem einst ein Lederbeutel samt Inhalt hing und dann mit heißen Steinen gefüllt wurde. Diese Zelte scheinen Sommerunterkünfte gewesen zu sein, eine Vermutung, die durch Hufe von Fohlen gestützt wird.

Sensation auf Schiefertafeln

Die drei großen Behausungen, sechs bis acht Meter im Durchmesser, waren dauerhafter. Sie gleichen der Jaranga der Tschuktschen. Von einem Mittelpfosten aus laufen vier Meter lange Sparren zu den Wandpfosten, die durch Verstrebungen stabilisiert sind. Für die Bespannung einer Jaranga braucht man 40 Pferdehäute. Die allein schon wiegen an die 240 Kilogramm, fünf Zentner, und die schleppt niemand mit sich herum, wenn es bequemer geht. Solche *Häuser* ließ man stehen. Für eine wiederholte Benutzung sprechen auch die zahlreichen Kochgruben. Knochen von ungeborenen Fohlen belegen, daß diese *Hütten* im Winter bewohnt waren – und daß es auch hier keine Schonzeit für trächtige Tiere gab.

Die mit Basaltplatten ausgekleidete Feuerstelle lag gleich neben dem Mittelpfosten, die Asche hatte man immer wieder ausgeräumt. Geheizt wurde vorwiegend mit Kiefernholz aus dem Hangwald, und abends schichtete man Quarzitgerölle über die Glut, die dann nachts nach und nach gespeicherte Wärme abgaben. Bei der Herdstelle der großen Behausung war eine Rengeweihschaufel so eingegraben, daß sie wie eine zweizinkige große Gabel übers Feuer ragte. Östlich davon fanden sich der Oberschenkelknochen eines Mammuts und ein Holzpfosten – Reste eines drehbaren Grills, an dem man auch räuchern konnte, falls man nicht einfach Fleischstücke an die Dachsparren über dem Herd hängte. Zusätzliches Licht spendeten Lampen aus ausgehöhlten Steinen und dicken Schieferplatten mit schüsselförmiger Vertiefung für den Brennstoff.

Bosinski geht davon aus, daß zwei verschiedene Gruppen den Gönnersdorfer Wohnplatz benutzten, und er stützt sich dabei auf die Analyse der Steingeräte. Das Material stammt zur Hälfte aus der näheren Umgebung. Kieselschiefer, Süßwasser-

Die Schieferplatten vom Boden der Gönnersdorfer Behausungen wurden wiederholt zum Zeichnen benutzt. Nicht immer sind die Umrisse der Figuren so deutlich zu erkennen wie bei diesem empörten Kolkraben.

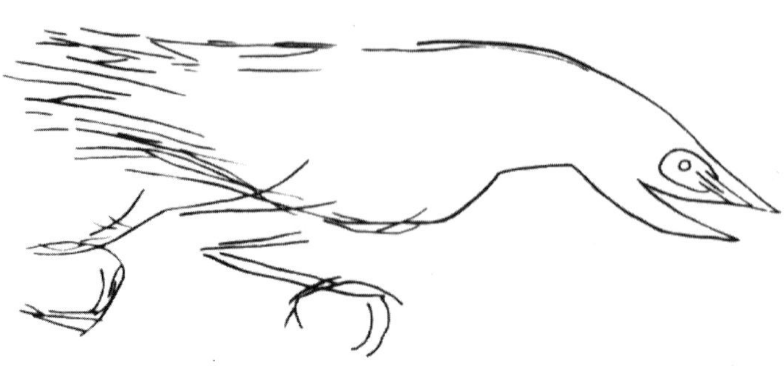

quarzit, Chalzedon, selbst Hornstein, Radiolarit und Bergkristall sind in den Flußschottern am Mittelrhein zu finden. Feuerstein dagegen fehlt hier, der kam von weiter her. Für den *baltischen* Feuerstein mußte man mindestens 120 Kilometer nach Norden wandern, und die nächsten Vorkommen des *Maasfeuersteins* lagen ebensoweit entfernt. Einen Handel mit Feuerstein schließt Bosinski aus. Er hat für die Tatsache, daß jede Behausung ein ganz individuelles Materialspektrum aufweist, eine andere Erklärung. Er nimmt an, „daß die Menschengruppe der jeweiligen Behausung bis in das Maasgebiet beziehungsweise bis zum Vorkommen des norddeutschen Feuersteins gelangte. So kann man sagen, daß die in Gönnersdorf lebenden Menschengruppen aus verschiedenen geographischen Räumen kamen."

Die Mehrzahl der Fundstücke lag in den Kochgruben. Man hat sie dort nicht absichtlich deponiert, sie sind vielmehr beim Saubermachen mit allerlei Abfällen hineingekehrt worden und lagen dort geschützt.

Zu den Funden gehören Werkzeug und Waffen, zum Beispiel Geschoßspitzen von Harpunen, die eine Erfindung des Magdalénien sind. An Schmuck fanden sich durchbohrte Hirschgrandeln, Eisfuchszähne und abgeschnittene Zahnreihen von Rentieren, die wie ein Collier aussehen. Ferner trug man Perlen aus fossilem Holz und Hämatit, mit dessen Pulver auch Fußböden und Kochgruben rotgefärbt waren. Sehr beliebt waren Schneckenhäuser aus dem Mittelmeerraum und Fossilien, wie zum Beispiel ein Haifischzahn und ein durchbohrter Saurierwirbel. Bosinski entdeckte sogar eine Imitation – die Nachbildung eines Seelilienstengels in Elfenbein. Was es mit den zahlreichen durchbohrten Schieferscheiben von zwei bis neun Zentimeter Durchmesser auf sich hat, ist unklar. Vielleicht brauchte man sie bei der Lederverarbeitung.

Die eigentliche Sensation aber war der Fußbodenbelag, Schieferplatten, die man von den Klippen oberhalb des Wohnplatzes herbeigeschafft hatte. Viele von diesen Platten tragen Zeichnungen, mit einem Stichel eingraviert. Manche Platten wurden in ihrer ursprünglichen Größe graviert, meistens jedoch verwendete man Bruchstücke. Es gibt Platten mit ein paar vereinzelten Strichen, andere sind über und über graviert, wieder andere weisen lediglich Schleifspuren und eingepickte Grübchen auf. Nach dem Zeichnen wurden sie wieder als Fußbodenbelag verwendet, und da lagen benutzte Stücke neben leeren. Eine Erklärung dafür gibt es nicht, doch in der Höhlenkunst, so Bosinski, ist Ähnliches zu beobachten. „Auch in den Höhlen, etwa in Les Trois Frères in den Pyrenäen und in Lascaux in der Dordogne, gibt es viel gravierte Wandflächen mit zahlreichen übereinandergezeichneten Figuren, während die Felswand daneben frei blieb."

Die Zeichnungen auf den Schieferplatten waren nicht für die Ewigkeit bestimmt, das ergibt sich aus dem Material und aus der Weiterverwendung als Fußbodenplatten. Die Zeichnung auf einer Schiefertafel ist nur klar zu erkennen, solange der helle Staub in den Rillen der Gravur liegt. Nach dem Abwischen verschwindet sie, es sei denn, man hat den Stichel mit starkem Druck geführt. Daher ist es schwierig, besonders bei mehrfach gravierten Platten, einzelne Bilder aus dem Gewirr von Linien zu rekonstruieren.

Dennoch gelang es Gerhard Bosinski und Gisela Fischer, rund 400 menschliche Gestalten und 200 Tierbilder, dazu eine Anzahl symbolischer Zeichen eindeutig zu entziffern.

Zwergpferd am Bratspieß

Unter den Tieren wurde das Pferd am häufigsten abgebildet, das wichtigste Jagdwild der Gönnersdorfer. Die Darstellung beschränkt sich meist auf Kopf und Halspartie, die naturgetreu wiedergegeben sind. Ein Pferd steht auch im Mittelpunkt einer der seltenen Kompositionen, und hier ist das Tier vollständig zu sehen. „Das Pferd hat zwei Vorderbeinpaare, von denen ein Beinpaar im Trab, das andere im Galopp dargestellt ist. Das Maul des nach rechts hastenden Tieres ist geöffnet. Unterhalb des Pferdes sind zwei ebenfalls in heftiger Bewegung nach rechts strebende Vögel graviert." Hinter dem Pferd sieht man ein menschliches Gesicht mit großen Augen. Die wilde Flucht der Tiere vor dem Jäger?

An zweiter Stelle folgt das Mammut, und das ist erstaunlich. Bis auf den Oberschenkelknochen vom Grillgerät gibt es nämlich keine Knochen dieser Tiere im Lager. Dennoch sind sie bis ins Detail genau gezeichnet. Der Oberschenkelknochen könnte ebenso wie das Elfenbein für Schmuck, Waffen und Figuren von fossilen Funden stammen. Da ist nämlich noch eine andere Ungereimtheit: Viele der in Gönnersdorf abgebildeten Mammute haben überhaupt keine Stoßzähne, und wenn sie mitgezeichnet wurden, sind sie auffallend kurz.

Pferdebilder fanden sich in allen drei Jarangas, das Mammut dagegen wurde nur in der zuerst untersuchten Behausung und in einem Zelt dicht dabei gezeichnet.

Nashorn, Hirsch, Fische und Vögel tauchen selten als Motiv auf, doch auffälligerweise kamen Vogeldarstellungen vorwiegend in den Unterkünften vor, wo es keine Mammutbilder gab.

Elch, Saigaantilope, Ur, Wisent und Raubtiere wie Wolf, Bär und Löwe sind jeweils nur einmal vorhanden. Von Mammut und Nashorn gibt es wenigstens spärliche Reste auf dem Wohnplatz, von Robben dagegen fehlt jede Spur im Fundmaterial. Trotzdem gibt es Zeichnungen, die erkennen lassen, daß die Künstler diese Tiere nicht nur vom Hörensagen kannten.

Die Jagd von Gönnersdorf. Vor flüchtenden Pferden bringen sich zwei große Vögel in Sicherheit. Am linken Rand erscheint das Gesicht eines Menschen mit großen runden Augen.

Schiefertafeln, Zeichnungen, die fortgewischt wurden, um neue darüber zu malen, das erinnert an Schüler, die sich in Kunst üben. Die lebendige Wiedergabe verschiedener Bewegungsabläufe, zum Beispiel beim gejagten Pferd oder dem Kolkraben in wildem Aufruhr, deutet indes nicht auf Anfänger hin. Es gibt, so Bosinski, kaum verzeichnete Bilder. „Hier und auch bei den anderen Tierdarstellungen kann man vielleicht annehmen, daß solche Bilder geübt wurden, bevor man sie auf den Gönnersdorfer Schieferplatten oder in den Höhlen des

Mammutknochen sind in Gönnersdorf selten, möglicherweise kam das Tier dort gar nicht mehr vor. Gezeichnet aber wurde es – merkwürdigerweise mit verkürzten Stoßzähnen, manchmal fehlen sie ganz.

frankokantabrischen Gebiets anbrachte. Auf unseren Schieferplatten ist sicher nicht geübt worden, denn diese Bilder sind gekonnt."

Das Hauptthema der Gönnersdorfer Bildergalerie war der Mensch. Frauen in strenger Profilansicht, ohne Kopf, mehr oder weniger stilisierte Figuren, bei denen stets die schlanke Taille und das ausladende Gesäß erfaßt sind. „Die aus den jeweils am ausführlichsten wiedergegebenen Darstellungen zu erschließende Körperhaltung läßt erkennen, daß mit diesen Figuren Mädchen oder junge Frauen in der Halbhocke oder im Sprung mit halberhobenen Armen sowie nach vorne gerichteten Händen gemeint waren." Die Figuren stehen einzeln, zu zweit, hintereinander oder einander zugewandt. „Es kommen aber Reihungen mit bis zu neun Frauen hintereinander und drei Reihen untereinander vor" – von einer Hand gezeichnet.

Zeichnungen mit ähnlichen Gruppierungen in ähnlicher Haltung gibt es auch von anderen Fundorten, es sind offenbar „Tanzszenen mit einem festen, verbreiteten, allgemein bekannten Inhalt".

Das Kind in der Kiepe

Die Frauen von Gönnersdorf sind in Umrissen abgebildet, nur wenige Figuren sind mit Linienmustern ausgefüllt, die wohl aber nicht als Körperbemalung oder Kleidung zu verstehen sind. Eine Platte zum Beispiel zeigt vier Frauengestalten, mit horizontalen und senkrechten Linien ausgefüllt, und dieses Bild unterscheidet sich auch sonst vom üblichen Muster der tanzenden Frauen. „Hinter dem Rücken der dritten Frauenfigur (von links) ist eine kleine, andersherum orientierte Gestalt gezeichnet. Die kleine und die große Figur sind oben und am Gesäß miteinander verbunden. Zwischen beiden Gestalten wird sodann ein leiterartiges Gestell erkennbar, das ebenfalls durch Linien mit dem Rücken der Frau verbunden ist. Betrachtet man die abweichend von den anderen Gönnersdorfer Frauenfiguren gezeichnete, stärker nach vorn durchgebogene Rückenlinie der größeren Gestalt, so entsteht der Eindruck, als trüge diese Frau eine Last auf dem Rücken. Deshalb meinen wir, daß hier eine Frau dargestellt ist, die auf dem Rücken in einer Trage ein Kind transportiert."

Außer den 400 tanzenden Frauen auf Schiefertafeln fanden sich, vorwiegend in den Kochgruben der Unterkünfte, an die zwanzig plastische Figuren aus Geweih, Elfenbein und Schiefer. Sie sind ebenfalls stilisiert, Wespentaille und Gesäß besonders hervorgehoben, und wurden wohl als Amulett getragen.

Leider fehlt jeder Hinweis darauf, ob die Künstler der Altsteinzeit Männer waren oder Frauen, und wir wissen auch

Die Frauen von Gönnersdorf sind bis auf wenige Ausnahmen nur in Umrissen skizziert. Auf dieser ungewöhnlichen Tanzszene hat die zweite Frau von rechts ein Kleinkind in einer Trage auf dem Rücken.

nicht, ob die Tänze im Zusammenhang mit Reifezeremonien für Mädchen stattfanden, oder ob ein anderes Fest der Anlaß war. In jedem Fall stellt sich die Frage: Warum gibt es keine Bilder von tanzenden Männern, und warum gibt es keine Statuetten mit männlichen Attributen?

Aus frankokantabrischen Höhlen kennen wir Zeichnungen, die eindeutig Männer darstellen, mit erigiertem Penis, doch sie sehen eher wie Karikaturen aus. Im selben plumpen, ungelenken Stil wurden auch Frauen abgebildet, die ebenso wie die Männer manchmal eine schnauzenförmige Mund-Nasenpartie aufweisen. Noch simpler sind Profildarstellungen von Köpfen mit einem Riesenauge über der *Schnauze*, die als „anthropomorph", als menschenähnlich, bezeichnet werden, und en-face-Darstellungen, bei denen Mund und Nase fehlen, nur zwei kugelrunde Augen im Gesicht. Diese „Phantome" könnten auch Geister sein. Unter diese Kategorie fallen vielleicht auch die drei kopflosen Gestalten mit abgespreizten Armen auf einem Geröllstein von der Teufelsbrücke in Thüringen, der daneben tanzende Frauen im Gönnersdorfer Stil zeigt.

Eine eindeutige Männerdarstellung fand sich in Gönnersdorf nicht, nur eine unvollständige Gestalt mit stark behaarten Beinen. Einen behaarten Mann, mit Knollennase und Bart, zeigt auch eine Zeichnung aus der französischen Höhle La Colombière (Ain).

Aus spanischen und französischen Höhlen gibt es einige Abbildungen im *Karikatur-Stil*, die Mann und Frau gemeinsam zeigen, unter anderem beim Geschlechtsakt. Daneben fanden sich zahllose abstrakte Zeichen, vor allem Kreise und Dreiecke. Die gibt es auch auf den Gönnersdorfer Schieferplatten. Daß damit weibliche Geschlechtsteile gemeint sind, verrät eine Zeichnung, die ganz realistisch eine Vulva mit eingeführtem Penis zeigt, bei anderen Abbildungen ist der Penis auf einen Strich reduziert, der in einen Kreis oder ein Dreieck zielt.

Das muß nicht heißen, daß die Steinzeitmänner von Sex besessen waren. Es scheint mir eher zu beweisen, daß sie versuchten, das Rätsel Frau zu ergründen. Ein Wesen, das im Rhythmus des Mondes blutet, wie ein verwundetes Tier, und doch nicht stirbt. Und, ein noch größeres Wunder, wenn die Blutungen ausbleiben, schwillt der Leib an, wie der zunehmende Mond, und schließlich gebiert der Leib der Frau einen neuen Menschen.

Es ist müßig zu rätseln, wann der Mensch den Zusammenhang zwischen Zeugungsakt und Schwangerschaft begriff, und es ist ebenso müßig, Spekulationen darüber anzustellen, ob die Frauen in der Gesellschaft dominierten. Statuetten und tanzende Frauen beweisen wenig. Der Mutter Maria kam im Christentum eine zentrale Rolle zu, ihr Bild ist in jeder Kirche zu finden. Dennoch war die Frau rechtlos wie kaum jemals zuvor. Einer, der vom Christentum nie gehört hat, könnte angesichts all der Marienbilder meinen, es ginge dabei um einen Mutterkult – wobei ihn die ebenso allgegenwärtigen Bilder des gekreuzigten Jesus in Verwirrung stürzen müßten. In gewisser

Weise träfe die Vermutung zu, denn Maria samt jungfräulicher Zeugung sind weitaus älteren Religionen entlehnt. Allerdings haben die Kirchenväter Maria eines wesentlichen Aspektes einer Frau beraubt: sie haben ihr das Geschlecht genommen.

Die Frauenstatuetten der Steinzeit sind, anders als die Marienfiguren in den Kirchen, gesichtslos. Wichtig ist ihr Leib, das Symbol für Leben schlechthin, für das Fortbestehen der Art. Und damit auch für den Geschlechtsakt.

DER MENSCH ENTDECKT HIMMEL UND ERDE

Die „Grüne Revolution"

Im Wechsel der Eiszeiten, im Laufe von Jahrhunderttausenden hatte der Mensch gelernt, das Feuer zu nutzen, funktionstüchtige Werkzeuge und Waffen zu fertigen, Kleidung und Unterkünfte herzustellen. Er hatte seine Jagdtechniken ausgefeilt, eine Sprache und religiöse Vorstellungen entwickelt und schließlich begonnen, seine Empfindungen und Gedanken in Kunst umzusetzen. Die Art und Weise, wie er sich ernährte, veränderte sich nicht. Noch immer aß er das, was die Natur gerade bot. Je nach Jahreszeit zog er dem Wild hinterher, machte Plätze ausfindig, wo Beeren, Pilze, Nüsse, eßbare Wurzeln und wildes Getreide wuchsen. Er führte ein vergleichsweise unbeschwertes Leben, das konnte der amerikanische Anthropologe Richard Lee nachweisen: Ein afrikanischer Buschmann hat innerhalb von höchstens drei Stunden seinen Tagesbedarf an eiweiß- und vitaminhaltiger Kost gedeckt. Ein Reisbauer auf Java dagegen arbeitet mehr als doppelt so lange auf seinen Feldern und kann sich trotzdem nur selten Fleisch leisten.

Nicht ohne Grund bezeichnet die Bibel den Ackerbau, mit dem sich Adam und Eva nach der Vertreibung aus dem Paradies durchbringen mußten, ausdrücklich als Strafe. Wobei die Strafe des Herrn in erste Linie Eva treffen sollte, die zusätzlich – auch dies eine Folge ihres Frevels – unter Schmerzen ihre Kinder gebären mußte. Bei den Ackerbauern aber spielte die Frau, die seit Menschengedenken für Pflanzen zuständig war, eine wichtigere Rolle als bei Hirtennomaden wie den Stämmen Israel. Doch die Bibel hat aus vielen Quellen geschöpft; und spätere *Überarbeitungen*, bei denen Texte der Zensur zum Opfer fielen und neue dazugedichtet wurden, mögen zu diesen Unstimmigkeiten geführt haben.

Vor 10 000 Jahren kam der Umbruch. Anstatt sich weiterhin mit dem zufriedenzugeben, was die Natur bot, oder – falls das nicht mehr ausreichte – fortzuwandern oder auszusterben, begannen Menschen, selbst Nahrung zu produzieren. Hier und dort nur und auch nicht nach einem einheitlichen Muster. Doch schon wenige tausend Jahre später nährte die Landwirtschaft so viele Menschen, daß in einigen Teilen der Welt Städte und Staaten entstehen konnten.

Die große Frage ist, warum sich Jäger und Sammler entschlossen, auf den Anbau von Getreide, Hülsenfrüchten und Gemüse, auf Herdenviehhaltung mit mehr oder weniger planmäßiger Zucht umzustellen. Erklärungen wie die, daß Erfindungsgeist und Neugier den Menschen zu diesem Experiment gedrängt haben, oder daß die geistige Entwicklung des *Homo sapiens sapiens* notwendigerweise zu diesem Schritt führen mußte, sind den meisten Wissenschaftlern heute zu vage. Sie suchen nach handfesten Gründen, die Menschen bewegten, ihre traditionelle Lebensweise aufzugeben. Beweggründe, die von außen kamen, Verhältnisse, die die Menschen unter Druck setzten.

Als die letzte Eiszeit zu Ende ging, veränderte sich das Klima auch in Gebieten, wo keine Gletscher alles Leben unter sich begraben hatten. Wie das im einzelnen aussah, wissen wir nicht, doch offenbar wurde es in bestimmten Gegenden immer schwieriger, genug Nahrung zu beschaffen. Die These, daß Jäger in der Alten und der Neuen Welt das Großwild durch Überjagen ausgerottet hatten, wird sich nicht beweisen lassen, solange über Art, Umfang und Zeitdauer der Umweltveränderungen keine gesicherten Aussagen vorliegen.

Sicher ist, daß sich hier und dort Menschen auf den Anbau von Gräsern und Pflanzen verlegten und schließlich seßhaft wurden. Andere versuchten es mit der Zähmung von Tieren. Nach dem Vorbild der Rentierjäger sammelten sie Schafe und Ziegen zu Herden, trieben sie als Hirtennomaden von Weidegrund zu Weidegrund.

Ob Bauern oder Hirtennomaden – beiden gehörte nun Eigentum. Doch das hat sie nicht zu Freunden gemacht, bis heute herrscht zwischen ihnen ein gespanntes Verhältnis, der eine verachtet den anderen, in Afrika, im Nahen Osten und anderswo. Das Alte Testament ist durchdrungen vom Widerstreit der beiden Lebensformen. Noch vor der Sintflut erschlägt der Ackermann Kain seinen Bruder, den Hirten Abel, aus Eifersucht, denn „der Herr sah gnädig auf Abel und sein Opfer".

Im Nahen Osten vollzog sich der Umschwung zwischen 9000 und 5500 v. Chr. Vor 8000 Jahren gab es in jenem Bereich eine ganze Reihe von Kulturen, die miteinander verwandt waren, allesamt im Stadium zwischen Jäger- und Sammlerdasein, Nomadenleben und seßhaftem *Fortschritt.* Südlich des Taurusgebirges dominierten zur fraglichen Zeit zwei Kulturprovenienzen. Eine östlich in den Zagrosbergen, eine westlich im Raum Syrien-Libanon-Palästina.

Der planmäßige Anbau fand zwar nicht von heute auf morgen statt, die Umstellung ging jedoch in relativ kurzer Zeit vor sich. Das Wissen um die Pflanzen war ja vorhanden, die Frauen hatten es im wahrsten Sinne des Wortes angesammelt. Sie konnten Genießbares und Giftiges auseinanderhalten, wußten um die Heilkraft von Kräutern und hatten Orte ausfindig gemacht, wo sie reiche Ernte halten konnten. In Anatolien zum Beispiel steht Wildweizen noch heute stellenweise so dicht, daß man in einer Stunde ein gutes Kilo zusammen hat. Während der drei Wochen im Spätfrühling, wenn dieses Wildgetreide reift, kann eine Familie ohne großen Aufwand ihren Jahresbedarf decken.

Die Frauen hatten gelernt, daß man der Natur nachhelfen kann, indem man sät und pflanzt, um sicher zu gehen, daß im nächsten Jahr an dieser Stelle das wächst, was man braucht, und sie setzten ihr Wissen in die Tat um. Die ersten Felder waren kleine Gärten, durch Hecken oder Zäune vor Tieren geschützt. So fing es später auch in Mitteleuropa an. Der *Garten* war eine von *Gerten*-Zäunen umfriedete Fläche, die auch dann noch, als sie zum Acker wurde, Domäne der Frauen blieb. Selbst bei uns, wo der „fröhliche Landmann" vor fünfzig Jahren im Märzen sein Rößlein anspannte, und wo heute ein Maschinenpark die Arbeit der Knechte und Mägde erledigt, sind es traditionell die Frauen, die die Gemüsegärten hüten.

Mit dem planmäßigen Anbau von Pflanzen sicherten die Frauen den Lebensunterhalt wie vorher durch das Sammeln, die Jäger dagegen brachten immer weniger Wild nach Hause. Damit veränderte sich auch ihre Stellung innerhalb der Gesellschaft. Bei den frühen Bauern hatten die Frauen mehr zu sagen als die Frauen bei Hirtennomaden, wo die Männer dominierten.

Die ersten Bauern

Daß die Frauen zur Zeit der frühen Landwirtschaft ein im Vergleich zu späteren Kulturen emanzipiertes Leben führten, verrieten Ausgrabungen in einer der ältesten Städte, die wir kennen – Çatal Hüyük, an der sich beispielhaft die Entwicklung von Jägern zu einer neuen produzierenden Gesellschaft beschreiben läßt.

Die Frauen der Stadt trugen fransenbesetzte Miniröcke, die locker um die Hüften schwangen, oder Stoffstreifen, am Saum mit kleinen Kupferzylindern beschwert. Dazu Blusen aus Leopardenfell. Sie gingen sorgsam geschminkt, kein Schleier verbarg ihr Gesicht, kein Kopftuch das Haar.

Sie machen auf den Wandgemälden einen selbstbewußten Eindruck, ob gertenschlank, ob üppig oder fett. Ihr Platz in der

Gesellschaft scheint unangefochten, die größte Plattform im Inneren des Hauses steht ihnen zu, ein Platz zum Arbeiten, zum Sitzen und zum Schlafen, stets gegen die Ostwand ausgerichtet. Der Hausherr begnügt sich mit einem ruhigen Eckplatz.

Çatal Hüyük liegt im anatolischen Hochland, fünfzig Kilometer von Konya entfernt – und fast 9000 Jahre in der Vergangenheit. 900 Meter hoch an einem alten Arm des Flusses Carsamba Cay, den der Beysehirsee in den Taurusbergen speist, erbaut. Unter einem Doppelhügel, der aus fruchtbarem Schwemmland ragt, ruht eine der ältesten Städte der Menschheit. Mit einer bebauten Fläche von dreizehn Hektar, das sind 130 000 Quadratmeter, ist sie die größte Fundstätte im Nahen Osten. Der Engländer James Mellaart hat die Stadt aus der Jungsteinzeit entdeckt und teilweise ausgegraben.

Heute wächst auf der Hochebene kaum noch ein Baum. Um 6500 v. Chr. jedoch, als die Leute von Çatal Hüyük rund um den Ort ihre Kornfelder bestellten, Hülsenfrüchte und Gemüse anbauten, gab es dort Wälder und Parklandschaften, in denen wilde Schweine, Rothirsche und Auerochsen hausten, wahre Prachtexemplare unter ihnen, ein Traumrevier für jeden Waidmann. Hier bot sich für die Bauern von Çatal Hüyük die Gelegenheit, noch einmal wie in alten Zeiten auf Jagd zu gehen. So kam es, daß sie neben der neuen Lebensweise altüberkommene Traditionen ihrer Vorväter, der Jäger und Sammler, Rituale, die 30 000 bis 40 000 Jahre und weiter zurückreichen, länger beibehielten als andere Gemeinschaften, die ebenfalls ihr unstetes Dasein aufgegeben hatten und seßhaft geworden waren.

Die ersten Siedler, die in die Konya-Ebene kamen, waren bereits erfahrene Ackerbauern und sie brachten Samen mit. In ihrer neuen Heimat nämlich gab es weder zweizeiliges Hordeum spontaneum, von dem alle Gerstensorten abstammen, noch Triticum decoccoides, den Emmer.

Woher die Menschen kamen, die auf der Ebene eine Stadt gründeten, deren älteste Schichten bereits eine sorgfältige Planung verraten, wissen wir nicht. Vielleicht von jenseits der Ebene, aus dem Hügelland im Osten, dem Taurusgebirge, in der Nähe der Obsidian-Lagerstätten. Dort könnten die Anfänge des Ackerbaus durchaus bis 8300 v. Chr. zurückreichen. Mit Sicherheit bezogen zu jener Zeit bereits die Leute aus Jericho in Jordanien, ebenfalls eine uralte Stadt, Obsidian für Waffen und Gerätschaften aus Anatolien.

In der Gegend um Çatal Hüyük gibt es keine Steine, mit denen man bauen könnte, auch Bauholz scheint, zumindest in späterer Zeit, Mangelware gewesen zu sein. Dennoch wichen die ersten Siedler nicht vom Stil ihrer waldreichen Heimat ab: Sie bauten Fachwerkhäuser. Weil das Holz nicht reichte, verfüllten sie die Gefache mit dünnem Mauerwerk aus Luftziegeln. Im Laufe der Zeit ersetzten sie notgedrungen immer mehr hölzerne Bauelemente durch Lehmziegel, schließlich wurden auch die Stützpfeiler gemauert, ohne daß sich der ursprüngliche Charakter der Gebäude verändert hätte. Selbst als die Häuser, des Holzmangels wegen ganz und gar aus Lehm bestanden, blieb die einst durch das Fachwerk vorgegebene Unterteilung der Hauswände erhalten.

Die Gegend, in der sich die Neuankömmlinge niederließen, bot auf den ersten Blick zwei Vorzüge: fruchtbaren Ackerboden, auf dem die mitgebrachten Samen und Ableger gedeihen konnten, und einen reichen Wildbestand. Das erklärt jedoch nicht, warum hier ausgerechnet eine Stadt entstand, denn Bauern und Jäger ziehen im allgemeinen dörfliche Siedlungen vor.

Bei näherem Hinsehen liegt der Grund dafür auf der Hand. Ganz in der Nähe findet sich Grünstein. Und am Hasan Dağ, dem Doppelvulkan am Ostende der Ebene, bei schönem Wetter von der Stadt aus gut sichtbar, gibt es reiche Lagerstätten von pechschwarzem Obsidian.

Jagd und Ackerbau konnten die Einwohner der Stadt mit Nahrung versorgen, den eigentlichen Wohlstand aber brachte wohl der Handel mit Fertigprodukten aus Grünstein und Obsidian. Wir haben es mit einer *Gesellschaft im fortgeschrittenen* Stadium zu tun. Man ernährte sich nicht mehr direkt, sondern über den Umweg handwerklicher Produkte und machte sich damit abhängig vom Tausch hergestellter Waren gegen Lebensmittel. Der Trend zur Spezialisierung ist in Çatal Hüyük deutlich zu erkennen. Dort lebten wahre Meister ihres Fachs. Steinschneider fertigten Obsidianspiegel, deren Oberfläche noch bei der Ausgrabung makellos glatt war, und Grünsteinperlen, deren Öffnung so eng ist, daß keine moderne Stahlnadel hindurchpaßt. Um 6400 v. Chr. konnten die Metallhandwerker des Ortes bereits Kupfer und Blei schmelzen. Wo und wann sie das gelernt haben, ist unbekannt.

Daß es von Anfang an etwas anderes als Ackerland zu verteidigen gab, beweist die Anlage der Stadt. Die Architekten verzichteten auf eine Mauer, da Steine ohnehin nicht verfügbar waren und Wälle aus Lehmziegel leicht von Wasserfluten unterhöhlt werden. Sie bauten kurzerhand dicht an dicht, umgaben den Ort mit einer lückenlosen Reihe von Gebäuden, die allesamt nur einen einzigen Zugang hatten: über das Dach.

Wer ins Haus oder in die Stadt wollte, brauchte also eine Leiter. Selbst wenn Angreifern der Aufstieg gelungen wäre, so hätten sie sich gleich darauf in einem Labyrinth von Höfen und Gäßchen rettungslos verirrt. Für den Fall der Fälle lagen in jedem Haushalt Wurfgeschosse bereit, Tonkugeln, im eigenen Backofen gebrannt, die man Feinden entgegenschleudern konnte. Doch dazu scheint es nie gekommen zu sein.

Die Stadt zog sich terrassenförmig den Hügel empor. Trotz der Höfe, die als Toiletten und Müllhalden dienten (dicke Ascheschichten sorgten für Hygiene und töteten Bakterien ab), trotz schmaler Gassen verrät alles und jedes Ordnung und Planung. Die Häuser waren, von Ausnahmen abgesehen, 25 Quadratmeter groß, boten für vier bis fünf Personen Schlafraum. Standesunterschiede scheint es zumindest in dem Bereich der Stadt, der ausgegraben wurde, nicht gegeben zu haben. Die Gebäude samt Inneneinrichtung waren genormt.

Über eine Leiter gelangte man zum Einstig auf dem flachen Dach, der sich stets an der Südseite befand, direkt über der Küche, die ein Drittel des Wohnraums einnahm. Das war recht praktisch, denn auf diese Weise konnte der Rauch von Herd und Backofen einigermaßen ungehindert abziehen.

Längs der Wände verliefen erhöhte Plattformen. „Diese Plattformen“, schreibt James Mellaart, „so sorgfältig verputzt wie das übrige Haus und häufig mit einer gerundeten Einfassung versehen, sind die Urbilder des türkischen Sofas und Diwans.“ Unter diesen Plattformen, auf denen sich der größte Teil des häuslichen Lebens abspielte, wurden die Bewohner schließlich zur letzten Ruhe gebettet.

Neben Herd und Backofen, in die Mauer eingelassen, eine Nische für Brennholz; wollte man vom Hauptraum aus Speicher, Korridore oder Lichtschächte betreten, mußte man sich bücken. Die Öffnungen waren nur einen dreiviertel Meter hoch.

Jedes Haus besaß eine Vorratskammer. In einigen standen tönerne Kornbehälter von einem Meter Höhe. Das Getreide schüttete man oben hinein, geleert wurde es durch kleine Öffnungen in Fußbodennähe. Ein durchdachtes System, denn so wurden stets die unteren Körner, die am meisten von Feuchtigkeit bedroht waren, zuerst entnommen. Andere Bewohner der Stadt bewahrten das Getreide in Körben auf. Denn selbst als überall in der Stadt schon Keramik in Gebrauch war, hatten hölzerne und geflochtene Behälter nicht an Beliebtheit eingebüßt und sind aus dem Bild des Alltags nicht wegzudenken.

Im allgemeinen heißt es, Häuser aus luftgetrockneten Lehmziegeln hielten nicht länger als 20, 30 Jahre. Für Çatal

Hüyük gilt das nicht. Auf der Hochebene fallen im Jahr weniger als 400 Millimeter Niederschläge (Hamburg hat 600 bis 700 Millimeter), und sie verteilen sich im wesentlichen auf zwei Monate: auf den November, wo sie meist als Schnee herunterkommen, und den Mai, der normalerweise heftige Regengüsse bringt. Daß die Häuser von Çatal Hüyük 100 bis 120 Jahre alt wurden, falls sie nicht vorher abbrannten, mag einmal daran liegen, daß jedes Haus eigene Mauern besaß und zusätzlich von anderen Bauwerken eingeschlossen wurde. Zum anderen aber legten die Einwohner größten Wert auf den tadellosen Zustand ihre Behausungen. Jahr für Jahr, nach dem Frühjahrsregen, verputzten sie ihr Heim außen und innen sorgfältig mit feinem, weißem, zähem Ton, der die Feuchtigkeit von den Ziegeln abhielt. Während der heißen und trockenen Sommermonate konnte der Verputz dann trocknen.

Alle Häuser, die Mellaart und seine Kollegen freilegten, waren blitzblank, man hätte vom Fußboden essen können. Ob allerdings die Frauen, von denen eingangs die Rede war, je selbst zum Besen gegriffen haben, ist fraglich. Sie standen schon zu Lebzeiten über den Dingen des Alltags, die ihnen vermutlich Bedienstete abnahmen, denn wie die Metallhandwerker und die Steinschneider waren auch sie Spezialisten. Sie waren Priesterinnen des Kultes der Großen Göttin. Kein Spinnwirtel, kein Webgewicht fand sich in ihren Räumen, ganz zu schweigen von Stein oder Metall für die Werkzeugproduktion. Sie besaßen ausschließlich Fertigwaren, die Leute in einem anderen Stadtbezirk hergestellt hatten.

Durch Zufall waren die Archäologen geradewegs ins Viertel der Priesterinnen vorgestoßen. Auf zwei Wohnhäuser kommt dort ein Heiligtum, ein jedes barg unermeßliche Schätze. Nicht Gold und Silber oder kostbare Perlen, sondern Wandgemälde, Figuren und Plastiken, die ihresgleichen suchen. Sie verraten, was die Menschen der Stadt, deren alten Namen wir nicht kennen, über Leben und Tod dachten, beweisen, daß es in Anatolien vor mehr als 8000 Jahren Künstler gab, die nicht nur mit Musterbuch und Schablone arbeiteten, sondern eigenen Vorstellungen Ausdruck verliehen. Wie jener Maler, der um 6200 v. Chr. einen Ausbruch des Hasan Dağ festhielt: im Vordergrund ohne Zweifel die Stadt, ein Haus ans andere gereiht, die inneren Strukturen angedeutet, im Hintergrund der Doppelkegel des Berges. Auch hier ist keine Verwechslung möglich. Die Erde tut sich auf, der Berg speit Feuer. Lavaströme brechen aus Spalten am Fuße des Vulkans, Wolken von Rauch und glühender Asche hängen über dem Gipfel, regnen an den Hängen ab...

Oder ein rotes Wabenmuster, um 6000 v. Chr. entstanden, das Larven und Insekten auf einem Feld stilisierter Blumen zeigt – der Lebenszyklus der Biene? Eingerahmt wird das Muster von waagerechten Händen mit vier Fingern, an der unteren Kante abwechselnd dazwischen senkrechte Hände mit sämtlichen fünf Fingern.

Die Kultur von Çatal Hüyük, so schreibt James Mellaart, „ist das Bindeglied zwischen längst vergangenen Jägern des Jungpaläolithikums und einer neuen, Nahrungsmittel produzierenden Gesellschaft, die die Grundlage unserer Zivilisation schuf".

In Çatal Hüyük wurde die Große Mutter verehrt. Den Jägern galt sie als „Beschützerin der Jagd", als „Herrin der Tiere". In der neuen Gesellschaft symbolisierte sie den Ackerbau, wandelte sich zur Herrin der gezähmten Tiere, der kultivierten Pflanzen, zur Göttin der Weberei. In ihren Tempeln, die sich in der Grundausstattung nicht von den Priesterwohnungen unterscheiden, in denen Familien lebten, sind immer wieder Pflanzen abgebildet, vor allem die Kreuzblume, dazu Teppiche, Kelims.

Daß die bunten Muster an den Wänden tatsächlich Wandbehänge darstellen, beweisen die aufgemalten genähten Saumborten. Seit über 8000 Jahren also weben die Frauen in Anatolien Teppiche. Die Muster gleichen jenen, die noch heute gebräuchlich sind: Dreiecke, stilisierte Hörner und Blumen, Stufenmuster, verwickelte geometrische Ornamente. Mehr noch. Die gemalten Teppiche auf den Wänden in den Kultstätten weisen kunstvolle Unregelmäßigkeiten auf, absichtliche Webfehler. Auch die gehören demnach seit eh und je zu einem echten Kelim. Denn Vollkommenes zu schaffen ist Sache der Götter.

Die Göttin erscheint meist in Geburtshaltung, Arme und Beine nach oben gebogen. Sie gebiert einen Stier, einen Widder oder einen Sohn. Zu ihrem Kult gehört untrennbar das männliche Prinzip, verkörpert durch Hörner. Der Stierkopf an der Westmauer eines Tempels, in dem man die Ahnen verehrte, trug ein aufgemaltes rotes Muster, eine Art Maulkorb. Die Hörner sind echt und von göttlicher Größe – ein jedes mißt einen ganzen Meter.

Einer der größten Kulträume stammt aus der Zeit um 5950 v. Chr., als die Jagd auf der Hochebene reiche Beute brachte. Er ist voll von schreckenerregenden Stierhörnern, dem Symbol der Manneskraft, wobei Auerochse und Widder, so die lakonische Anmerkung des Ausgräbers, „offenbar eindrucksvoller sind als der Mann selbst".

Die „Hirschjagd", mit der einst ein *Jagdheiligtum* ausgeschmückt war, gehört zu den eindrucksvollsten Wandbildern der Stadt. Zur Überraschung der Wissenschaftler lagen in dieser Kultstätte ausschließlich Frauen begraben.

Das Bild ist in drei Versionen erhalten, eine über die andere gemalt, was weiter nicht ungewöhnlich ist. In Çatal Hüyük übertünchte man eine Malerei nach *Gebrauch.* Es könnte sein, daß die Räume nur anläßlich bestimmter Zeremonien geschmückt wurden, im Frühling vielleicht, wenn die Gebeine der im vergangenen Jahr Gestorbenen aus den Leichenhäusern geholt und feierlich beigesetzt, die Häuser neu verputzt wurden.

Die älteste Darstellung dieser Hirschjagd ist am besten erhalten, wenn auch nicht vollständig. Auf der linken Seite die Beschwörung, ein *Jägertanz:* Priester in Leopardenfellen, mit Bogen oder Schleuder bewaffnet, dazu ein Trommler und zwei nackte Akrobaten. Sie alle tanzen um einen Mann in der Mitte, um den sich der Zauber wohl dreht. Zur Linken und Rechten des Jägers anscheinend zwei erlauchte Ahnen, durch fehlenden Kopf gekennzeichnet, zum Jägertanz herbeizitiert, um möglichst reiche Beute zu sichern.

Die Jagd selbst, die herbeigewünscht wurde, ist im rechten Teil zu sehen. Die Ahnen sind nicht mehr dabei, stattdessen erscheinen zwei prächtige Hirsche auf der Szene, die erlegt werden sollen.

Ab 5800 v. Chr. gibt es in Çatal Hüyük keine Jagdheiligtümer mehr, die männlichen Kultstatuetten verschwinden, die Wandmalerei geht dem Ende zu, ebenso die Herstellung von Waffen aus Obsidian. Die Erklärung dafür ist vielleicht, daß das Wild verschwand.

Die Zeit der bäuerlichen Fruchtbarkeitskulte bricht an, in deren Mittelpunkt uneingeschränkt die Große Göttin steht, die im Nahen Osten und im Mittelmeergebiet herrschte. Die Erinnerung an sie ist nicht erloschen. Sie hat ihre alten Symbole, die Ähre und die Mondsichel, an die Mutter Maria weitergereicht. Doch die Verbindungen sind noch stärker.

Ein unbekannter Künstler aus der *Stadt der Steinzeit* hinterließ uns die älteste Darstellung der „Heiligen Hochzeit" – und die erste Madonna mit Kind. Das Relief auf einer Schieferplatte aus der Zeit um 5880 v. Chr. zeigt auf der linken Seite ein Götterpaar in inniger Umarmung. Rechts dann die Göttin mit einem Kind im Arm. Die Göttin ist dieselbe, das männliche Prinzip jedoch ist zweimal vertreten: als Gatte und als Sohn, aus der *unbefleckten Empfängnis* der Heiligen Hochzeit geboren.

Die Göttin von Çatal Hüyük steht nicht nur für das Leben, sie verkörpert auch den Tod. Brüste an den Wänden der Kultstätten, aus deren Öffnungen der Schädel eines Wiesels oder der Schnabel eines Gänsegeiers ragen, stehen für diesen Aspekt. Kleine Figuren zeigen sie als junge Göttin/Tochter, als reife Frau/Mutter und als Alte/Tod. Neben ihnen fanden sich Figuren einer männlichen Gottheit, auch er mit Doppelbedeutung. Als Jäger im Leopardenfell verkörpert er den Sohn, als Ehegefährte erscheint er bärtig, reitet auf einem Stier. Diese Darstellung erinnert an die wesentlich jüngeren Wandgemälde aus den Palästen Kretas. Ungewiß bleibt vorerst, ob mit dem Stierkult, wie er uns in Knossos begegnet, die Niederlage des männlichen Prinzips, die Zähmung des Stiers und der Männlichkeit gefeiert wurde, oder ob die jugendlichen Akrobaten und Stierspringer, die auf den Gemälden abgebildet sind, in Wirklichkeit Menschenopfer waren, die Fruchtbarkeit sichern sollten.

Çatal Hüyük wurde nie von Feinden eingenommen, nichts deutet auf eine gewaltsame Zerstörung, auf Blutvergießen hin. 800 Jahre lang setzten die Leute ihre Häuser instand, opferten den Göttern, trieben Handel, bestellten ihre Äcker in der Ebene und begruben ihre Toten. Sie tranken Bier und Wein, setzten den Yoghurt mit einer Säure aus den Kappen der Eicheln an, machten Butter, Käse und Sauermilch – und zähmten vielleicht den Auerochsen.

Eines Tages verließen sie ihre Stadt. Den Grund dafür kennen wir nicht, doch irgendwann nach 5600 v. Chr. zogen sie auf die andere Seite des Flusses. Dort lebten sie weitere 700 Jahre – in Çatal Hüyük West. Auch diese Stadt haben sie schließlich aufgegeben, sind verzogen nach unbekannt...

Die Saat geht auf

Für die Vertreter der Neuen Archäologie, allen voran Lewis Binford, ist die These von der Klimaveränderung nicht hieb- und stichfest. Auch die Annahme, daß die Menschen aufgrund ihrer Kenntnisse von Pflanzen und Tieren auf Ackerbau und Viehzucht verfielen, weisen sie von der Hand.

Erstens, so argumentieren sie, halten sich bei der neuen Lebensform Vor- und Nachteile bestenfalls die Waage, und zweitens lief die Entwicklung nicht nach einem einheitlichen Schema ab.

Binford meint, für eine der einschneidendsten Veränderungen der Menschheitsgeschichte sei Bevölkerungsdruck mit daraus resultierender Lebensmittelknappheit schuld gewesen. Als Ursache für die Überbevölkerung führt er eine ungewöhnliche Erklärung ins Feld: eine den Klimazonen entsprechende unterschiedlich hohe Geburtenrate. Die größte Bevölkerungsdichte fand sich laut Binford bei Jäger- und Sammlervölkern in gemäßigten Zonen mit einer „mittleren effektiven Temperatur“ von 14,4° C. In diesen Breiten scheint sich Homo sapiens am besten fortpflanzen zu können.

Mehr Nachwuchs bedeutete, daß eine Gruppe schon bald die optimale Größe überschritt, bei der alle satt wurden, ohne die Ressourcen zu erschöpfen. In diesem Falle trennte man sich. Diese einfache Methode funktionierte, wenn die abgespaltene Gruppe weit genug fortzog. Das jedoch war, bei einer ständigen Bevölkerungszunahme, nur gewisse Zeit möglich, dann waren aufgrund fortgesetzter Gruppenspaltungen die freien Gebiete besetzt. Es kam der Zeitpunkt, wo eine neue Gruppe nicht mehr das Territorium verließ, sondern einfach vor der Zeit in das nächste Kernwohngebiet übersiedelte. Die alte Gruppe blieb, bis die übliche Frist abgelaufen war, und zog dann nicht wie gewohnt ins nächste Gebiet – wo sich die neue Gruppe aufhielt –, sondern ins übernächste, wo sich die Ressourcen noch nicht erholen konnten. Über kurz oder lang nutzten mehrere Gruppen dasselbe Land, und die Nahrung wurde knapp. Der geschilderte Ablauf setzt voraus, daß das Landnutzungssystem, das Binford unter anderem bei den Nunamiut vorfand, vor 10 000 Jahren in verschiedenen Weltgegenden mit gemäßigtem Klima gang und gäbe war. Das allerdings muß erst noch nachgewiesen werden.

Zu einer Nahrungsmittelknappheit kann es auch ohne Anwachsen der Bevölkerung kommen, zum Beispiel durch einen Klimaumschwung.

Was auch immer die Ursachen waren – in einigen Teilen der Welt wurden die Menschen vom Jagen und Sammeln nicht mehr satt. Für den zweiten Teil seiner Version von der Entstehung der Landwirtschaft kann sich Binford auf eine ganze Reihe von Befunden stützen, denn das Zuspitzen der Situation läßt sich an der Zusammensetzung der Essensreste ablesen. Große Tiere, die einen entsprechend weitläufigen Lebensraum beanspruchten, wurden immer seltener erlegt. Die Beutetiere wurden immer kleiner, und es wurden immer mehr Arten verspeist, um den Bedarf einigermaßen zu decken. Mit diesem *Breitspektrum* ist laut Binford der kritische Punkt erreicht. Je nach Gegend führten zwei Wege aus dem Dilemma:

Entweder man begann, Tiere zu domestizieren, oder man stieg bei der Ernährung auf Wassertiere um. Speziell die zweite Vorgehensweise konnte, wie in Nordeuropa geschehen, zu einer seßhaften Lebensweise führen, ohne daß Ackerbau betrieben wurde. Erst dann, wenn keine Tiere domestiziert werden konnten und Wassertiere den Nahrungsbedarf nicht deckten, verlegte sich der Mensch auf Landwirtschaft, ohne daß er deshalb gleich seßhaft werden mußte. Im Osten Nordamerikas, so Binford, „läßt sich zeigen, daß jede Jägergruppe, die schon im Februar darauf angewiesen war, sich von Muscheln zu ernähren, nur noch einen kleinen Schritt von der Landwirtschaft entfernt war".

Ackerbau, Viehzucht und Seßhaftigkeit haben sich in der Alten und der Neuen Welt getrennt voneinander entwickelt. Eine bestimmte Reihenfolge war, wie Untersuchungen in verschiedenen Weltgegenden beweisen, nicht zwingend. Über die Ursachen, die die Menschen zur „agrarischen Revolution" bewogen, können wir nur Vermutungen anstellen. Daß die Veränderung unter einem äußeren Druck stattgefunden hat, ist wahrscheinlich, denn ohne Not beginnt niemand „im Schweiße seines Angesichts" Felder zu bestellen. Ob ausgerechnet Bevölkerungsdruck dahinter stand, ist fraglich.

Lange vor der Erfindung von Kondom und Pille haben Menschen Geburtenkontrolle betrieben. Sichere Mittel und Methoden, eine Empfängnis zu verhüten, gab es jedoch nicht, und Abtreibungen endeten häufig auch mit dem Tod der Mutter. Man regulierte die Größe der Gruppe im allgemeinen durch Kindesmord, brachte Säuglinge um, indem man sie gleich nach der Geburt tötete, oder aber man vernachlässigte sie, ließ sie langsam verhungern.

Kindesmord gehört auch heute noch keineswegs der Vergangenheit an. Im 18. Jahrhundert, so der Anthropologe Marvin Harris, ließen zum Beispiel in London betrunkene Mütter „zu Zehntausenden ihre Säuglinge in die Themse fallen oder wickelten sie in die Kleider von Pockenopfern, deponierten sie in Abfallfässern, legten sich im Vollrausch auf sie und sannen auf andere Mittel, das Leben ihrer Kinder direkt oder indirekt zu verkürzen".

Vor Erfindung der Pille gaben erfahrene Frauen jungen Müttern den Rat, ihr Baby möglichst lange zu stillen, um die nächste Schwangerschaft hinauszuzögern. Die Amerikanerinnen Janet MacArthur und Rose Frisch sind diesem Ammenmärchen nachgegangen und haben bei ihren Untersuchungen der Menstruationszyklen festgestellt, daß an der Sache etwas dran ist. Unter bestimmten Bedingungen jedenfalls.

Nach einer Entbindung setzt die Eiausstoßung erst dann wieder ein, wenn der Fettanteil des Körpergewichts einer Frau 20 bis 25 Prozent übersteigt. Eine normale Schwangerschaft, so MacArthur und Frisch, erfordert rund 27000 Kalorien. Ein Säugling, der gestillt wird, entzieht seiner Mutter pro Tag weitere 1000 Kalorien. Das Kind zehrt weiterhin von der Mutter, deren Fettreserven entsprechend langsamer ergänzt werden. Buschmann-Frauen scheinen auf diese Weise eine erneute Schwangerschaft bis zu vier Jahre hinauszögern zu können. Das ist genau die Zeit, in der sie sich intensiv um das Kind kümmern müssen. Sie schleppen es in diesen vier Jahren ständig mit sich herum – über eine Strecke von 7900 Kilometern, hat der Anthropologe Richard Lee ausgerechnet. Ein weiterer Säugling würde ihre Kräfte übersteigen.

Empfängnisverhütung durch verlängerte Stillzeit kann dazu beitragen, die Größe einer Gruppe zu regulieren, hundertprozentig sicher ist diese Methode nicht. Einigermaßen funktionieren kann sie überdies nur, wenn die Ernährung viel Eiweiß und wenig Kohlehydrate enthält. Untersuchungen in Ländern der *Dritten Welt* zeigten, daß dort, wo die Kost vorwiegend aus stärkehaltigem Getreide und Knollenfrüchten besteht, der Abstand zwischen zwei Geburten durch Stillen nur auf maximal eineinhalb Jahre verlängert werden kann.

Klimaverschlechterung, Bevölkerungsexplosion und Ausrottung des Großwildes durch Überjagen werden als Ursachen für die Umstellung auf eine produzierende Wirtschaftsform angeführt. Als gesichert gilt lediglich, daß diese einschneidende Veränderung an verschiedenen Orten der Alten und Neuen Welt unabhängig voneinander stattfand, daß sie nicht nach einem einheitlichen Schema ablief, und daß es eine Zeit dauerte, bis sie sich durchgesetzt hatte.

Es liegt auf der Hand, daß Ackerbau und Viehzucht dort entstanden, wo vor 10000 Jahren Pflanzen und Tiere vorhanden waren, die sich domestizieren ließen. Dabei scheiden Gegenden wie Nordeuropa und Nordamerika aus, denn dort hatten die eiszeitlichen Gletscher immer wieder die Vegetation vernichtet. Diese Regionen sind bis heute nicht besonders reich an Arten. Dort, wo die Eiszeiten ohne Einfluß blieben, sieht es anders aus. Auf den Philippinen zum Beispiel gibt es einen kleineren Vulkan, den Makiliang, an dessen Hängen mehr Baumsorten wachsen als in ganz Kanada, und das Amazonasbecken hat sechsmal mehr Pflanzenarten aufzuweisen als ganz Europa.

Die ersten städtischen Hochkulturen entstanden überwiegend in Flußtälern, und dort suchten die Archäologen auch nach den Ursprüngen der Landwirtschaft. Doch diese fanden sich anderswo. Sie liegen in ganz bestimmten Regionen, in denen aufgrund günstiger geographischer und klimatischer Bedingungen eine Vielfalt von Pflanzen anzutreffen ist, samt und sonders in tropischen oder subtropischen Gebirgsländern oder in Hochgebirgen dieser Zonen. Nach ihrem Entdecker, einem russischen Botaniker, heißen sie „Wawilowsche Zentren", oder auch „Mannigfaltigkeitszentren". Hier die wichtigsten, in denen praktisch alle bedeutenden Nutzpflanzen ihren Ursprung haben: Mittelmeerraum, Naher Osten, Afghanistan, Nordindien/Himalaja, Malaysia-Java, China, Guatemala-Mexiko, peruanische Anden und Äthiopien.

Die „Wawilowschen Zentren" sind bis heute Basis für die Landwirtschaft, denn die Hybridsorten, die aus staatlichen und privaten Zuchtanstalten kommen, taugen wenig als Saatgut. Einige Weizensorten zum Beispiel müssen alle vier Jahre neu eingekreuzt werden, und das dafür notwendige Genmaterial kommt – aus den „Wawilowschen Zentren".

Vor 10000 Jahren begannen Menschen in Vorderasien Pflanzen zu säen und zu ernten: verschiedene Gerstenformen, Emmer, Einkorn, Weizen, Lein, Saaterbse, Ackerbohne, Linse, Wicke, Rote Platterbse und Kohl. Die prähistorischen Jäger und Sammler nutzten weltweit über 1500 Wildpflanzen, die alten Ackerbaukulturen verwendeten mindestens 500 Hauptnahrungspflanzen. Heute, so weist der Kanadier Pat Roy Mooney in seiner Studie über Saatgut und Welthunger nach, bauen wir nicht einmal mehr die Hälfte an. „Im Zeitraum von 1000 Jahren hat sich die vegetabile Nahrungsvielfalt auf die 200 Arten verengt, die im Hausgarten gezogen werden, und auf jene 80, die bevorzugt von den marktorientierten Anbauern kultiviert werden. Nur 20 Gemüsesorten werden im Feldbau eingesetzt." Das ließe sich ändern, indem man einfach wieder mehr Arten anbaute. Doch wenn wir mit unseren pflanzlichen Ressourcen Raubbau treiben wie bisher, wird das über kurz oder lang nicht mehr möglich sein.

Von den rund 300000 Pflanzenarten auf der Erde sind nicht einmal zehn Prozent gründlich erforscht worden, und ein Gutteil von ihnen wird sich verabschiedet haben, noch ehe es dazu kommen kann. Schätzungsweise ein Sechstel der lebenden Arten wird bis zum Ende dieses Jahrtausends von unserem Globus verschwunden sein. Jede untergehende Pflanzenart verurteilt weitere 10 bis 30 Pflanzen- oder Tierarten, die von ihr abhängig sind, zum Aussterben.

Ursachen für diesen genetischen Kahlschlag sind Vernichtung der Wälder und anderer Lebensräume, Überweidung und Umweltverschmutzung sowie die weltweite Verbreitung neuen Saatgutes, der Hochertragssorten. Seit altersher haben Bauern niemals nur eine einzige Weizen- oder Reissorte, sondern ein Dutzend und mehr aufs Feld gebracht, so daß sie trotz Ernteschäden durch Insekten, Rostpilzbefall oder Fäulnis bestimmte Grunderträge einfahren konnten. Heute stammen 95 Prozent aller Nahrungsmittel von 30 Pflanzen, und von denen wiederum erbringen acht Arten drei Viertel der vom Menschen verwerteten pflanzlichen Energieproduktion. Drei Nutzpflanzen – Weizen, Reis und Mais – decken mehr als 75 Prozent unseres Getreidekonsums.

Der Übergang zur Zivilisation, als deren Grundlagen Ackerbau, Viehzucht und Seßhaftigkeit gelten, vollzog sich in jenen Gebieten der Erde, wo es Pflanzen und Tiere gab, die sich züchten ließen. Im Nahen Osten, im Bereich des „fruchtbaren Halbmondes", aus dem die meisten alten Kulturpflanzen Mitteleuropas stammen, lag die Zivilisation gewissermaßen in der Luft. Um 6000 v. Chr. existierten dort eine ganzen Reihe von Kulturen, die miteinander verwandt waren, allesamt auf der Stufe zwischen aneignender und produzierender Wirtschaftsform. Dort, im Waldland- und Savannengürtel des Taurus-Zagros-Bogens, wurde in Hochtälern, 600 bis 1400 Meter über dem Meeresspiegel, mit jährlichen Niederschlägen zwischen 250 und 1000 Millimetern, das erste Getreide angebaut, wurden Schaf und Ziege domestiziert. 2500 Jahre später entstand in Südmesopotamien, zwischen den Flüssen Euphrat und Tigris, eine der ersten Hochkulturen, in einer Landschaft, die erst fruchtbar wurde, als der Mensch sie künstlich bewässerte.

Vor 6000, 7000 Jahren brachten Einwanderer Saatgut, Nutzpflanzen, Schaf und Ziege, dazu neue Techniken wie Keramik, Spinnen und Weben zu uns nach Mitteleuropa – zum Teil aus Ländern, die wir heute der *„Dritten Welt"* zuordnen. Sehr viel später, zur Zeit der großen Entdeckungsreisen, brachten dann Seefahrer aus allen Gegenden der Erde noch einmal unbekannte Pflanzen und Sämereien nach Europa, und als europäische Auswanderer Nordamerika besiedelten, hatten sie Saatgut und Setzlinge aus den Gärten der Alten Welt im Gepäck. Von 1000 Nutzpflanzensorten, die heute in Nordamerika angebaut werden, sind nur drei dort heimisch.

Natürlich hatten auch die ersten Bauern in Europa schon Probleme mit Getreidesorten, die aus anderen Gebieten stammten. Doch die Ernteeinbußen hielten sich meist in erträglichen Grenzen, weil mehrere Sorten gleichzeitig ausgesät wurden. Nach demselben Prinzip verfahren heute noch

Bauern in der *Dritten Welt*, soweit sie sich dem Zugriff der Saatgutkonzerne entziehen konnten. Sie kultivieren ihre wichtigsten Nutzpflanzen seit Hunderten von Jahren und haben durch Beobachtung der natürlichen Mutationsvorgänge und durch sorgfältige Auslese die Anzahl der Nutzpflanzen und der einzelnen Sorten beträchtlich erhöht.

Das ändert sich gegenwärtig rapide. Die Vernichtung der natürlichen Lebensräume, der intensive Einsatz von Bioziden und die Ausbeutung der „Wawilowschen Zentren" durch die *Reiche Welt*, durchgeführt von multinationalen Konzernen, die fast alle auch am Öl- oder Chemikaliengeschäft beteiligt sind, bewirken ein Artensterben ungekannten Ausmaßes mit verheerenden Folgen.

In den sechziger Jahren produzierte die Düngemittelindustrie der westlichen Industrienationen Überschüsse, die sie nicht los wurde. Daraufhin startete die Saatgutbranche das Unternehmen „Grüne Revolution", ein Projekt, das in der *Dritten Welt* die Ernteerträge steigern und den Welthunger besiegen sollte. Geliefert wurde aber nicht nur Saatgut, minderwertige Hybridzüchtungen, sondern ein ganzes Paket: Saatgut, Dünge- und Pflanzenschutzmittel, dazu Bewässerungsanlagen und Maschinen. Bauern in den Entwicklungsländern nahmen die neuen *Hochertragssorten* in Empfang, brachten sie hoffnungsvoll auf die Felder und aßen ihr eigenes Saatgut auf. So gingen wertvolle alte Sorten verloren. Doch damit nicht genug. Pflanzenschutzmittel gerieten auf überflutete Reisfelder und vergifteten Fische, die man dort in Aquakultur züchtete, und die Maschinen machten Menschen arbeitslos. Für jeden Traktor, der beispielsweise nach Pakistan geliefert wurde, gingen dort sieben bis zwölf Vollzeitarbeitsplätze verloren, und nur die Großgrundbesitzer wurden reicher. In Indonesien profitierten gerade 25 Prozent der Bauern von der „Grünen Revolution". Die Armen wurden von ihren Äckern vertrieben und wanderten ab in die Slums der Städte. Innerhalb von nur 20 Jahren waren in weiten Teilen der *Dritten Welt* die herkömmlichen Landwirtschaftssysteme und die damit verbundenen Sozialstrukturen zerstört.

Ein wesentliches Problem bei den neuen Hybridsorten ist, daß sie alles andere als krankheitsresistent sind. „Es wird", so Mooney, „ständig neues genetisches Material zur Fortsetzung des Kampfes gegen die ständig mutierenden Schadinsekten und Krankheitserreger benötigt." Genmaterial, das in der botanisch armen westlichen Welt kaum zu finden ist. Der Nachschub kommt aus der *Dritten Welt*, den „Wawilowschen Zentren". Im Gegenzug verkaufen die Firmen neue Züchtungen, die sich über kurz oder lang als Flop erweisen. Kenia zum Beispiel muß heute in Australien entwickelte tropische Hülsenfruchtsorten importieren, die aus einst einheimischen kenianischen Sorten gezüchtet wurden.

Das genetische Material wird nicht nur für laufende Zuchtprogramme verwendet, ein Gutteil verschwindet in Genbanken, die immer häufiger großen Firmen gehören, die nicht zur Zusammenarbeit mit staatlichen Institutionen bereit sind. „Das vermutlich größte Saatgutunternehmen der Welt von heute ist der Öl- und Chemiegigant Royal Dutch/Shell. Andere, die erst vor wenigen Jahren in das Geschäft mit dem Saatgut eingestiegen sind, sind die schweizerischen Großkonzerne Sandoz und Ciba-Geigy", schreibt Pat Mooney. Und damit schließt sich der Kreis.

Wer die Kontrolle über das Saatgut hat, kontrolliert praktisch die gesamte Nahrungskette. Er kann bestimmen, welche Pflanzen angebaut, welche Agrochemikalien eingesetzt und wo die Produkte verkauft werden. Das bringt kurzfristig Geld, kann jedoch auf längere Sicht in die Katastrophe führen. „Wenn irgend etwas geschieht, das die genetische Vielfalt der *Dritten Welt* vermindert oder es der Alten Welt unmöglich macht, das erforderliche Material zu bekommen, wäre damit aus der Möglichkeit einer weltumspannenden Ernährungskrise eine jederzeit real drohende Gefahr geworden", so Mooney.

Segen und Fluch der Erde

Daß planmäßige Landwirtschaft eine Region reich und mächtig machen, auf Dauer und im Übermaß betrieben, aber auch ihren Ruin bedeuten kann, das mußten die Menschen im Alten Zweistromland erfahren, die mit einem ausgeklügelten Bewässerungssystem ödes Land in ein Paradies verwandelten.

Für Lieblinge der Götter haben sich die Sumerer nie gehalten. Sie hatten auch keinen Grund dazu. Ihr Land lag flach wie ein Brett zwischen zwei Flüssen. Nur Lehm und Schilfrohr waren ihnen in Hülle und Fülle beschert. Und Wasser. Doch nicht einmal das gaben die Götter gütig. Jedes Jahr, irgendwann zwischen April und Juni, wenn in den fernen Bergen Kleinasiens die Schneeschmelze begann, kam die Flut. Dann führten die Ströme Euphrat und Tigris Hochwasser, zu einer Zeit, in der die Bauern es am wenigsten brauchen konnten: Die erste Saat war knapp herangereift, die zweite noch nicht in der

Erde. Da nützten keine Mathematik, kein Priesterorakel und keine Astrologie. Die Flut kam ohne Vorwarnung, setzte die Ebene unter Wasser, so daß die Welt zu versinken schien.

Wenn Euphrat und Tigris das Bergland verlassen haben, fließen sie sehr langsam. Ihr Gefälle beträgt nur noch sechs Zentimeter pro Kilometer. Der Lehm, den sie aus den Bergen mitbringen, lagert sich ab, das Flußbett wird höher und höher und wächst schließlich über die Ebene hinaus.

Jedesmal, wenn das Hochwasser über die Ufer trat, entstanden – besonders am Ostufer des Euphrat – Überflutungskanäle, die sich gelegentlich quer durchs Land einen Weg zum tiefer liegenden Tigris bahnten. Das brachte die frühen Siedler in Südmesopotamien auf den Gedanken, ein künstliches Kanalsystem anzulegen, damit das ganze Jahr über Wasser für die Felder zur Verfügung stand. Außerdem konnte man auf diese Weise die Fluten einigermaßen bändigen. Daß die neue Technik, die sie der Natur abschauten, Gefahren in sich barg, vermochten die Sumerer nicht zu erkennen.

Acht Monate fällt in Süden des heutigen Iraks kein Regentropfen. Unbarmherzig brennt die Sonne auf die Ebene, ein trockener Wind aus Nordwest erfüllt die Luft mit feinem Staub. Gegen Ende der Trockenzeit fließen Euphrat und Tigris als schmutzigbraune Rinnsale durch eine Wüste aus getrocknetem Schlamm. Mit dem Winter kommt dann ein stürmischer Südwind, die Nächte sind kalt, heftige Regengüsse verwandeln den Lehmboden in Morast. Wahrhaftig kein Garten Eden, heute nicht und sicherlich nicht vor 6000 bis 7000 Jahren, als die ersten Siedler ins Schwemmland zwischen den Flüssen und in die Marschen am Persischen Golf zogen und sich dort niederließen.

1000 Jahre später aber, als Vorfahren der Hebräer, die mit ihren Herden durchs Land zogen, nach Südmesopotamien kamen, war das Land nicht mehr öde. Die Hirtennomaden sahen wirklich einen blühenden Garten. Sumerische Bauern hatten ihn in der Schwemmebene angelegt, in „Edin", „in der Steppe". Der Name „Sumer", so nannten die benachbarten Akkader das Land im Süden später, bedeutet einfach „bewässertes Land".

Heute liegen weite Stecken des südlichen Meosoptamiens wieder öd und leer. 75 Prozent der Gesamtfläche sind Wüste oder Wüstensteppe. Trotz des Erdöls, das über 90 Prozent des Exports ausmacht, ist der Irak kein reiches Land. Wo einst Gerstenfelder wogten, wo Hirse und sogar Weizen gediehen, bedeckt eine glitzernde Salzkruste kilometerweit den Lehmboden, als sei Rauhreif gefallen. Die künstliche Bewässerung hat ihre Spuren hinterlassen. Der Boden ist versalzen und unfruchtbar.

Wie es zur Versalzung kam, wurde erst in neuerer Zeit erforscht. Ein Patentrezept, diesen Prozeß zu vermeiden, gibt es noch nicht. Auch heute zeigt die Hälfte aller künstlich bewässerten Ländereien Versalzungserscheinungen. Die Welternährungsorganisation der Vereinigten Nationen FAO schätzt, daß in den nächsten 20 Jahren durch Versalzung an die drei Millionen Hektar Ackerland auf der Erde verlorengehen werden. In Marschengebieten, wie am Persischen Golf, kann es zu einer natürlichen Versalzung kommen. Entweder direkt durch das Meerwasser oder indirekt durch Niederschläge, die höhere Salzkonzentrationen mit sich führen.

Weiter landeinwärts verdarb in Sumer die künstliche Bewässerung den Boden. Untersuchungen zeigten, daß bereits die geringe Salzkonzentration von 0,03 Prozent ausreicht, „bei einer Bewässerung von 300 Millimetern jährlich 900 Kilogramm Salz je Hektar" zu hinterlassen. So ist es im „Lehrbuch der Bodenkunde" von Scheffer und Schachtschabel nachzulesen. Dabei kann unter Umständen lange Zeit vergehen, bis Schäden sichtbar werden. In Südmesopotamien dauerte es mehr als 1000 Jahre, bis sich die Versalzung auf bestimmte Kulturpflanzen spürbar auswirkte und die Ernteerträge minderte. So war es für die Bauern fast unmöglich zu erkennen, warum vor allem der Weizen nicht mehr gedeihen wollte.

Anfangs, als die Siedlungen zwischen Euphrat und Tigris noch klein waren, jede Gemeinschaft für den eigenen Bedarf Land urbar machte, regulierte sich das Zusammenleben von selbst, die Projekte waren überschaubar. Ein Anführer wurde nur gewählt, wenn ein Notstand eintrat. Doch die reichen Ernten ernährten immer mehr Menschen, die Siedlungsverbände wuchsen. Solange genug freies Land zur Verfügung stand, lebten die Bewohner des Zweistromlandes meist friedlich miteinander. Wenn die Erträge auf dem einen oder anderen Feld im Laufe der Jahre schlechter wurden, zerbrach sich niemand groß den Kopf darüber. Man ließ es einfach brachliegen und bewirtschaftete ein neues. Eines Tages jedoch gab es kein Land mehr, das nicht schon jemand besaß.

Die Siedlungen hatten sich immer weiter von den Flüssen entfernt, dementsprechend dehnte sich das Netz der Kanäle ständig aus. Der Kanalbau, die Aufteilung der Äcker brachten es mit sich, daß Mathematik, Geometrie und Vermessungskunst beachtliche Fortschritte machten. Das weitverzweigte Bewässerungssystem, das den Wohlstand Sumers garantierte, mußte instandgehalten werden, und das war schließlich nur noch durch überregionale Kontrolle möglich. Kanalinspektoren, die *erste Polizeitruppe*, wachten darüber, daß Wartungsarbeiten und Reparaturen überall im Land peinlichst genau durchgeführt, die Gesetze eingehalten wurden. Und diese waren streng. „So ein Mann seinen Kanal zur Bewässerung öffnet, danach jedoch durch seine Unachtsamkeit ein benachbartes Feld fortgeschwemmt wird, soll er die Menge des zu ersetzenden Korns auf der Ertragsgrundlage der benachbarten Felder berechnen." Konnte er nicht zahlen, dann „soll man ihn und sein Eigentum verkaufen".

Die Archäologen haben eine Menge über das Leben in Sumer herausgebracht. Sie gruben viele der alten Städte im Zweistromland aus, die Jahrtausende unter riesigen Schutthaufen, den Tells, begraben lagen. Dabei kamen nicht nur Gräber, Paläste, Tempel und Häuser samt Inventar ans Licht, sondern auch Bibliotheken.

Zwischen 3500 und 3200 v. Chr. hatten die Sumerer zu schreiben begonnen. Mit Griffeln aus Rohr drückten sie keilförmige Zeichen in weiche Tontafeln, die dann an der Sonne härteten und in Archiven aufbewahrt wurden. Sagen und Mythen, Gesetze, Verträge, Rechnungen, Lieferscheine, Schulaufsätze, Weisheiten und Wörterbücher konnten die Wissenschaftler entziffern, sogar einen Bauernalmanach. Von einer Versalzung des Bodens ist jedoch nirgendwo die Rede.

Daß die sumerischen Bauern den Zusammenhang zwischen ganzjähriger Bewässerung und Versalzung nicht erkannten, lag sicher daran, daß der Euphrat süßes Wasser führt, das noch immer als Trinkwasser verwendet wird. Daß bereits geringe Konzentrationen von Salz ausreichen, um Ackerland auf die Dauer zu verderben, wissen auch wir erst seit kurzem.

Auf den Feldern von Lagasch oder Ur, wo das Flußwasser stehenblieb, bis es versickert oder verdunstet war, mußte sich also Salz absetzen. Dieser Vorgang blieb geraume Zeit ohne Folgen, erst in den letzten 300 Jahren des sumerischen Reiches gaben die Felder spürbar schlechtere Ernten her. Inzwischen war nämlich durch die ständige Bewässerung der Grundwasserspiegel gestiegen. Salze, die bereits in untere Bodenschichten eingesickert waren, wurden wieder nach oben gedrückt.

Auch dieser Vorgang muß nicht unbedingt ins Auge fallen, denn die schädliche Wirkung der Salze setzt bereits ein, wenn das Wasser knapp vier Meter unter der Erdoberfläche steht. In dieser Tiefe beginnen im dichten Lehmboden die Kapillarkräfte zu wirken: Auch ohne weiteren Druck von unten wird das Wasser mitsamt den Salzen durch die feinen Poren des Lehms nach oben gesogen. Sobald das Salz die Wurzeln erreicht, nimmt das Unheil seinen Lauf. Manche Pflanzen verdursten, weil sie kein Wasser mehr aufnehmen können, andere werden langsam vergiftet.

Um 3000 v. Chr. waren in Sumer aus den Jägern und Sammlern, die in Sippenverbänden lebten, mit leichtem Gepäck dorthin zogen, wo es zu essen gab, längst Bauern geworden und Städter, die im wahrsten Sinn des Wortes etwas besaßen. Sie dienten den Göttern, die in Gestalt des Priesterkönigs eifersüchtig darüber wachten, daß sie gut versorgt wurden.

Im Mittelpunkt des religiösen Lebens stand das Neujahrsfest im Frühling, dessen Höhepunkt die *Heilige Hochzeit* war. Die Hochzeit zwischen Innin oder Inanna, der Göttin der Liebe und Fruchtbarkeit – die Große Mutter der Vorzeit –, und dem Vegetations- und Hirtengott Dumuzi, der jedes Jahr in das Dunkel der Unterwelt hinabsteigen muß. Dieses alte Ritual des „Stirb und werde" findet sich bei Ackerbauern in aller Welt, es hat sich in unseren Bräuchen zum Erntedankfest bis in die Gegenwart erhalten. Wenn die Hohepriesterin der Innin und der König die Stufen des Tempelturmes emporgestiegen waren und sich im Heiligtum auf der Höhe als Inkarnation der beiden Fruchtbarkeitsgötter vereinigt hatten, war die Ernte des neuen Jahres gesichert – falls nichts dazwischen kam. Dann begann das Volk zu feiern. Einen wilden Karneval, bei dem die Welt aus den Angeln ging. Selbst ein Sklave durfte sich ungestraft als Herr gebärden.

Wirtschaftlich ging es vorerst ständig aufwärts mit Sumer. Überschüssiges Getreide, Öl und Wolle wurden exportiert, dafür tauschten die Händler Rohstoffe ein. Außer Wasser, Lehm und Schilf gab es ja nichts im aufstrebenden Reich. Mit dem Erdöl wußten die Sumerer noch nichts anzufangen, nur den Asphalt verwendeten sie, um Boote zu teeren und Fugen zu dichten. Als durch Importe Steine und Metalle zur Verfügung standen, entwickelte sich ein Kunsthandwerk, dessen Erzeugnisse auf den Märkten Ägyptens, auf Kreta und im Industal gefragt waren. Sumer wurde reich.

Das weckte den Neid der nichtseßhaften Nachbarn. Zuerst stellte man Wachen auf, um Felder und Siedlungen vor räuberischen Nomaden zu schützen. Das Militär war geboren. Schließlich begannen die Städte gegeneinander Krieg zu führen. Ab 3000 v. Chr. ist die Geschichtsschreibung des Zweistromlandes eine einzige Kriegsberichterstattung. Sumer bestand nun aus einem Dutzend Stadtstaaten.

Das Leben zwischen den Strömen hatte die Sumerer zu Realisten gemacht. Nichts war sicher. Jede Frühlingsflut konnte die Dämme niederreißen, Unachtsamkeit einen Mann über

Nacht an den Bettelstab bringen. Es kam vor, daß Euphrat und Tigris ihren Lauf veränderten, sodaß ganze Städte auf dem Trockenen saßen. Niemand wußte, wann der nächste Überfall bevorstand. Kein Wunder, daß die Menschen im Zweistromland eine Vorliebe fürs Wahrsagen entwickelten.

„Bewässerungsgraben und Kanal werden nicht in Ordnung sein", heißt es in einem alten Orakelspruch. „Wenn Mars lichtstark ist, wird Weizen und Emmer im Lande zugrunde gehen. Für Saturn, Venus, Merkur und Jupiter gilt aber: Sie werden gedeihen." Weizen und Emmer gingen in Sumer immer häufiger zugrunde. Klagen über bitteres Wasser in den Kanälen, über kranke Pflanzen an den Gestaden häuften sich. Doch das hatte nichts mit dem lichtstarken Mars zu tun. Das muß schließlich auch den Bauern klargeworden sein, denn sie bauten keinen Weizen mehr an.

Die Grundnahrungsmittel Gerste, Hirse und Datteln gediehen noch prächtig, weil sie gegen Salze nicht so anfällig sind wie etwa der Weizen, der bei Konzentrationen ab 0,3 Prozent geschädigt wird. Besonders salzresistent ist die Dattelpalme. Sie kann bis zu 1,2 Prozent Salz im Wasser vertragen, ohne einzugehen. Vor 4500 Jahren standen in Südmesopotamien ausgedehnte Dattelhaine, die Blüten wurden künstlich befruchtet. Noch heute exportiert der Irak Datteln in alle Welt.

Wurden die Ernten auch schlechter, den Wohlstand des Landes beeinträchtigten die sinkenden Erträge zunächst noch nicht. Statt landwirtschaftlicher Erzeugnisse führte Sumer in erster Linie Kunsthandwerk aus, zudem hatten die Stadtstaaten längst eine neue rentable Einnahmequelle erschlossen: Unterlegene Feinde mußten den Siegern Tribut entrichten. Um die Mitte des 3. Jahrtausends v. Chr. jedoch zeichneten sich politische Veränderungen ab, die auf die wirtschaftliche Situation zurückzuführen sind.

Einst reiste, so erzählte man sich im Zweistromland, die Göttin Innin nach Eridu. In der ältesten, mächtigsten Stadt Sumers besuchte sie den ebenso mächtigen Enki. Beim fröhlichen Gastmahl trank die Himmelsgöttin den Wassergott unter den Tisch, nahm ihm die *göttlichen Kräfte* ab und brachte sie heim nach Uruk, das nun über Sumer herrschte. Archäologische Grabungen haben tatsächlich ergeben, daß Mitte des 3. Jahrtausends v. Chr. Eridu die Vorherrschaft an die Stadt der Innin, an Uruk, verlor. Dieser Machtwechsel leitete eine klare Entwicklung ein. Der Süden des Landes verlor in der Folgezeit stetig an Bedeutung, der Norden wurde immer mächtiger.

Der amerikanische Assyriologe Thorkild Jacobsen brachte den Beweis dafür, daß die Versalzung der Böden deutlich zu

Buche schlug. Den Unterlagen der Wirtschaftsarchive der Stadt Lagasch entnahm er, daß um 2400 v. Chr. auf den umliegenden Feldern noch Weizen angebaut wurde. Er machte 16 Prozent der Ernteerträge aus. 300 Jahre später waren es nur noch zwei Prozent. Danach wurde Weizen in den Listen der Tempel und Archive überhaupt nicht mehr aufgeführt.

Sumers einst so fruchtbare Ländereien konnten die Bevölkerung nicht mehr ernähren, das Getreide mußte aus dem Norden importiert werden. Als die Anbaugebiete in Akkad von Feinden besetzt wurden und die Kornlieferungen ausblieben, kam es im Süden zur Inflation. In Ur zum Beispiel, so der britische Orientalist Henry F.W. Saggs, verlangten die Händler für Gerste das Fünfzig- bis Sechzigfache des Normalpreises. Hungersnöte brachen aus und Revolten, die auf andere Teile des Reiches übergriffen. Gegen 2000 v. Chr. schließlich zerstörten Stämme aus den Bergen im Osten die Stadt Ur und führten den letzten sumerischen Herrscher des Zweistromlandes in die Gefangenschaft.

1500 Jahre lang hatten die Sumerer die Ebene bewässert und reiche Ernten eingeholt, Jahr für Jahr das Fest der Heiligen Hochzeit gefeiert und Fruchtbarkeit beschworen, dann waren Innin und Dumuzi müde und krank wie das Ackerland zwischen den Strömen. Sumer starb, und seine Menschen wehklagten, wie eine zeitgenössische Quelle bezeugt:

In Trümmern liegen nun des Landes Städte,
Und öde sind die Hürden, sind die Pferche.
Wo sind die schweren Rinder hinterm Gatter,
Wo sind die Schafe, die hier Lämmer warfen?
Das Wasser der Kanäle wurde bitter.
Und schüttres Gras deckt das Getreidefeld;
Die Steppe bringt nur ‚Wehkraut' noch hervor...
So haben An und Enlil das Geschick bestimmt...
O Sumer, Land der Furcht, da Menschen zagen:
Der König ging, und seine Kinder klagen.

Die Gefahr, daß der Mensch mit der planmäßigen Nahrungsproduktion Unheil heraufbeschwor, bestand nicht nur beim Ackerbau, wie das Beispiel der versalzenen Felder in Sumer gezeigt hat. Risiken brachte auch die Viehhaltung mit sich. Das Beispiel vom Schwein zeigt, wie man versuchte, verhängnisvolle ökologische Auswirkungen zu verhindern.

Schafe und Ziegen wurden im Vorderen Orient schon vor 10 000 bis 11 000 Jahren domestiziert. Da es bei uns keine entsprechenden Wildformen gibt, müssen die Neuankömmlinge diese Tiere mitgebracht haben. Rind und Schwein dagegen könnten nach orientalischem Vorbild aus einheimischen Tierarten ein zweites Mal domestiziert worden sein. Schafe und Ziegen wurden im Nahen Osten und am Mittelmeer in Herden gehalten, von Hirtennomaden auf der Suche nach Weidegründen begleitet. Auch die frühen Bauern hielten Tiere, außer Schafen und Ziegen auch Schweine und Rinder. In welchem Verhältnis bei den Bandkeramikern in unserer Region Viehzucht und Getreideanbau standen, konnte noch nicht geklärt werden.

Im Nahen Osten wurde das Schwein vor 9000 Jahren, nach anderen Quellen vor 6000 Jahren ein Haustier. Ausgerechnet in dieser Weltgegend ist das Tier heute ein Symbol für alles Übel.

Schweineknochen fanden sich in den ältesten Dörfern, in Jericho am Jordan ebenso wie in Jarmo im Irak. Schweineknochen, die sich bei Altären und Kultzentren fanden, lassen darauf schließen, daß man rituelle Schlachtungen vornahm. Israeliten, Phönizier, Ägypter und Babylonier, sie alle haben ursprünglich Schweinefleisch gegessen. Dann wurde es mit einem Tabu belegt, für das die unterschiedlichsten Erklärungen herhalten mußten, ohne den Abscheu wirklich einleuchtend erklären zu können.

Der amerikanische Anthropologe Marvin Harris hat eine ebenso einfache wie verblüffende Lösung parat.

Schweine lieben Schatten, sie gedeihen prächtig in Wäldern mit Flüssen und Bächen. Im Prinzip ist das Tier ein Allesfresser, es verfügt von allen Nutztieren über die größte Umwandlungsfähigkeit von Futter in Fleisch. Vier Monate nach der Befruchtung wirft eine Muttersau acht Ferkel oder mehr, die bei gutem Futter ein halbes Jahr später vier Zentner pro Stück und mehr wiegen können. Gutes Futter, das bedeutet Eicheln und Bucheckern, Wurzeln – und Getreide. Damit aber wird das Schwein zum Nahrungskonkurrenten des Menschen. Solange genug für alle da ist, spielt das keine Rolle, doch im Nahen Osten wurden die Verhältnisse mit der Zeit schlechter. Für Rinder, Schafe und Ziegen reichte es noch. Diese Wiederkäuer gedeihen am besten bei pflanzlicher Nahrung mit hohem Zelluloseanteil wie Gras, Heu, Stroh, Stoppeln oder Blätter, die sich nicht für den menschlichen Verzehr eignen.

Im Laufe der Zeit schwanden im Nahen Osten die Wälder. Verantwortlich dafür waren die Abholzung und der Verbiß von Schafen und Ziegen. In den vergangenen 7000 Jahren gingen die Waldbestände in Anatolien von siebzig auf dreizehn Prozent zurück; von den Küstenwäldern am Kaspischen Meer hat ein Viertel, von den feuchten Bergwäldern der Region die Hälfte überdauert. Die Eichen- und Wacholderwälder im

Zagrosgebirge wurden bis auf ein Fünftel oder ein Sechstel der ursprünglichen Bestände reduziert.

Wo kein Wald ist, ist auch kein Schatten, und ohne den kann ein Schwein in heißen Ländern nicht existieren. Schweine können nicht schwitzen, sie sterben, wenn sie direktem Sonnenlicht und Temperaturen über 37 Grad ausgesetzt sind. Zur Abkühlung brauchen sie Feuchtigkeit. Sie wälzen sich am liebsten in sauberem Schlamm, notfalls auch im eigenen Kot und Urin, was ihnen – bei unsachgemäßer Haltung – das Image der Unsauberkeit eintrug.

Zwischen 7000 und 2000 v. Chr. stieg die Bevölkerung im Vorderen Orient auf das Sechzigfache an, die Schweinehaltung wurde zu kostspielig. Nicht nur, daß man künstliche Suhlen hätte anlegen und für ausreichend Wasser und Schatten hätte sorgen müssen. Man konnte es sich einfach nicht mehr leisten, die Tiere mit Getreide zu füttern. Und anders als Rinder kann man Schweine weder melken noch als Zugtiere einsetzen. Sie wurden lediglich um ihres Fleisches willen gehalten, und das blieb ein Leckerbissen.

Um die Menschen gar nicht erst in Versuchung zu führen, verbot man Schweinefleisch ganz und gar. Das probateste Mittel war damals ein göttliches Tabu. „Und deshalb", so Harris, „mußte Jahwe bezeugen, daß Schweine etwas Unreines waren, nicht nur als Nahrung, sondern überhaupt jeder Kontakt mit ihnen. Allah ließ sich aus den gleichen Gründen ebenfalls in diesem Sinne vernehmen..."

Und so kam es, daß in weiten Teiles des Nahen Ostens das Essen von Schweinefleisch Sünde ist. Ausgenommen sind ein paar Enklaven, wo die ökologischen Bedingungen für Schweinezucht günstig sind. Dort, wo Schweinezucht Grundlage des traditionellen landwirtschaftlichen Systems war, konnte der Islam keinen Fuß fassen. „Der Islam hat, mit anderen Worten, bis zum heutigen Tag eine geographische Schranke, die zusammenfällt mit den ökologischen Übergangszonen zwischen bewaldeten Regionen, die für Schweinehaltung gut geeignet sind, und Gegenden, wo zuviel Sonne und trockene Hitze die Schweinehaltung zu einem riskanten und aufwendigen Unternehmen macht."

Das Schwein wurde wegen seines Fleisches gezüchtet. Rinder dagegen hielt man in erster Linie als Lieferanten für Milchprodukte und als Zugtiere. Bestenfalls zapfte man ihnen, wie das heute noch ostafrikanische Rinderhirten tun, Blut ab und trank es mit Milch vermischt. Geschlachtet und gegessen wurden, abgesehen von Opfertieren, nur alte und kranke Rinder. In Indien wurde die Kuh, um ihre Arbeitskraft zu erhalten, gar für heilig erklärt.

In westlichen Ländern zählt Milch zu den Grundnahrungsmitteln, und wann immer Lebensmittel in Hunger- oder Katastrophengebiete geschickt werden, darf Milchpulver nicht fehlen. Bei uns hat sich noch nicht herumgesprochen, daß es vor allem in Ost- und Südostasien, aber auch in Afrika und Amerika ganze Völkerschaften gibt, die Milch geradezu verabscheuen. Denn Milch macht sie krank. Sie bekommen Blähungen, Durchfall und Bauchschmerzen.

Diesen Menschen fehlt ein ganz besonderes Enzym, die Laktase, das für die Umwandlung von Milchzucker, Laktose, in einfachere Zuckerformen sorgt. Nur fünf Prozent aller Chinesen, Japaner und Koreaner können Laktose verarbeiten, bei den Thai, den Eingeborenen Neuguineas und den australischen Aborigines liegt die Verträglichkeit bei Null. Ähnlich geht es den Menschen in West- und Zentralafrika und den Indianern.

Die größte Konzentration von Menschen, die Laktose in großen Mengen verwerten können, findet sich nördlich der Alpen. Bei Holländern, Deutschen und Skandinaviern liegen die Dinge genau umgekehrt. Hier gibt es nur fünf Prozent, die keine Milch vertragen. Und genau das ist nicht normal. Milch ist bei allen Säugetieren, also auch beim Menschen, eigentlich dafür da, den Nachwuchs zu ernähren. Über kurz oder lang ergänzen und ersetzen andere Nahrungsmittel die Milch, das Enzym ist beim Erwachsenen nicht mehr notwendig.

Unter bestimmten Umständen jedoch bleibt die Milchverträglichkeit ein Leben lang erhalten. Ein hoher Anteil von Jugendlichen und Erwachsenen, die das Enzym weiterhin produzieren, ist der untrügliche Hinweis darauf, daß diese Völker seit langer Zeit regelmäßig Milchprodukte verzehren. Auffälligerweise haben die Nationen mit der höchsten Laktoseverträglichkeit eine helle Hautfarbe. Hier setzt Harris seine Erklärung an, warum für die Menschen Nordeuropas Milchprodukte wichtig wurden, nachdem die Menschheit schließlich Millionen Jahre ohne sie ausgekommen war.

Milch enthält Kalzium, ein Mineral, das wichtig ist für Aufbau, Erhaltung und Regeneration der Knochen. Kalziummangel führt zu Rachitis und anderen Knochenerkrankungen. Die Laktose fördert die Absorption von Kalzium durch den Darm. Versuche ergaben, daß Menschen mit Laktoseverträglichkeit bis zu 78 Prozent mehr Kalzium aus der Milch aufnehmen können als Menschen mit einem Laktasemangel.

Das allein erklärt aber noch nicht, warum die Menschen im Norden zu Milchtrinkern wurden. Bis zur Domestikation milchspendender Tiere hatten die Menschen ihren Kalziumbedarf ja auch aus anderen Nahrungsquellen gedeckt. Die Sache hat, so Harris, mit dem Licht und der Haut zu tun und mit der Tatsache, daß die ersten Ackerbauern bei uns sich im Landesinneren niederließen, inmitten dichter Wälder.

Die Mehrzahl der Menschen hat eine braune bis dunkle Hautfarbe. Seitdem wir unser Haarkleid verloren haben, schützen bestimmte Pigmente, die Melanine, die oberen Schichten unserer Haut vor Schädigung durch ein Spektrum ultravioletter Sonnenstrahlen, die durch die Atmosphäre dringen – vor Sonnenbrand und vor Hautkrebs. Je heller die Haut, umso anfälliger ist sie. Je heller die Haut, umso höher ist aber auch die Kalzium-Aufnahmefähigkeit. Bestimmte Lichtstrahlen nämlich durchdringen die Haut und wandeln in der Epidermis ein Cholesterin in Vitamin D_3 um, das übers Blut zu den Eingeweiden transportiert wird, wo es eine Rolle bei der Kalzium-Absorption spielt.

Im Norden, mit wolken- und nebelverhangenen Tagen, besteht weniger Gefahr für Sonnenbrand und Hautkrebs. Stattdessen zwingen lange, kalte Winter die Menschen, sich wetterfest zu verpacken, so daß keine nennenswerten Körperflächen den vitaminbildenden Strahlen ausgesetzt bleiben. Die Eskimo, die es sogar in der Polarnacht aushalten, versorgen sich durch Fischtran mit Vitamin D_3. Für die Siedler im Binnenland kam das nicht in Frage, und auch Gemüse wie Mangold, Spinat oder Sojabohnen standen ihnen entweder gar nicht oder nicht in ausreichenden Mengen und nur zu bestimmten Jahreszeiten zur Verfügung.

Eine helle Haut erhöhte also im Norden die Chancen, gesund zu bleiben. „Ein Großteil der Bevölkerung“, so Harris, „büßte überhaupt seine Fähigkeit ein, unter Sonneneinfluß braun zu werden. Und da nur ein kleiner Teil des Gesichts frei bleiben konnte, um durch die dicke Vermummung nach der Wintersonne zu spähen, bekamen die Bewohner des Nordens auf ihren Backen eigentümliche, durchscheinend rosige Flecken, – regelrechte Fenster in der Haut, um die Bildung von Vitamin D_3 zu erleichtern.“ Demnach wäre es der hellen Haut und der Gewöhnung an Milch auch über das Säuglingsalter hinaus zu verdanken, daß das nordeuropäische Binnenland erfolgreich besiedelt werden konnte.

Schicksal und Sterne

Nach dem Ende der letzten Eiszeit kehrten mit steigenden Temperaturen Pflanzen und Tiere zurück, die in der Kälte nicht überleben konnten. Dazu gehörten auch die Bäume. Zuerst wagten sich Birken, Kiefern und Haselsträucher vor, und vor 6000 Jahren erstreckte sich dann zwischen Alpen und Pyrenäen bis hin zu den Britischen Inseln, bis Skandinavien und weit nach Osten hin ein Waldgürtel – Eichenmischwälder mit Ulmen, Linden, Erlen und Buchen, dazwischen auch freie Flächen, ähnlich einer Parklandschaft.

Nach einem Klimaoptimum im 6. Jahrtausend v. Chr. mit höheren Temperaturen als heute wurde es ab 4000 v. Chr. etwas kühler und niederschlagsreicher. Rentier und Moschusochse waren nach Nord- osten abgewandert, Mammut und Wollnashorn aus Europa verschwunden. In unseren Wäldern lebten Rothirsch, Reh, Elch, Wildschwein, Auerochse, Braunbär, Rotfuchs, Luchs, Biber und Fischotter.

Mit dem Rückzug der Gletscher wurden in den Alpen und in Skandinavien neue Gebiete bewohnbar, an der Küste dagegen, vor allem im Bereich der Doggerbank, ging Land unter, und England wurde zur Insel.

Mit den Rentierherden waren auch die Hamburg-Ahrensburger Jäger aus der norddeutschen Tiefebene verschwunden. Offenbar wanderten nun Menschengruppen aus den mittleren und südlichen Gebieten Mitteleuropas in die neu entstandene Waldzone des Flachlandes vor, Jäger und Fischer, die zwar noch nicht seßhaft waren, ihre Wohnplätze aber über lange Zeiträume immer wieder aufsuchten.

Nach Hohen Viecheln am Schweriner See kamen sie mehr als 2000 Jahre lang. Von diesem Fundort stammt eine Hirschmaske, wie sie die Zauberer und Schamanen, vielleicht auch die Männer allgemein bei rituellen Tänzen trugen.

Mehrere tausend Jahre lang hielten sich Menschen immer wieder bei Friesack im Rhinluch auf. Dieser Ort ist deshalb von Bedeutung, weil sich in Feuchtgebieten wie bei Friesack auch hölzerne Hinterlassenschaften gut erhalten: Pfeil und Bogen, Speere, Schäftungen, Grabstöcke, Keulen und muldenförmige Behälter, meist aus Kiefernholz gearbeitet. Es gab aber auch Gegenstände aus Ebereschen-, Erlen-, Hasel- und Pappelholz. Netzschwimmer aus Rinde belegen, daß gefischt wurde. Auf dem Wohnplatz von Friesack fanden sich außerdem ein paar Dinge von Seltenheitswert: eine Schachtel aus gefalteter Birkenrinde und gedrehte Schnüre aus Baumbast. Die Schnüre von Friesack sind an die 10 000 Jahre alt – die ältesten der Welt.

Gegenstände aus Holz blieben auch anderswo in Mooren und Feuchtgebieten erhalten, zum Beispiel Reste von Kufenschlitten, Schwirrhölzer, die Geister der Ahnen beschwören sollten, und Bumerangs.

Paddel und Einbaum verraten, daß die Menschen sich aufs Wasser wagten. Mit dem Boot reist man schneller als zu Fuß, und noch heute ersetzen in dichtbewaldeten Gegenden Wasserwege das Straßennetz.

Ein Floß aus Stämmen ist schnell hergestellt, besonders manövrierfähig ist es nicht. Boote aus einem ausgehöhlten Baumstamm sind wendiger, aber auch arbeitsintensiver in der Herstellung. Der älteste Einbaum wird auf 6315 v. Chr. datiert. An den ostseenahen Gewässern waren solche Fahrzeuge als Fischerboote noch bis in unsere Zeit hinein gebräuchlich.

Eine ganze Reihe von Einbäumen sind inzwischen nachgebaut worden, mit originalgetreuen Feuersteinbeilen. Der Arbeitsaufwand für ein sechs Meter langes Fahrzeug liegt bei 265 Stunden. Wenn drei Leute täglich acht Stunden arbeiten, ist so ein Boot in elf Tagen fertig, wobei man davon ausgehen kann, daß den Menschen der Jungsteinzeit, die von Kind auf lernten, mit Beilen umzugehen, die Arbeit schneller von der Hand ging.

Ein Einbaum von sechs Meter Länge wiegt etwas über 400 Kilogramm. Der dicke Bootsboden verhindert ein Kentern selbst dann, wenn zwei Personen einseitig eine Bordwand belasten, das Schiff kann praktisch auf der Stelle gewendet werden. Geeignet ist es allerdings nur für ruhigere Gewässer. Ab Windstärken vier bis fünf schlagen Wellen hinein.

Etwas jüngere Felsbilder aus Norwegen zeigen Boote aus Holzgerüsten, die mit Fellen bespannt sind. Auch die hat man nachgebaut und getestet. 200 Stunden Arbeitszeit waren nötig, um ein solches Wasserfahrzeug von sieben Meter Länge und 1,3 Meter Breite zu bauen und mit acht gegerbten Rinderhäuten zu beziehen. Es wog 180 Kilogramm. Unbeladen betrug das Freibord, das ist die Entfernung zwischen *Reling* und Wasseroberfläche, 50 Zentimeter. Mit einer Besatzung von sechs Mann und einer Fracht von 600 Kilogramm sank es nur auf 32,5 Zentimeter. Bei ruhiger See konnte man demnach auch Tiere auf diesen Booten transportieren.

Die Leute der Ertebölle-Ellerbek-Kultur in Skandinavien und Teilen Norddeutschlands hatten sich vorwiegend aufs

Fischen verlegt. Sie hinterließen riesige Muschelhaufen, bis zu 140 Meter lang, 20 Meter breit und 1,75 Meter hoch. Neben Pfeil und Bogen fanden sich auf ihren Wohnplätzen Harpunen, Netze aus Weidenbast mit Rindenschwimmern und steinernen Senkern, dazu Reusen und Korbfallen, trichterförmige Behälter aus Ruten geflochten, bis zu vier Meter weit.

Neu für den Norden sind Kämme, aus Knochen geschnitzt – und tönerne Gefäße. Es handelt sich um spitzbödige Töpfe mit leicht ausgebogenem Rand, einige sind knapp einen halben Meter hoch. Sie wurden in Spiralwulsttechnik hergestellt und sind zum Teil mit Fingertupfen oder Fingernageleindrücken verziert. Ovale Schalen mit rundlichem Rand werden als Tranlampen interpretiert.

Wann und wo die Keramik erfunden wurde, ist unbekannt. Ihre Anfänge scheinen zeitlich mit denen des Ackerbaus zusammenzufallen, sind jedoch nicht an diese neue Wirtschaftsweise gekoppelt.

Mit der Töpferei hat der Mensch zum ersten Mal einen künstlich hervorgerufenen Umwandlungsprozeß von organischem Material genutzt. Töpferei setzt Materialkenntnis voraus, und Erfahrung mit dem Brennvorgang, für den Temperaturen von mehr als 600 ° nötig sind.

Der Brennvorgang muß langsam ablaufen, besonders in den Temperaturbereichen um 240° und 620°, damit die Gefäße nicht zerspringen. Auch das Abkühlen muß stetig und langsam erfolgen.

Die ersten Gefäße hat man sicherlich im offenen Feuer gebrannt. Größere Stücke jedoch mißraten oft in diesem *offenen Feldbrand,* weil der schroffe Wechsel zwischen heißen Flammen und kühler Zugluft einen kontinuierlichen Brennvorgang unmöglich macht. Wenn man den Ton „magert", ihn mit zerstoßenem Granit, Quarzit, Sand oder auch organischem Material wie gehäckseltem Stroh vermischt, ist das Risiko beim Brennen erheblich geringer.

Kleinere Gefäße lassen sich leicht aus einer Tonkugel modellieren. Für größere Behälter eignet sich die Wulsttechnik besser. Dabei werden gerollte Tonwülste übereinandergeschichtet und zu einer glatten Fläche verschmiert.

Auch ohne Glasur erhält man nach dem Brennen unterschiedliche Farbnuancen. Das hängt vom Feuerungsmaterial und der Brenntechnik ab. Kommt viel Sauerstoff an den Ton, bleibt er heller, kommt weniger heran, wird er dunkler. Partien, die in der Ascheschicht stehen, werden dunkel bis schwarz.

Im Gegensatz zu organischem Material wie Holz, das die Zeit nur unter bestimmten Bedingungen überdauert, bleibt

Keramik im Erdboden erhalten. Zerbrochenes Geschirr läßt sich kleben, und selbst von einzelnen Scherben kann man oft noch auf die Gefäßform schließen. Überall dort, wo Keramik auftaucht, bietet sie den Archäologen je nach Form, Farbe und Verzierung eine wichtige Orientierungshilfe.

Ackerbau und Viehzucht kamen in der ersten Hälfte des 6. Jahrtausend v. Chr., möglicherweise auch schon früher, zu uns. Einwanderer aus dem Südosten brachten die neue Wirtschaftsform mit. In relativ kurzer Zeit nahmen die Neuankömmlinge die Gebiete mit fruchtbaren Lößböden von Mähren bis hin zu den südlichen Niederlanden in Besitz. Gerätschaften, Haus- und Siedlungsformen, die sie hinterließen, sind überraschend einheitlich.

Rekonstruktion des linearbandkeramischen Bauernhauses von Lerchenhaid-Straubin aus dem 5. Jahrtausend v. Ch. Der dreigliedrige Grundriß ist 36,4 Meter lang und zwischen 6,10 und 6,80 Meter breit.

Sie kamen offenbar auf verschiedenen Routen ins Land: sie wanderten zum einen nach Westen, donauaufwärts bis ins Rheingebiet. Der zweite Weg führte sie nach Norden, über Mähren und Schlesien elbaufwärts bis nach Mitteldeutschland und ins nördliche Harzvorland. Eine andere Route führte entlang der Mittelmeerküsten nach Italien und Frankreich zum südlichen Alpenrand und weiter rhôneaufwärts bis in die Schweiz.

Wie sich diese frühen Bauern nannten, wissen wir nicht. Die Bezeichnung „Bandkeramiker“ leitet sich von ihren Gefäßen ab, Kümpfen und Schalen mit rundem Boden, großen Tragflaschen, Bechern und kleineren Schalen mit Fuß, die mit bänderförmigen Bogen- und Spiralmustern verziert sind.

Bandkeramiker und einheimische Jäger und Fischer lebten nebeneinander, und es gibt Hinweise darauf, daß zumindest in einigen Gegenden ein Warenaustausch zwischen ihnen stattfand. Daß das Zusammenleben nicht immer freundschaftlich war, werden wir später sehen.

In den Jahren 1971 bis 1973 lief im Rheinischen Braunkohlenrevier eine der spektakulärsten Aktionen in der Geschichte der bundesdeutschen Archäologie. Im Wettlauf mit den Baggern wurden auf einem 240 000 Quadratmeter großen Gelände bandkeramische Siedlungen erforscht.

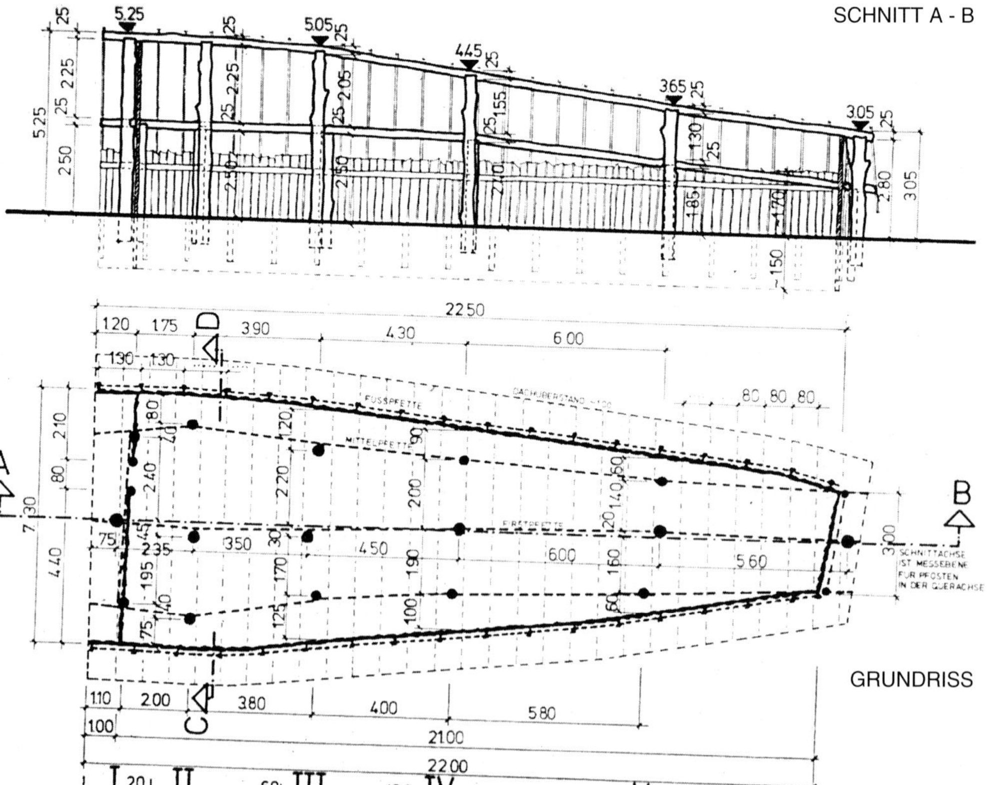

Grundriß eines Hauses der Rössener Kultur. Die Reste solcher trapezförmigen Gebäude wurden bei Inden 1 auf der Aldenhovener Platte im Rheinischen Braunkohlenrevier ausgegraben.

Das Merzbachtal liegt auf der Aldenhovener Platte zwischen Köln und Aachen. Um 4400 v. Chr. stand dort zu beiden Seiten eines Baches eine bandkeramische Siedlung. Auf knapp 1000 Metern Länge fanden sich 160 Hausgrundrisse und drei Erdwerke, deren Nutzung nicht geklärt ist. Die Deutungsvorschläge reichen von Kultplatz über Viehpferch bis zur Burganlage.

Die langgestreckten Häuser waren nach einem einheitlichen Muster erbaut. Das Dach ruhte auf einem Kerngerüst aus Innenpfosten. Die Wände selbst hatten keine tragende Funktion, sie waren mit Fachwerk, in einigen Fällen auch mit senkrechten Bohlen durchzogen. Das Innere gliederte sich in drei Teile. Den Doppelpfosten nach zu urteilen, gab es im Südteil einen Zwischenboden für Vorräte. Der eigentliche Wohnraum lag in der Mitte, und in der dritten Abteilung könnte das Vieh gestanden haben, obgleich es keine eindeutigen Beweise für eine so frühe Stallhaltung gibt.

Für die Rekonstruktion des Hauses von Inden 1 wurden 670 laufende Meter bzw. 38 Festmeter Derbholz benötigt, für das Innengerüst und die Spaltbohlenwände mit steinernen Äxten und Beilen 35 Eichen gefällt.

Die Häuser wurden nach ungefähr 25 Jahren baufällig, dann zog man ein Stück weiter. Daraus ergibt sich, daß jeweils nur ein Dutzend Häuser gleichzeitig bewohnt waren. Scherben stützten diese Vermutung. Sie fanden sich haufenweise in den Gräben längs der Häuserwände, wo man Lehm für die Fachwerkwände ausgehoben hatte. Anschließend dienten sie dann als Abfallgruben.

Rudolph Kuper und Jens Lüning, die im Merzbachtal gruben, berechneten auf Grund der archäologischen Befunde die Bevölkerungsgröße. Falls der mittlere Teil der Häuser tatsächlich der Wohnraum war, standen einer fünf- bis sechsköpfigen Drei-Generationen-Familie 35 Quadratmeter zur Verfügung. Daneben gab es Häuser mit Wohnraum von 60 bis 90 Quadratmeter Größe, in denen entweder mehrere oder entsprechend größere Sippen lebten. Alles in allem, so schätzen die Archäologen, lebten jeweils höchstens 100 bis 150 Personen in der Siedlung.

Getreide-Ernte: Mit einem rekonstruierten Erntemesser aus Geweih mit eingesetzten Feuersteinklingen werden die Halme dicht über dem Boden abgeschnitten.

Die Leute bauten Getreide an, doch allein von Einkorn und Emmer, einfachen Weizensorten, konnten sie nicht leben. Gerste und Zwergweizen, die in anderen bandkeramischen Siedlungen gefunden wurden, fehlten im Rheinland noch. Nutzpflanzen wie Erbse und Linse, die Ölpflanzen Mohn und Lein, Unkräuter wie Roggentrespe und Gänsefuß, dazu wildwachsende Früchte wie Haselnuß, Schlehe und Apfel rundeten den Speisezettel ab.

Geerntet wurde das Getreide so, wie es auf ägyptischen Bildern gezeigt wird: Man schnitt die Ähren mit einer Feuersteinsichel oder einem Erntemesse ab, der Halm blieb manchmal stehen.

Vom Ernten des Getreides bis zur Zubereitung von Grütze oder Brot durch Kochen und Backen sind mehrere Arbeitsgänge nötig. Im Rahmen eines Seminars des Kölner Institutes für Ur- und Frühgeschichte wollte man dem gesamten Zyklus der Getreideverarbeitung nachgehen. Dabei experimentierten die Wissenschaftler mit Einkorn und Emmer, die sie auf Versuchsfeldern angebaut hatten. Diese beiden prähistorischen Weizensorten sind Spelzgetreide, das bedeutet, daß die Körner fest von den Spelzen umschlossen sind. Anders als beim „Nacktgetreide" fallen die Körner beim Dreschen nicht hinaus, und daher nahm man an, daß das Getreide nach der Ernte künstlich getrocknet wurde. Damit hätte man es gleichzeitig lagerfähig gemacht.

Wenn man Getreide lagern will, darf der Wassergehalt 14 bis 16 Prozent nicht übersteigen. Bei den Versuchen stellte sich heraus, daß Einkorn und Emmer, wenn sie reif und bei gutem Wetter geerntet werden, nicht weiter behandelt werden müssen, um lagerfähig zu sein. Nur bei ungünstiger Witterung muß man es trocknen, auf schonende Weise, damit Back- und Keimfähigkeit nicht beeinträchtigt werden.

Im Verlauf der Experimente stellte sich des weiteren heraus, daß sich die Körner hervorragend von den Spelzen lösen, wenn man sie im Holzmörser stampft. Anschließend kann man durch Worfeln, Sieben oder Schwingen die Spreu vom Weizen trennen.

Zum Zerkleinern des Getreides benutzten die Bandkeramiker Mühlen. Sie bestehen aus einer steinernen Platte mit muldenförmiger Vertiefung und dem „Läufer", einem kleineren Stein, der hin- und herbewegt wird. Über den Arbeitsaufwand liegen unterschiedliche Daten vor. In Sambia brauchen Frauen rund zehn Minuten, um ein knappes Pfund Mehl für den abendlichen Getreidebrei zu mahlen. Die Archäologen dagegen brauchten für ein Kilogramm Schrot 40 Minuten, für feines Mehl gar drei Stunden. Wenn man an die Arbeit gewöhnt ist, geht es natürlich schneller, trotzdem bleibt das Mahlen eine mühsame Angelegenheit. Alles in allem, das heißt, Mahlen, Zubereitung des Teiges und Backen zusammengerechnet, dauert es zwei bis drei Stunden, ehe ein Feinbrot von 250 Gramm fertig ist. Ein erheblicher Arbeitsaufwand also, und daher ist anzunehmen, daß es vor der Einführung besserer Mühlen öfter Getreidebrei als Brot zu essen gab. Denn nicht nur das Mahlen, sondern auch das Kneten des Teigs ist anstrengend und schweißtreibend.

Daß das Mahlen mit Reibsteinen auf die Gesundheit geht, zeigen starke Abnutzungserscheinungen an Fußknöcheln und Gelenken, die Anthropologen an Skeletten diagnostiziert haben. Und die starke Abnutzung der Zähne, die seit der Einführung des Ackerbaus zu beobachten ist, könnte durch Gesteinsabrieb minderwertiger Mahlsteine, der ins Mehl geriet, verursacht worden sein.

Nachbau eines linearbandkeramischen Backofens aus Untergaiching im Rottal. Das Konstruktionsprinzip des Einkammerofens wurde noch bis in unser Jahrhundert angewendet.

Daß trotz des Aufwands Brot gebacken wurde, verraten Backöfen, wie sie zum Beispiel in einer Siedlung bei Untergaiching im Rottal entdeckt wurden. Die Archäologen Maria Pfaffinger und Robert Pleyer haben einen bandkeramischen Kuppelofen nachgebaut und ausprobiert.

„Aus mittelfein gemahlenem Mehl, je 500 Gramm Weizen und Dinkel wurde ein Teig mit Sauerteig angesetzt und eine

Eine ganze Reihe von Arbeitsgängen sind nötig, bis aus Getreide Brot gebacken ist. Am mühseligsten war das Mahlen zwischen Reibsteinen. Archäologen brauchten für ein Kilogramm feines Mehl drei Stunden.

Stunde an einem warmen Ort stehengelassen, bis der Teig zur doppelten Menge aufgegangen war. Daraufhin wurden zwei kleine Laibe aus Dinkelmehlteig und zwei aus Weizenmehlteig geformt. Bei ca. 250 Grad wurden die Brote unter Zuhilfenahme eines flachen Bretts in den hinteren Teil des Ofens geschoben.

Die drei Kuppelöffnungen wurden mit Lehmpfropfen verschlossen, um die Hitze zu halten. Mit einem Brett mußte die Beschickungsöffnung verstellt, die Fugen sorgfältig mit Lehm verstrichen werden. Nach einer Dreiviertelstunde konnte der Ofen geöffnet werden, indem das Brett mit dem Lehmkitt, der in die Arbeitsgrube gelangt war und mit der ausgekehrten Asche eine Kulturschicht gebildet hatte, abgenommen wurde. Es war ein ergreifendes Erlebnis, das nach

Steinzeit-Manier gebackene Brot herauszunehmen und davon zu kosten."

Nach wie vor war Stein als Rohstoff für Werkzeug und Waffen unentbehrlich. Selbst später noch, als die Menschen schon Metall gewannen und verarbeiteten, kamen Steingeräte noch nicht aus der Mode.

Am beliebtesten war Feuerstein, auch Flint oder Silex genannt, ein Kieselgestein. Ganz ähnlich zusammengesetzt ist Hornstein, ein Sammelbegriff für Gesteine wie Achat, Chalcedon, Jaspis, Opal, Radiolarit und Quarz, die aus Kieselsäure entstanden sind.

Feuerstein und Hornstein eignen sich hervorragend für Waffen und Werkzeug, weil sie besonders hart sind, und weil sich die Abschläge berechnen lassen. Stellenweise liegt das Rohmaterial an der Erdoberfläche und man braucht es nur aufzulesen. Allerdings trocknet Flint an der Luft aus und wird auf Dauer brüchig. *Bergfrischer* Feuerstein ist der beste, und daher begann man schon früh, ihn auszugraben. Im Tagebau zunächst, wie knietiefe und mannshohe Gruben zeigen. Aus der Jungsteinzeit sind dann regelrechte Bergwerke mit Schächten und verzweigten Hohlraumsystemen unter Tage bekannt. In Arnhofen, Landkreis Kelheim, wurde der einzige deutsche Tiefbau gefunden, weitere sind aus England, Dänemark, Polen, Holland, Belgien und Frankreich bekannt. Diese Bergwerke verraten, daß dort Fachleute am Werk waren, die sich auf ihre Arbeit verstanden, und auch die Weiterverarbeitung an Ort und Stelle oder in umliegenden Siedlungen verrät, daß sich Menschen auf Steinbearbeitung spezialisiert hatten. Häufig wurden ganz bestimmte Produkte, etwa „Schuhleistenkeile" oder, wie in Arnhofen, Bohrer und Klingen in Serie gefertigt. Sie kamen in den Handel und wurden bis zu 1000 Kilometer von der Produktionsstätte entfernt gefunden.

Arbeitsgeräte der Bergleute aus organischem Material wie Seile oder Körbe, Schaufeln und Schäftungen sind verrottet. Feuersteinpicken, Kerb- und Rillenschlägel und Hacken, mit denen sie den Rohstoff abbauten, blieben aber erhalten. Einem belgischen Bergmann hatte man eine Hacke, ein „Gezähe", aus Hirschgeweih ins Grab gelegt.

In Arnhofen grub man sechs bis acht Meter tiefe Schächte, um an hornsteinführende Schichten zu gelangen. Aufgelassene Schächte wurden wieder mit schlechtem Material und Schutt verfüllt. Bei diesem Bergbau kamen auf 750 Quadratmeter Fläche etwa 50 Schächte. Auf zwölfeinhalb Hektar Fläche hatte man demnach, hochgerechnet, rund 90 Tonnen hochwertigen Hornstein gefördert.

Kleinere Vorkommen mit meist zweitklassiger Gesteinsqualität wie der Abbau im Schernfelder Forst, Landkreis Eichstätt, belieferten nur ein, zwei Ortschaften in der Nähe mit Rohstoff.

Von Wiedergängern und Menschenfressern

Die Bandkeramiker setzten ihre Toten auf Friedhöfen bei. Auf einem Gräberfeld bei Niedermerzbach legten die Archäologen 92 Körper- und fünf Brandbestattungen frei. In vielen Gräbern fand sich rote Farbe, ein Brauch, der sich bis in die Zeit der Neandertaler zurückverfolgen läßt. Die Skelette waren vergangen, doch die Leichenschatten verrieten ihre Lage. Den Kopf der Toten hatte man auf Getreidemahlsteine gebettet, und außer Beilen, Pfeil und Bogen gab man ihnen auch Nahrung mit in die andere Welt. In einem bandkeramischen Grab bei Zuffenhausen bestand die Wegzehrung aus gekochten Ackerbohnen, Leinsamen, Haselnüssen und geröstetem Brot. In einem etwas jüngeren Grab bei Rössen hatte man einem Toten sogar ein Stück Fleisch zwischen die Zähne geschoben.

Auf dem bandkeramischen Friedhof von Sondershausen in Thüringen waren die Skelette noch erhalten. Die Toten lagen vorwiegend in Hockerstellung, auf der Seite, die Hände vor dem Gesicht oder in Brusthöhe. Einige *Hocker* waren so eng zusammengekauert, als hätte man sie vor der Beisetzung gefesselt. Andere Leichname waren mit Steinen beschwert, gerade so als hätte man sie daran hindern wollen, als Wiedergänger die Lebenden heimzusuchen. Aus demselben Grunde bettete man wohl gelegentlich Tote auf dem Bauch, das Gesicht auf die Erde gedrückt, oder aber man zerstückelte die Leiche, wie einige Skelette vom Gräberfeld bei Oberweimar zeigen. Angst vor Totengeistern bedeutet, daß die Menschen den Tod nicht für ewigen Schlaf hielten, sondern irgendeine Vorstellung von Seelen hatten, die außerhalb des Körpers existieren können. Das muß noch nicht so gewesen sein, als die Neandertaler begannen, ihre Toten liebevoll zu begraben, ihnen Schmuck, Werkzeug oder Waffen mitzugeben. Diese Beigaben beweisen ein Abschiedsritual, mehr nicht. Ungewiß ist auch, warum Menschen vor 50 000 Jahren bestimmten Tieren ganz besondere Ehren erwiesen. Ob es sich um Opfer im späteren Sinne handelt, ist fraglich.

Die Ursprünge der religiösen Vorstellungen verlieren sich im Dunkeln, selbst heute ist Glaube etwas Irrationales, nicht bis ins Letzte zu benennen. Mit Sicherheit hat eine Entwicklung stattgefunden, und man kann auch davon ausgehen, daß sich das Weltbild der Jäger von dem der Pflanzer unterschied.

Generell findet sich bei Jägervölkern ein enges Zusammengehörigkeitsgefühl zwischen Mensch und Tieren, die gejagt werden, eine Verbindung, die im Laufe der Zeit gewachsen sein muß, und die den späteren Bauernkulturen mit dem Fruchtbarkeitskult der Großen Mutter, wie er in Çatal Hüyük voll faßbar wird, fremd ist. Bei ihnen ist das Tier Symbol und Opfer.

Das ist bei Jägervölkern anders. Dazu Johannes Maringer in seinem Buch über die steinzeitlichen Kulturen Europas: „Die wohl seit Urzeiten gepflegten mimischen Aufführungen und Tänze, in denen der Jäger die Bewegungen und Laute der Tiere, oft mit Tiermaskierung, zur Übung und Unterhaltung reproduzierte, füllten sich nun mit einem ganz anderen Sinngehalt." Der Jäger nimmt nicht nur äußerlich, durch Verkleidung, die Gestalt des Tieres an, er identifiziert sich mit dem Tier. Von da aus ist es nur noch ein kleiner Schritt, das Tier mit Geistern und Göttern in Verbindung zu bringen.

Das Drachenloch ist eine Höhle in den Alpen der Ostschweiz, 2445 Meter hoch am Drachenberg gelegen. Der Eingang zum Höhleninneren, das schlauchartig 70 Meter in den Berg hineinreicht, liegt heute 1500 Meter über dem Tal der Tamina, die bei Ragaz in den Rhein mündet.

Dort oben hausten in der letzten Zwischeneiszeit, als die Alpen eisfrei und bewaldet waren, Höhlenbären, mit zweieinhalb Meter Länge gut ein Drittel größer als der Braunbär. Ein gefährlicher Gegner. Trotzdem wagten sich vor 50 000 Jahren Menschen dort hinauf – gerade der Bären wegen.

Auf einen hellen Vorraum folgt im Drachenloch eine Art Wohnraum, in dem einst zwei Feuer brannten. Ein weiterer Raum sowie drei kleinere Kammern schließen sich an. Gleich im *Wohnraum*, längs der Wand und einen halben Meter von ihr entfernt, stand eine niedrige Mauer aus Kalksteinplatten. In dieser Steinkiste stapelten sich Knochen von Höhlenbären: aufgebrochene Langknochen, selten zwei oder drei vom selben Tier, und Schädel mit den beiden oberen Halswirbeln, zum Teil mit Schlagspuren. Eine zweite Steinkiste mit Deckplatte enthielt sieben Bärenschädel, die Schnauze zum Höhleneingang ausgerichtet, dazu Langknochen. Im Nachbarraum bargen Nischen sechs weitere Schädel, allesamt auf einer Steinplatte deponiert, die seitlich von weiteren Platten eingefaßt war, über denen eine Deckplatte lag. An einer anderen Stelle hatte man Knochen von vier verschiedenen Tieren zu einem seltsamen Stilleben gruppiert: In der Jochbogenöffnung des Schädels eines dreijährigen Bären steckte der Oberschenkelknochen eines jüngeren Tieres, als Unterlage dienten zwei Röhrenknochen. An der Abschlußwand schließlich ruhten noch einmal neun Schädel, durch schräg an den Fels gelehnte Platten geschützt.

Ganz ähnliche Funde stammen aus dem Wildkirchli und dem Wildenmannlisloch, zwei anderen Höhlen der Schweizer Hochalpen, aus der Reyersdorfer Höhle in Niederschlesien und der Petershöhle bei Velden in Mittelfranken.

In den Nebengrotten der Petershöhle enthielt fast jede Nische Bärenschädel, einer steckte auf einem hohen Felssims, und ein ungewöhnlich großes Exemplar lag in einem engen Durchgang auf einer Ascheschicht unter einer Kalksteinplatte, die Schnauze nach Osten gerichtet. Dieser Schädel hatte auf der Stirn ein faustgroßes Loch, das Hinterhaupt war gespalten. In der Mitte eines Höhlenraumes fanden sich innerhalb einer flachen Steinsetzung von 1,60 mal 2,50 Metern noch einmal vierzehn Bärenschädel. An der Abschlußwand lagen drei Haufen Langknochen und Schädel.

Der Bär trägt bis heute viele Namen, so als scheuten sich die Menschen, ihn bei seinem eigenen zu nennen: „Großvater", „Altvater", „Pelzvater", „Er" oder „Meister Petz".

Noch in unserem Jahrhundert war der Bär für die Jägervölker Sibiriens ein besonderes Tier. Sein Fell, so der Ethnologe Hans Findeisen, ist nur eine Verkleidung, „unter welcher er eine menschliche Gestalt nebst einer göttlichen Kraft und Weisheit verbirgt". Dementsprechend war die Bärenjagd mit einem ganz besonderen Ritual verbunden.

Wenn ein Bär getötet war, *reinigten* sich die Jäger, indem sie sich mit Schnee oder Erde bewarfen oder mit Wasser besprengten. Dabei fiel kein spöttisches oder unehrerbietiges Wort, denn der Bär hörte und sah alles und konnte sich rächen. Dann zog man dem Tier den Pelzmantel aus. Mindestens siebenmal unterbrach der Jäger die Arbeit des Häutens und verkündete, nun öffne er den ersten, den zweiten, den dritten... Knopf. Kopf und Vorderpfoten verblieben am Fell, dann schleppte man das Tier unter irreführenden Gesängen, die Namen und Lage des Ortes und die Identität der Jäger verschleiern sollten, ins Dorf. Hier gab man den *Gesang des Bären* zum besten, der sein Herabsteigen vom Himmel, sein Leben, seinen Tod, das Heilige Gastmahl und die Rückkehr zum Vater Himmel zum Inhalt hatte.

Im Hause des Jägers erhielt das Bärenfell, durch ein Gerüst gestützt, einen Ehrenplatz am Fenster. Man bedeckte die Augen des toten Tieres mit Silbermünzen und steckte ihm Ringe an die Klauen. Dann begann ein Fest, das sich über mehrere Tage hinzog. Ein deftiges Fest. Jeder Gast, der die Stube betrat, verbeugte sich vor dem Bären und küßte ihm die Schnauze. Später sang man Lieder, und verkleidete Männer tanzten den Bärentanz.

Einige Männer trugen Masken aus Birkenrinde mit übergroßer Nase, andere hatten kleine hölzerne Waffen wie Beile und Speere dabei. Alle trugen, so Findeisens Schilderung, „am Leibe einen Gurt aus Lindenbast, an dem ein großes männliches Glied aus Holz im Zustande der Erektion angebracht ist. Diese Akteure führen unter Andrem sehr unanständige Szenen aus dem Tierleben auf, welche aber nicht nur von den Männern, sondern auch von dem schönen Geschlechte und den Kindern mit allgemeinem Wohlgefallen und Jubel aufgenommen werden."

In manchen Gegenden bewahrte man das Fell 40 Tage auf, feierte am 9., 16. und 36. Tage nach dem Tod noch einmal, diesmal in aller Stille.

Die Tschuktschen, Korjaken und Kamtschadalen in Nordostsibirien vollzogen nicht nur am Bären, sondern auch bei anderen Jagdtieren eine magische Wiederbelebung. Dabei legte man die Knochen von Landtieren auf die Erde, die von Vögeln warf man in die Luft, die von Walen und Seehunden warf man ebenso wie die Fischgräten ins Meer. Dazu beteuerten die Jäger laut ihre Unschuld am Tode der Tiere: „Die Rentiere sind in die Tundra gelaufen!" – „Die Seehunde haben sich ins Meer begeben!"

Bei den Lamuten, ebenfalls ein Volk aus dem Norden Sibiriens, war es üblich, die Bärenknochen säuberlich zum Skelett zu ordnen, sie zusammenzubinden und genauso wie einen menschlichen Leichnam auf ein Bestattungsgerüst im Wald zu legen.

Dazu Josef Haekel in einer Abhandlung über die Religion der Jägervölker: „Diese Ambivalenz zwischen der Notwendigkeit, dem Tier das Leben zu nehmen, und der Scheu, dies vollführen zu müssen, ist ein typischer Zug der Mentalität vieler Stämme..."

Ähnlich wie sibirische Jäger verhalten sich die Eskimo. Auch sie bitten das getötete Tier um Verzeihung, schieben Fremden und Feinden die Schuld am Töten in die Schuhe. In ihrer Vorstellung haben Tiere eine Seele, die Verderben bringen kann. „Die größte Gefahr des Lebens", so sagen die Eskimo, „liegt darin, daß die Nahrung des Menschen gänzlich aus Seelen besteht. Alle Tiere, die wir töten und essen, haben Seelen, wie wir sie haben, Seelen, die nicht mit dem Körper vergehen und versöhnt werden müssen, damit sie sich nicht rächen, weil wir ihnen den Körper genommen haben."

Die magische Wiederbelebung eines zerstückelten Leichnams spielt auch in der religiösen Vorstellung bäuerlicher Kulturen eine Rolle. Hier steht allerdings kein Tier im Mittelpunkt des Rituals, sondern eine Gottheit, aus der eine Nutzpflanze wurde.

Bärenkult, magische Wiederbelebung und das Darbringen eines besonderen Tieres muß man als Versöhnung mit den Tieren oder einer Gottheit, beziehungsweise als Geschenk auffassen.

Mit dem getöteten Gott hat es eine andere Bewandtnis. Im Ritual der frühen Bauern geht es nicht um eine Versöhnung, sondern um das wieder und wieder inszenierte Heraufbeschwören eines mythischen Ereignisses, in dessen Verlauf der Gott getötet wurde und sich in eine Pflanze verwandelte. Dabei kann die Gottheit durch ein bestimmtes Tier verkörpert werden, zum Beispiel durch ein Schwein, oder aber durch einen Menschen. Dieser Stellvertreter, so führt der Ethnologe Ad. E. Jensen aus, verkörpert „die Gottheit selbst in dem gleichen Sinn, wie bei uns auf der Bühne ein Darsteller etwa den König Lear repräsentiert und während des Spieles mit ihm identisch ist". Die Heraufbeschwörung des mythischen Geschehens dient „als festliche Erinnerung daran, daß das Essen der Nutzpflanzen in Wahrheit ein Essen der Gottheit ist, die sich bei deren Tötung in die Nutzpflanzen verwandelt hat". Und genau so wie einst die Gottheit wird auch der Stellvertreter getötet und rituell verspeist. Vorher jedoch findet die schon oben erwähnte *„Heilige Hochzeit"* statt. Die sexuelle Vereinigung des „Gottes" mit einer Priesterin soll die Fruchtbarkeit der Felder das Jahr über sichern.

Rituelle Tötung und *Gott-Essen* haben im Christentum überdauert. Beim Heiligen Abendmahl verspeisen die Gläubigen noch immer den Leib Gottes in Form von Oblaten, trinken Wein anstelle seines Blutes.

Die Erinnerung an diese Rituale früher bäuerlicher Gemeinschaften hat sich in Bräuchen zum Erntedank und zu Ostern bis in unsere Zeit erhalten. Sie ist auch in Märchen und Sagen noch lebendig, zum Beispiel im Märchen vom „Machandelboom", dem Wacholderbaum.

Da enthauptet eine Frau ihren Stiefsohn mit dem Deckel einer Apfelkiste, setzt ihm, um die Tat zu vertuschen, den Kopf wieder auf die Schultern und setzt den Leichnam auf einen Stuhl. Die Tochter der Frau stupst ihren bleichen Stiefbruder an, um ihn zum Reden zu bringen, und glaubt, sie hätte ihn umgebracht, als der Kopf vom Körper rollt. Daraufhin nimmt die Frau den Jungen, hackt ihn in Stücke, tut sie in einen Topf, kocht ihn in Essig zu Schwarzsauer und gibt es dem Vater zu essen. Der läßt es sich schmecken und wirft die Knochen achtlos hinter sich. Marlenichen, die Schwester, aber holt ein Tuch, sammelt die Knochen und legt sie unter den Wacholderbaum, wo die Mutter des Jungen begraben liegt. Durch den Baum geht ein Nebel, durch den Nebel brennt ein Feuer, aus dem Feuer fliegt ein schöner Vogel, der singt:

> Meine Mutter, die mich schlacht',
> Mein Vater, der mich aß,
> Meine Schwester, das Marlenichen
> Sucht alle meine Beenichen,
> Bind't sie in ein seiden Tuch,
> Legt's unter den Wacholderbaum.
> Kiwit, Kiwit,
> Was für ein schöner Vogel bin ich.

Auf die rituelle Zerstückelung folgt das kannibalische Mahl mit anschließender Wiederbelebung. Dabei wird der Junge jedoch zunächst in einen Vogel verwandelt, der vielleicht die Seele symbolisiert. Andererseits sind Vögel auch Hilfsgeister der Schamanen, die sich im Laufe ihrer Ausbildung einer mythischen Zerstückelung mit magischer Wiederbelebung unterziehen müssen. Eine Zeremonie, wie sie in der „Edda" für den germanischen Gott Odin beschrieben ist, den die beiden Raben Hugin und Munin begleiten.

Leibhaftig – wiederum in Flammen verwandelt – erscheint der Junge erst dann wieder, als er seine Stiefmutter mit einem herabgeworfenen Mühlstein getötet hat. Völlig ungerührt setzen sich die Kinder mit dem Vater zu Tisch. An dieser Stelle müßte eigentlich die *Heilige Hochzeit* folgen, doch die läßt das Märchen weg.

Daß die Märchen von Hexen und Riesen, die Menschen fressen, nicht symbolisch gemeint sind, sondern konkrete Ereignisse überliefern, belegen eine Reihe von Ausgrabungen. Bei Schäßburg in Siebenbürgen stießen Archäologen auf einen tönernen Herd mit einer Deckplatte, die Brandspuren trug. Rings um den Herd lagen Scherben, dazwischen heile Gefäße, und Unmengen von Haustierknochen – vermischt mit Knochen von Menschen.

Einer der Töpfe barg im Inneren ein komplettes Kinderskelett, in einem anderen lag ein einzelner Kinderschädel.

Aufgeschlagene Knochen von Menschen und Tieren, zum Teil mit Brand- und Schnittspuren sowie zertrümmerte Schädel lagen auch in den Bad Frankenhausener Gipshöhlen im Gebiet des Kyffhäusers, wo der Sage nach Kaiser Barbarossa schläft. Allein in Höhle Nummer sieben fanden sich Reste von fünfzig Menschen.

Eine Herdstelle mit Holzkohle und Kochtöpfen befand sich auch in der Leichenhöhle bei Eisborn in Westfalen. Neben Bruchstücken von menschlichen Kiefern barg die niedrige Kammer von dreimal fünf Metern zwölf Schädelreste, zwölf Fingerglieder und an die 400 menschliche Zähne. Vor dem Eingang der Kammer hatte man zwei Oberschenkelknochen deponiert.

Drei Kultstätten aus unterschiedlichen Epochen, doch sie alle hatten mit dem Kult der Erdmutter zu tun, einer Gottheit mit zwiespältigem Charakter. Als Erdmutter sind ihr Nacht und

1873 kamen in der Großen Ofnethöhle bei Nördlingen/Bayern zwei Nester mit Menschenschädeln zutage, die mit dem Gesicht nach Westen, zum Höhlenausgang, gerichtet waren. Die seltsame Bestattung fand vor rund 10 000 Jahren statt.

Mond, Winter und Tod zugeordnet, in der Umarmung des Gottes, bei der Heiligen Hochzeit, aber wird sie, wie von Scheltema es ausgedrückt hat, zur „schönen und glänzenden Mutter der Menschen und alles Lebens".

Bei der Jungferleshöhle war es nicht geheuer, das wußte jedes Kind aus Tiefenellern in Franken. Dort spukten drei kopflose Frauen herum, und es war besser, den Ort zu meiden. Der „Zimmer-Görch" scherte sich nicht um solche Altweibermärchen. Er hatte geträumt, in der Höhle warte eine Truhe voller Gold auf ihn. Mit Spaten und Schubkarre machte er sich auf, um den Schatz zu heben, doch er fand nur Scherben und Knochen.

Von 1952 bis 1954 grub Otto Kunkel vom Bayerischen Landesamt für Denkmalpflege in der Höhle, nachdem schon die flüchtige Durchsicht des Schuttes klargestellt hatte, daß die Scherben aus der Jungsteinzeit stammen.

Die routinemäßige Suche nach einer Feuerstelle blieb ergebnislos, auch das heillose Durcheinander von Knochen, zerschlagenen Gefäßen und Steingeräten wollte in kein Schema passen. Weder Wohnplatz noch Begräbnisstätte kamen in Frage, es sah so aus, als wären die Dinge als Abfall in die Höhle geworfen worden. Das konnten eigentlich nur Bandkeramiker gewesen sein, denn aus ihrer Zeit stammten die meisten Scherben.

Die Sache ließ Kunkel keine Ruhe, und gerade weil die Fundumstände so eigenartig waren, ging er besonders pedantisch vor. In der untersten Schicht fand er schließlich einen Felsblock, der von der Decke herabgestürzt war, und der Spuren von Brandeinwirkung zeigte. Dicht dabei lag das Skelett eines Ferkels. Das brachte den Archäologen auf eine Idee. Ähnliche Funde waren von anderen Grabungen bekannt. Von Griechenland bis Indonesien kannte man den Brauch, eine Höhle mit einem Ferkelopfer zu weihen.

Ein blutiger Pfad

Fünfhundert Meter von der Jungferleshöhle entfernt kam eine bandkeramische Siedlung ans Licht, die aus der Zeit datiert, in der das Ferkelopfer stattfand. Offenbar hatte sich die Höhle durch einen Felsabbruch aufgetan, und dieses Erlebnis, so Kunkel, „bewog die Anwohner, den Erdschlund durch ein Ferkelopfer mit Feuerbrand in ersten kultischen Gebrauch zu nehmen." Nach dem Alter des Tieres zu urteilen, muß das Fest im Herbst, nach der Ernte, stattgefunden haben.

Die Menschenknochen in der Höhle stammen von 20 Individuen, mit einer einzigen Ausnahme von Frauen und Kindern. Auffällig ist, daß die Altersgruppen zwischen acht und elf und 15 bis 18 Jahren fehlen. An den Schädelfragmenten waren „methodische Öffnungen" vorgenommen worden: man hatte das Hinterhauptloch aufgeschlagen, um das Hirn zu entnehmen. An den größeren Röhrenknochen fehlen die Gelenkteile, und „an den Kiefern werden mindestens 500 Vorderzähne vermißt". Der Zustand der Zahnfächer ließ keinen Zweifel daran, daß die Zähne unmittelbar vor dem Tode oder gleich danach herausgerissen wurden.

Die anthropologische Untersuchung brachte aber noch eine weitere Überraschung: Bei den Toten handelt es sich nicht um Bandkeramiker. Nach Kopfform und Körperbau zu urteilen waren es Einheimische, Jäger und Sammler, die schon vor den Bandkeramikern hier gelebt hatten.

Die Möglichkeit, daß die Skeletteile der Jungferleshöhle aus ihren ursprünglichen Gräbern entfernt und dort ein zweites Mal bestattet wurden, schied aus, nachdem man die Höhle und ihre Umgebung auf Phosphatwerte untersucht hatte.

Im Inneren der Höhle wurden erhöhte Werte von Phosphorsäure, Kollagen und Ossein gemessen, die überall dort zu finden sind, wo leimhaltiges Material wie Knochen, Häute oder Sehnen in den Boden kommen. Auch ein Plateau südlich der Höhle und der Weg dorthin wiesen erhöhte Phosphatwerte auf. Die Ergebnisse lassen nur einen Schluß zu: Bei der Jungferleshöhle fanden einst grausige Rituale im Rahmen eines Fruchtbarkeitskultes statt.

Die Opfer, Angehörige einer Reliktbevölkerung, von den Bandkeramikern vielleicht als Wilde gefangen, wurden auf dem Vorplatz abgeschlachtet. Man riß ihnen die Zähne heraus, schlug Röhrenknochen und Schädel auf, um an Mark und Hirn zu kommen, die verspeist wurden. Vom Plateau zur Höhle zog sich ein *blutiger Pfad*, auf dem die Prozession entlangzog, wo man Fleischstücke fallen ließ und Blut verschüttete.

Die Teilnehmer werden sich in einem Rauschzustand befunden haben, und vermutlich standen auch die Opfer unter Drogen. Wir wissen, daß die Bandkeramiker Schlafmohn und Cannabis anbauten, aber auch aus einheimischen Gewächsen wie Fliegenpilz und Bilsenkraut lassen sich Rauschmittel zusammenbrauen. Der Genuß von Fliegenpilz, das „Männlein rot im Walde" aus dem Kinder-Rätsel-Lied, führt zu Halluzinationen, Delirien und Flugerlebnissen – daher auch der

Name. Fliegenpilz, Stechapfel, Eisenhut, Petersilie, Tollkirsche und Bilsenkraut, das zum Wahnsinn führen kann, waren Zutaten für die berüchtigte Hexensalbe, mit der sich *Zauberkundige* einrieben, um in der Walpurgisnacht auf den Blocksberg zu *fliegen*. Wissenschaftler haben im Selbstversuch nachgewiesen, daß die Salbe auch sexuelle Träume herbeizaubert.

Rauschzustände kann auch der Verzehr von Menschenfleisch verursachen. Die Giftstoffe Muscarin und Muscaridin, die beim Fäulnisprozeß einer Leiche entstehen, sollen zu einer *toxischen Ekstase* führen, heißt es in der Fachliteratur.

Die Erinnerung an die Vorgänge bei der Jungferleshöhle hat sich im Namen und in den Sagen über Jahrtausende hindurch gehalten. Trotz aller Skepsis hinsichtlich echter vorgeschichtlicher Tradition im Volksmund, so Otto Kunkel, „läßt sich also wohl nicht ganz von der Hand weisen, daß im Namen der Jungfernhöhle und in den mit ihr verknüpften Gespenstergeschichten eine vage Erinnerung an die einstmalige Bedeutung des Platzes noch mitschwingen könnte".

Der Mann aus dem Eis

„Um die Mittagszeit des 19. September 1991 entdeckte das Ehepaar Simon aus Nürnberg während des Abstieges von der Fineilspitze unterhalb des Hauslabjoches in einer Höhe von ca. 3200 Metern auf dem Niederjochferner eine Leiche, welche mit dem Kopf- und Schulterbereich aus dem Eis herausragte. Diesen Fund meldeten sie dem Hüttenwirt Markus Pirpamer auf der Similaunhütte. Von dort wurde die Dienststelle gegen 15.00 Uhr über diesen Leichenfund verständigt. Anhand einer AV-Karte wurde nach den Angaben von Pirpamer festgestellt, daß der Fundort knapp an der österr.-ital. Grenze im Gemeindegebiet von Sölden ist. Über diesen Vorfall wurde im Wege der Berichterstattung eine fernschriftliche Vorausmeldung abgesetzt. Auch mit den Carabinieri in Schnals wurde Kontakt aufgenommen. Der Sprengelarzt Dr. Wutsche wurde ebenfalls informiert."

Soweit der Dienstbericht des Postenkommandanten in Sölden an die Staatsanwaltschaft Innsbruck. Die Polizei stellte fest, daß keine Straftat vorlag, und daß die Leiche schon älter sein mußte. Wie alt sie wirklich war, wurde klar, als ein Kupferbeil gefunden wurde, und dann war die Hölle los, nicht nur bei Konrad Spindler vom Institut für Ur- und Frühgeschichte der Universität Innsbruck, der die Untersuchungen der *Gletscherleiche* leitet: Der österreichische Wissenschaftsminister stellte eine *Eismannkommission* auf die Beine; Juristen klärten Fragen der Staatsgrenze, ob eine Mumie ein Denkmal ist und wem die Leiche nun eigentlich gehört; für die Presse war der Gletschermann – nicht zuletzt, weil der Bergsteiger und Yetiforscher Reinhold Messmer am Fundort gesichtet wurde – eine Sensation, und schon wurden auch Stimmen laut, die von Fälschung sprachen. Wie sich das für einen *Jahrhundertfund*, der noch kaum erforscht war, gehört.

Seither ruht die kostbare Leiche in einem Spezialbehälter bei 98 Prozent Luftfeuchtigkeit und sechs Grad minus, was die österreichische Staatskasse pro Monat 15 000 Mark kostet, und beschäftigt weit über 100 Wissenschaftler der unterschiedlichsten Fakultäten, die dem *Mann im Eis* seine Geheimnisse entreißen wollen.

Er starb einsam in einer Mulde unterhalb des Hauslabjochs am Similaun-Massiv der Ötztaler Alpen, 100 Meter vom Tisenjoch entfernt, einem alten Paß, über den Hirten früher das Vieh auf die Almen der Nordseite trieben. Er suchte Schutz dort vor dem Wetter, kannte die Stelle vielleicht, denn Holzkohlenreste von Feuerstellen verraten, daß dieser Ort schon früher aufgesucht wurde, und fand den Tod. Kälte und trockene Luft mumifizierten die Leiche, dann füllten Schnee und Eis die Mulde und begruben den Leichnam 5200 Jahre lang, bis das Eis zu schmelzen begann und ihn wieder freigab.

Die Pollenanalyse ergab, daß der Mann im Herbst starb, im September oder Oktober. Um diese Zeit sind Wetterstürze mit Schneestürmen keine Seltenheit, und das Klima war damals ähnlich wie heute. Wenn sich „Ötzi", wie ihn die Boulevardpresse getauft hat, wirklich gut im Gebirge auskannte, muß man sich fragen, warum er um diese Jahreszeit relativ leicht bekleidet in die Berge stieg.

Seine Kleidung wurde nämlich aus Gemsenfell angefertigt, das man offenbar mit Pflanzensäften gegerbt hat. Die Tiere müssen im Frühjahr erlegt worden sein, weil noch wollige Haare des Winterfells vorhanden waren. „Warum", fragt Joachim Lange von der Westdeutschen Gerberschule in Reutlingen, „hat er nicht, wenn die Menschen damals schon über Schafe als Haustiere verfügten, zumindest in einigen Bereichen Wollpelze getragen, die vom Pelz her gesehen wesentlich haltbarer und auch mit Sicherheit wärmender gewesen wären?"

Daß er zumindest Kontakt mit einer bäuerlichen Bevölkerung hatte, beweisen Getreidekörner in seiner Kleidung. Er trug Hose und Anorak aus „patchwork“, aus Fellstücken, die mit Sehnen sauber zusammengenäht sind. Abnutzungsspuren zeigen, daß er nicht im Sonntagsstaat in die Berge gegangen ist. Und daß sich irgendjemand um ihn kümmerte, lassen sachkundig ausgeführte Flickstellen an der Kleidung vermuten. Grob mit Grasschnüren zugezogene Löcher und eine beinerne Nadel könnten Indizien dafür sein, daß er gelegentlich länger allein unterwegs war und kleinere Reparaturen selbst vornahm.

In den Fellhaaren hingen übrigens noch Reste von Hirschlausfliegen. „Ötzi“ selbst war ungezieferfrei. Weder Läuse oder Flöhe noch Wanzen konnten nachgewiesen werden.

Eine aus Gras geflochtene Matte scheint ebenfalls zur Kleidung gehört zu haben, wohl eine Art Schulterkragen, der vor Nässe schützte. Bei den Schuhen, so berichtet Markus Egg vom Römisch-Germanischen Zentralmuseum in Mainz, der die Ausrüstung des „Homo tyroliensis“ untersuchte, handelt es sich „um ein ovales Sohlleder, dessen Ränder hochgeschlagen und von einem kräftigen Lederriemen eingefaßt waren. An diesem Lederriemen wurde ein ganzes Netz von Grasschnüren befestigt. Diese Vorrichtung sollte das aus Wärmeschutzgründen in die Schuhe gestopfte Gras beziehungsweise Heu fixieren. Das Schnurnetz überdeckt noch eine Art Oberleder, das ebenfalls mit Schnüren befestigt wurde.“

Abgesehen von einem Schmuckstück am rechten Ohrläppchen, das verlorenging, trug der Mann einen einzigen Gegenstand bei sich, den man als Schmuck bezeichnen könnte: Eine weiße durchbohrte Scheibe aus Marmor. „Durch sie wurde“, so Markus Egg, „von oben her ein Lederriemen gezogen, an dem unten quastenartig ein Bündel gedrehter Leder- beziehungsweise Hautriemchen sitzt.“

Der Mann war erstaunlich klein. Er maß 1,58, höchstens 1,59 Meter. Im übrigen Europa lag die Durchschnittsgröße zu dieser Zeit bei 1,70 Meter. Gräberfunde im benachbarten Alpenraum zeigen jedoch, daß um 3200 v. Chr. die Menschen in dieser Region generell kleinwüchsig gewesen sein müssen. Seiner Größe entspricht das Gewicht von 43 Kilogramm. Seine Haare waren dunkelbraun oder schwarz, und es könnte sein, daß er einen Bart trug. Als er starb, war er 35 bis 40 Jahre alt, darauf haben sich die Anthropologen jedenfalls vorläufig geeinigt. Der starke Abnutzungsgrad der Zähne, der zunächst ein höheres Alter vermuten ließ, könnte sich durch Gesteinsabrieb der Getreidemühlen im Mehl erklären oder durch bestimmte Tätigkeiten, wie das Kauen von Leder und Sehnen.

Augenfarbe und Blutgruppe wurden noch nicht bestimmt. Über Krankheiten und eventuelle Anomalien werden medizinische Untersuchungen Auskunft geben, die noch anstehen. Nach letzten Meldungen scheint er vor seinem Tod einen schweren Unfall gehabt zu haben: das Nasenbein und einige Rippen waren gebrochen, die Zehen erfroren. Unter „Besondere Kennzeichen" läßt sich schon heute etwas in seiner Personenbeschreibung vermerken: Der Mann war tätowiert. Am Rücken links von der Wirbelsäule befinden sich fünf Zentimeter lange blauschwarze Linien, jeweils vier, drei und vier über- einander, rechts der Wirbelsäule ein weiteres Dreierbündel. Tätowierte Linien und Kreuze wurden auch an den Beinen, vor allem im Bereich der Fußgelenke festgestellt – allem Anschein nach Spuren ärztlicher Behandlung.

Seit altersher wird in der Volksmedizin die *Kauterisation* angewendet, bei der mit Ätzmitteln oder Brenneisen Hautzeichen angebracht werden, die vor allem Rheuma und Arthritis lindern sollen. In Tibet brennt man noch heute Kräuter in die Haut von Patienten, die unter Gelenk- oder Rückenschmerzen leiden.

Genau diese Beschwerden haben wohl auch dem Mann im Eis zu schaffen gemacht: Die Röntgenaufnahmen zeigen degenerative Veränderungen an der Lendenwirbelsäule sowie Abnutzungserscheinungen an Knie- und Sprunggelenken.

Etwa zu der Zeit als der Mann vom Hauslabjoch lebte, wurden immer häufiger Kampfwaffen wie Streitäxte und Keulen verwendet, und in Talheim, Baden-Württemberg, wurde ein Massengrab freigelegt, dessen Skelette Hiebspuren tragen. Die geschliffenen Steinbeile aus Serpentin, Grünschiefer oder Nephrit dienten also nicht nur zum Fällen von Bäumen.

Wälle, Palisaden und Gräben auch in anderen Teilen unseres Landes zeigen, daß es sich bei diesen Zusammenstößen nicht um vereinzelte Vorfälle handelte, bei denen Nachbarn wegen versetzter Grenzsteine oder gestohlenem Vieh aneinandergerieten. Keulen und Streitäxte sind Kriegswaffen, die Bauern an sich nicht im Haus herumliegen haben. Noch im Mittelalter zogen sie mit Mistgabeln und Dreschflegeln gegen Feinde los.

In der Jungsteinzeit häufen sich auch Skelettfunde, an deren Schädel chirurgische Eingriffe vorgenommen wurden. In einigen Fällen konnten sie mit Kriegsverletzungen in Zusammenhang gebracht werden.

Solche Schädelöffnungen wurden offenbar bei Lebenden und bei Toten vorgenommen. In einem ungewöhnlich tief ausgeschachteten Grab bei Lingolsheim in der Nähe von Straßburg hatte man zum Beispiel einen hochgewachsenen Mann mit reichen Beigaben beerdigt. Sein Schädel wurde zweimal trepaniert, einmal zu Lebzeiten und einmal nach dem Tode. Letzteres ist, genau genommen, nicht zu beweisen. Wahrscheinlicher ist, daß er die zweite Trepanation nicht überlebte. Postmortale Schädelöffnungen kommen eigentlich nur dann in Frage, wenn mehrere unverheilte Löcher vorhanden sind.

Untersuchungen zufolge überlebten bis zu 88 Prozent der Patienten eine derartige Operation, das beweisen Verwachsungen an den Rändern der Öffnungen. Regelrechte Trepanationszentren gab es in Frankreich, England, Dänemark, Schweden, Böhmen und im sächsisch-thüringischen Raum. Ob die Patienten vor dem Eingriff, den die neolithischen Gehirnchirurgen mit steinernen Klingenkratzern durchführten, betäubt wurden, ist nicht zu beweisen. Der Vorgang selbst aber läßt sich aufgrund der Löcher rekonstruieren. Die eine Methode bestand darin, eine muldenförmige Vertiefung auszuschaben. Bei der zweiten Methode, der Schneidschabtechnik, wurden Knochenscheiben *herausgefräst.* Diese Scheiben wurden gelegentlich als Amulett getragen.

Der Paläontologe Hans-Dietrich Kahlke untersuchte das Trepanationszentrum in Sachsen-Thüringen, das die höchste Überlebensrate aufweist, und kam zu dem Ergebnis, daß hier „die Trepanationsöffnungen hauptsächlich auf der linken Schädelseite, und zwar über der Schläfenlinie im Bereich der Kreuznaht beziehungsweise in ihrer Nähe auf dem Stirnbein ... liegen. Eine weitere Häufung ist genau auf der entsprechenden rechten Schädelseite zu verzeichnen, und das dritte Lokalisationszentrum erfaßt den hinteren Bereich des rechten Scheitelbeines.“ Von 50 trepanierten Schädeln waren 93 Prozent männlich.

Ein Schädel von Wechmar, Kreis Gotha, weist zwei erfolgreiche Trepanationen auf, und die wurden aus gesundheitlichen Gründen vorgenommen. Eine „ausgeprägte, unregelmäßige Reliefbildung in Form von knotenartigen Verdickungen beziehungsweise entsprechenden Vertiefungen“ zeigt, daß sich unterhalb des Schädelknochens ein Abszeß oder Tumor gebildet hatte. Die Trepanation konnte zumindest die Schmerzen lindern.

Auffallend viele Skelette, deren Schädel trepaniert waren, weisen Knochenbrüche, chronische schwere Zahnleiden und andere schmerzauslösende Krankheitsbilder auf, die eine Heilbehandlung vermuten lassen.

Über eine Trepanation, die ein afrikanischer Medizinmann vor 40 Jahren am Viktoria-See durchführte, gibt es Augenzeugenberichte und einen Dokumentarfilm.

Der Patient, ein Mann um die 40, macht es sich auf dem Operationstisch aus Ästen mit darübergestreuten Blättern bequem, dann rasiert ein Gehilfe seinen Schädel. Ein anderer bringt eine Kalebasse mit Wasser. „Dann taucht der Ababari seine Werkzeuge in das Wasser: ein uraltes Taschenmesser, schmiedeeiserne Schabwerkzeuge mit einfachem Holzgriff und einige Sonden aus altem Draht. Zwischendurch wäscht er seine Hände in der Kalebasse... Dann zieht der Ababari mit dem alten Taschenmesser einen langen Schnitt in die Schädelhaut, der Patient bäumt sich auf, die Assistenten tupfen mit Blätterbüscheln das Blut auf, die sie dann hinter sich werfen. Der Patient stöhnt leise, der Ababari reißt die Kopfhaut hoch und schiebt sie zur Seite; die Assistenten tupfen Blut, die Männer drücken den leise Stöhnenden in die Blätter. Bald verliert er die Besinnung.

Dann nimmt der Ababari den Schaber aus der Kalebasse, Strich um Strich zieht er die Schneide quer über den Kopf, immer tiefer dringt das Eisen in das Schädeldach ein. Der Patient liegt in tiefer Ohnmacht. Fast zwei Stunden schabt der Alte, dann bricht die hautdünne Schädeldecke ein. Vorsichtig entfernt der Alte einige Knochensplitter und bedeckt die große Wunde mit einem Blatt. Dann wird der Patient in die Hütte getragen, die Operation ist vorbei. Zwei Gehilfen bleiben für drei Tage bei dem Operierten: Sie verjagen die Fliegen von der Wunde und hindern den Patienten, mit den Händen in die Wunde zu fassen. Nach dieser Zeit wird die Wunde mit flüssiger Butter bestrichen, und der Patient wird in seine Hütte gebracht."

Doch zurück zu „Ötzi". Bevor er sich in der Mulde niederlegte, wo er einschlief und erfror, deponierte er seine Ausrüstung fünf Meter weiter auf einem Felsabsatz. Dort fanden sich bei der archäologischen Nachuntersuchung Teile einer Rückentrage, ein Bogen aus Eibenholz, ein Felltäschchen, dicke gedrehte Grasschnüre, ein Köcher mit vierzehn Pfeilen und ein geschäftetes Kupferbeil. Bei der Leiche, beziehungsweise in der Nähe, kamen ein Feuersteindolch, Reste eines zylindrischen Behälters aus Birkenrinde und eines grobmaschigen Netzes zum Vorschein.

Das Beil gehört zum Typ der „Randleistenbeile", die damals in ganz Europa verbreitet waren. Mit einer Klinge von neuneinhalb Zentimeter Länge ist dieses Exemplar allerdings recht klein. Langbogen und Pfeile könnten den Mann als Jäger ausweisen. Merkwürdigerweise waren diese Waffen aber bis auf zwei Pfeile noch nicht einsatzfähig. Offenbar hatte er vor, sie unterwegs fertigzustellen, denn das Ledertäschchen enthielt entsprechendes Handwerkszeug samt einer sieben Zentimeter langen Feuersteinklinge, deren Abnutzung, der „Sichelglanz", dem Archäologen verrät, daß er damit Gräser für die Schnüre geschnitten hat. Eine schwarze Masse aus dem Täschchen, die man zuerst für Birkenteer, der als Kitt diente, hielt, entpuppte sich als Zunderschwamm, der noch Pyritspuren enthielt – ein Feuerzeug.

Außer diesem Zunderschwamm, der noch im Mittelalter als blutstillendes Verbandsmaterial benutzt wurde, trug der „Mann im Eis" zwei kindsfaustgroße Stücke eines Pilzes, auf Riemen aufgefädelt, bei sich. Es handelt sich dabei um einen Porling, genauer gesagt um den Birkenporling, der eine antibiotisch wirksame Substanz enthält, ebenfalls blutstillend wirkt und Halluzinationen hervorruft. Die Indianer an der Nordwestküste Amerikas nennen ihn bezeichnenderweise „Geisterbrot", und sie verwenden ihn bei bestimmten Festen als Halluzinogen, als Droge.

Warum der Mann allein in die Berge stieg, werden wir niemals erfahren. Als Hirte hätte er sicher wärmere Kleidung getragen, als Jäger wäre er mit funktionsfähigen Waffen aufgebrochen. Möglicherweise war er Prospektor, auf der Suche nach Erzlagerstätten, doch auch in diesem Fall geben die halbfertigen Waffen keinen Sinn.

Bliebe die vierte Deutung, zu deren Unterstützung eben diese halbfertigen Waffen, die Tätowierungen und die Drogenpilze angeführt werden: Ein Schamane, unterwegs in der Einsamkeit, um Göttern und Geistern nahe zu sein. Damit wären die Ungereimtheiten geklärt, doch man sollte vorsichtig damit sein, alles, was Rätsel aufgibt, dem Bereich Kult zuzuordnen.

Sonne, Mond und Sterne

Da, wo ich wohne, ist das Land eben wie ein Brett. Nach Nord, West und Süd jedenfalls, nach Osten hin schließt sich die Geest an, mit den Kliffs der alten Strandlinie, Hügelchen und Tälern, die nur einen Flachlandbewohner an die Schweiz erinnern können. Es ist ein Land des Windes und der Regenbögen, ein Land des Himmels und des weiten Horizonts. Von meinem Schreibtisch aus schaue ich nach Westen, wo abends die Sonne dem grünen, braunen und gelben Land, von Gräben durchzogen, entgegenrollt, um in der Nordsee zu versinken. Im Dezember, um die Zeit der Wintersonnenwende, hockt der rotgelbe Ball minutenlang überm Wäldchen linkerhand, wird, dem bloßen Auge sichtbar, wie von Geisterhand auf die Nachtseite gezogen, ein letztes Glimmen, dann färbt sich der Himmel von Purpur bis Türkis, und die ersten Sterne schimmern. Der Mond steigt im Osten auf, beginnt seine nächtliche Reise übers Firmament. Jeden Tag etwa 50 Minuten später. Wenn nach zwei Tagen Neumond die schmale Sichel aufs neue erscheint, dreht sie sich im Laufe ihrer Bahn, senkt sich schließlich dem Meer hinter den Deichen zu wie ein offenes Boot.

Der Mensch entdeckt Himmel und Erde

Um Mittsommer verharrt die Sonne weit rechts im Norden ein paar Tage lang scheinbar an derselben Stelle, so als könne sie sich nicht entschließen, den Weg zurück, dem Winter zu, einzuschlagen. Zur Johannisnacht verschwindet sie wenige Stunden nur in der unteren Welt, Stunden, in denen es hier nicht wirklich dunkel wird.

Und in klaren, frostigen Winternächten läßt das Funkeln von Myriaden von Sternen vorm samtblauen Himmelsgrund vergessen, daß sich hier oben um diese Jahreszeit schon bald nach Mittag die Dämmerung übers Land breitet. Eine Zeit, wenn Wotan, der Wilde Jäger, mit seinem Heer der verlorenen Seelen im Sturm durch die Lüfte braust, wenn *zwischen den Jahren*, in den Zwölf Nächten der Alten, keine Wäsche auf der Leine hängen darf, denn „das gibt Totenlaken"; wenn die Erdmutter, Frau Holle, ihre Betten schüttelt und in allen Häusern Kerzenlicht brennt. Wenn das Sternbild des Orion, auch er ein nächtlicher Jäger, den nördlichen Himmel beherrscht.

Das lautlose Schauspiel von Sonne, Mond und Sternen muß die Menschen beeindruckt haben, seitdem sie zum ersten Mal den Blick gen Himmel erhoben, begannen, Bezüge zwischen sich selbst und Zeit und Raum herzustellen. Der durch ein Kreuz geteilte Kreis, das Schachbrettmuster bis hin zum Mühlespiel mögen sichtbare Stationen einer immer komplizierteren kosmischen Ordnung sein, die sich Menschen zu-

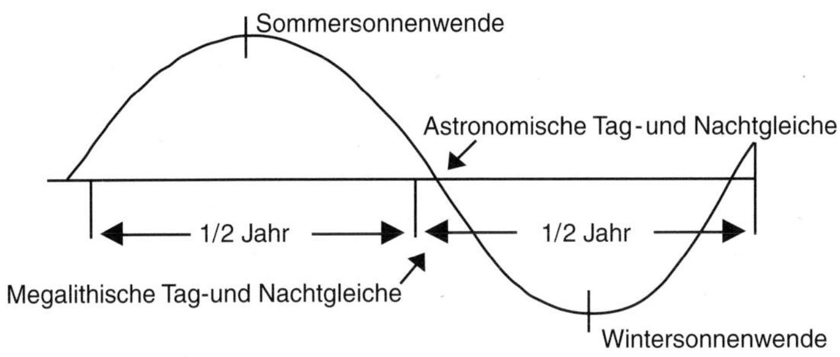

Die Tag- und Nachtgleiche der megalithischen Baumeister verschob sich zu den astronomischen Äquinoktien so, daß das Jahr nach Kalendertagen halbiert wurde.

rechtlegten. Was diese Zeichen und Symbole wirklich bedeuten, können wir nur ahnen. Sie wurden durch die Jahrtausende weitergereicht, und als in Sumer, Indien und Ägypten Priester und Astronomen daran gingen, ihre Bedeutung schriftlich festzuhalten, mag sich die *ursprüngliche Bedeutung* mit den veränderten Lebensbedingungen längst gewandelt haben.

Sicher ist, daß bereits die Jungpaläolithiker die Gestirne beobachteten und Zusammenhänge zwischen den periodischen Mondphasen und dem Fruchtbarkeitszyklus der Frau entdeckten. Das Elfenbeinplättchen aus dem Geißenklösterle könnte – wie schon erwähnt – auf einen Mondkalender hinweisen. Welchen praktischen Nutzen er hatte, wissen wir nicht. Für Menschen, die Landwirtschaft betreiben, taugt er nicht viel, denn er hält nicht mit den Jahreszeiten Schritt. In islamischen Ländern, die noch nach dem Mond rechnen, wandert daher der Fastenmonat Ramadan quert durchs Jahr.

Mit der Sonne liegen die Dinge relativ einfach. Das „tropische Jahr“, der Zeitraum zwischen zwei aufeinanderfolgenden Durchgängen der Sonne auf ihrer scheinbaren Bahn durch den Frühlingspunkt, zählt 365 Tage, 5 Stunden, 48 Minuten und 46 Sekunden oder 365,242199 Tage.

Beim Mond ist die Sache etwas komplizierter. Der Name hat mit *messen* zu tun, und sein Umlauf unterteilt das Jahr in Monate oder „Monde“. Ein siderischer oder periodischer Monat bezeichnet den Zeitraum, der im Durchschnitt zwischen zwei Durchgängen des Mondes durch den Deklinationskreis eines bestimmten Sterns liegt. Das sind 27 Tage, 7 Stunden, 43 Minuten und 11,5 Sekunden oder 27,321661 Tage.

Ein synodischer Monat bezieht sich auf die Begegnung mit der Sonne, umfaßt die Zeitpanne zwischen zwei aufeinanderfolgenden Vollmond- oder Neumondphasen, die er braucht, um die Sonne aufs neue zu erreichen: 29 Tage, 12 Stunden, 44 Minuten und 2,9 Sekunden oder 29,530589 Tage.

Schließlich gibt es noch den drakonitischen, den Drachenmonat, der mit Sonnen- und Mondfinsternissen zu tun hat. Zweimal im Monat durchschneidet der Mond die Finsternislinie, die „Ekliptik“. Diese beiden *Knoten* heißen auch Drachenkopf und Drachenschwanz. Eine Finsternis tritt jedoch nur dann ein, wenn der Mond die Ekliptik in einer Neumond- oder Vollmondphase passiert. Den Drachenmonat mißt man nach der Zeitspanne zweier Durchgänge des Mondes durch denselben Knoten, das sind 27 Tage, 5 Stunden, 5 Minuten und 35,8 Sekunden oder 27,212220 Tage.

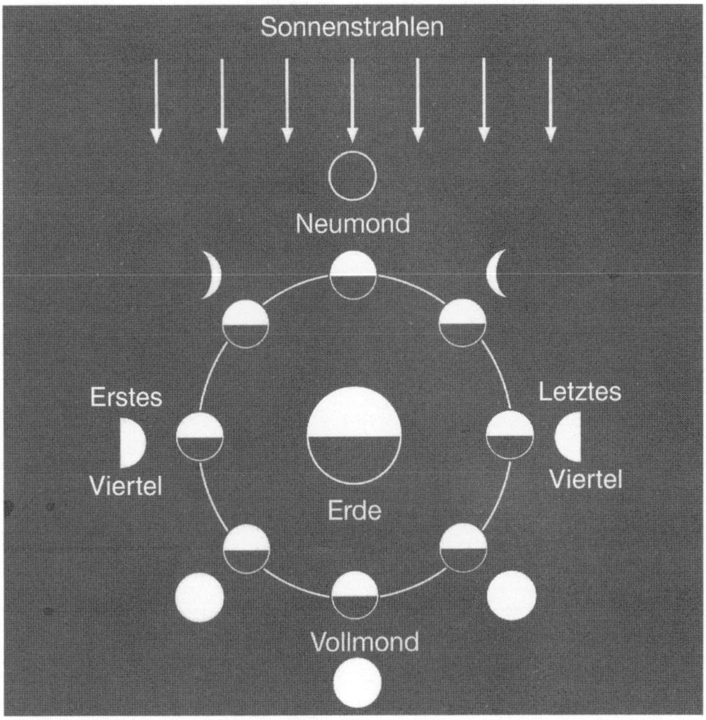

Die Mondphasen im Monatszyklus.

Nach 9,3 Jahren gelangt der aufsteigende an die Stelle des absteigenden Knotens, nach 18,6 (19) Jahren ist also ein ganzer Umlauf vollendet, der vom Extrem des nördlichsten zum Extrem des südlichsten Mondaufganges reicht. Man spricht hier von Mondwenden. Im Jahr einer sogenannten großen Mondwende erreicht der Wintervollmond beim Aufgang seine nördlichste Position am Horizont, noch im selben Jahr erreicht der aufgehende Vollmond im Sommer sein südlichstes Extrem, 9,3 Jahre später erfolgt dann eine kleine Mondwende.

Steinkreise und Observatorien auf der Iberischen Halbinsel, in Frankreich, auf den Britischen Inseln, in Deutschland und Skandinavien zeigen, daß hier vor mehr als 5000 Jahren nicht nur der Zyklus der Mondwenden bekannt war, sondern auch der kritische Zeitpunkt, an dem Finsternisse eintreten können.

In einigen Gegenden treten Observatorien und Gräber aus großen Steinen gleichzeitig mit ersten Gegenständen aus Bronze auf. Beide Neuerungen gehen jedoch nicht unbedingt Hand in Hand. Bauten aus großen Steinen finden sich fast überall auf der Erde, vorwiegend in Küstennähe. Daher nah-

In der Nähe von Carnac, in der südlichen Bretagne, befinden sich vier „alignements“, kilometerlange Alleen aus stehenden Steinen, bis zu zwölf Reihen nebeneinander- Observatorien der Megalith-Astronomen.

men die Altertumsforscher früher an, ein Volk von Seefahrern hätte die Großsteinbauweise verbreitet. Heute sieht man die Dinge differenzierter, geht davon aus, daß die Megalithik, „das Bauen mit großen Steinen“, keinem bestimmten Volk zu verdanken ist. Die Archäologen haben sich auf den Begriff Megalith-Idee geeinigt und darauf, daß Gräber und Steinkreise, wie sie auch bei uns zu finden sind, ihren Ursprung auf der Iberischen Halbinsel haben, weil sich dort die ältesten fanden.

Bis ins 18. Jahrhundert hinein glaubte man, die Steinsetzungen seien das Werk von Riesen. Nur Wesen mit übermenschlichen Kräften könnten Blöcke von hundert Tonnen und mehr übereinandertürmen. Und eben diese Riesen äßen auch Menschenfleisch.

Der dänische König Frederik VI. kam der Sache sehr viel näher. 1863 schrieb er: „Durch hölzerne Keile, Schwungkeulen und Hebebäume mußte man den Stein ungefähr einen Fuß heben können, erst das eine Ende und dann das andere, und mußte man dadurch Balken unter denselben schieben können, welche gleichsam als Schienen oder Bahn dienen sollten.

Wenn der Stein mit seiner flachen Seite auf diesen Balken ruhte, mußte er wieder auf dieselbe Weise gehoben werden und man konnte dann Rollen zwischen dem Stein und den Balken anbringen, wodurch die Bewegung in hohem Grade erleichtert werden mußte. Man konnte nun starke Taue aus Haut um den Stein schlingen und an diesen Tauen mit den vereinigten Kräften von Menschen und Ochsen ziehen."

Daß sich nicht nur Gelehrte über die Entstehung der Hünenbetten den Kopf zerbrachen, berichtet der Weltreisende J. G. Kohl. In seinen „Nordwestdeutschen Skizzen" erwähnt er einen Bauern namens Grumfeld aus Westerholte bei Bersenbrück, der sich seine eigene Theorie zurechtgelegt hatte. Er war der Ansicht, man hätte die Steine im Winter transportiert. „Auf gefrorenem Schnee... sei es leicht, die größten Blöcke mit Stricken zu bewegen. Mit Hilfe des Schnees und Eises, glaubte er, hätten sie auch die ‚Decksteine' auf die kleinen Träger hinaufgebracht. Diese letzteren hätten sie erst in ihrer Ordnung aufgestellt, dann hätten sie dieselben unter Schnee begraben und darauf zu diesem Schneehügel eine lange, allmählich aufsteigende Schnee- und Eisbahn mit Hilfe aufgegossenen Wassers hergestellt."

Der Brite John Coles, der die experimentelle Archäologie salonfähig machte, bewies, daß man Steinblöcke auf diese Weise bewegen kann, und er kam noch auf eine weitere Transportmöglichkeit: „Der Schlitten, der 2,7 mal 1,2 Meter maß, bestand aus Balken von 15 mal 15 Zentimeter Stärke. Das Gewicht von Schlitten und Stein betrug nahezu zwei Tonnen, und dieses Gewicht wurde von 32 Schuljungen über festen Boden und Hänge von vier Grad Steigung hinaufgezogen." Noch einfacher ließ sich dieser Stein auf dem Wasserwege transportieren, auf hölzernen Planken, die über drei Paddelboote gelegt wurden. Vier Schuljungen stakten das Fahrzeug spielend stromaufwärts, und „das Gewicht von etwa zwei Tonnen ließ die Boote nur 23 Zentimeter tief ins Wasser tauchen."

Bei uns finden sich Großsteingräber in vier verschiedenen Ausfertigungen, von denen es jeweils Untergruppen gibt.

Der Dolmen oder Steintisch besteht aus vier bis sechs aufrechten Tragsteinen, auf denen ein Deckstein liegt. Darüber wölbte sich ein Erdhügel.

Die langgestreckten Gang- oder Kammergräber lagen ebenfalls unter einem Hügel. Beispiel für diesen Typ sind der Denghoog bei Wenningstedt auf Sylt und die „Sieben Steine" bei Fallingbostel in der Lüneburger Heide.

Galeriegräber sind längliche Kammern mit Zugang an der Stirn- oder Längsseite.

Auf der Ahlhorner Heide bei Wildeshausen im Oldenburgischen sind eine Reihe von Großsteingräbern erhalten.

Eine Besonderheit sind die Steinkistengräber. Sie sind häufig in den Boden eingetieft, und in dem Stein, der die Vorkammer von der Hauptkammer trennt, befindet sich manchmal ein „Seelenloch."

Eines der erstaunlichsten Megalithgräber wurde schon 1884 entdeckt, und zwar in Züschen bei Fritzlar in Hessen. Die 20 Meter lange Steinkiste ist an die 4000 Jahre alt. Das für unser Gebiet Ungewöhnliche waren Zeichnungen, mit spitzem Werkzeug in Stein eingepickt: ein Rindergespann, durch ein Joch miteinander verbunden, zieht einen einfachen zweirädrigen Korbwagen. Allerdings stammt diese Zeichnung nicht von den Wänden, sie fand sich auf einem einzelnen Stein, der in der Kammer lag. Am Schlußstein des Grabes von Züschen, an der Oberkante eingemeißelt, sind Zickzackbänder – ein sogenanntes Fischgrätenband – und Schoßdreiecke.

Ungewöhnlich ist Anlage 2 von Kleinenkneten, weil sie drei Grabkammern enthält

Die meisten Großsteingräber sind zerstört worden. Die Findlinge hat man im Fundament von Kirchen, Häusern und Scheunen verbaut, mit ihnen wurden Deiche und die Hamburger Hafenanlagen befestigt, und ein Großteil endete als Straßenschotter.

Auf der Ahlhorner Heide, zwischen Wildeshausen und Ahlhorn im Oldenburgischen, sind relativ viele Anlagen erhalten, weil sie schon früh unter Denkmalschutz gestellt wurden. Am eindrucksvollsten sind Visbeker Braut und Bräutigam, die Glaner Braut, die Hohen Steine und die Kleinenknetener oder Großen Steine.

Anlage I der Großen Steine ist 70 Meter lang und sieben Meter breit. Die insgesamt 85 Findlinge wiegen 6800 Zentner, und für den Erdhügel mußten 1200 Kubikmeter Erde bewegt werden. Anlage II ist 34 Meter lang und sechs bis acht Meter breit und macht den Eindruck, als sei sie zusammengestückelt worden. Sie enthält drei Grabkammern, und das ist ungewöhnlich. Das dritte Grab in der Mitte ist vermutlich das jüngste, und es verband wohl zwei ältere Bauten miteinander.

Johannes Müller vom Institut für Ur- und Frühgeschichte in Freiburg hat per Computer die Arbeitsleistung für verschiedene Megalithanlagen berechnet, darunter auch die für die Großsteingrabanlage Kleinenkneten 1. Zunächst einmal die Arbeitsleistungen, die eine Person pro Stunde zustande bringt: Steine brechen 330 Kilogramm, Erde lockern 676 Kilogramm. Des weiteren kann eine Person in der Stunde 50 Kilogramm Steine einen Kilometer, 455 Kilogramm Erde 100 Meter weit transportieren. Will man Steinblöcke per Rollen oder Schlitten bewegen, muß man pro Tonne und Kilometer 132 Personenstunden ansetzen.

Für den Bau des Kleinenkneter Ganggrabes mußten Steinblöcke herbeigeschafft und in Gruben aufgestellt werden. Der

Ganggrab 1 von Kleinenkneten auf der Ahlhorner Heide: Berechnungen ergaben, daß bei einem Zehn-Stunden-Tag hundert Menschen das Monument mit Steinzeittechnik innerhalb von dreieinhalb Monaten bauen konnten.

Fußboden war zu pflastern, die Decksteine mußten aufgelegt, Erde für die Schüttung herbeigeschafft werden. „Die Arbeitsgänge direkt am Bauplatz“, so errechnete Müller, „belaufen sich auf 33 160 Personenstunden, davon betreffen fast 77 Prozent die Außenanlage und nur 23 Prozent Kammer- und Gangkonstruktion.“ Die meiste Zeit verschlang das Aufrichten der Trägersteine und das Auflegen der Decksteine. Allein 74 490

Personenstunden entfielen auf den Transport des Materials zur Baustelle. „Die Gesamtarbeitsleistung beträgt demnach ca. 109 500 Personenstunden, wobei das Vorbereiten des Bauplatzes unberücksichtigt bleibt. Es können zum Beispiel 100 Personen bei einem Zehn-Stunden-Tag in weniger als dreieinhalb Monaten das Großsteingrab Kleinenkneten errichten."

Holzkohlereste von Feuern datieren die Großen Steine auf 2910 v. Chr. ± 80 Jahre. Die Kammern, deren Boden mit Geröllsteinen gepflastert ist, lieferten reiche Funde wie Steinbeile, Pfeilspitzen, Bernsteinperlen und 10 000 Keramikscherben, die teilweise zu Gefäßen rekonstruiert werden konnten. Es fanden sich auch Spuren von Skeletten, deren Knochen im durchlässigen Sandboden jedoch vergangen waren. In anderen Gräbern, mit besseren Erhaltungsbedingungen, lagen Skelettreste durcheinandergeworfen, die Langknochen waren oft zerbrochen. Außerdem gibt es Gräber, in denen überhaupt keine Knochen gefunden wurden. Damit stellt sich die Frage, ob alle diese Gräber überhaupt als Gräber angelegt wurden. Es wäre durchaus möglich, daß man einige Anlagen erst später zu Gebeinhäusern umfunktioniert hat. Sicher ist nur, daß bei diesen Anlagen Feierlichkeiten stattfanden, bei denen Feuer brannten und Gefäße zerschlagen wurden. Viele Hünengräber heißen Braut oder Bräutigam, Brautbett oder Brutkamp – die Scherben erinnern an den Polterabend, der noch heute vor der Hochzeit stattfindet.

Heilige Hochzeit, die Vermählung von Himmel und Erde, wird in unseren Breiten symbolisiert durch die Strahlen der aufgehenden Sonne am Johannistag, die durch eine Öffnung in eine dunkle Kammer, den Schoß der Erde fallen.

Es gibt aber auch Gräber und Observatorien, die auf die Wintersonnenwende ausgerichtet sind. Eines der schönsten Beispiele für diese Lichtspiele ist das Ganggrab von Newgrange in Irland, in der Nähe von Dublin, das 5000 Jahre alt ist. Über dem Eingang liegt ein Türsturz, und darüber befindet sich eine kleinere Öffnung, deren oberen Schlußstein sorgfältig gearbeitete Rauten zieren. Hinter der Tür beginnt ein knapp 19 Meter langer Gang, der zur eigentlichen Grabkammer im Hügel führt, flankiert von verzierten Steinpfeilern und drei Nischen mit beckenartig geformten Steinen, deren mittlere ein dreifaches Spiralmotiv trägt. Zur Zeit der Wintersonnenwende spielt sich hier ein Lichtphänomen ab, das der Ausgräber M. J. O'Kelly im Dezember 1969 miterlebte: „Genau um 9.54 Uhr... schob sich der obere Rand des Sonnenballs über den Rand des vom Grab aus wahrnehmbaren Gesichtskreises, um 9.58 Uhr drang der erste Strahl direkten Sonnenlichtes durch die Öffnung über der Tür, den Gang und über den Grabkammerboden bis zur Vorderkante des Steinbeckens in der Endkammer. Als sich der dünne Lichtstreif auf ein 17 Zentimeter breites Band verbreiterte, das über den Grabkammerboden lief, wurde das Grabinnere in indirektes Licht getaucht, das eine dramatische Wirkung hervorrief und zahlreiche Einzelheiten der Endkammer wie der Seitenkammern deutlich sichtbar machte. 10.04 Uhr wurde das 17 Zentimeter breite Lichtband wieder schmaler, und genau 10.15 Uhr fiel kein direktes Sonnenlicht mehr ein."

Bei den Großen Steinen von Kleinenkneten fanden sich neben anderen Gefäßen sogenannte Kragenflaschen, in denen Rückstände von ätherischen Ölen und von Schwefel analysiert wurden. Pech und Schwefel aber sind mit dem bocksbeinigen Teufel verbunden, mit dem „Gehörnten", einem alten Gott, der im Fruchtbarkeitsritual eine Rolle spielte.

Daß ein Teil dieser Megalithgräber mit astronomischen Anlagen zu tun hat, konnte in den vergangenen Jahrzehnten eindeutig nachgewiesen werden. So war zum Beispiel der Denghoog auf Sylt einst Mittelpunkt einer Kalenderanlage, und vom Düfhoog bei Keitum, auf dem weithin sichtbar die Kirche St. Severin steht, nahmen vor 4000 Jahren Astronomen Sonnen- und Mondortungen vor. Der Astronom Rolf Müller hat diese Anlage vermessen. St. Severin und der „Wotanshügel", Wednshoog, sind in Nord-Süd-Richtung angelegt. Von St. Severin nach Südosten führt eine Linie über den Tipkenhoog direkt zum Aufgangspunkt der Wintersonnenwende.

Auf dem Düfhoog bei Keitum auf Sylt steht heute die Kirche St. Severin. An diesem Ort, Mittelpunkt einer astronomischen Beobachtungsstation, feierte man einst die Wintersonnenwende.

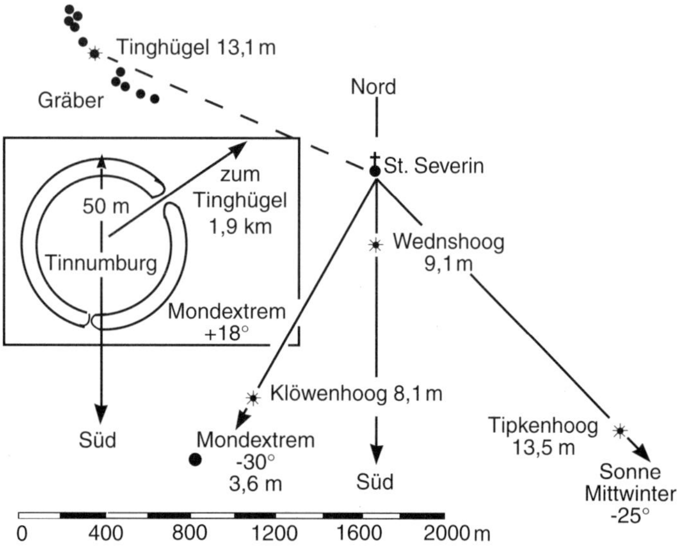

Das Gotteshaus steht nicht ohne Grund auf diesem heidnischen Hügel, vermutlich wurde hier das alte Julfest gefeiert. Um das Jahr 600 mahnte Papst Gregor I., der Große, ausdrücklich den Bischof Augustin, der die Angelsachsen missionieren sollte, man möge die Tempel der Heiden zu christlichen Kirchen umwandeln, damit ihnen möglichst wenig an alten Gewohnheiten genommen werde.

St. Severin war ebenfalls Ausgangspunkt für eine Mondortung, denn, so Rolf Müller, „die Blicklinie vom Kirchplatz zum Klöwenhoog zeigt auf den Aufgangspunkt des Mondes bei seinem südlichsten Horizontstand... Vom Mittelpunkt der Tinnumburg..., die beim südlichen Ortsausgang von Westerland liegt, geht der Blick durch die nordöstliche Wallöffnung über den Tinghügel auf den Aufgangsort des Mondes, den er zur Zeit seines Stillstandes ... einnimmt."

Mit dem Mond hat auch die Visbeker Braut auf der Ahlhorner Heide zu tun. Die vier Abschlußsteine der Anlage geben drei markante Visierkerben ab, mit deren Hilfe sich alle 19 Jahre der Mond beim Untergang im südnahem Extrem beobachten läßt.

Daß in einigen Observatorien gleichzeitig die Bahnen von Sonne und Mond erforscht wurden, ist nicht ungewöhnlich, das geschah auch bei den Externsteinen. Auf den Gelehrtenstreit um dieses *germanische Heiligtum* will ich nicht weiter eingehen. Die eher mit Ideologie und Emotionen als mit Sachverstand ausgefochtene Kontroverse ist ein Paradebeispiel dafür, daß hierzulande wissenschaftliche Arbeit, sobald die *Germanenfrage* berührt wird, schwierig, wenn nicht unmöglich ist.

Auf dem höchsten Felsen dieses Naturdenkmales befindet sich das „Turmzimmer", ein Raum, den Menschen in den Stein geschlagen haben. An der Frontseite eingelassen ist ein „Sonnenfenster" von 37 Zentimeter Durchmesser, eine Visur. Das „Turmzimmer" bietet , so Rolf Müller, „gerade wegen seiner natürlichen Lage in Richtung zum nordöstlichen Himmelsrand eine einzigartige Möglichkeit zur Beobachtung der Mittsommersonnen und des alle 18,6 Jahre um die gleiche Zeit wendenden Mittwintervollmondes (nördliches Mondextrem). Das kreisrunde Loch eignete sich dabei vorzüglich zur genauen Fixierung der Gestirnsstände."

Eben weil die Externsteine den Heiden heilig waren, nahm sich auch die Kirche ihrer an, obgleich sie in der Einöde lagen. An diesem alten Observatorium meißelten Mönche die größte europäische Plastik in *lebendigen* Fels, eine Kreuzabnahme, die hier zum ersten Mal überhaupt monumental

Kreuzabnahme an den Externsteinen. Die geknickte Irminsul neben dem Kreuz und Sonne und Mond, die, mit Tüchern halb verdeckt, den oberen Bildteil flankieren, erinnern an die heidnischen Astronomen und Priester des Heiligtums.

dargestellt wird. Das allein zeigt, welch überragende Bedeutung der Ort für die Heiden gehabt haben muß. Doch auch das Bild selbst enthält mehr oder weniger versteckte Hinweise auf die Funktion der Externsteine.

Die Darstellung gliedert sich in drei Teile. Im unteren Teil kniet ein Menschenpaar, zwischen ihnen ein Drachentier – halb Vogel, halb Schlange. Den Mittelteil beherrscht ein großes Kreuz, direkt davor Nicodemus, der Jesus vom Kreuz gelöst hat, hinter ihm Johannes , eine Anspielung auf die Sonnenwende, den Johannistag. Links vom Kreuz nimmt Joseph von Arimathia den Leichnam in Empfang. Der Oberkörper des Gekreuzigten hängt so über seiner Schulter, daß Maria, die hinter ihm steht, das Haupt ihres toten Sohnes in beiden Händen bergen kann.

Im oberen Teil schließlich, ebenfalls links vom Kreuz, eine Männergestalt, die im linken Arm ein Kind trägt. Die rechte Hand weist hinunter auf die Begegnung zwischen Jesus und Maria. Den linken und den rechten Rand schließen zwei Kreisfelder ab, das rechte glatt, das linke mit sieben Strahlenzacken. Sonne und Mond, von langherabfallenden Tüchern halb verdeckt. Direkt unter der Gestalt des Joseph von Arimathia sieht man eine geknickte Palme. Die Irminsul.

Dieses christliche Bild zeigt also den sterbenden „Jahrgott", die Begegnung zwischen Jesus und Maria erinnert an die *Heilige Hochzeit,* Johannes und die Gestirne weisen auf den Zeitpunkt der Festlichkeit und auf das Observatorium hin.

Erinnerungen an das Ritual der Vereinigung von Sonne und Erde leben in Märchen und Sagen fort. Im Märchen von Dornröschen zum Beispiel steht es, zugespitzt in der Kußszene, im Mittelpunkt. Deutlicher schildert die Perceforest-Dichtung, die um 1220 entstand, die Begegnung von Sonne und Erde. Da fällt die Königstochter in einen Schlaf, den eine der Schicksalsfrauen, die „böse Fee", ihr bei der Geburt angewünscht hat. Der Vater läßt die Schlafende auf ein Schloß tragen, „in dessen Turm ihr ein reich geschmücktes Lager bereitet ist. Dieser Turm hat nur ein einziges, nach Osten blickendes Fenster, alle anderen Zugänge außer einem unterirdischen sind vermauert; denn der Vater hegte den Glauben, daß die Götter kommen würden, die hochgebettete Schläferin zu heilen, und da er ein besonderes Vertrauen zum Sonnengotte hatte, brachte er das nach Osten blickende Fenster an." Statt der Götter erschien ein Ritter. Ein Vogel trug ihn in den Turm, er schlief mit der Prinzessin und verließ sie wieder, ohne daß sie erwachte. Neun Monat später gebar die Schlafende ein Kind und kehrte ins Leben zurück.

Hundert Jahre älter ist das „Speculum ecclesia" des Honorus von Autun. Dort befreit Christus zur Osterzeit seine Braut aus einem finsteren Turm und vermählt sich mit ihr im Gemache der ewigen Sonne.

Der Professor für Ingenieurwissenschaften in Oxford, Alexander Thom, hat in den vergangenen Jahrzehnten mehr als 300 megalithische Steinsetzungen auf den Britischen Inseln untersucht und gründlich vermessen. Entsprechend den Ortungen nimmt er an, daß das Jahr damals in 16 Monate unterteilt war. Dafür kommen drei Möglichkeiten in Frage:

1. 11 Intervalle zu 23 Tagen, 4 Intervalle zu 22 Tagen und 1 Intervall zu 24 Tagen;
2. 32 Intervalle von 11 beziehungsweise 12 Tagen;
3. 1 Jahr von 13 Monaten zu 23 Tagen und 3 Monaten zu 22 Tagen.

Durch astronomische Beobachtungen läßt sich das Sonnenjahr ohne Mühe in acht Abschnitte gliedern: Die Sonnenwenden, die Solstitien, halbieren das Jahr. Die Tag- und Nachtgleichen oder Äquinikotien gliedern es in Viertel, die noch einmal unterteilt werden durch den l. Mai (Beltane), den 1. August (Lammas, das alte Erntefest), den 11. November (Martinstag, Martinmas) und den 2. Februar (Lichtmeß, Candlemas).

Das Observatorium von Ordry in Polen, am Rande der Tucheler Heide. Hier wurden vor fast 4000 Jahren Sonnenwenden, Tag- und Nachtgleichen, der Stern Capella und vielleicht auch der Mond anvisiert.

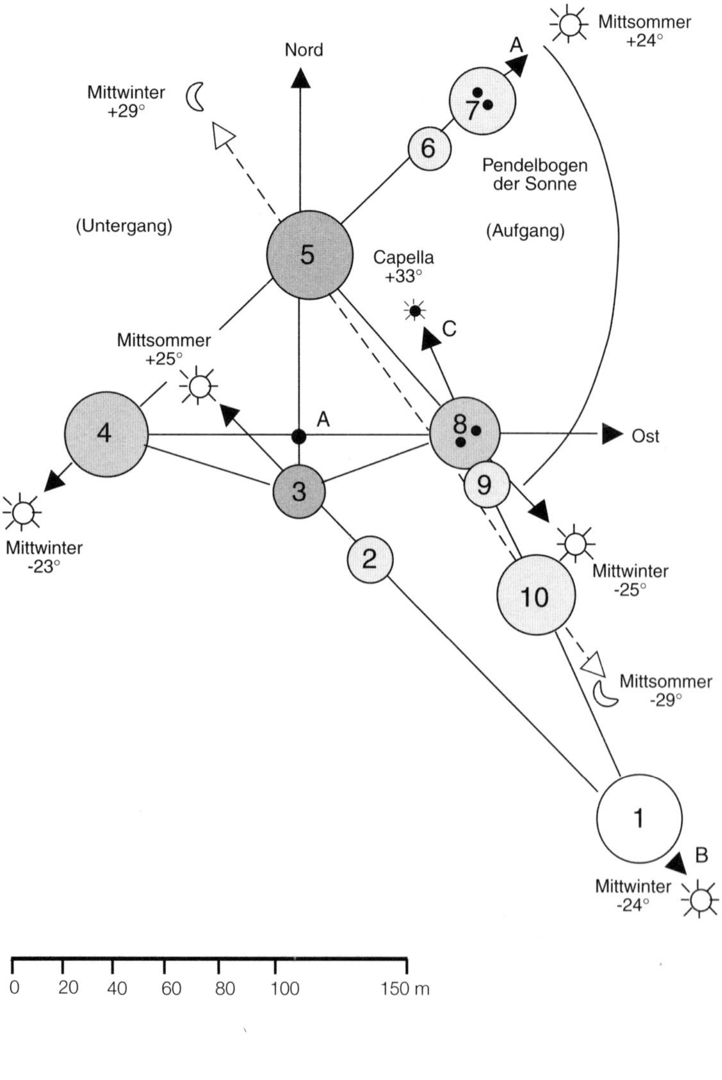

Observatorien waren nicht nur aufwendige Bauten wie die kilometerlangen Steinsetzungen von Carnac in der Bretagne oder die Tempelanlage von Stonehenge in England, sondern auch die eher unscheinbaren Steinkreise. Namen wie Jungfrudanz, Danzenstein, Steintanz oder Hünentanz verraten, daß man bei diesen Steinen einst getanzt hat.

Die Bezeichnung Kreis trifft nur bedingt zu, denn es gibt auch abgeflachte, eiförmige oder elliptische Formen. Ein Kreis ist schnell gezogen. Man schlägt einen Pflock in die Erde, befestigt ein Seil daran und ritzt mit einem Stock am anderen Ende des Seiles einen Kreis in die Erde. Für Zeichnungen auf Felsen, die kleinformatiger waren, hat man Zirkel benutzt.

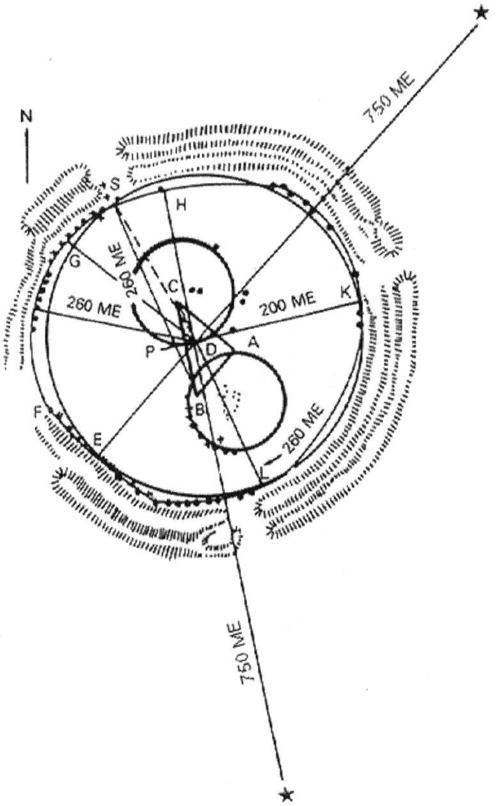

Die Steinkreise – hier der Ring von Avebury in Wiltshire wurden mit Hilfe des pythagoräischen Dreiecks und Radien denen die Megalithische Elle (ME) zugrundeliegt, konstruiert.

Eine Ellipse erhält man, wenn man zwei Kreise desselben Durchmessers zeichnet, die sich überschneiden, und die Außenlinie ergänzt. Komplizierter wird es bei den eiförmigen Steintänzen, wie bei dem von Boitin in der Nähe von Güstrow in Mecklenburg, den Rolf Müller analysierte. „Zunächst schlug man etwa vom Punkt A aus mit dem Strick den großen Bogen, der von B bis C reichte. Ein kleinerer Bogen mit dem Mittelpunkt bei D wurde, von A bis F reichend, auf dem Boden

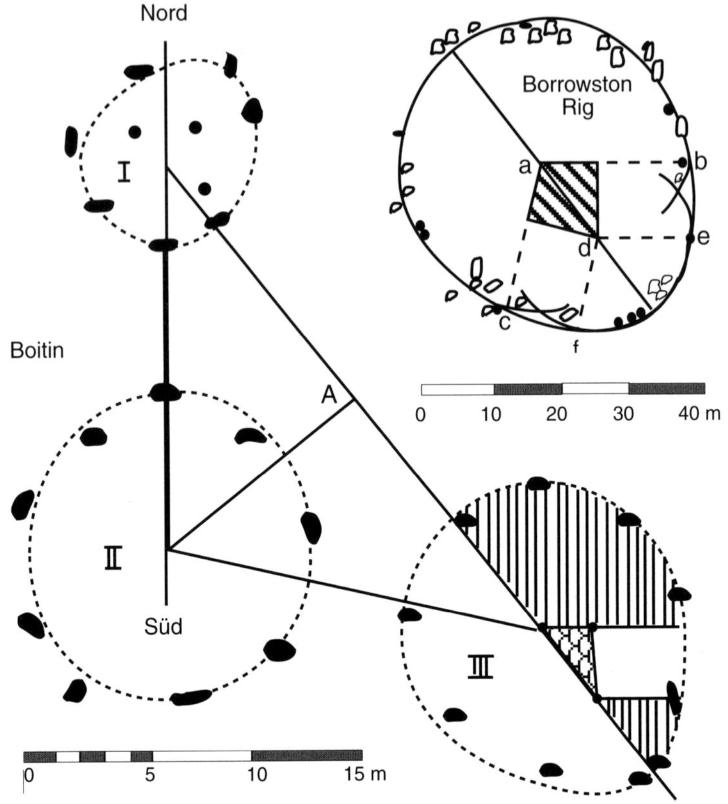

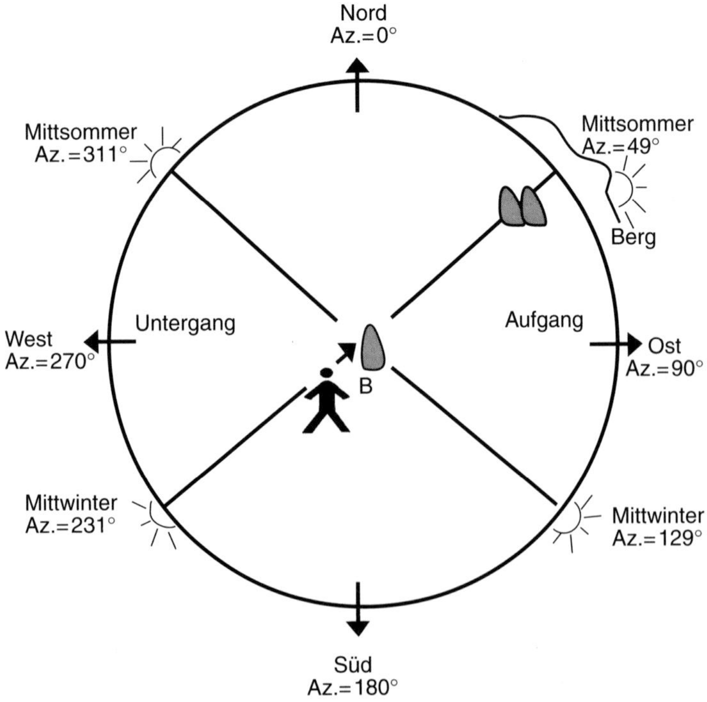

Vom Steintanz bei Boitin in Mecklenburg, einer aus vier Kreisen bestehenden Anlage, konnte man den Mond beobachten (AZ=Azimut).

markiert, wobei man diese Hilfspunkte durch die gestrichelt gezeichneten zu AB beziehungsweise AC parallel verlaufenden Linien fand. Der sich durch die gestrichelten Linien ergebende Zwischenraum wurde dann schließlich durch gerade Linien verbunden."

Der Steintanz von Boitin zeigt, daß die Maße nicht willkürlich gewählt wurden, denn die megalithischen Baumeister waren nicht nur Astronomen, sondern auch Mathematiker. Alexander Thom wies nach, daß sie ein Standardmaß von 83 Zentimeter Länge benutzten, die Megalithische Elle. Es muß, so der Ingenieur, „damals ein Hauptsitz oder eine Zentrale bestanden haben, von der aus Standardmaßstäbe ausgegeben wurden ... Die Länge der Einheitsmaßstäbe kann sich zwischen Schottland und England kaum mehr als 0,03 Fuß (knapp ein Zentimeter) unterschieden haben."

Die Maßzahl für den Umfang der Steinkreise war vorwiegend ein Vielfaches von zweieinhalb Megalithischen Ellen, und das mußte berechnet werden. Den Steinmonumenten, so stellte sich heraus, liegen rechtwinklige Dreiecke zugrunde, und man achtete darauf, daß alle drei Seiten eines Dreiecks ganzzahlige Vielfache der Megalithischen Elle hatten. Thom ist davon überzeugt, daß den Erbauern der Steinkreise der Lehrsatz des Pythagoras bekannt gewesen ist: Ein rechtwinkliges Dreieck ist die Summe der Flächeninhalte der Quadrate über den Katheten gleich dem Flächeninhalt des Quadrates über der Hypothenuse.

Mit dem Kalender hat auch ein Ganggrab in der Bretagne, der „Tisch der Kaufleute" bei Locmariaquer, zu tun. Es ist auf den Mittsommer-Aufgang der Sonne ausgerichtet. Auf einem der spitzförmigen Tragsteine sind Zeichen eingemeißelt, *Krummstäbe*, die als Ähren gedeutet wurden. Rolf Müller hat eine einleuchtendere Deutung gefunden: „Ich bin der Meinung, daß die Zeichen dieses interessanten Tragesteins des Ganggrabes ‚Table des Marchands' von bestimmten Monddaten sowie von Mond- und Sonnenfinsternissen sprechen. Bei dieser Deutung stütze ich mich auf vier Zahlenfolgen, die uns die Auszählung der Zeichen verrät. Zunächst die Krummstäbe: Ihre Anzahl beträgt 56, diese Zahl ist insofern bedeutsam, weil sie das runde Dreifache der Mondwanderung von einem Extrem zum anderen ist...

Bei der Verteilung der in zwei Reihen angeordneten Krummstäbe zählt man links 29 und rechts 27 Stäbe. Auch das sind Zahlen, die auffallenden Bezug auf den Mond haben. 29 Tage als Rundzahl ist nämlich die Zeit, die zwischen zwei gleichen Mondphasen vergeht. Man nennt dieses Zeitintervall, also etwa die Spanne zwischen zwei aufeinanderfolgenden Vollmonden, eine Mondlunation oder einen synodischen Monat. In 27 Tagen aber kehrt der Mond zum gleichen Ort am Himmel, also etwa zu dem gleichen Stern zurück (siderischer Monat). Diese Zahlenbetrachtung brachte mich darauf, daß es sich bei dem Tragstein des Grabes wohl um eine Mondtafel handeln müsse. Dieser Gedanke findet weitere Bestätigung, wenn man die kleinen Halbbögen an der linken Seite auszählt; es sind 19. Auch eine beachtenswerte Zahl, denn in rund 19 Jahren wandert der Mond, wie wir es oben erwähnten, von einem Extrem zum anderen."

19 Jahre, dieser Zeitraum spielt auch bei Finsternissen eine Rolle. Der griechische Geschichtsschreiber Diodor nennt diese Spanne im 1. Jahrhundert v. Chr. im Zusammenhang mit dem Lichtgott Apoll und den Hyperboräern, einem Volk im Norden. „Gesagt wird (von den Hyperboräern) auch, daß der Gott alle 19 Jahre die Insel besuchte, in welcher Zeit sich die Ausgangsstellungen der Sterne wiederherstellen."

Sonnen- und Mondfinsternisse.

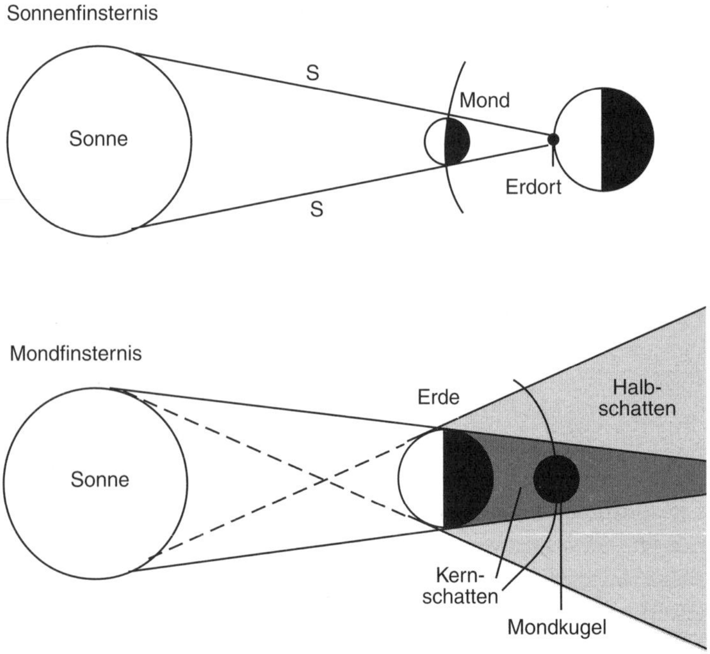

Zu einer Sonnenfinsternis kommt es, wenn sich der Mond zwischen Erde und Sonne schiebt. Bei einer Mondfinsternis dagegen steht die Erde zwischen Sonne und Mond. Eine totale Mondfinsternis kann 100 Minuten dauern, sie ist überall dort sichtbar, wo der Mond über dem Horizont steht. Eine totale Sonnenfinsternis dagegen ist nur beschränkt sichtbar, und sie dauert nur wenige Minuten.

Sonnen- und Mondfinsternisse werden in der germanischen Mythologie als schlimmste Bedrohung himmlischer und göttlicher Ordnung geschildert. Da ist der Wolf Ränke hinter der Sonne, der Wolf Haß hinter dem Mond her. Eine alte Riesin gebiert Wölfe, deren stärkster Managarm (mani = Mond und garmr = bissiger Hund) den Mond verschlingen wird. Wenn das geschieht, ist Ragnarök, der Weltuntergang nahe. Felsbilder und Schmuckstücke zeigen, wie tief diese unheilschwangeren Himmelsereignisse unsere Vorfahren beschäftigten. Das eindrucksvollste Beispiel dafür sind die beiden berühmten Goldhörner von Gallehus, die bei Tondern in Südjütland gefunden wurden.

Der Astronomiehistoriker Willy Hartner machte als erster darauf aufmerksam, „daß mit den Bildern ein magischer Zauber anläßlich eines außergewöhnlichen Naturschauspiels ausgeübt werden sollte."

Horn A bezieht sich auf eine Sonnenfinsternis, die am 16. April 413 n. Chr. um die Mittagszeit in Südjütland sichtbar wurde. Um 14.16 Uhr Ortszeit war die Finsternis total, sie dauerte maximal siebeneinhalb Minuten, und zu diesem Zeitpunkt waren die damals bekannten fünf Planeten samt Sonne und Mond wie auf einer Perlenschnur aufgereiht. Die Sonnenfinsternis, so der Archäologe Ruldolf Dehnke, fiel vermutlich auf „den Termin des sumardagr, des Sommeranfangstages, der des Neumondes wegen wohl an diesem Tage mit dem großen Frühlingsopfer feierlich begangen wurde. Möglicherweise ist also in Gallehus gerade eine umfangreiche Volksmenge beim Opfer versammelt gewesen, als die Finsternis hereinbrach." Sie muß die Menschen umso mehr verängstigt haben, als sich in den 26 vorhergehenden Jahren immer wieder Finsternisse ereignet hatten. „Am 18. August 388 hatte die letzte große ringförmige Sonnenfinsternis um 8.00 Uhr Ortszeit stattgefunden, dazu waren im Zeitraum vom 14. September 387 bis zum 4. November 412 nicht weniger als 15 totale und fünf partielle Mondfinsternisse eingetreten, die sämtlich in Gallehus sichtbar gewesen waren, sofern nicht Wolken den Himmel bedeckt hatten."

Horn B trägt eine Runeninschrift: „Ich, Hlewagast, aus dem Orte Holt, habe das Horn gefertigt." Oder: „Ich, Hlewagast, Sohn des Holt, habe das Horn gefertigt." Eine der üblichen Inschriften, vom Inhalt her. Doch die Form verrät, daß sie noch einen geheimen Sinn haben muß. Die ersten 26 Runen

Die Goldhörner von Gallehus: Horn A schildert eine Sonnenfinsternis, die am 16. April 413 n. Chr. zur Mittagszeit in Südjütland beobachtet werden konnte.

bestehen aus parallelen Linien, deren Zwischenräume mit Schrägschraffur ausgefüllt sind, sie sind gewissermaßen fettgedruckt. Die restlichen sechs Zeichen sind einfache Strichrunen. Man nahm an, der Künstler hätte sich in der Einteilung verschätzt, eine absurde Vermutung, denn die Abbildungen auf den Hörnern verraten einen Meister seines Faches.

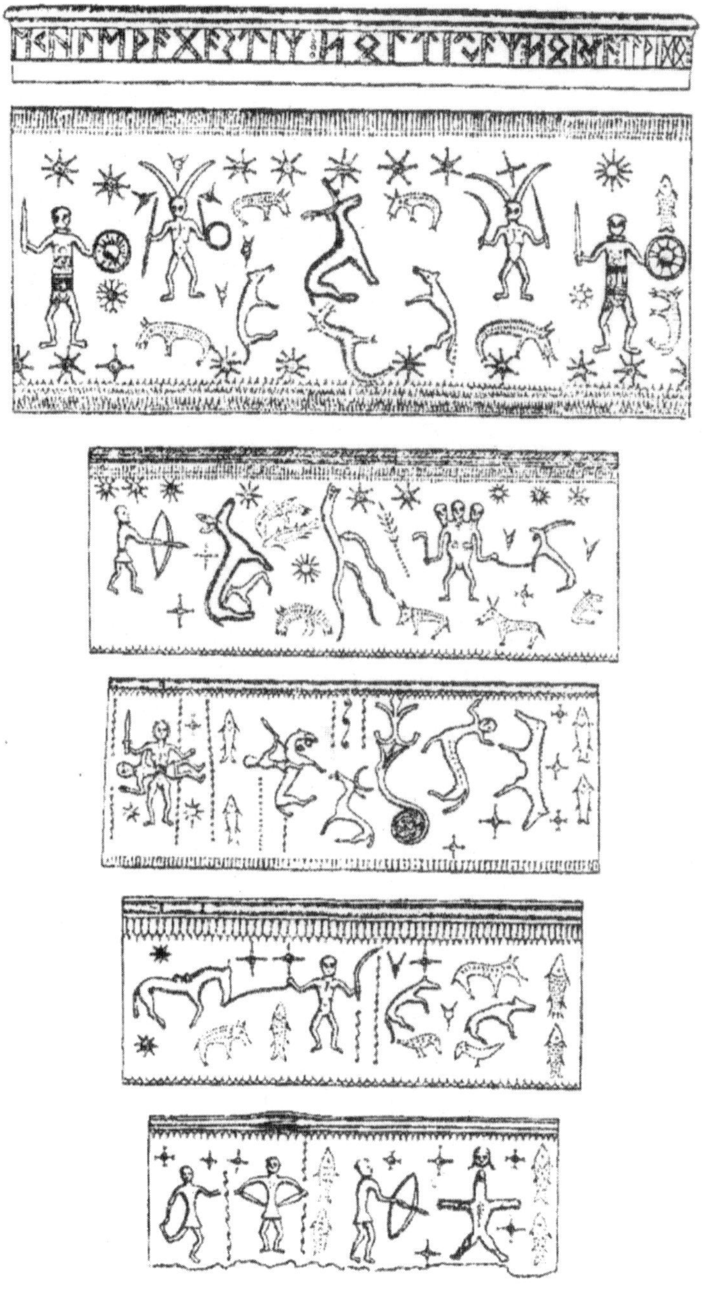

Die Goldhörner von Gallehus: Die Runeninschrift auf Horn B verrät, daß zu Beginn des 5. Jahrhunderts n. Chr. eine Reihe von Mondfinsternissen die Menschen im Norden in Angst und Schrecken versetzten.

Der Runenexperte Heinz Klingenberg ging davon aus, daß die spezielle Anordnung und Ausführung der Zeichen ein Hinweis auf die Zahlenwerte der Runen sein könnten. Er rechnete die Werte zusammen und kam auf die Zahl 1387. Dazu Dehnke: „Die bedeutendste und längste aller Mondfinsternisse in Jütland während des Zeitraumes von 387 bis 413 n. Chr.

war diejenige, die am 4. November 412 als letzte vor der Sonnenfinsternis des 16. April 413 stattfand. Sie dauerte insgesamt von 19.10 Uhr Ortszeit bis 22.50 Uhr und hatte ihre Totalität von 20.11 Uhr bis 21.49 Uhr. Eine nur geringfügig kürzere Finsternis war vorher am 17. Januar 409... eingetreten gewesen.

Die Runen des älteren Fuhrpark und ihre Zahlenwerte
im Beispiel der Inschrift am Horn B von Gallehus

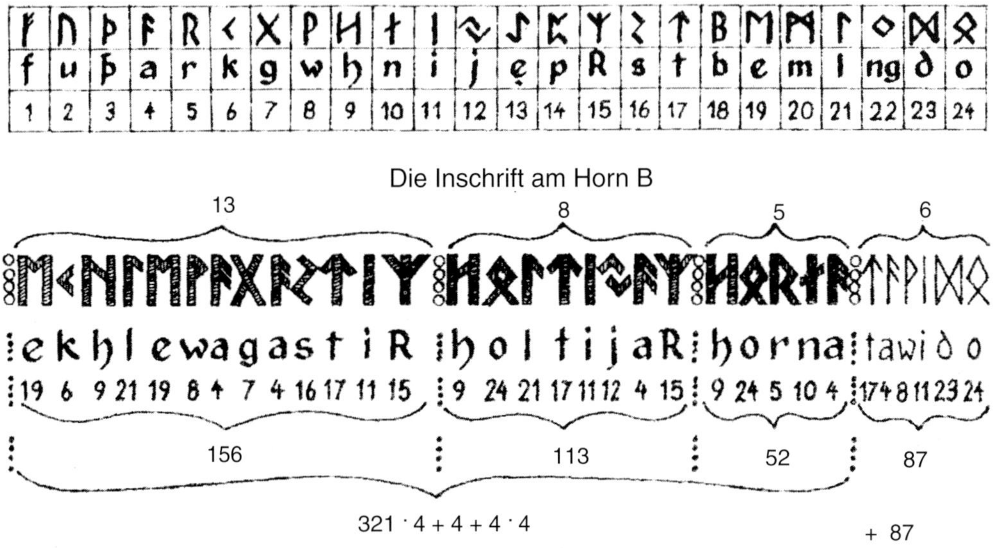

= 1284 + 16 + 87 = 1300 + 87 = 1387

1387 = 19 · 73 = 19 · 365 /5

Die Zahlenwerte der Futhark-Runen und ihre astronomische Bedeutung.

Deren Dauer hatte insgesamt von 15.34 Uhr Ortszeit bis 19.10 Uhr betragen, und ihre Totalität war von 16.40 Uhr bis 18.04 Uhr gewesen. Demnach war die Mondfinsternis vom 17. Januar 409 genau zur gleichen Tageszeit beendet, zu der diejenige am 4. November 412 begonnen hat. Die Frist zwischen dem Ende der ersten und dem Beginn der zweiten Finsternis hat also genau dem Tagesabstand beider Naturereignisse entsprochen."

Horn B nennt damit den genauen Zeitabstand zwischen den beiden letzten großen Mondfinsternissen, die in Gallehus vor der Sonnenfinsternis von 413, die auf Horn A dargestellt ist, eingetreten waren – 1387 Tage.

Handel und Wandel

Häuser baut man normalerweise auf ebener Erde, auf trockenem Grund. Rings um den Fuß der Alpen jedoch entwickelten frühe Bauern eine Vorliebe für Baugelände an Seen, das nicht nur naß war, sondern obendrein von Zeit zu Zeit überflutet wurde. Dem entsprach dann auch die Bauweise: ab 4500 v. Chr. errichteten Gruppen der norditalienischen Boca-Quadrata-Kultur, der mittelschweizerischen Egolzwiler und der oberschwäbischen Aichbühler Kultur an Seen und Mooren zu ebener Erde und auf Pfahlbaugerüsten ihre Dörfer.

Vom Bodensee sind an die 100 Fundstellen bekannt, in Oberschwaben sind es noch einmal rund zwei Dutzend, die heute schwerpunktmäßig untersucht werden. Was die Menschen bewog, sich in Siedlungen wie Burgäschisee, Hornstaad oder Forschner niederzulassen, ist ungeklärt. Die Häuser wurden in der feuchten Umgebung schnell baufällig, alle zehn bis 20 Jahre mußten sie überholt beziehungsweise erneuert werden, und in den Wohnungen muß es feucht und klamm gewesen sein. Ein Sicherheitsbedürfnis scheint der Wahl dieser Siedlungsplätze ursprünglich nicht zugrundegelegen zu haben.

Erst gegen Ende der Jungsteinzeit zog man Palisaden um die Ortschaften. Die Schutzwehr der Siedlung Forschner am Federsee umschloß 17000 Quadratmeter. Unmengen von Pollen, Getreidekörnern und Pflanzenresten, die sich in Uferrandsiedlungen gut erhalten haben, belegen, daß ihre Bewohner Bauern waren. Klumpen aus Lehm verraten, daß sie eine Muttergottheit verehrten.

1992 entdeckte Helmut Schlichtherle, der die Ausgrabungen am Bodensee leitet, bei Rettungsgrabungen in den Überresten einer Pfahlbausiedlung bei Ludwigshafen ein Heiligtum der Jungsteinzeitleute. Im Inneren eines Kultraumes fanden sich vier Paare von lebensgroßen Brüsten, aus Lehm geformt, mit weißer Farbe punktiert. Sie waren ursprünglich an einer Holzwand befestigt, die bei einem Brand einstürzte. Brüste fanden sich auch in den Kulträumen von Çatal Hüyük, das um 5600 v. Chr. verlassen wurde. Die Brüste aus dem Bodensee stammen aus der Zeit um 3800 v. Chr. Es sind nicht die ersten, die in diesen Siedlungen gefunden wurden. „Tonbuckel" registrierten schon die Ausgräber in Bodman, das Ludwigshafen gegenüberliegt. Sie wurden jedoch aus Prüderie nicht als Fruchtbarkeitssymbole identifiziert. Und Vasen, die zum Teil

Grabungen an Ufer- und Moorsiedlungen im Bodenseegebiet einst und heute.

tätowierte, naturalistisch modellierte Brüste zeigen, wurden schamhaft unter der Bezeichnung „Spitzvasen“ oder „Gynäkomorphes Gefäß“ katalogisiert. Eine solche Vase kam auch in Ludwigshafen zutage. An der Innenseite klebt noch eine Schicht aus organischem Material. Das Gefäß könnte als Räucherfaß gedient haben.

Sie säten Einkorn, Emmer und Nacktweizen, Lein und Schlafmohn. Später kamen Erbse, Saubohne, Linsen, Hirse, Dinkel, Feldkohl, Leindotter und primitive Haferformen dazu. In Hornstaad wurden die Getreidebündel samt Halm ungedroschen eingelagert.

Ob man den Acker zunächst mit Hacken auflockerte oder gleich einen Hakenpflug einsetzte, darüber streiten sich die Fachleute. Steinerne Hacken wurden gefunden, aber auch hölzerne Spaten. Die ältesten Pflüge sind aus dem 3. Jahrtausend v. Chr. bezeugt, in einer Hieroglyphenschrift aus dem Zweistromland. Für Europa sind sie erst aus der Bronzezeit belegt,

doch beweisen gepflügte Kreuz- und Querfurchen unter neolithischen Gräben, daß spätestens um 2000 v. Chr. in Mittel- und Nordeuropa Hakenpflüge eingesetzt wurden. Aus den Schweizer Seeufersiedlungen, insbesondere aus Burgäschisee-Süd und Egolzwil sind sogenannte „Furchenstöcke" bekannt. Ob sie allerdings als direkte Vorläufer des Pflugs gelten können, ist zweifelhaft.

Links: „Altertümer graben" Anno 1903 in der Bucht von Bodman. Rechts: Grabung von Hornstaad-Hörnle I.

Ein überaus einfacher Pflug, bestehend aus Deichsel und Pflugschar, ist auf Felszeichnungen in Schweden abgebildet. Die Deichsel wird vorn an einem Querholz von zwei Rindern gezogen. Der Pflug ist deshalb interessant, weil er die erste Anwendung nichtmenschlicher Kraft in der Landwirtschaft brachte. Man spannte Zugtiere davor. Im wesentlichen unverändert sah der Pflug der einfachen römischen Bauern aus. Laut dem Feldhaus'schen Lexikon der Technik schnitt man ihn aus „einem Ast der Eiche, des Lorbeers oder der Ulme, so daß man den Ast als Deichsel verwendete, während die Pflug-

Bei Ludwigshafen-Seehalde kamen die Reste eines jungsteinzeitlichen Kultgebäudes aus der Zeit um 3800 v. Chr. ans Licht: Reste einer lehmverputzten Wand, mit bunten Mustern bemalt. In die Wand eingesetzt waren naturalistische Brüste aus Lehm. Ähnliche Kulträume gab es in Çatal Hüyük, in Anatolien, wo eine Fruchtbarkeitsgöttin verehrt wurde.

schar aus einem Stock des Stammes zugehauen wurde. Manchmal sieht man noch einen zweiten Ast, der stehen blieb, um den Pflug regieren zu können.“ Dieser einfache Schälpflug machte ein Längs- und Querpflügen nötig, für nasse, schwere Böden war er nicht geeignet.

Im 1. Jahrhundert v. Chr. verwendete man dann einen schweren Pflug mit und ohne Räder, der die Landwirtschaft in Nordeuropa umkrempelte. Anders als der Schälpflug besitzt dieser schwere Pflug drei gesonderte Arbeitsteile. Da ist zunächst das Sech, ein starkes, senkrecht am Pflugbaum befestigtes Messer, das tief durch den Boden schneidet. Der zweite

Teil ist eine flache Pflugschar, die rechtwinklig zum Sech den Boden in Höhe der Wurzelspitzen waagerecht durchschneidet, und der dritte Teil ist das Streichblech, das die abgeschnittene Scholle zur Seite wirft. Dieser Pflug macht das Querpflügen überflüssig, er spart also Arbeit, und man kann ihn auf den zähen, aber fruchtbaren Marschböden einsetzen. Die Rücken-und-Furche-Form begünstigt die Entwässerung des Bodens.

Die früheste Siedlung von Hornstaad-Hörnle bestand um 4000 v. Chr. Außer Häuserresten, wie dieses Pfahlfeld mit umgestürzten Ständern, fanden sich Schmuck, Werkzeug und Haushaltsgegenstände.

Der amerikanische Historiker Lynn White ist der Ansicht, daß der schwere Pflug auch die Wirtschaftsform beeinflußt hat. Für einen Schälpflug genügen zwei Ochsen, vor einen schweren Pflug aber muß man acht spannen, und so viele hatten nur wenige Bauern im Stall. Man mußte die Gespanne also zusammenlegen, und das führte zur „marktgenossenschaftlichen Wirtschaftsweise", die für Nordeuropa typisch ist, mit einem machtvollen Dorfrat aus Bauern.

Die Menschen in den Seeufer- und Moorsiedlungen benutzten bestenfalls den Schälpflug, mit dem sie kleinere viereckige Ackerflächen kreuz und quer bearbeiteten.

An Haustieren hielten sie Schaf und Ziege, Rind und Schwein, die sie zur Futtersuche in die Wälder trieben. Den Winter über versorgte man das Vieh wohl mit Laubheu. Ob das

Hornstaad-Hörnle. In Feuchtbodensiedlungen blieben Gewebe aus Flachs und Behälter aus Rinde und Bast gut erhalten – eine angesengte Rindenschachtel, der Boden eines Korbes und der Rand eines Bastgeflechts.

Ulmensterben, das von 3200 v. Chr. an in Nordeuropa beobachtet wurde, allerdings mit der Blätterernte zusammenhängt, ist fraglich. Das könnten auch Schädlinge verursacht haben.

Knochenreste lassen auf die Größe der Tiere schließen. Die Rinder am Federsee waren mit einer Widerrist- oder Schulterhöhe von 1,28 Metern recht klein, die Schweine waren immerhin größer als jene, die man im 1. Jahrhundert v. Chr. in der keltischen Stadt Manching, von der noch die Rede sein wird, hielt.

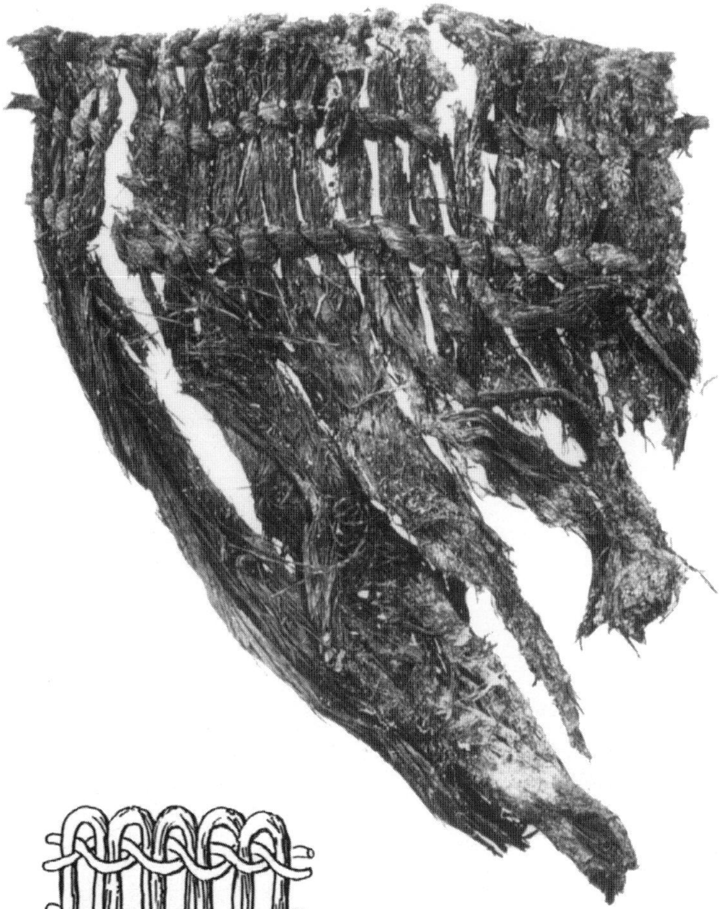

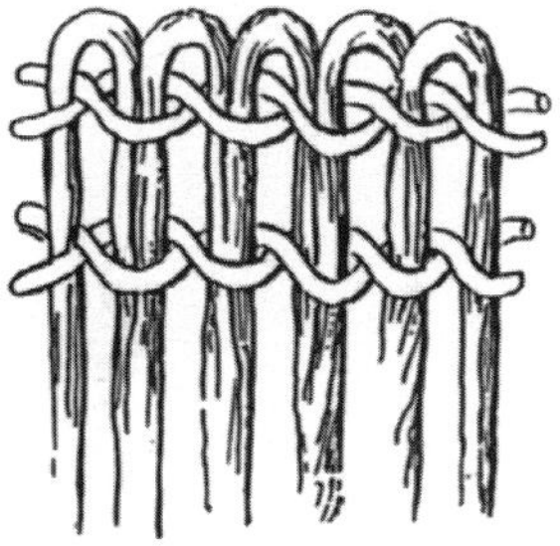

Neben dem Fleisch der Haustiere spielte Fisch eine wichtige Rolle in der Ernährung, man machte außerdem Jagd auf Rotwild, Ur und Wildschweine. Ab und zu kamen auch Igel und Hunde auf den Tisch.

Bedingt durch die bevorzugte Insellage befanden sich die Äcker zum Teil weit entfernt von den Häusern. Noch weiter weg lag der Wald. Nicht nur, weil er Ackerflächen weichen mußte, sondern auch, weil der Holzbedarf ständig stieg und noch keine Forstwirtschaft betrieben wurde. Die weiten Wege waren sicher unbequem, doch die Menschen mußten Saatgut und Ernte, Bauholz und Brennmaterial nicht mehr mit eigener Kraft herbeischleppen, sie hatten Fahrzeuge.

Vier- bis sechstausend Jahre alt sind die Gewebe aus den Siedlungen an Seen und Mooren. Hier Spinnwirtel und Fadenknäuel auf Spindelbruchstücken.

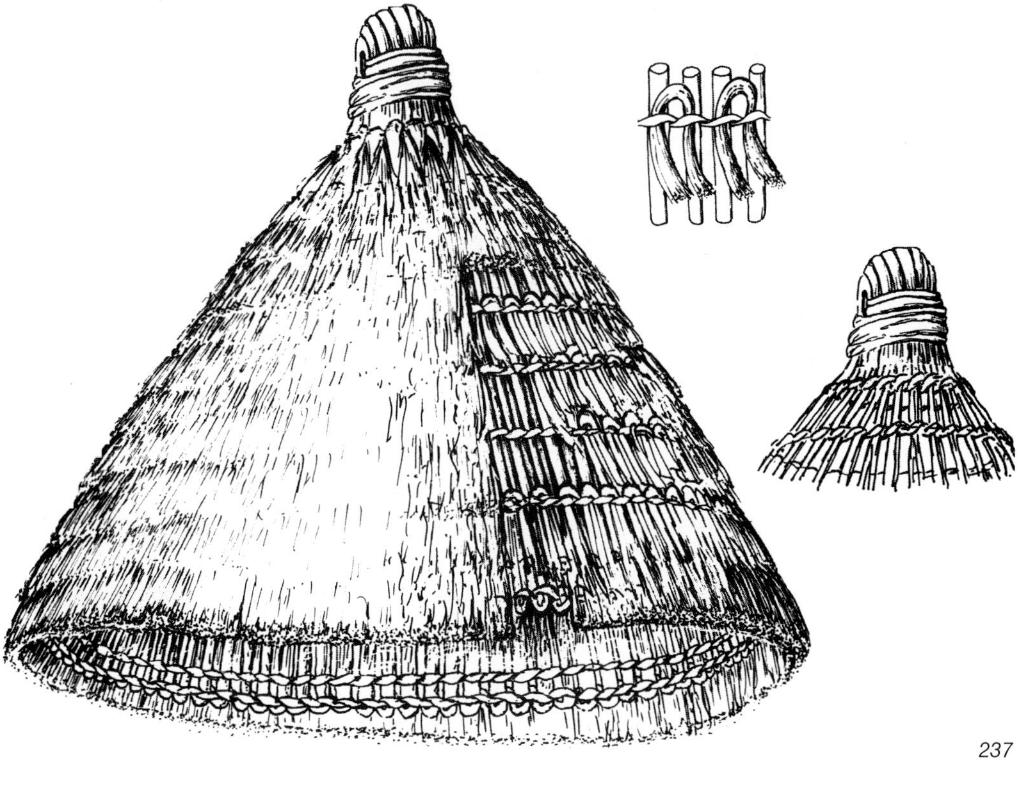

Die Bastsandalen von Allensbach am Bodensee sind 5000 Jahre alt. Der kegelförmige Basthut wurde anhand verschiedener Fundreste rekonstruiert.

Die ältesten Wagenreste kommen aus Südmesopotamien und werden auf die Zeit zwischen 3000 und 2600 v. Chr. datiert. Es waren handwagengroße Fahrzeuge mit vier Rädern, vor die vier Zugtiere gespannt werden konnten. Wenig jünger sind Funde aus unseren Mooren. Sie stammen aus der Zeit zwischen 2600 und 2140 v. Chr. Die Teile wurden im Meerhusener Moor, im Großen Moor am Dümmer und im Bourtanger Moor gefunden: einteilige Scheibenräder samt Buchse, bei Verkehrsunfällen zerbrochene Achsen, Deichseln und Teile des Wagenkastens. Dem Oldenburger Archäologen Hajo Hayen, der sich um die Moorarchäologie verdient gemacht hat, ist es gelungen, einen solchen Wagen aus dem 3. Jahrtausend v. Chr. nachzubauen. Er hat ein Eigengewicht von 259 Kilogramm, wobei ungefähr die Hälfte auf die Räder aus massiver Eiche entfallen.

Mit solchen Wagen transportierte man vor mehr als 4000 Jahren Lasten über Wege durch die Moore Ostfrieslands. Achsenbrüche wurden am Unfallort durch mitgeführte Ersatzteile behoben.

Ein Wagen nutzt nur dann etwas, wenn es auch Fahrwege gibt. Diese waren ursprünglich nicht befestigt oder gepflastert, es waren Spurenwege, so wie heute oft noch in ländlichen

Gegenden die Wirtschaftswege. Archäologisch sind sie schwer nachzuweisen, sie sind entweder untergepflügt, überbaut oder als Trassen für spätere Straßen verwendet worden. Daß es sie gab, beweisen – wenn auch indirekt – Bohlenwege, die durch Moore führen.

Die Tatsache, daß Wagen Wege und Straßen voraussetzen, erklärt auch, warum dieses nützliche Transportmittel erst von Menschen erfunden und benutzt wurde, die mehr oder weniger seßhaft waren. Die Besiedelung Nordamerikas durch die Europäer beweist zwar, daß man auch ohne Straßennetz Tausende von Kilometern mit Wagen und Zugtieren zurücklegen kann. Vergnügungsreisen waren das nicht. Wer am Ziel angekommen war, ließ sich häuslich nieder. Solange es keine Straßen gab, blieb das Reitpferd weiterhin bevorzugtes Transportmittel und die Planwagen der Siedler verrotteten.

Für Menschen, die wie die Hamburger Rentierjäger und die Nunamiut-Eskimo als Jäger und Sammler oder auch als Hirtennomaden das Land rund ums Jahr großräumig nutzen, waren Wagen keine Hilfe, sondern eine Last.

Mit der seßhaften Lebensweise änderte sich auch der Transportbedarf. Wagen und Räder wurden erst nötig und sinnvoll, als regelmäßig schwere Lasten über kilometerlange Entfernungen zu transportieren waren. Seßhafte Bauern, so Hajo Hayen, mußten „sogar die Hölzer des Hauses heranfahren, man mußte den Mist vom Haus wegfahren, man mußte Getreide heranholen, man mußte Futter und Lebensmittel, alles hin- und herfahren, und das täglich. Man mußte zum Vieh fahren, um es zu versorgen, um Wolle oder Tiere oder Milch zu holen."

Gewiß benutzten auch die Menschen, die vor den ersten Bauern unser Land durchstreiften, immer wieder ganz bestimmte Wege auf ihren Wanderungen. Das waren aber eher grob abgesteckte Routen, die sich an bestimmten geographischen Gegebenheiten wie Tälern, Höhenzügen und Furten orientierten.

Noch die alten Fernhandelsstraßen folgten solchen geographischen Gegebenheiten. Als Fast- oder Firstwege verliefen sie über weite Strecken auf Höhenzügen, als Hellwege führten sie am Fuß der Berge entlang. Wichtig waren günstige Flußübergänge, Gebirgspässe oder Landbrücken in Moor- und Sumpfgebieten. An diesen *Zwangspunkten,* wo notgedrungen mehrere Wege zusammenliefen, an Verkehrsknotenpunkten, wie wir heute sagen, entstanden erste Fernmärkte und Siedlungen, später waren sie oft auch nur durch Burgen oder Pfalzen gesichert.

Der Überlandverkehr wurde bis ins hohe Mittelalter zu Fuß oder mit Reit- und Tragetieren abgewickelt. „Die direkteste Strecke", so Dietrich Denecke, der sich mit der Altwegeforschung befaßt, „wurde bei möglichst geringem Steigungsverlust gewählt, wobei hier und da auch starke Steigungen in Kauf genommen wurden. Gebirgsvorsprünge sind als natürliche Aufgänge genutzt worden. In einem Weg schräg zum Hang suchte man im Mittelgebirge nur dort die Höhen zu gewinnen, wo die Hangneigung keine besonderen Ausbauten notwendig machte, um eine ebene Fahrbahn zu schaffen." Höhenwege wurden bevorzugt, weil der Untergrund trockener, der Steigungsverlust geringer und die Orientierung leichter waren. Auch vermied man die Berührung mit Ortschaften, was Wanderern und Einheimischen gleichermaßen recht war.

Ein „städtezentriertes Fernnetz" entstand erst seit dem 12. Jahrhundert, als planmäßig Städte angelegt wurden.

Im 11. Jahrhundert schon gab es auf Pilgerstraßen wie der nach Santiago de Compostela Herbergen und Hospitäler im Abstand von zehn, zwölf Kilometern. Im übrigen betätigten sich Klausner und Einsiedler als Straßenwärter und Retter in der Not.

Ein buntes Völkchen war auf den großen Heerstraßen unterwegs: Pilger, Arme und Heimatlose, fahrendes Volk sowie Händler, Söldner und Handwerker. Man reiste vorwiegend im Sommer.

Die Tagesleistung eines reitenden Boten lag bei 50 bis 60 Kilometern, ein Eilbote konnte, wenn er die Pferde wechselte, mehr als hundert Kilometer pro Tag schaffen. Frachtfuhrwerke brachten es nur auf 20 bis 30 Kilometer. Massengüter wurden auf dem Wasserweg transportiert.

Das Nahverkehrsnetz entwickelte sich erst mit den ländlichen Siedlungen. Die Wirtschaftswege führten auf Äcker, in Wälder und in Nachbardörfer. Als sich Städte herausbildeten, die mit Bau- und Brennholz, Getreide, Gemüse, Fleisch, Milchprodukten und so weiter versorgt werden mußten, entstanden weitere, meist unbefestigte Straßen, einfache Spurenträger. „Der lokale Verkehr, so vor allem der Weg zum regionalen Markt, war so eingestellt, daß, an den langen Sommertagen, der Weg an einem Tag, höchstens in zwei Tagen zu Fuß oder mit dem Karren hin und zurück bewältigt werden konnte. Vor allem zu den Wochenmärkten kamen fast ausschließlich Bäuerinnen und Bauern der nächsten Umgebung, die am Abend wieder nach Hause zurückkehrten", so Denecke

Regionalverbindungen waren auch die befahrbaren Wege in den nordwesteuropäischen Mooren, die ab 3000 v. Chr. angelegt wurden. Der Bohlenweg XLII(Ip), der mehr als drei Kilometer durchs Wittemoor bei Hude führt, ist jünger. Er wurde im 3. Jahrhundert v. Chr. gebaut. Die Südstrecke besteht aus bis zu drei Meter langen gespaltenen Eichenbohlen, die von Pflöcken gehalten werden. Die Nordstrecke weist dieselbe Technik auf, doch die dort arbeitende Kolonne verwendete runde Erlenstämme aus dem benachbarten Bruchwald.

Die Straße war zweifellos wichtig, denn sie schuf eine Verbindung zwischen der hohen Geest bei Hude, wo man schmiedbares Roheisen förderte, mitten durchs Wittemoor, zu einem Nebenflüßchen der Hunte. Der Wasserlauf ist heute verlandet, doch damals erschloß er über Hunte und Weser den Weg zur Nordsee. Die Straße war von so großer Bedeutung, daß sie regelmäßig gewartet wurde. Straßenzustandsberichte kamen damals nur mit Verspätung an und sie nützten demjenigen nichts, der bereits unterwegs war. Anders verhielt es sich mit den Verkehrsschildern, die allerdings weniger profan als heute waren.

So solide der Bohlenweg durchs Wittemoor auch gebaut gewesen sein mag, es gab doch einige Schwachstellen, die ständig kontrolliert werden mußten. Da war zum Beispiel ein Bach, fast völlig mit Schilf zugewachsen. An dem Punkt, wo Bach und Bohlenweg sich kreuzten, war der Untergrund nicht sonderlich tragfähig. Hinzu kam der veränderte Wasserdruck im Boden, und schon bald lösten sich die Bohlen unter dem Gewicht der schwerbeladenen Wagen, sie zerbrachen und zerfielen. Eine sumpfige Furt entstand, eine lebensgefährliche Passage, besonders bei Dunkelheit. Selbst wenn man scharf aufpaßte, konnte es geschehen, daß die Zugtiere ins Stolpern gerieten und stürzten, der Wagen samt Ladung konnte umkippen und so unglücklich beschädigt werden, daß man festsaß. Der Wegwart muß mit dieser Stelle seine liebe Not gehabt haben. Ständiges Ausbessern nützte wenig, und die beiden Feuer, die die Furt nachts beleuchteten, konnten nicht vor Unheil schützen. Vielleicht spannte man zusätzliche Zugtiere vor oder lud die Waren ab und schleppte sie mühsam auf die andere Seite, weil die Überfahrt mit leerem Wagen weniger riskant war. Doch auch damit war die Gefahr nicht gebannt. Also nahm man Zuflucht zu den Höheren Mächten.

Links und rechts des Weges wachte ein Götterpaar über die Gefahrenstelle. Die Figuren waren aus Eichenbohlen geschnitten, deutlich erkennbar im Umriß die menschliche Gestalt. Der Körper der männlichen Gottheit, (1,05 Meter hoch) ist kantig zugehauen, an den Seiten sind fünf und sieben Kerben eingeschnitten. Die weibliche Gottheit mißt 90 Zentimeter

Dieses Götterpaar, vor dem nachts Feuer brannten, bewachte eine gefährliche Wegstrecke im Wittemoor. Zerbrochene Holzstäbe in der Nähe verraten, daß Fuhrleute das Orakel über den Verlauf der Reise befragten.

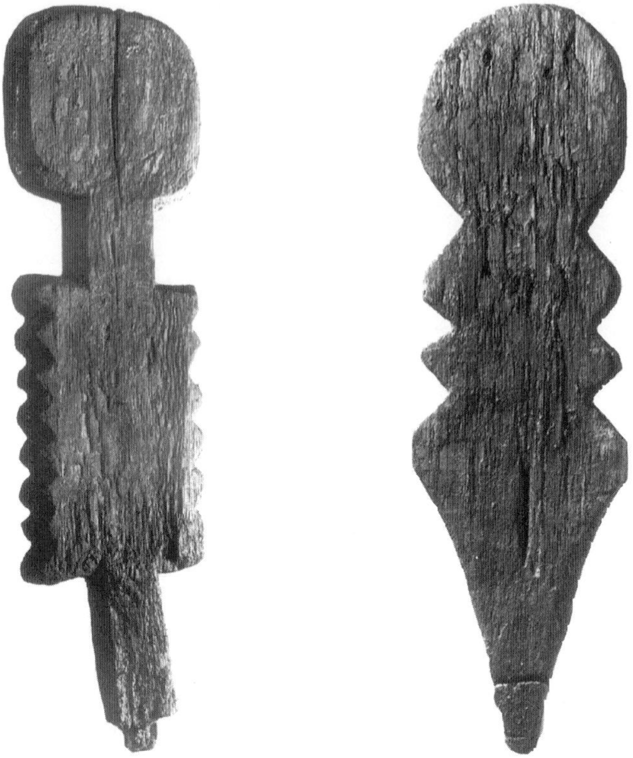

und wirkt runder, im Umriß sind Brust, Bauch und Hüften angedeutet. Zwischen den Göttern stand ein Tor aus zwei Vierkantbalken, verbunden durch ein Querbrett, dessen Enden in Hörner mündeten, die diesen Ort als heilig auswiesen.

Die Göttin stand ein wenig abseits des Weges, nach Westen hin, auf einer erhöhten Stelle. Vor ihr befanden sich Pfähle für die Opfergaben, doch Felle oder Knochen von Tieren suchte Hayen vergebens. Stattdessen war die Göttin „umgeben von zahlreichen daumendicken Stäben, deren Enden man säuberlich zurechtgeschnitten hatte. Alle waren zerbrochen und wahllos auf den Boden geworfen." Je nachdem, wie diese Orakelstäbe fielen, gaben sie dem Gläubigen Auskunft über den Ausgang seiner Reise.

Fünf Jahre später legte Hayen die Wegstrecke nördlich der Furt frei. Er fand vier weitere Wegweiser in Gestalt von Göttern, die schadhafte Wegstrecken markierten. In der Form waren sie abstrakter als das Götterpaar an der Furt. Eine Gestalt war „mit wenigen Beilhieben aus einem schmalen Brett herausgeschlagen", zwei andere waren kaum mehr als Pfähle, jedoch deutlich mit einer Gesichtsfläche versehen. Der vierte

Wegweiser hat die Form eines Hammers. Daß auch dieses Stück heilig war, wie die übrigen Figuren, beweist zum einen der schlechte Zustand des Weges an der Fundstelle, zum anderen ein in das Holz geschnittenes zauberkräftiges Zeichen. 500 Jahre später galt dieses Zeichen in der Runenschrift als lebenserhaltendes, schützendes Symbol.

Alle sechs Figuren standen nicht mehr am Wegesrand. Man hatte sie, als die Verkehrsverbindung aufgegeben wurde, aus ihrer Halterung gebrochen, neben dem Bohlenweg ins Moor gebettet und mit Torf zugedeckt, damit sie keinem Unbefugten in die Hände fallen und entweiht werden konnten.

Mehr für Anlieger bestimmt war ein Moorweg bei dem Ort Neuengland. Die Bauern, die ihn 500 v. Chr. quer durchs Moor zu einer Sandinsel bauten, hatten keine Fachleute hinzugezogen, auch lud man dort einfach Abfall aus Haus und Hof ab. Das rächte sich. Auf der holprigen Fahrbahn gingen immer wieder Räder und Achsen zu Bruch. Doch die Bauern kalkulierten solche Pannen offenbar ein. Sie führten Ersatzteile mit und reparierten den Schaden gleich an der Unfallstelle.

Längs der Moorwege fanden sich nicht nur zerbrochene Räder und Achsen. Zwischen den Bohlen lagen auch der hölzerne Trommelschlegel eines Hütejungen, der geschnitzte Stab eines Wanderers und immer wieder Scherben. Reste eines zerrissenen Zaumzeuges verraten, daß hier ein Pferd durchging, und einem der Leute, die die schlechte Wegstrecke vor 2500 Jahren mit Strauchbündeln ausbesserten, fehlte abends ein Verschluß an der Jacke. Hayen fand den aus Eichenholz geschnitzten Knebelknopf unter dem Reisigbündel, an dem er hängengeblieben war.

Im Oldenburger Museum für Naturkunde und Vorgeschichte befindet sich eine bunte Sammlung kurioser Gegenstände, die im Moor verlorengingen: geschnitzte Hornlöffel, eine halbe Heuharke, Torfspaten, die durchlochte Scheibe eines Butterfasses; ein Haarzopf mit Häkelband, den eine Frau den Göttern opferte, Beilklingen, eine ausgetretene Fackel aus der Bronzezeit; die Platte vom Fuß eines Springstabes, mit dem man im Moor von Bult zu Bult sprang, um nicht in den nassen Schlenken einzusinken; eine große Bernsteinperle, ein Bienenkasten, der im 4. oder 5. Jahrhundert n. Chr. vom Wagen fiel, und ein Biertopf, auf dem noch der Teller lag, mit dem ihn jemand abgedeckt hatte. Ob das Bier nun als Opfergabe gedacht war, oder ob jemand vergessen hatte, den Topf aus dem *Kühlschrank* Moor zu holen, ist nicht mehr festzustellen. Den Archäologen bescherte der Fund jedenfalls einige Dutzend Mistkäferleichen.

Morde im Moor

Moore, über die der Sturm hinwegbraust, in deren Kolke sich ein fahler Mond spiegelt, wenn er hinter Wolkenfetzen auftaucht, in denen Irrlichter und verlorene Seelen geistern, wenn sich Nebelschwaden wie nasse Leichentücher über Birken- und Erlenbruchwälder breiten, sind den meisten Menschen bis heute nicht geheuer.

O schaurig ist's übers Moor zu gehn,
Wenn es wimmelt vom Heiderauche,
Sich wie Phantome die Dünste drehn
Und die Ranke häkelt am Strauche,
Unter jedem Tritt ein Quellchen springt,
Wenn aus der Spalte es zischt und singt,
O schaurig ist's übers Moor zu gehen,
Wenn das Röhricht knistert im Hauche.

Mit diesem Vers beginnt Annette von Droste-Hülshoff ihr Gedicht vom Knaben im Moor. Er begegnet dem „gespenstischen Gräberknecht, der dem Meister die besten Torfe verzecht", der gebannten Spinnlenor, dem diebischen Geigenmann und der verdammten Margret.

Der Knabe springt wie ein wundes Reh;
Wär nicht Schutzengel in seiner Näh,
Seine bleichenden Knöchelchen fände spät
ein Gräber im Moorgeschwele...

Die beiden jungen Männer, die um 400 v. Chr. bei Husbäke vom Weg abkamen, hatten keinen Schutzengel. Den Kopf nach oben gebogen, mit den Händen vergebens nach Halt suchend, versanken sie, sechs Meter voneinander entfernt, im Moor. Es sah so aus, als hätte der eine dem anderen noch zur Hilfe kommen wollen.

Der Junge aus dem Kayhausener Moor war schon tot, als man sich seiner im Moor entledigte. Hajo Hayen veranlaßte, daß 30 Jahre nach der Entdeckung der Leiche im Staatlichen Pathologischen Institut Oldenburg eine zweite Obduktion durchgeführt wurde. Sie ergab, daß der Junge vor seinem Tode einen Apfel aß – und daß er hinkte. Eine eitrige, aber verheilte Hüftgelenkentzündung hatte ihn zum Krüppel gemacht. Sein Tod wurde um 200 n. Chr. gewaltsam herbeigeführt. Hier Hayens Rekonstruktion des Tathergangs:

„Ein etwa acht bis neun Jahre alter, verkrüppelter Junge, der lange Zeit krank gewesen ist und zuletzt nicht gehungert hat, wird durch mehrere Stiche getötet. Hierzu benutzt man entweder einen Dolch oder aber einen Speer. Die Länge der Schnittwunden, die zwischen drei und vier Zentimetern schwankt, deutet an, daß die benutzte Waffe eine Spitze hatte, nach rückwärts mindestens vier Zentimeter breit wurde und mit flacher Klinge versehen war. Durch die eng nebeneinander erfolgten Verletzungen des Halses ist die Verwendung der kürzeren, genauer treffenden Stichwaffe, also des Dolches, wahrscheinlicher. Drei Wunden liegen an der Vorderseite des Halses, eine jedoch im Deltamuskel des linken Oberarmes. Offenbar hatte der Junge hierzu – ob zur Abwehr? – den linken Arm so – vor das Gesicht? – gehalten, daß der von einem Rechtshänder geführte Stoß ihn auf seiner Rückseite traf.

Den Toten beseitigte man. Mit den Fetzen zerrissener Kleidung band man die Arme des Opfers so zusammen, daß sie bei einem Transport nicht hinderlich waren, mit seinem Pelzumhang die Beine. Zusätzlich wurde ein zusammengefaltetes Tuch derart um den Körper geknotet, daß man ihn ohne besondere Mühe tragen konnte.

Im Moore brachte man schließlich den Toten auf eine besonders nasse und damit weiche Stelle des lebenden Sphagnumpolsters und drückte ihn so tief hinein (mit einem Werkzeug, offenbar einer Stange), daß er den Blicken entzogen war... Ob der rechte Oberarmknochen zufällig oder mit einer bestimmten Absicht zerbrochen wurde, ist nicht zu klären. Offenbar geschah dieses jedoch im Ablauf der erkannten Vorgänge."

Die sterblichen Überreste von rund 1000 Menschen wurden aus europäischen Mooren geborgen, die ältesten sind 7000 Jahre alt. Einige mögen Straftaten zum Opfer gefallen sein, andere haben sich verirrt und sind versunken oder haben Selbstmord begangen. Es gibt aber weitere Gründe, warum Menschen ins Moor gerieten: Sie wurden wegen Gesetzesübertretungen zum Tode verurteilt und hingerichtet, man hat sie den Göttern geopfert, oder aber aus Angst, sie könnten als Wiedergänger die Lebenden heimsuchen, die Leichen bestimmter Verstorbener ins Moor geschafft.

Ob eine Moorleiche auf dem Rechtswege oder im Rahmen kultischer Handlungen umgebracht wurde, ist im Einzelfall schwer zu beurteilen. Da ist zum Beispiel der „Mann von Dätgen". Armdicke, über dem Körper gekreuzte Birkenknüppel hielten seine Leiche im Moor bis zu seiner Entdeckung.

Der Körper war kopflos. Man fand den Kopf kurz darauf drei Meter weiter, ebenfalls mit schrägen Knüppeln im Boden verankert. Die Schädelknochen hatten sich zum Teil aufgelöst, doch das Haupthaar war erhalten, desgleichen Teile des leicht gekräuselten, etwa vier Zentimeter langen, ehemals wohl blonden Bartes. Die Archäologen dachten sofort an den Bericht des Tacitus, als sie die Haartracht des Mannes sahen: „Ein besonderes Merkmal des Stammes ist es, das Haar nach den Seiten zurückzukämmen und in einen Knoten hochzubinden. Dadurch unterscheiden sich die Sueben von den übrigen Germanen und bei ihnen selbst wieder die Freien von den Sklaven." Diese Haartracht war allerdings auch bei anderen Völkern üblich.

Die Leiche wurde gründlich wie selten ein Moorfund untersucht. Dazu K. W. Struve von Schloß Gottorf: „Finger- und Zehennägel sind sorgfältig gerundet und haben glatte Ränder. Das läßt vermuten, daß er keine schwere Arbeit verrichten mußte. Das paßt zu der Haartracht, die ihn als Angehörigen der gehobenen sozialen Schicht ausweist. Haut und Skelett weisen zahlreiche, von Stöcken und Stichen und Schlägen herrührende Verletzungen auf. Ein Einstich in das Herz muß tödliche Wirkung gehabt haben." Der etwa dreißigjährige Mann war übel zugerichtet und schließlich entmannt worden – offenbar jedoch erst nach seinem Tode. Solche Verstümmelungen, die keine Seltenheit sind, wurzeln womöglich in dem Aberglauben, „daß der Sterbende eine gefährliche und zunehmend magische Kraft besäße, deren schädlichen Einfluß man einzudämmen versuchte".

Otto Martin vom Bundeskriminalamt untersuchte den Inhalt von Magen und Darm, und daher wissen wir, welche Henkersmahlzeit der Mann von Dätgen zu sich nahm, bevor er um 170 v. Chr. zur Urteilsvollstreckung ins Moor geführt wurde. Der Delinquent aß Hirse und Weizen, dazu Reh- oder Hirschbraten. Zwischen den Nahrungsresten fanden sich auch Unkräuter aus dem Getreide und Quarzsandkörnchen, Abrieb vom Mahlstein.

Vor zehn Jahren kam im Moor von Lindow bei Manchester eine weitere Moorleiche ans Licht. Es handelt sich um einen Mann von etwa 25 Jahren, 1,68 Meter groß, sechzig Kilogramm schwer. Er hatte dunkles Haar, trug einen gestutzten Voll- und Oberlippenbart, und wie der Mann von Dätgen war auch er gutgenährt. Hände und Fingernägel wiesen keine Anzeichen schwerer körperlicher Arbeit auf.

Auch der Lindow-Mann kam unter gräßlichen Umständen zu Tode. Mit einem axtähnlichen Gerät hatte man ihm mit zwei tödlichen Hieben den Schädel eingeschlagen, er erhielt weitere Schläge ins Genick. Ein Schnitt in den Hals hatte die Vene durchtrennt, und um den Hals trug er noch eine Schnur aus Tiersehnen, mit der man ihn obendrein erdrosselt hatte. Gemeines Verbrechen oder Ritual?

Die englische Archäologin Ann Ross äußerte die Ansicht, daß der Mann anläßlich des keltischen Beltane-Festes am 1. Mai geopfert wurde. Sie stützt ihre Vermutung auf den Mageninhalt des Toten. Er hatte zuletzt ein Gebäck aus Weizen- und Gerstenmehl gegessen, ob gesäuert oder nicht, sei dahingestellt. Merkwürdigerweise waren die Brotstückchen in seinem Magen verkohlt, und das erinnert an den englischen Brauch des „burnt bannock". Dieser Kuchenfladen wird noch heute bei bestimmten Anlässen verteilt. Wer ein angebranntes Stück erwischt, ist der „Sündenbock".

Die verstorbene Herzogin von Montrose, letzte Besitzerin von Brodick Castle auf der Isle of Arran, pflegte ihren Gästen einen „Sweet Brodick Bannock" zu servieren, der aus Hafer- und Roggenmehl, Butter, Zucker, Milch, Backpulver und einem Ei bestand. Ein altes Familienrezept heißt es, das angeblich alle Gäste überlebt haben.

Mit dem falschen Stück vom Bannock-Fladen hatte der Lindow-Mann noch etwas anderes Ungewöhnliches zu sich genommen. In seinem Magen-Darm-Trakt fanden sich Mistelpollen. Wer sich nur ein bißchen mit Kelten auskennt, sei es auch nur, daß er *Asterix* gelesen hat, denkt bei Misteln sofort an Druiden. „Viscum album", ein immergrüner Halbschmarotzer, war nach Plinius dem Älteren wesentlicher Bestandteil bestimmter keltischer Rituale.

„Die Druiden kennen nichts Heiligeres als die Mistel und den Baum, auf dem sie wächst, sofern es nur eine Eiche ist... Eine solche Mistel ist aber einigermaßen selten zu entdecken und wird, wenn man sie findet, in tiefer Ehrfurcht geholt, und zwar vor allem am sechsten Tage nach Neumond, einem Zeitpunkt, zu dem bei ihnen die Monate und Jahre beginnen sowie nach Ablauf von 30 Jahren, ein Saeculum. Zu diesem Zeitpunkt hat der Mond schon reichlich Kraft gesammelt, andererseits seine Höhe noch nicht überschritten. Sie bezeichnen die Mistel mit einem Wort in ihrer Sprache als ‚Allheiler'. Nachdem man unter dem Baum die rituellen Opfer und Gelage bereitet hat, schaffen sie zwei Stiere von weißer Farbe herbei, deren Hörner dann zum erstenmal bekränzt werden dürfen. Ein Priester in weißem Ornat steigt auf den Baum und erntet sie mit einer goldenen Sichel ab; die abfallende Mistel wird in einem weißen Leinentuch aufgefangen. Nun schlachten sie alsbald die Opfertiere und beten, der Gott möge sein Geschenk denen segnen, denen er es verliehen habe, glauben sie doch, daß durch einen Trunk davon jedwedem unfruchtbaren Wesen Fruchtbarkeit verliehen werde und daß es gegen alle Gifte als Heilmittel diene."

Als Heilpflanze gilt *viscum album* auch heute noch. Sie wird ausgewiesen als mild blutdrucksenkend (beziehungsweise -regulierend, das heißt zu niedriger Blutdruck wird auch leicht angehoben), hilft bei Arteriosklerose (Adernverkalkung) und Schwindel; injiziert ist die Mistel ein Mittel zur allgemeinen Abwehrsteigerung: Reizwirkung bei Arthrosen (Gelenkdegeneration) und unterstützend bei Krebs (hemmt das Zellwachstum).

Salz, Kupfer und Eisen

Auf ihre Feinde haben die Kelten Eindruck gemacht, ihre Handelspartner haben ihnen mit Geschenken geschmeichelt. Wir sind durch die Berichte griechischer und römischer Autoren recht genau darüber informiert, wo und wie und wann sie besiegt wurden. Doch über ihre Herkunft, ihr Alltagsleben und ihren Glauben erfahren wir nicht allzuviel.

Vom 13. Jahrhundert v. Chr. an breitete sich die *Urnenfelderkultur* von Ungarn nach Westen aus, erstreckte sich zwischen Weichsel und Elbe, über Süddeutschland in den Alpenraum bis hin zur Poebene. Friedhöfe mit Urnenbegräbnissen fanden sich in den Niederlanden ebenso wie in Frankreich, Spanien und England.

Nun entsteht eine Kultur nicht aus heiterem Himmel, und sie breitet sich auch nicht aus wie ein Virus. Jede Kultur spiegelt ganz bestimmte Lebens- und Denkweisen menschlicher Gemeinschaften, weist charakteristische Merkmale auf. Die materiellen Zeugnisse geben aber nur in Grenzen Auskunft über das, was in den Köpfen und Herzen der Menschen, die sie schufen, vorging. Dort, wo schriftliche Aufzeichnungen über wirtschaftliche, politische und kulturelle Vorgänge fehlen, tappen wir auch hinsichtlich der überregionalen Zusammenhänge im Dunkeln. Soviel jedoch ist klar: Bevor die *Urnenfelderkultur* in Nordwesteuropa erschien – in der Bronzezeit – gab es dort wohlhabende Landstriche, deren Bevölkerung Kontakte zu Kleinasien und zum Mittelmeerraum unterhielt.

Als im 13. Jahrhundert v. Chr. einschneidende Veränderungen in jenem Teil der Welt das komplizierte kulturelle und wirtschaftliche Gefüge der ägäischen Zivilisation zusammenbrechen ließen, wurde auch die Entwicklung in Mittel- und Westeuropa empfindlich gestört, denn, so der britische Keltenexperte Barry Cunliffe, „die ägäische Zivilisation mit ihren komplexen Tauschhandelsnetzen und ihrem erheblichen Aufwand zur Verschönerung von Leben und Tod ihrer Herrscher stellte enorme Anforderungen an die europäischen Rohstoffquellen. Zinn wurde aus Norddeutschland, Armorica und Britannien eingeführt, Gold aus Irland und Spanien, Bernstein von der Ostsee, und zweifellos noch vieles mehr..." – zum Beispiel Sklaven und Jagdhunde aus England. Handwerk und Handel empfingen Impulse von der kretisch-mykenischen Kultur, in Frankreich, England, Deutschland, Norditalien und Dänemark entwickelten sich blühende Kulturen. Damit war es vorerst zu Ende, bis 400 Jahre später die griechische Zivilisation hervortrat.

Mit der Urnenfelderkultur und den Kelten gewann ein neuer Werkstoff in den Ländern nördlich der Alpen Bedeutung: das Eisen, das einer ganzen Epoche den Namen gab. Nach Funden am Hallstätter See und bei La Tène am Ufer des Neuenburger Sees heißt der ältere Abschnitt, von 1100 bis ins 5. Jahrhundert v. Chr. „Hallstattperiode", die Zeit vom 5. Jahrhundert v. Chr. bis zur römischen Eroberung „La Tène".

Das Gros der keltischen Bevölkerung betrieb Landwirtschaft, mit schweren Pflügen, die eiserne Schare trugen, und eisernen Sensen, mit denen ein Schnitter viermal schneller mähen konnte als mit der Sichel. Es gab Schmiede, Töpfer, Stellmacher, Weber, Goldschmiede, Sattler, Glasfabrikanten, allesamt qualifizierte Handwerker, die für eine dünne Oberschicht arbeiteten, die vom Export in den Mittelmeerraum profitierte.

Fürstensitze und Fürstengräber wurden immer prächtiger, die sozialen Unterschiede immer größer. Im 5. Jahrhundert v. Chr. kam es zu Unruhen und Aufständen, sicher mitverursacht durch ein Anwachsen der Bevölkerung. Zu dieser Zeit verließen Kelten ihre Heimat nördlich der Alpen, zogen über die Pässe nach Süden, die Donau entlang nach Ungarn, fuhren über die Nordsee nach Ostbritannien. Im 2. Jahrhundert v. Chr., als der Lindow-Mann im Moor bei Manchester geopfert wurde, erstreckte sich das Keltenland von Jugoslawien bis Nordschottland, und zum ersten Mal lebten nördlich der Alpen Menschen in Städten. Doch der Niedergang bahnte sich an.

Keltische Verbände hatten Rom und Delphi geplündert, was den Handelsbeziehungen nicht gerade förderlich war. Die

Verhältnisse spitzten sich zu, als germanische Stämme an den Nordgrenzen zur Waffe griffen und im Osten die Daker aufmarschierten. Dann schickte Caesar die römischen Legionen zur Eroberung der Gebiete nördlich der Alpen aus, und unter Augustus und Tiberius wurden die Kelten endgültig besiegt. 84 n. Chr. hatten die Römer sogar Nordschottland besetzt, nur das Hochland, die Hebriden und Irland blieben keltisches Rückzugsgebiet.

„Die Kelten“, nach außen eine wirtschaftspolitische, zeitweise auch eine militärische Macht, haben nie einen zentral gelenkten Staat gebildet. Die einzelnen Stämme, zu denen auch „Germani“ östlich des Rheins gehört haben mögen, schlossen sich zusammen und zerstritten sich wieder, unvermittelt begab sich der eine oder andere Stamm auf Wanderschaft.

Dieser Individualismus zeichnet die Nachkommen der Kelten, die meist abseits der *Zivilisationszentren* in der Bretagne, in Irland, Cornwall, Wales und Schottland leben, noch heute aus. Ihren Vorfahren wurde er zum Verhängnis. „Wenn man sie zum Zorn reizt“, schrieb Strabo, ein griechischer Geograph, „laufen sie scharenweise zum Kampf zusammen, offen und ohne Vorsicht, so daß sie von denen, die ihnen mit Kriegslist begegnen, leicht zu bezwingen sind. Denn wenn man sie herausfordert, scheuen sie keine Gefahr, obwohl sie im Kampf außer Kraft und Kühnheit nichts einzusetzen haben.“

Daß sie sich jedoch nicht blindlings auf das gegnerische Heer stürzten, zeigt die Schilderung des Diodoros, ein Landsmann Strabos. „In der Schlachtaufstellung pflegen sie vor die Linie zu treten und die Tapfersten der Gegner zum Zweikampf herauszufordern... Hat einer ihre Herausforderung angenommen, so preisen sie die Tapferkeit ihrer Vorfahren; den Gegner aber schmähen und erniedrigen sie und suchen ihm schon vor dem Kampf... den Mut zu nehmen.“ Solche Zweikämpfe vor versammeltem Heer gab es auch bei Germanen und Griechen, und sie entschieden gelegentlich eine Schlacht ohne weiteres Blutvergießen. Selbst in letzter Minute konnten, wenn man dem Bericht des Diodoros glauben darf, die Druiden den Kampf noch verhindern. „Oft, wenn schon in Schlachtaufstellung die beiden Heere mit gezogenen Schwertern und vorgesteckten Lanzen gegeneinander anrücken, treten diese Männer in die Mitte und bewegen die Heere, vom Angriff abzustehen, gleich als wenn sie durch ihren Gesang wilde Tiere bezauberten.“

Den Römern und ihrer Kriegsmaschinerie, auf eine offene Feldschlacht mit klaren Entscheidungen ausgerichtet, waren die Kelten nicht gewachsen. Der Kriegsbericht des

Polybios, der die Schlacht bei Telamon in der Toskana im Jahre 225 v. Chr. schildert, mag propagandistisch gefärbt sein, ein wahrer Kern liegt ihm aber zugrunde. Dieser Kampf fand an einem Hügel statt und wurde eingeleitet durch ein Reitergefecht, dem das Fußvolk beider Seiten zusah, bevor die römische Armee die Kelten in die Zange nahm.

„Der stattliche Anblick, den das Keltenheer in Schmuck und Waffen bot, und der wilde Lärm erschreckte sie. Denn sie hatten eine Unzahl von Hornisten und Trompetern, und da zugleich mit diesen das ganze Heer seinen Kriegsgesang anstimmte, entstand ein so großes und furchtbares Getöse..., daß die davon widerhallenden Hügel der Umgebung von sich aus ihre Stimme zu erheben schienen. Furchterregend aber war auch ihr Anblick und die Bewegung der nackten im Vordertreffen stehenden Männer in ihrer Jugendkraft und Schönheit, geschmückt mit goldenen Hals- und Armringen." Mut und Begeisterung nützten nichts, die Kelten unterlagen in dieser Schlacht. „Die einen stürzten sich in sinnloser Wut blindlings unter die Feinde und boten sich freiwillig dem Tode dar, die anderen gingen Schritt um Schritt auf die eigenen Reihen zurück und trugen durch ihre offenkundige Feigheit Verwirrung in das zweite Treffen."

Griechen und Römer haben über ihre Feinde geschrieben, die Kelten hinterließen nur archäologische Zeugnisse: Siedlungen, Bergwerke, Werkstätten, Fürstensitze, Heiligtümer und Gräber.

Die Saline von Hallstatt ist seit Mitte des letzten Jahrhunderts bekannt. Bis zu eineinhalb Kilometer lange Stollen hatten die Arbeiter bei flackernder Kienspanbeleuchtung mit bronzenen Pickeln und Äxten an die 330 Meter tief in den Berg getrieben. Das Salz hat lederne Tragsäcke und Kiepen konserviert, mit denen knapp zentnerschwere Lasten Steinsalz hinaufgeschleppt wurden. Erhalten blieben auch eine Lammfellmütze und ein Stück Stoff samt Flicken; Kleidungsreste mit Läusenissen zeigen, daß es mit der Hygiene nicht weit her war, und die Analyse von Exkrementen ergab, daß die Bergleute Gerste, Hirse und Saubohnen aßen. Pestwurzblätter, die bündelweise in den Stollen lagen, dienten als Schnellverband, um Blutungen zu stillen und Entzündungen zu hemmen. Im Jahre 1734 kam auch die Leiche eines Menschen zum Vorschein. Dieser „Mann im Salz" wurde jedoch, anders als der „Mann im Eis", nicht weiter untersucht, sondern auf dem Friedhof begraben. Anderenorts leitete man Wasserläufe in Stollen, spülte das Salzgestein heraus, leitete anschließend die Sole in riesige Bottiche und ließ die Flüssigkeit verdunsten.

Im Mitterberg bei Mühlbach-Bischofshofen, in der Nähe von Salzburg, bauten keltische Bergleute Kupfer ab. Dort stand eine mehr als zwei Meter mächtige, über 1600 Meter lange Kupferpyritader an. Hier sahen sich die Montaningenieure mit zwei Problemen konfrontiert: zum einen mußte das extrem harte Felsgestein aufgebrochen, zum anderen das Wasser beseitigt werden, das der Ader folgte. Kupfer war wichtigster Bestandteil der auch in der Eisenzeit noch vielverwendeten Bronze, und so nahm man den mühsamen Abbau in Kauf.

Zunächst heizte man den Felsen mit Holzfeuern an, goß dann kaltes Waser darüber, so daß das Gestein barst und sich leichter brechen ließ. Eine Methode, die viel Holz verschlang. Man brauchte neun Kubikmeter Holz, um einen Kubikmeter Erz zu gewinnen. Da auch die Stollen mit Holz verschalt und abgestützt werden mußten, dürften von den rund 180 Arbeitern, die für den Betrieb eines erschlossenen Stollens nötig waren, rund ein Drittel Holzarbeiter gewesen sein.

Sobald ein Stollen tiefer vorangetrieben war, mußte, so Cunliffe, eine Zwischenstufe angelegt werden, auf der Feuer zum Brechen des Gesteins gesetzt werden konnten. „Diese Methode bot den zusätzlichen Vorteil, daß die beiden Ebenen die Luftzirkulation verbesserten; die Hitze der Feuer verusachte ja einen heftigen Konvektionsstrom. Im tieferliegenden Stollenteil ließ sich auch das Wasser hinter einem Damm sammeln, so daß man es mit Eimern aus dem Abbau schöpfen konnte. Auf diese Weise – mit der Anlage weiterer Stufen im Bedarfsfall – wurde der Stollen immer tiefer in den Berg vorgetrieben; der größte erreichte eine Länge von 160 und eine Höhe von 30 Metern. Das Erz wurde vermutlich auf Schlitten aus dem Stollen gezogen und dann sortiert, geröstet und ausgeschmolzen. Zur Erleichterung dieser Arbeiten mußten zusätzliche Anlagen wie Wasserrinnen zum Waschen des Erzes und Röstöfen für die Aufbereitung gebaut und betrieben werden." Insgesamt hat die Mitterberg-Grube bis zu ihrer Erschöpfung rund 20 000 Tonnen Rohkupfer geliefert.

Adelssitze wie die Heuneburg und der Hohenasperg zeigen, daß die Keltenhäuptlinge wahrhaft fürstlich lebten, und daß sie rege Beziehungen zum Mittelmeerraum unterhielten. Die Mehrheit der Bevölkerung lebte zwar auf dem Lande, doch zu Beginn des 2. Jahrhunderts v. Chr. gab es bereits Siedlungen, die den Namen Stadt verdienen.

Ein solches keltisches „oppidum" ist Manching in der Nähe von Ingolstadt. Ein Areal von 380 Hektar, gegen Ende des 2. Jahrhunderts v. Chr. umgeben von einer Mauer aus Holz und Steinen, sieben Kilometer lang, vier Meter dick und fünf

Meter hoch. Für die Mauer von Manching wurden mehrere 100 Hektar Wald gefällt, allein im Gerüst wurden an die 60 000 Stämme verbaut. Ganze Wälder verschlangen auch die eisernen Nägel des Bollwerks. Sie waren 25 bis 30 Zentimeter lang und wogen 300 bis 400 Gramm pro Stück. Insgesamt siebeneinhalb Tonnen dieser Riesennägel wurden verbraucht. Auch dafür macht der Archäologe Herbert Lorenz, der das Leben im keltischen Manching rekonstruierte, eine Rechnung auf: „Nach der Qualität des Erzes und den seinerzeit zur Verfügung stehenden technischen Möglichkeiten wird man für jedes Kilo Eisen die zehnfache Menge an Eisenerz und Holzkohle (je etwa 75 Tonnen) veranschlagen müssen." Für diese Mengen von Holzkohle waren wiederum 350 bis 400 Tonnen Frischholz nötig.

Das Eisen für die Nägel kam aus dem Feilenmoos, 1500 Meter vom Ort entfernt. Es steht dort, ebenso wie im Donaumoos, als Raseneisenerz an und wurde in diesem *Industriegebiet* an Ort und Stelle verhüttet. Die Schachtöfen für die Eisengewinnung waren aus Ton und konnten nur einmal benutzt werden. Allein für die Nägel der Mauer hat man 500 Öfen gebraucht.

Ab dem 8. Jahrhundert v. Chr. wurde an vielen Orten Mitteleuropas Eisen verarbeitet. Als Rohstoff verwandte man unter anderem Gelb- und Brauneisenerz, Bohnerz, Hämatit und Raseneisenerz, Eisensorten, die man meist im Tagebau gewinnen konnte. Geschmolzen wurde das Erz in Grubenöfen, Kuppelöfen oder Schachtöfen. Um Temperaturen über 1000°C zu erreichen, belüftete man die Öfen mit Hilfe mechanischer Blasebälge, in einigen Fällen nutze man auch Hangwinde zur Belüftung.

Joachim Werner und Rolf Barth rekonstruierten einen Rennfeuerofen aus dem 2. Jahrhundert n. Chr., der bei Scharmbeck, Kreis Harburg, gefunden wurde. Die Archäologen führten auf dem Gelände der Außenstelle des Rheinischen Amtes für Bodendenkmalpflege, Kreis Düren, verschiedene Experimente durch. Sie verwendeten Limoniterze, die in der Gegend anstehen. Sie hoben eine Schlackegrube von 45 Zentimeter Durchmesser und 40 Zentimeter Tiefe aus, dann formten sie in Aufbautechnik aus mit Häcksel vermischtem Lehm über der Grube einen 1,20 Meter hohen Kegelstumpf, den Ofenschacht mit Düsenlöchern.

Für den eigentlichen Versuch heizten sie den Rennfeuerofen mit Holzkohle vor, dann füllten sie 3 Kilogramm zerkleinerte, geröstete und gesäuberte Erzbrocken in den Schacht. Sobald die Füllung durch den Verbrennungsvorgang absackte, folgten weitere Holzkohle- und Erzschichten im Wechsel. „Bei Temperaturen um 1100 Grad“, so berichteten Werner und Barth, „setzte im Bereich oberhalb der Düsenebene die Reduktion des Eisens aus dem Erz ein. Das zähflüssige Eisen-Schlacke-Gemisch tropfte in die Schlackengrube und setzte sich dort als schwammig-poröser Luppeklotz ab.“ Innerhalb von 190 Minuten wurde der Ofen mit 10 Portionen Erz von jeweils 3 Kilogramm beschickt, nach weiteren 125 Minuten war der Verhüttungsprozeß abgeschlossen. Das Vorheizen mitgerechnet, wurden während dieser 6 Stunden 75 Kilogramm Holzkohle verbraucht.

Hermann-Volker Garbers experimentierte mit relativ kleinen Schachtöfen, wie sie im niedersächsischen Rullstorf gefunden wurden, und Raseneisenerz. Bei einer Verhüttungsdauer von 3 Stunden 27 Minuten wurden – das Vorheizen nicht mitgerechnet – rund 19 Kilogramm Holzkohle verbraucht und knapp 74,5 Kilogramm Erz eingefüllt. In Höhe der Düsen hatte sich als oberste Schicht des Schlackeklotzes eine etwa zwei Zentimeter dicke Lage fast reinen Eisens abgesetzt mit einem Gewicht von zwei bis drei Kilogramm. Das Metall läßt sich mit Werkzeugstahl ritzen. Schmiedeversuche wurden bisher nicht durchgeführt. Nach der chemischen Analyse des Institutes für Anorganische und Analytische Chemie in Clausthal-Zellerfeld, so Garbers, „enthält das eingesetzte Erz im Durchschnitt 52,81 Prozent FeO, dies entspricht einem Reineisengehalt von ca. 41,05 Prozent. Theoretisch hätten also aus den 74,4 Kilogramm Eisenerz 30,54 Kilogramm Eisen gewonnen werden können.“

Aus Holz gebaut waren auch die Häuser, meist Pfostenbauten mit Flechtwänden, dazwischen Fachwerkkonstruktionen mit Flechtwerk in den Gefachen, alles mit Lehm verputzt und farbig übertüncht. Gemütlich waren sie nicht. Der Fußboden leitete Kälte und Feuchtigkeit nach innen, die dünnen Wände isolierten schlecht, der Wind zog durch Ritzen und Spalten, Schornsteine gab es nicht, und so mögen diese Häuser in der Tat *kalte Räucherkammern* gewesen sein. Andererseits gab es raffiniert aufgehängte Gewichte, die die Türen automatisch schlossen, und gleich drei verschiedene Typen von Schlössern, um Hab und Gut vor Dieben zu schützen. Keramik wurde auf schnell rotierenden Töpferscheiben geformt, und das Getreide in Drehmühlen mit Handgriff gemahlen, die bis zu 16 Kilogramm in einer halben Stunde schafften. Getreide dürfte der Hauptbestandteil der keltischen Küche gewesen sein. Doch nach den Tierknochen zu urteilen, stand auch Rindfleisch „auf der Speisekarte mit einem Anteil von 60 Prozent weit oben, gefolgt von Schweinefleisch mit rund 25 Prozent und Lammfleisch mit knapp 15". Eine Siedlungsdauer von 150 Jahren vorausgesetzt, kommt Lorenz anhand der Knochen auf eine Jahresproduktion von 80 000 Kilogramm Fleisch. Das sind 220 Kilogramm pro Tag – für 2000 Menschen. Bei uns liegt der Tagesverbrauch mit 250 Gramm pro Person mehr als doppelt so hoch.

In Manching stießen die Archäologen jedoch nicht nur auf Knochen von Tieren. Neben einigen vollständigen Skeletten fanden sich, wahllos verstreut über das Stadtgebiet, an die 5000 Einzelknochen von Menschen, die auf mindestens 400 Individuen schließen lassen. Die meisten stammen von Männern.

Das Skelett eines sechsjährigen Kindes unter der Durchfahrt des Osttores ließe sich als Bauopfer deuten. Die Überreste der etwa 20jährigen Frau in einer Abfallgrube, der man die Arme abgerissen hatte, lassen ahnen, wie die übrigen ums Leben gekommen sind. Kampfhandlungen schließen die Anthropologen aus.

Offenbar sind die Schilderungen antiker Autoren von Menschenopfern und Menschenfresserei mehr als nur Feindpropaganda. Der römische Dichter Lucan und die „Berner Scholien" erwähnen drei unterschiedliche Opferrituale, die drei bestimmten Gottheiten zugeordnet sind. Dabei wurden die Keltengötter einfach mit Göttern aus dem römischen Pantheon gleichgesetzt: „Teutates-Merkur wird von den Galliern folgendermaßen versöhnt: In einen gefüllten Bottich wird ein Mensch mit dem Kopf voran hinabgelassen, so daß er dort erstickt. Esus-Mars wird so versöhnt: Der Mensch wird an einem Baum aufgehängt, solange, bis sich seine Glieder in eine blutige Masse auflösen. Taranis, der Vater des Dis, wird von ihnen so versöhnt, daß die Menschen in einer hölzernen Mulde verbrannt werden."

Ob die Gleichsetzung keltischer und römischer Götter gerechtfertigt war, weiß man nicht, doch die Dreiheit hat in der keltischen Religion eine Rolle gespielt. Sie findet sich vor allem bei den *großen Göttinnen*, den *Drei Müttern* Morrigan, Macha und Bodb. Als *Matronen* wurden sie später auch im römischen Germanien verehrt, vor allem in der Eifel.

Dieser keltischen Göttertriade, die sich gelegentlich in Köpfen mit drei Gesichtern manifestiert, liegen möglicherweise keine mythischen Überlieferungen, sondern praktische Erwägungen zugrunde: bei dreifacher Anrufung sind die Chancen auf Erhörung entsprechend höher, und ein dreifacher Gott muß mächtiger sein als ein einziger.

Oberste Götter waren wohl Dagda, der *gute Gott*, und die Muttergöttin Morrigan, die gleichermaßen Fruchtbarkeit und Zerstörung verkörperte. Die Vereinigung beider fand am 1. November, an Samhain, dem Neujahrsfest der Kelten, statt, zur „Zeit der Versöhnung des Stammesgottes und der Erdmutter".

Lug, auch Find, der Blonde, genannt, scheint ein Fruchtbarkeitsgott gewesen zu sein. Nach ihm wurden die Städte Vindobona/Wien und Vindonissa/Windisch in der Schweiz benannt. Große Bedeutung hatte darüber hinaus Cernunnus, der Gott mit dem Hirschgeweih. Bei ihm könnte es sich um einen alten Jagdgott aus vorbäuerlicher Zeit handeln, mit dessen Kult Geweihmasken in Verbindung standen, wie man sie bei Ahrensburg oder Hohen Viecheln gefunden hat.

Ebenfalls in die Zeit der Jäger und Sammler reicht der Schädelkult zurück, den der römische Geschichtsschreiber Livius erwähnt. Nach dem Glauben der Kelten schützten die Köpfe gefallener Feinde, in denen die Seele saß, die eigene Gemeinschaft. Sie schnitten den Gefallenen „den Kopf ab und trugen ihre Beute zu ihrem heiligsten Tempel. Dort leerten sie den Kopf, wie es bei ihnen Brauch ist, und vergoldeten den Schädel, der ihnen hinfort als heiliges Gefäß zur Darbringung von Trankopfern und als Trinkschale für die Priester... diente". Solche Ehren ließen sie allerdings nur vornehmen und berühmten Feinden zuteil werden. Die Köpfe der einfachen Soldaten wurden auf Stangen gespießt, auf Pfähle gehängt oder an Häuser genagelt.

Ihre Götter verehrten die Kelten vereinzelt in Tempeln, meist jedoch an Teichen und Quellen oder in Heiligen Hainen, womit vielleicht die „Viereckschanzen" gemeint sind.

Die Viereckschanze von Holzhausen am Starnberger See, rechts der Isar, ist 85 mal 90 Meter groß. Ihre Ecken sind genau auf die Himmelsrichtungen ausgerichtet, der Eingang liegt im Osten. Insgesamt fünf Ausbauphasen ließen sich nachweisen, von der ursprünglichen einfachen Umzäunung bis zu Wall und Graben. Daß man diesen Aufwand nicht betrieben hat, um Vieh zu pferchen, zeigen die Überreste eines Pfostenbaus in der Nordwestecke des Platzes und drei Schächte, die verschiedenen Bauphasen zugehören. Dazu Herbert Lorenz:

„Der in der Nordecke gelegene Schacht 1 besitzt einen Durchmesser von etwa 2 Metern und erreicht etwa 6,5 Meter Tiefe. An seinem Boden wurde ein 2,3 Meter langer Holzpfahl von 10 Zentimeter Stärke entdeckt. Er war fest im anstehenden Kies verankert, wobei auffiel, daß er nicht senkrecht, sondern schräg in der Erde stand. Mit seiner Neigung von 62 Grad nach

Süden soll die Achse des Pfahles genau auf den Jahreshöchststand der Sonne am 21. Juni ausgerichtet sein. Der etwa in der Mitte der Südwestseite gelegene Schacht 2, der eine Öffnung von rund 5 Metern Durchmesser besaß, reichte 18,35 Meter in den Boden hinein; im oberen Teil des Schachtes wurde eine zweizinkige Fleischgabel gefunden, offensichtlich das einzige metallene Fundstück der Grabung. Ein dritter Schacht wurde in der Mitte der Nordostseite entdeckt. Bei einem Mündungsdurchmesser von 3,6 Metern reichte er bis in eine Tiefe von 35,6 Metern hinab; auf den ersten 16,5 Metern wurde eine quadratische, von unten nach oben gebaute hölzerne Verschalung nachgewiesen. Auf dem Boden des Schachtes fand man eine hölzerne, an die Wand gelehnte Scheibe, deren Sinn und Zweck bisher jedoch nicht bekannt ist."

Es gibt Berichte darüber, daß die Kelten nach erfolgreichen Kriegszügen ihre gesamte Beute den Göttern darbrachten. Das dürfte sich in der Viereckschanze von Gournay-sur-Aronde bei Compiegne abgespielt haben, wo Archäologen Reste von Hunderten von Schwertscheiden, Schilden, Schwertern und Lanzenspitzen fanden, dazu Reste von Gürteln, Ringen, Ketten, Haken, Sensen, Sicheln, Wagenteilen, Pferdegeschirr und Münzen. Hinzu kommen die Knochen von mehr als 200 Tieren, meist Schafe oder Ziegen, aber auch Rinder und Schweine. Und Skelettreste von mindestens einem Dutzend Menschen.

In Holzhausen wurden offenbar andere Rituale zelebriert, es sei denn, man hätte das Heiligtum anschließend gründlich aufgeräumt. Geopfert wurde aber auch in dieser Viereckschanze, das ergaben die chemischen Analysen. Auf sterile, fundleere Schichten folgten in allen drei Schächten Ablagerungen von organischen Substanzen, eiweißhaltigen Stoffen – von Fleisch und Blut.

Das Fürstengrab von Hochdorf

1978/79 grub Jörg Biel bei Eberdingen-Hochdorf in der Nähe von Ludwigsburg einen frühkeltischen Grabhügel aus, der in mancherlei Hinsicht einzigartige Funde hergab.

Die hölzerne Grabkammer im Inneren des sechs Meter hohen Hügels enthielt nach Angaben des Anthropologen Alfred Czarnetzki „die am besten erhaltene Bestattung aus einem Zentralgrab der Hallstattzeit". Der Tote war ein Hüne von

Das Grab des keltischen Fürsten bei Hochdorf während der Grabungsarbeiten. Unter dem Zelt in der Mitte befindet sich die hölzerne Kammer mit der Bestattung.

Mann. Mit seiner Größe von 1,87 Meter, ungewöhnlich breiten Schultern, einem Hirnschädel, der größer ist, als alle anderen vergleichbaren Schädel jener Zeit, und muskulösem Körperbau, muß er eine imposante Erscheinung gewesen sein. Der „Fürst von Hochdorf", der vielleicht auf der Hohenasperg, einem Fürstensitz, zehn Kilometer entfernt, residiert hat, starb im Alter zwischen 40 und 50 Jahren. Er wurde älter als seine Zeitgenossen, die im Durchschnitt nur mit einer Lebenserwartung von 20, 30 Jahren rechnen konnten. Dem relativ hohen Alter entsprechend waren, so Czarnetzki, seine Zähne „größtenteils bis etwa zur Hälfte der Kronen abgekaut... Die eröffneten Pulpahöhlen sind durch die Einlagerung von Sekundärdentin zu Lebzeiten wieder verschlossen worden. Karies und Entzündungen im Bereich der Zahnwurzeln können im Gegensatz zur Parodontose nicht nachgewiesen werden."

Bis auf arthritische Veränderungen an einigen Gelenken konnte Czarnetzki keine Krankheiten diagnostizieren. Diese Veränderungen könnten durch entzündliche Prozesse verursacht worden sein, sie sind möglicherweise aber auch auf eine übermäßige Beanspruchung der Gelenke zurückzuführen. Die Todesursache ist unbekannt, ebenso das Todesjahr.

Das Grab wurde irgendwann zwischen 550 und 500 v. Chr. angelegt. Gleichzeitig mit dem „Fürsten" begrub man drei weitere Menschen. Ein Grab südwestlich der Hauptkammer barg einen Mann, dem man ein Rasiermesser und zwei Schlangenfibeln mitgegeben hat, wie sie sich auch im Fürstengrab fanden. Direkt unter dem Steinkreis, der den Hügel von 50 Metern Durchmesser einfaßt, lag in einer mit Steinen umstellten Kammer ein zweiter Mann, ein Tongefäß enthielt die verbrannten Knochen eines dritten Menschen. Die ungewöhnliche Lage vor allem des Doppelbegräbnisses, so Jörg Biel, läßt „im entferntesten Sinn an ein Bauopfer oder an Totenfolge denken".

Mit dem Grab von Hochdorf wurde großer Aufwand getrieben. Während die Bauarbeiter die Kammer herrichteten, eine Zufahrtsrampe anlegten, Steine und Erde für den Hügel herbeischafften, stellten Kunsthandwerker in Unterkünften vor Ort Gold- und Bronzegegenstände für die Grablege her. Materialreste, Abfall und mißlungene Stücke wurden im Hügel vergraben, so, als solle nichts, was für des Fürsten Jenseitsreise gedacht war, in unbefugte Hände geraten.

Die Wände der hölzernen Grabkammer waren mit Stoffbahnen verhängt, die Fibeln – eine Art Luxus-Sicherheitsnadeln – zusammenhielten. Die Untersuchung der Gewebe ergab, daß es sich um die Prachtmäntel des Verstorbenen handelte, die mit kunstvollen Borten aus Brettchenweberei gesäumt waren. Stoffe lagen auch auch auf dem Wagen und dem Totenbett – einem ungewöhnlichen Möbelstück, eine Art Sofa aus Bronzeblech, 275 Zentimeter lang. Die Sitzhöhe beträgt nur 35 Zentimeter. Auf solchen „Klinen" saß man nicht, sondern man lag, auch beim Essen. Die Sitzfläche ruht auf acht Frauenfiguren mit emporgestreckten Händen, die jeweils auf einem sechsspeichigen Rad stehen. Die Kline konnte also nach Bedarf vor- und zurückgeschoben werden. Gebrauchsspuren zeigen, daß sie nicht speziell als Grabbeigabe angefertigt wurde.

Die Rückenlehne ziert ein Bildfries. Links und rechts sieht man einen mit Hengsten bespannten Wagen, auf dem ein Krieger steht. Den Mittelteil bildet eine Schwerttanzszene in dreifacher Wiederholung. Je zwei nackte Männer mit weit zurückgebogenem Oberkörper stehen einander gegenüber. In der einen Hand tragen sie ein Schwert, in der anderen einen undefinierbaren Gegenstand mit kugeligen Enden.

Das Totenbett des Fürsten – eine Kline aus Bronzeblech, getragen von acht Frauenfiguren auf Rädern. Die Rückenlehne zeigt auf einem Bildfries zwei mit Hengsten bespannte Kampfwagen, dazwischen drei Schwerttanzszenen.

Das Totenlager war liebevoll zubereitet. Zuunterst fand sich gestreifter Baststoff, auf dem Getreidehalme zu einem Muster gefügt waren, darüber gebreitet Dachsfelle. Bei einigen waren die Haare zu kunstvollen Fransen zuammengedreht, andere trugen ins Fell eingedrückte Muster. Dann folgten Lagen aus Woll- und Leinenstoffen, unter Kopf und Oberkörper befand sich ein Polster aus dünnen Zweigen. Das Kopfkissen bedeckten zierliche Matten aus Grashalmen und Zöpfe, aus Grashalmen geflochten. Den Raum unter der Kline füllten Zweige und Pflanzen aus, unter anderem Rotklee mit Blüten und Zweige von Schlehen, Eschen und Hasel mit Kätzchen. Die Zweige hatten Knospen angesetzt, wie im Herbst nach dem Laubabfall. Die Beisetzung könnte demnach zwischen September und März stattgefunden haben.

Zu den ungewöhnlichen Beigaben, so Jörg Biel, zählt der Hut des Toten aus Birkenrinde, der zwischen Kopfkissen und Kopfende lag. „Es handelt sich um zwei runde Scheiben, die jeweils aus einem Rindenstück gearbeitet sind, mit einem

Der Bronzekessel am Fußende des Totenlagers ist ein Importstück aus Griechenland. Er faßt 500 Liter, und die chemische Analyse zeigte, daß man darin Met angesetzt hatte.

Durchmesser von 39,5 Zentimetern. Aus ihnen ist ein Segment geschnitten, so daß sich eine flach konische Hutform ergibt. Die beiden Scheiben sind durch zwei ringsum verlaufende Nähte und eine Radialnaht zusammengenäht. Die äußere Scheibe ist durch fein eingezirkelte konzentrische Kreise, zwischen denen zwei verschieden Punzmuster sitzen, verziert.

Ob er Haare auf dem Kopf hatte, ließ sich bei dem Toten nicht nachweisen, doch in Kopfhöhe lagen ein eisernes Rasiermesser und ein doppelseitiger fein gesägter Kamm. In einem Täschchen fanden sich ein Nagelschneider, ein nicht identifizierbarer Gegenstand, ebenfalls aus Eisen, und drei Angelhaken.

Rasiermesser, Bart- und Nagelscheren, Pinzetten und Spiegel, die aus anderen Gräbern bekannt sind, zeugen davon, daß die Kelten Wert auf ihr Äußeres legten. Wenn sie in den Krieg zogen, bemalten die Männer ihren Körper mit blauem Waid, der noch im Mittelalter zum Färben von Stoffen benutzt wurde. Die Frauen scheinen auch im Alltag „*Kriegsbemalung*“

Neben Schmuckstücken und dem vergoldeten Dolch des Fürsten die Schuhe, von denen nur der Goldbesatz erhalten blieb. Man hatte sie dem Toten seitenverkehrt angezogen.

getragen zu haben. Der römische Dichter Proporz jedenfalls tadelte seine Geliebte, sie schminke sich wie eine Keltin.

Die meisten Berichte schildern die Kelten als hellhäutig und rotblond, mit furchterregendem Blick, ein Eindruck, der vielleicht durch eine Umrandung der Augen mit Farbe hervorgerufen wurde. Ihre Sprache klang Römern und Griechen tieftönend und rauh.

„Die Frauen der Gallier sind nicht nur ebenso stattlich wie die Männer, sondern sie nehmen es auch an Stärke mit ihnen auf", notierte Diodorus Siculus, und laut Dio Cassius war die Königin Boudicca „von sehr hohem Wuchs, schrecklichem Ansehen und durchdringendem Blick. Ihre Stimme war rauh, ihr blondes Haar von solcher Fülle, daß es ihr bis über die Hüften herabfiel".

Vor allem das Haar der *Barbaren* scheint es den antiken Autoren angetan zu haben. Nach Caesar trugen sie das Haupthaar lang, die Oberlippe zierte ein Schnauzbart. Diodorus bestätigt das, fügt jedoch hinzu: „Das Haar ist nicht nur von Natur aus blond, sondern sie verstärken diese eigentümliche Farbe noch durch künstliche Behandlung. Sie waschen nämlich die Haare immerfort mit Kalkwasser und streichen es von der Stirn rückwärts gegen Scheitel und Nacken... Die Haare werden von dieser Behandlung immer dicker, so daß sie sich von einer Pferdemähne nicht mehr unterscheiden." Abbildungen zeigen, daß auch Frisuren mit stachelig um den Kopf stehenden Strähnen beliebt waren, was die Römer veranlaßte, von zottelhaarigen Galliern zu sprechen.

Am Fußende des Totenlagers stand ein riesiger Bronzekessel, der 500 Liter Flüssigkeit faßte. Ein Importstück aus Griechenland, ein Gastgeschenk vielleicht, vielleicht auch der Siegespreis bei einem Wettbewerb. Der Kessel enthielt noch Reste von Sommerhonig. Offenbar hatte man in dem Gefäß Met angesetzt, der ein Jahr gären mußte, bevor er abgezogen und in andere Gefäße umgefüllt wurde. An sich hätte man in einem Fürstengrab Wein erwartet, denn Met oder Bier waren eher ein Volksgetränk. An der Wand zu Häupten des Toten hing ein riesiges Trinkhorn aus Eisen, das fünfeinhalb Liter faßt, daneben, in Zweiergruppen, acht kleinere Hörner.

Gegenüber der Kline stand ein vierrädriger Wagen, vollständig zusammengebaut. Ein Prunkgefährt, das man sicher nicht für alltägliche Zwecke benutzt hat. Auf dem Wagen stand ein Eßservice, bestehend aus neun Tellern und drei Bronzeschüsseln, daneben eine eiserne Axt, ein Fleischmesser, eine Lanzenspitze und ein Gegenstand aus Hirschhorn. Der Tote war demnach für ein Gastmahl mit neun Teilnehmern ausgerüstet. Reste von Speisen konnten allerdings nicht nachgewiesen werden.

So aufwendig das Grab, so prächtig die Ausstattung auch waren, es gibt Anzeichen dafür, daß die Beerdigung selbst etwas überstürzt vonstatten gegangen sein muß.

Bei der hölzernen Grabkammer zum Beispiel haben die Handwerker gepfuscht, an einigen Stellen ist Flickwerk zu erkennen. Bei der Totenzeremonie war davon allerdings nichts zu sehen, weil man die Wände mit Stoffbahnen und Mänteln verkleidet hatte. Auf Hast und Eile lassen auch Details bei der Herrichtung des Toten schließen. Der goldene Halsreif, den der Fürst trug, wurde dabei beschädigt. „Der ehemals geschlossene Halsring", so Jörg Biel, „ist mit einem groben Schnitt auseinandergetrennt, beziehungsweise -gerissen worden, wobei sogar ein Stück des Goldbleches abriß, das sich nicht im Grab fand. Der so gewaltsam geöffnete Ring wurde dem Toten dann wieder um den Hals gedrückt." Ein weiteres Indiz sind die Schuhe. Vom Leder war nichts übriggeblieben, doch der Besatz aus Goldblech, der speziell für die Grablege angefertigt wurde, lag noch an Ort und Stelle. Die Goldbleche wurden für einen rechten und für einen linken Schuh angefertigt, doch sie lagen seitenverkehrt. Daß sie falsch herum aufgenäht wurden, ist unwahrscheinlich. Den Irrtum hätte man schnell entdeckt und ohne weiteres beheben können. Man hat eher den Eindruck, als seien die Schuhe beim Ankleiden der Leiche verwechselt worden.

KAUFLEUTE UND MISSIONARE

Haithabu, Messeort am Noor

Der Kaufmann aus dem Orient war von der berühmten Handelsniederlassung an der Schlei nicht gerade begeistert: „Die Stadt ist arm an Gütern und Segen. Die Hauptnahrung ihrer Bewohner besteht aus Fischen, denn sie sind dort zahlreich. Werden einem von ihnen Kinder geboren, so wirft er sie ins Meer, um sich die Ausgaben zu sparen." Mit diesen Worten schilderte At-Tartuschi einem Landsmann, dem Schriftsteller Qaswini, seine Eindrücke von Haithabu. Eine Beschreibung, die verblüfft.

Immerhin weilte der Araber zwischen 950 und 960 an der Schlei, zu einer Zeit, da Hedeby als Hauptumschlagplatz für den Transithandel von Mitteleuropa nach Norden und Osten galt.

At-Tartuschi war weit gereist. Er hat gewiß Konstantinopel gekannt, er wird in Cordoba und Sevilla gewesen sein, prachtvolle Städte mit Wasserleitung, Kanalisation, Krankenhäusern, Universitäten, Bibliotheken, Gärten, Parks, Villen und Palästen. Mit ihrem Luxus und Komfort konnte sich kaum eine Stadt im Abendland messen. Schon gar nicht Haithabu, das nicht einmal einen richtigen Namen hatte. Dennoch galt Haithabu lange Zeit als eine Art Venedig des Nordens.

Zum „Ort auf der Heide", im Grenzgebiet zwischen Dänen, Slawen, Friesen und Sachsen, zogen Kaufleute aus aller Herren Länder, um Geschäfte zu machen. Mag sein, daß Handelshäuser, die jedes Jahr Waren und Aufkäufer an die Schlei entsandten, dort ihre eigenen Unterkünfte errichteten. Ebensogut ist es möglich, daß sie für die Dauer des Aufenthaltes Häuser mieteten. Hier an der schmalsten Stelle der Halbinsel Jütland traf man sich gewissermaßen auf halbem Wege. Wer möglichst schnell und sicher von Ost nach West, von Süd nach Nord reisen wollte, kam durch Haithabu.

Jütland und Norddeutschland verband einer jener alten Heer- oder Ochsenwege, die nicht selten seit 5000 Jahren und länger benutzt werden. Der Weg ist hier und da noch deutlich im Gelände zu erkennen, ganze Teilstrecken wurden in das moderne Straßensystem einbezogen. Der Landweg von Deutschland nach Dänemark verläuft noch immer westlich von Haithabu.

Mindestens ebenso wichtig wie diese Nord-Süd-Achse war die Ost-West-Verbindung, und zwar in erster Linie für Kaufleute, die den Seeweg bevorzugten. Normalerweise mußte ein Schiff, das von der Nordsee in die Ostsee segeln wollte, ganz Jütland umrunden. Die heftigen Stürme bei Kap Skagen aber kosteten manchen Seefahrer Hab und Gut, nicht selten das Leben. Doch lange vor dem Nord-Ostsee-Kanal gab es eine weitaus günstigere Verbindung zwischen den beiden Gewässern: Von der Nordsee aus ging es per Schiff über die Flüsse Eider und Treene bis Hollingstedt. Dort verlud man die Waren auf Karren und transportierte sie die 16 Kilometer bis nach Haithabu über Land. Von hier aus gelangte man ohne Probleme über die Schlei in die Ostsee. Waren gingen natürlich auch den umgekehrten Weg.

Es ist unwahrscheinlich, daß man ganze Schiffe über Land zog, obgleich sich das bei kleineren Fahrzeugen sicherlich ohne allzu große Mühe bewerkstelligen ließ. Das Umladen war weniger umständlich, als es scheint. Die Kaufleute verwendeten nämlich genormte Container, die samt Ladung sowohl auf den Schiffen, als auch auf den Wagengestellen festgezurrt werden konnten.

Daß für die Kaufleute tatsächlich die Lage des Ortes und seine Funktion, nicht aber die Siedlung selbst von Interesse war, zeigt sich daran, daß Hedeby schon im Jahre 804 in den Urkunden Sliasthorp, also Schleswig, genannt wurde. Noch bis ins 16. Jahrhundert hinein liefen Haithabu und das drei Kilometer weiter nördlich gelegene Schleswig unter dem Doppelnamen Hedeby-Sliaswich, was zu einiger Verwirrung führte. Schleswig war bekannt, aber wo Haithabu gelegen hatte, wußte niemand mehr. Nur eine romanische Feldsteinkirche, fernab jeder Siedlung, trug noch den alten Namen, womit die Forscher jedoch nichts anfangen konnten.

So mancher Historiker und Archäologe setzte seinen Ehrgeiz darein, die alte Handelsmetropole aufzuspüren. Vergeblich. Bis der dänische Archäologe Sophus Müller auf die eigentlich naheliegende Idee kam, den fast schon legendären Ort in einem Halbkreiswall zu suchen, direkt am Haddebyer Noor, einer Ausbuchtung der Schlei. Dieser Wall von 1300 Meter Länge ist heute noch zwischen fünf und zehn Meter hoch.

Nach gründlichem Studium der schriftlichen Quellen, nach Auswertung der gängigsten Theorien kam Sophus Müller um die Jahrhundertwende zu dem Schluß, daß Haithabu hier und nirgendwo anders gelegen haben mußte. Prominente Wikingerforscher hielten Müllers Vermutung für blanken Unsinn. Aber Johanna Mestorf, Direktorin des Kieler Museums Vaterländischer Altertümer, zeigte sich von der Kontroverse wenig beeindruckt. Sie tat das einzig Vernünftige und ließ am Nordufer graben. Nun stellte sich heraus, daß Müller recht hatte. Haithabu war entdeckt.

Bis in die dreißiger Jahre blieben die Thesen des dänischen Wissenschaftlers für die Haithabu-Forschung maßgebend: „Danach hatte das Sliaswic der Zeit Ansgars nördlich der Schlei im Bereich der heutigen Altstadt von Schleswig gelegen. Als Konkurrenzunternehmen schwedischer Wikinger entstand am Haddebyer Noor um 900 n. Chr. das umwallte Haithabu, das für die Dauer einiger Generationen der älteren Nordstadt den Rang ablief und um 1000 n. Chr. seine Bedeutung wieder an das nördliche Schleswig verlor." Diese Thesen mußten später korrigiert werden, doch der Anfang war gemacht. Haithabu war gefunden, und es stand fest, daß Sliaswic und Hedeby tatsächlich zwei verschiedene Orte waren.

Haithabus Anfänge liegen im Dunkeln. Nur wenige Hinweise auf die Gründungszeit existieren. Die Fränkischen Reichsannalen vermelden, daß der Dänenkönig Göttrik, auch Godofrid genannt, im Jahre 808 die Stadt Rerik im wendischen Obotritenland zerstörte. Die Kaufleute dieses Ortes siedelte er in Haithaubu-Sliesthorp an.

„Godofrid aber zerstörte noch vor seinem Abzug den an der Seeküste gelegenen Handelsplatz, der in der Dänen Sprache Rerik hieß und durch Entrichtung von Steuern seinem Reiche großen Vorteil brachte. Er führte die Kaufleute mit sich fort und fuhr mit dem ganzen Heere zu Schiff hinüber nach dem Hafen, der Gliesthorp heißt. Hier blieb er mehrere Tage und beschloß, die Grenze seines Reichs nach Sachsen zu mit einem Wall zu schirmen, in der Weise, daß von dem östlichen Meerbusen, den jene Ostarfalt nennen, bis zum westlichen Meere, dem ganzen nördlichen Ufer des Flusses Uegidora entlang, ein Bollwerk reichte, nur von einem einzigen Tor unterbrochen, durch das Wagen und Reiter hinaus und wieder herein kommen könnten. Nachdem er nun dieses Werk unter die Anführer seiner Truppen verteilt hatte, kehrte er nach Hause zurück."

Mit diesem Bollwerk konnten die Wissenschaftler wenig anfangen. Erst neuere Grabungen schafften einigermaßen Klarheit über die landwehrartigen Befestigungswälle zwischen der Schlei und den Flußniederungen im Westen, die unter dem Namen „Danewerk" bekannt sind. Diese Grenzbefestigung wurde offenbar in drei Bauphasen errichtet.

Bevor Göttrik im Jahre 808 die Kaufleute aus Rerik, das bis heute verschollen ist, nach Haithabu umsiedelte, müssen bereits Friesen am Haddebyer Noor gesessen haben. Im 7. Jahrhundert dehnten diese ihren Fernhandel immer weiter nach Norden aus. An Haithabu konnten sie nicht vorbei.

Die Friesen waren die ersten, die nach Island reisten. Ihre stevenlosen Schiffe mit rundem Boden, beladen mit Leinwand und Wollzeug, dem „Fries", waren in den Häfen am Rhein und an der Seine wohlbekannt. Für Fahrten ins Wattenmeergebiet und in die Ostsee bevorzugten sie einen Bootstyp mit flachem Boden und geradem Steven. Im 10. Jahrhundert wird dieses Schiff als „Cog" bezeichnet. Es gilt als Vorbild für die spätere Hansekogge.

Die Friesen verstanden sich so gut aufs Handeln, daß Karl der Große einst persönlich eingriff, als seine Soldaten übers Ohr gehauen wurden. Die fränkischen Soldaten im Heer des Kaisers waren von den kurzen purpurnen Kriegsröcken ihrer gallischen Kameraden so begeistert, daß sie auch welche haben wollten. Karl hatte nichts dagegen einzuwenden, weil sie recht praktisch waren. Als er jedoch dahinterkam, daß die friesischen Händler die begehrten Minimodelle zum selben Preis verkauften wie vorher die langen, weiten Uniformen, unterband er den Handel.

Konkurrenz bekamen die Friesen schon bald durch die Sachsen. Sie sind mit Sicherheit ab 934 in Haithabu gewesen. Damals besiegte König Heinrich I. den dänischen Kleinkönig Knuba und richtete anschließend eine sächsische Kaufmannskolonie an der Schlei ein. Das Absatzgebiet der Sachsen beschränkte sich längst nicht mehr auf die Gegend um Magdeburg, ihren Hauptort. Sie zogen bis zum Harz und nach Thüringen hinein; sie fuhren elbabwärts zur Nordsee und stießen weit in slawisches Gebiet vor. Sie müssen sogar die Odermündung erreicht haben und den Weichselraum, denn dort fanden sich, ebenso wie in Skandinavien, deutsche Münzen der sächsischen Kaiserzeit.

Herbert Jankuhn, der bis 1966 die Ausgrabungen in Haithabu leitete, legte zwischen 1930 und 1939 eine ganze Reihe von Gräbern frei. Was er fand, vor allem das Trachtenzubehör, die Überreste der Kleidung also, und Grabbeigaben, bestätigt im großen und ganzen die Aussagen der schriftlichen Quellen. Jankuhn kam zu dem Schluß, „daß schon im 8. Jahrhundert eine kleine, von Westen her über die Schleswiger Landbrücke zur Schlei vordringende Bevölkerungsgruppe vielleicht friesischer Herkunft eine gewisse Bedeutung für die Entwicklung des Ortes erlangt zu haben scheint, daß weiterhin in der ersten Hälfte des 9. Jahrhunderts das Auftreten nordeuropäischen Trachtenschmuckes auf dem großen Friedhof des Ortes die Vermutung gestattet, daß damals aus dem Norden kommende

Menschengruppen sich in der Ansiedlung niedergelassen hatten und daß spätestens im 10. Jahrhundert eine sächsische Kolonie in Haithabu bestand. Darüber hinaus aber wird man auch mit der Anwesenheit größerer oder kleinerer Menschengruppen anderer Herkunft, etwa mit Slawen oder Angelsachsen, rechnen dürfen."

Die Gräber verrieten noch mehr: Die Mehrzahl der Bestatteten starb im Alter zwischen 30 und 40 Jahren, nur wenige wurden älter, und manch einen mögen heftige Zahnschmerzen geplagt haben, denn Karies und Parodontose waren keine Seltenheit.

Menschliche Gebeine kamen auch bei den Grabungen in den Jahren 1966 bis 1969 zutage. Bis auf ein paar Skelette aus einer Friedhofsanlage aus der fortgeschrittenen Phase Haithabus, Mitte bis Ende des 9. Jahrhunderts, handelt es sich durchweg um Einzelfunde, die über das Siedlungsgebiet verstreut waren. Die Hälfte der Knochen lag im Bach oder an den Uferpartien, viele tragen Spuren schwerer Verletzungen. Da die Knochen von Männern, Frauen, Kindern und Säuglingen stammen, muß man annehmen, daß hier ein grausiges Gemetzel stattgefunden hat.

Der Anthropologe Hermann Helmuth untersuchte die zum Teil stark verwitterten und beschädigten Knochen. Nur selten ließen sich mehrere Skeletteile ein- und demselben Toten zuordnen, so daß schwer zu sagen ist, wie viele Menschen insgesamt gefunden wurden. Je nach Auszählungsmethode variiert die Anzahl zwischen 35 und 327 Personen. Immerhin war es Helmuth möglich, an 15 männlichen und vier weiblichen Skeletten genauere Messungen vorzunehmen. Für die Männer ergab sich eine durchschnittliche Körpergröße von 169 Zentimetern, das entspricht mittlerer Größe. Damit waren diese 15 Männer von Haithabu ein bißchen größer als gegen Ende des 19. Jahrhunderts die wehrpflichtigen Schleswig-Holsteiner. Die gemusterten Soldaten maßen im Schnitt nur 168,5 Zentimeter.

Für die vier Frauen ermittelte Hermann Helmuth eine Größe zwischen 165 und 168 Zentimetern. Auffällig war bei allen Skeletten der durchweg derbe und robuste Knochenbau, der sich besonders deutlich an den dicken Schädelwänden zeigte.

Friedhöfe lassen nicht nur Rückschlüsse auf Größe und Gesundheitszustand einer Bevölkerung zu, sie geben auch Aufschluß über die Lebenserwartung. Nach den Befunden eines Gräberfeldes bei Mannheim-Vogelstang aus dem 6. bis 7. Jahrhundert konnte ein Mensch des frühen Mittelalters mit einer Lebenserwartung von 24,5 Jahren rechnen.

Die geringe Lebenserwartung im Frühen Mittelalter ergibt sich aus der hohen Kindersterblichkeit. Hatte ein Mann erst das Alter von 20 Jahren reicht, standen seine Chancen gut, 48 Jahre alt zu werden. Frauen dagegen konnten nur auf 44,5 Jahre hoffen, denn viele von ihnen starben im Kindbett. Das beweisen auch die absoluten Zahlen von Mannheim-Vogelstang: Von den 65 Menschen, die im Alter zwischen 20 und 29 Jahren starben, waren 25 Männer und 40 Frauen.

Als in der Mitte des 8. Jahrhunderts die ersten Siedler nach Haithabu kamen, ließen sie sich an einem Bach nieder. 50 Jahre später entstand weiter nördlich ein zweiter Siedlungskern, ebenfalls an einem Bach gelegen. An einer Quelle schließlich, noch weiter nördlich, entdeckten die Ausgräber eine dritte Ansiedlung. Jede besaß ihr eigenes Gräberfeld. Überdauert hat nur der mittlere Ort, der sich zum eigentlichen Fernhandelsplatz entwickelte und im 10. Jahrhundert mit einem Wall gesichert wurde. Eine Stadt im eigentlichen Sinne war Haithabu nicht. Allem Anschein nach war der Ort nicht einmal das ganze Jahr über bewohnt.

Dennoch war Haithabu ein bedeutender Fernhandelsort. Wir haben keinen Grund, die schriftlichen Quellen anzuzweifeln. Nennenswerte Gold- oder Silberschätze haben die Archäologen im Halbkreiswall aber nicht gehoben. Sie förderten weder Kaufmannskontore noch Warenspeicher oder prunkvollen Hausrat zutage – von Villen, Straßen oder Gärten ganz zu schweigen.

Stattdessen legten die Wissenschaftler Unmengen von Holz frei: Häuserreste, Zäune und Brunnen, die gut erhalten sind. Seit dem Jahr 1000 nämlich steigt der Meeresspiegel. Gleichzeitig hob sich auch der Grundwasserspiegel. Das Gelände wurde immer feuchter, der Morast konservierte die luftdicht abgeschlossenen organischen Reste hervorragend. An sich ein glücklicher Umstand für Archäologen.

Doch leider stammen all die Hölzer, die auf einer Ebene sichtbar sind, aus ganz verschiedenen Zeiten. Das hat zweierlei Ursachen: Erstens war Bauland knapp. Wurde ein Haus baufällig, und das geschah schnell in Haithabu, dann riß man es ab und errichtete den Neubau an derselben Stelle. Pfosten und Bohlen, die noch brauchbar waren, wurden wieder mit verbaut. Zum anderen wohnten die Leute in sogenannten Hallenhäusern ohne tragende Innenpfosten. Das Gewicht des Daches ruht bei diesem Häusertyp allein auf den Außenwänden aus Spaltbohlen. Damit die Wände die nötige Stabilität erhielten, mußte man tiefe Gräben für sie ausheben. Dabei gerieten die Siedlungsschichten jedesmal hoffnungslos durcheinander.

Aber nicht nur auf den einzelnen Grundstücken fällt es den Archäologen schwer festzustellen, wie lange ein Haus gestanden hat, das gilt für die ganze Siedlung, denn natürlich wurden nicht alle Häuser des Ortes zur gleichen Zeit baufällig. Trotz der Fülle von Häuserresten wird es daher wohl niemals möglich sein, einen Stadtplan für ein ganz bestimmtes Jahr aufzustellen.

Die mehr als 5000 Holzproben von Haithabu stammen aus einem Zeitraum von annähernd 250 Jahren. Das älteste Stück stammt von einer eichenen Brunnenverkleidung aus dem Jahre 783. Für die jüngste Probe, ebenfalls Holz von einem Brunnen, konnte das Jahr 1020 ermittelt werden.

Wenn auch nur in Ausnahmefällen feststeht, welche Häuser des Ortes gleichzeitig bewohnt waren, so ist das Siedlungsbild selbst recht deutlich zu erkennen. Dazu der Archäologe Kurt Schietzel vom Schleswiger Schloß Gottorf: „Faßt man die Bachufer- und Wegebefestigungen, die Zaunfluchten der Parzellenbegrenzungen, die verschiedenartigen Wandstrecken sowie die Hauseingänge aus den untersten Siedlungsschichten in der Ebene *eines* Planes zusammen, so entsteht das Bild eines weitgehend geordneten Siedlungskomplexes, dessen Achsen durch den begradigten, kanalisierten Bach und die senkrecht auf ihn zulaufenden oder weitgehend parallel zu ihm geführten Wege bestimmt werden." Die ganze Anlage erweckt den Eindruck, als sei bereits zu Beginn des 9. Jahrhunderts eine Parzellierung, eine Aufteilung des Geländes, vorgenommen worden.

Die einzelnen Grundstücke waren durch Flechtzäune voneinander getrennt, in den Höfen fanden sich gelegentlich Schuppen oder Ställe und Brunnen. Zuerst wird man das Trinkwasser aus dem Bach geschöpft haben. Als jedoch immer mehr Abwasser eingeleitet wurde, mußte man Brunnen anlegen. In Haithabu gab es verschiedene Modelle. Da hatte man einen Baumstamm gespalten, das Innere ausgehöhlt und die beiden Hälften sorgsam wieder zu einer mächtigen Röhre zusammengefügt. Ein anderer Brunnen glich einem viereckigen Holzkasten, ein dritter Typ bestand aus geböttcherten Dauben. Bei näherer Untersuchung stellte sich heraus, daß sie von Fässern stammen, die von weither gekommen sind. Tannen nämlich gab es nicht in der Gegend am Noor. Ob in diesen Fässern von etwa 800 Liter Rauminhalt, die offenbar aus dem Elsaß stammen, Wein nach Haithabu geliefert wurde, läßt sich nicht mehr sagen.

Die Eingänge der Häuser lagen durchweg an der Giebelseite. Dort fanden sich 1000 Jahre später noch Türen nebst An-

Die alte Handelsniederlassung Haithabu wurde mit den modernsten Methoden der Archäologie untersucht. Die Ausgrabungen fanden teilweise in einer Zelthalle statt.

geln und Schwellen, in vielen Fällen sogar die Matten aus Rutengeflecht, die dafür sorgten, daß man bei Regenwetter nicht gleich knöcheltief im Morast versank, wenn man vors Haus trat.

Die Häuser waren unterschiedlich groß. Da gab es einfache Unterkünfte von nur neun Quadratmetern Innenraum, aber auch recht ansehnliche Bauten mit mehr als 120 Quadratmetern Wohnfläche. Das offene Feuer auf dem Herd aus lehmverkleideten Rollsteinen war gleichzeitig Kochstelle, Wärmespender und Lichtquelle. Fenster gab es nicht, es dürfte auch so durch die Ritzen der Flechtwände und der schlecht schließenden Türen kräftig genug gezogen haben. Fensterglas, zunächst waren es die runden Butzenscheiben, kamen erst im 11. Jahrhundert in Mode, und nur sehr reiche Leute konnten sie sich leisten.

Sonderlich behaglich kann es in diesen Häusern in der kalten Jahreszeit nicht gewesen sein, das zeigt ein Experiment.

Das getestete niederdeutsche Bauernhaus von Visbek und die Häuser vom Noor besaßen weder einen Schornstein, durch den der Rauch abziehen konnte, noch eine Trennwand zwischen Diele und Herdraum. Wenn man bedenkt, daß in den Ställen des Bauernhauses während des Versuchs 14 Rinder standen, dazu der Dachboden bis obenhin mit einer dicken Schicht wärmedämmenden Heus vollgestopft war, dann ist das

Resultat niederschmetternd. Trotz Vieh und Heuboden war es zur Winterzeit in diesem Haus bei prasselndem Herdfeuer nur vier bis sechs Grad wärmer als im Freien. Dazu Helmut Ottenjann vom Niedersächsischen Freilichtmuseum Cloppenburg, wo dieses Experiment durchgeführt wurde: „Dementsprechend war in einem solchen Haus im Winter relativ schnell der Gefrierpunkt erreicht. Die Kälte im Haus, eine der Ursachen für die weit verbreiteten rheumatischen Erkrankungen, wurde durch mehrere Faktoren verursacht: Fachwerk-Lehmwände waren dünn und kaum wärmedämmend, der Fußboden war nicht isoliert und leitete Kälte und Feuchtigkeit nach oben, die Türen schlossen nicht dicht; zwischen Wänden und Dach, Holzwerk und Füllungen waren Spalten und Risse, durch die der Wind hindurchzog. Einzig die direkte Strahlungshitze des Herdfeuers vermochte die ringsum Versammelten zu erwärmen. Der Großraum von Diele und Herdraum konnte in den Wintertagen aber nicht durch Herdfeuer und aufgestalltes Vieh warm und in diesem Sinne behaglich gestaltet werden. Sicherlich können wir nun die Raumtemperatur nicht mit unseren heutigen Wärmebedürfnissen vergleichen, doch wissen wir aus zeitgenössischen Berichten, daß auch die Menschen damals in diesen Häusern gefroren haben.“

Die meisten Häuser von Haithabu mögen im Winter leergestanden haben. Das könnte auch erklären, warum sie so überraschend schnell baufällig wurden. Unbewohnte Häuser verfallen viel leichter als ständig bewohnte. Vielleicht kamen sogar die Handwerker nur zur Saison ans Noor, sodaß in der kalten Jahreszeit lediglich eine Restbevölkerung am Schleiufer ausharrte. Und diese Leute waren vielleicht wirklich so arm, wie At-Tartuschi sie schilderte.

Neben den Holzbauten gab es in Haithabu noch eine andere Art Unterkunft – das in den Erdboden eingetiefte Grubenhaus. Diese Grubenhäuser sind keine Spezialität des norddeutschen Raumes, sie sind auch aus anderen Gegenden bekannt.

Plinius der Ältere, der im Jahre 79 beim Ausbruch des Vesuvs ums Leben kam, berichtet in seiner „Naturgeschichte“, in diesen Räumen hätte man gewebt. Die lateinische Bezeichnung „textrinum“, soviel wie Webehaus, hielt sich bis ins Mittelalter. Ein anderer Römer, Publius Cornelius Tacitus, erwähnt sie ebenfalls, und zwar in seiner „Germania“, die 98 n. Chr. veröffentlicht wurde. „Auch ist es in Germanien üblich, unterirdische Höhlen auszuheben und eine dicke Schicht Mist daraufzulegen. Das ist eine Zufluchtsstätte für den Winter und ein Aufbewahrungsort für die Feldfrüchte.“

Zwar hat Tacitus hinsichtlich der Sitten und Bräuche der Germanen hin und wieder etwas falsch gedeutet, was aber die Grubenhäuser betrifft, so hat er im wesentlichen recht. Auf ihre Dächer schaufelte man tatsächlich eine dicke Schicht Mist. Das war nicht nur eine billige, sondern obendrein eine energiebewußte Methode, denn der Dung erwärmt sich im Laufe des Zersetzungsprozesses, ein Vorgang, der sich in jedem Komposthaufen abspielt. Im Althochdeutschen hießen diese Grubenhäuser „tung“, im Altnordischen ganz ähnlich „dyng“ – das heißt Dünger oder Mist.

Doch nicht nur die Germanen schaufelten Grubenhäuser, die Archäologen entdeckten solche Gelasse auch in slawischen Siedlungen. Dort war der Herd, der meist in eine Ecke gesetzt war, ein Mittelding zwischen offenem Feuer und Ofen. Ein Steingewölbe über dem Feuer verhinderte, daß auflodernde Flammen aufs Dach übergriffen. Gleichzeitig speicherten die Feldsteine Wärme und gaben sie, wie ein Kachelofen, nach und nach wieder ab. Die Webgewichte in diesen slawischen Grubenhäusern lassen darauf schließen, daß es sich um Arbeits-, nicht um Wohnräume handelte.

In der Altstadt von Rendsburg legten Archäologen ein sächsisches Grubenhaus aus dem 10. Jahrhundert frei. Die Hausgrube maß sechs mal viereinhalb Meter, sie war bis zu 1,20 Meter tief in den Boden eingelassen. Das Besondere an dieser Einzimmerwohnung, auf deren Fußboden noch eine zehn bis 20 Zentimeter dicke Abfallschicht lag, war ein nahezu unversehrter rechteckiger Kuppelofen aus faust- bis kopfgroßen Steinen in der Nordwestecke. Seine Seiten maßen rund eineinhalb Meter, er war etwas über einen halben Meter hoch. Ein seltener Fund. Hier die Beschreibung des Archäologen Gottfried Schäfers: „Das aus zwei senkrecht gestellten Steinplatten mit einem Überlieger gebildete Schürloch lag an der südlichen Schmalseite des Ofens zum Hausinnern (davor auf der Haussohle reichlich Aschenreste). Der noch weitgehend unverstürzte Feuerraum im Innern des Ofens war etwa 1.00 mal einen 0.50 m groß und 0.30 m hoch; die Grundfläche war mit dünnen Steinplatten gepflastert, die in einer Lehmschicht verlegt waren; darauf fanden sich mehrere Tongefäßscherben. Der gewölbeartige Aufbau oberhalb der Feuerkammer war aus vorwiegend kleineren, etwa faustgroßen Steinen locker gefügt, so daß durch die Fugen der Rauch abziehen konnte. Ein etwaiger Lehmverstrich war nicht festzustellen, auch nicht an den den Holzwänden zugekehrten Seiten.

Diese gedeckte, backofenähnliche Ofenform, deren Konstruktion aus Gründen der Feuerverhütung bei den Haustypen der beschriebenen Art bevorzugt wurde, diente vermutlich vornehmlich der Raumbeheizung – mit Wärmespeicherung durch den kompakten Steinmantel – und weniger zum Kochen und Braten."

Lochplattenöfen, wie der von Weddinghusen, bestehen aus einem stövchenartigen Unterbau, den nach oben hin eine Lochplatte abschließt, und einem Oberbau in Form eines Kegelstumpfes.

Öfen und Herde waren im allgemeinen eingebaut. Von den Geestrand- und Marschensiedlungen an der Schleswig-Holsteinischen Westküste sind aber auch Öfen bekannt, die man transportieren konnte. Sie datieren aus der Kaiserzeit, kurz nach Christi Geburt, und ihr Zweck ist nicht eindeutig geklärt.

Diese Öfen bestehen aus zwei Teilen, aus einem stövchenartigen Unterbau, den nach oben hin eine Lochplatte abschließt, und einem Oberbau in Form eines Kegelstumpfes. In den Öfen fanden sich Scherben, und daraus schloß man, in diesen Lochplatten müsse Keramik gebrannt worden sein.

Eine Füllung aus Keramikscheiben im oberen Teil des Ofens unterband den Funkenflug. Wenn das Feuer erloschen war, gab sie – wie ein Nachtspeicherofen – noch lange Wärme ab.

Der Heider Archäologe Volker Arnold hat den Ofen von Weddinghusen in Dithmarschen nachgebaut. Arnold schlägt „eine Deutung als Hausofen vor, der Wärme speichern und Funkenflug vermeiden sollte. Dabei ist an eine Beheizung des Unterbaus unter der Lochplatte überwiegend mit Holzkohle gedacht, ferner an die Auffüllung eines Teils des Oberbaus über der Lochplatte mit Scherben zerbrochener Keramikgefäße, und zwar durch die rechteckige Abzugsöffnung. In diesem Falle hatte der Oberbau des Ofens nur selten entfernt werden müssen, um die Scherben mit Flugasche auszuräumen... Der Weg der Flamme und Rauchgase durch die Scherben hätte einen nennenswerten Funkenflug auf jeden Fall unterbunden. Nach Verlöschen der Befeuerung hätte die Füllung wie bei einem Nachtspeicherofen noch lange nachgewärmt. Der flache obere Abschluß hätte sich dazu geeignet, Speisen in den flachbodigen eisenzeitlichen Gefäßen warm zu halten oder Feuchtes zu trocknen. Auch die Möglichkeit, an den unteren Teilen der Seitenwände Fladenbrote zu backen, sollte bedacht werden."

Sklaven für den Orient, Hering für die Klöster

Ein Venedig des Nordens ist Haithabu also nie gewesen. Die Einheimischen sind nicht reich geworden, trotz der sicher recht einträglichen Geschäfte, die „auf der Heide" getätigt wurden. Man muß sich Haithabu wohl als eine Art Messeort vorstellen. Die Kaufleute, oder ihre Beauftragten kamen hierher, um Handelspartner zu treffen, um Waren auszutauschen und aufzukaufen. Ihre Kontore lagen anderswo.

Wenn vom Frühjahr bis zum Spätsommer die Händlerkarawanen Station machten und Schiffe im Hafen vor Anker gingen, wenn Pelzmärkte und Sklavenauktionen stattfanden, wird rings um den Ort ein geschäftiges Treiben geherrscht haben. Manch weitgereister Fremdling wird sich hier beim Bier Gedanken gemacht haben über die seltsamen Sitten und Bräuche im Norden, die er ebensowenig verstand wie der Araber At-Tartuschi, der sich, wieder daheim, von seinem Staunen noch immer nicht erholt hatte. Er ließ kein gutes Haar an den Leuten vom Noor. Selbst ihr Gesang klang ihm wie das Bellen von Hunden.

Händler aus Norwegen brachten Marder-, Bären- und Rentierfelle sowie Schiffstaue aus Wal- und Seehundshaut, die sie von den im heutigen Finnmark lebenden Lappen als sogenannte Finnensteuer kassiert hatten.

Aus dem Westen, aus Friesland oder Flandern, stammten die begehrten und dementsprechend teuren Tuche. Ihrer erstklassigen Qualität wegen eigneten sich diese „pallia Fresonica" sogar als Staatsgeschenk. Karl der Große ließ dem Kalifen Harun al-Raschid einst einen ganzen Posten dieser kostbaren Stoffe überreichen. Das will etwas heißen, denn im Orient verstand man sich von altersher auf die Fabrikation der allerfeinsten Gewebe. Der Kalif aus „Tausendundeiner Nacht" revan-

Solch transportable Hausöfen heizten zur Zeit um Christi Geburt die Häuser an der Schleswig-Holsteinischen Westküste.

chierte sich mit ebenso erlesenen Staatsgeschenken, darunter eine vielbestaunte Wasseruhr mit beweglichen Figuren und der Elefant Abul Abbas, der zehn Jahre lang die Attraktion am Aachener Kaiserhof war.

In Haithabu fanden sich Münzen aus dem Kalifenreich, dem heutigen Irak, wo zwischen Euphrat und Tigris die Märchenstädte Basra und Bagdad Einheimische und Fremde in tiefes Staunen und Entzücken versetzten. Ins Schwärmen sind die Männer aus dem Morgenland nicht geraten, wenn sie sich in Haithabu umschauten. Besenheide, Mischwald aus Eichen und Buchen, Äcker, zum Wasser hin Erlenbrüche und Schilfgürtel, die es keinesfalls mit den Papyrussümpfen ihrer Heimat aufnehmen konnten. Andererseits kamen sie nicht nach Haithabu, um Landschaften oder Sehenswürdigkeiten zu bewundern. Wie At-Tartuschi werden sie zum Treffpunkt auf der Heide gereist sein – um Menschen zu kaufen.

In Haithabu gab es einen Sklavenmarkt. Dafür haben wir mehr als einen Augenzeugenbericht. Im Jahre 870, etwa hundert Jahre vor Ankunft des At-Tartuschi, hielt sich Rimbert, der Nachfolger des Hamburger Erzbischofs Ansgar, an der Schlei auf. Zu diesem Zeitpunkt fand gerade eine Sklavenauktion statt, die in der Biographie des Kirchenmannes ausführlich beschrieben wird. Zwar konnte sich der Autor nicht enthalten, ein Wunder in seinen Bericht einzuschmuggeln, doch davon abgesehen dürfte die Schilderung des Menschenauftriebs authentisch sein.

„Als er einst in das Land der Dänen kam, sah er an einem Orte, wo er für eine jüngst entstandene Christengemeinde eine Kirche erbaut hatte – der Ort heißt Sliaswich – eine Menge von Christengefangenen in Ketten einherschleppen. Unter diesen befand sich eine Nonne, welche, so wie sie ihn aus der Ferne erblickte, ihn, indem sie die Knie beugte und wiederholt das Haupt neigte, sowohl ihre Ehrerbietung zu bezeigen, als ihn wegen ihrer Auslösung um Erbarmung anzuflehen schien. Auch begann sie, damit er sehen sollte, sie sei eine Christin, mit lauter Stimme Psalmen zu singen. Der Bischof, von Mitleid ergriffen, betete weinend zu Gott um Hilfe für sie. Infolge seines Gebetes zerriß sofort die Kette an ihrem Halse, womit sie gefesselt war. Daß sie jedoch nicht entfloh, verhinderten die sie haltenden Heiden mit Leichtigkeit. Darauf begann der heilige Bischof, von Angst und Liebe für sie bewegt, den sie hütenden Heiden verschiedene Gegenstände von Wert für sie anzubieten; sie aber wollten auf nichts eingehen, wenn er ihnen nicht sein Pferd abtrete, auf dem er selber ritt. Dessen weigerte er sich nicht, sondern er sprang sogleich aus dem Sattel und gab es mit allem Geschirr für die Gefangene hin, schenkte derselben auch, nachdem er sie losgekauft hatte, die Freiheit und ließ sie gehen, wohin sie wollte."

Rimbert hatte eine christliche Sklavin freigekauft. In der Mehrzahl jedoch wurden wohl heidnische Slawen gehandelt, zumindest nachdem die Kirche durchgesetzt hatte, daß ausschließlich Ungläubige verkauft werden durften. Doch auch nach dieser Neuregelung machten die Menschenhändler noch genügend Gewinn. Ein Sklave kostete damals eineinhalb Mark Silbergewicht, eine Sklavin eine Mark. Neun Mark entsprachen 1800 Gramm Silber. Der Menschenhandel blühte noch in späteren Jahrhunderten. So sollen auf einem Markt im Mecklenburgischen fast 300 Jahre später noch 7000 Sklaven feilgeboten worden sein.

Im Jahre 1156 – seit vier Jahren war Friedrich I., Barbarossa,. deutscher König; die Universität Bologna galt als Hochburg für die Wiederbelebung und Verbreitung des römischen Rechts im westlichen Europa; Haithabu lag fast hundert Jahre in Schutt und Asche – im Jahre 1156 also begleitete der Pfarrer Helmold von Bosau den Bischof Gerold auf einer Visitationsreise. Unterwegs erhielten die Kirchenmänner die Einladung eines slawischen Adeligen: „Danach zogen wir fort zu dem gastlichen Hause, wo uns Thessemar mit großem Gepränge empfing", heißt es in Helmolds „Slawenchronik". „Dennoch waren uns die Becher der Slawen weder süß noch angenehm, sahen wir doch Fesseln und andere Marterwerkzeuge, die gegen aus Dänemark herbeigeführte Christen angewandt wurden. Da erblickten wir Priester des Herrn, abgemagert in langer Gefangenschaft, denen der Bischof weder mit Gewalt noch mit Bitten helfen konnte."

Gerold hatte demnach weniger Glück als sein Amtsbruder Rimbert seinerzeit in Haithabu. Vielleicht war Thessemar deshalb nicht im geringsten gesonnen, dem Bischof einen Gefallen zu tun, weil dieser kurz zuvor gerade das Heiligtum des Slawengottes Prove in der Nähe von Oldenburg/Holstein hatte zerstören lassen. Pfarrer Helmold war dabei.

Es waren aber nicht nur die slawischen Fürsten, die mit ihren Gefangenen unsanft umsprangen. Knud Laward zum Beispiel, der ein paar Jahre früher als dänischer Herzog von Schleswig über das unterworfene Slawenland herrschte, ließ ohne viel Federlesens seine eigenen Verwandten festnehmen, weil sie ihm im Wege waren, wie Helmold von Bosau berichtet. „Doch sowohl Heinrichs Vetter Pribeslaw wie Niklot, den Ältesten des Obotritenlandes (Mecklenburg), führte er gefangen ab und setzte sie in Schleswig fest. Eiserne Handschellen ließ er ihnen anlegen, bis sie sich mit Geld und Geiseln loskauften und in das fügten, was Untertanen zukommt."

Wie solche eisernen Sklavenfesseln aussahen, wissen wir genau. Auf einer Insel im Warder See, wenige Kilometer östlich von Bad Segeberg, fand sich ein Exemplar. „Die Handfessel", so Karl W. Struve, „besteht aus einem vierkantigen Eisenbügel, der auf der einen Seite eine Öse mit zwei langen, ovalen Kettengliedern aufnimmt. Auf der anderen Seite ist eine hohle rechteckige Tülle angeschmiedet. Der obere Teil ist abgebrochen. In ihm befand sich ein Zylinderschloß, in das wahrscheinlich das eine Kettenglied eingeklinkt werden konnte. Nur mit einem Einsteckschlüssel konnte man die Sperrfedern innerhalb des Schlosses lösen und damit den Gefangenen, der die Fesseln trug, befreien. Diese Schelle konnte nur festsitzen, wenn sie gleichzeitig zwei Handgelenke oder einen Fuß umschloß."

Daß der Treffpunkt an der Schlei schon früh international bekannt war, beweist ein Bleisiegel. Es trägt den Namen eines hohen Beamten aus Byzanz und muß zwischen 820 und 860 geprägt worden sein. Ob dieser Patrikios Theodosius persönlich nach Haithabu gereist war, ist nicht verbürgt, er kann auch einen Bevollmächtigten in den Norden geschickt haben.

Patrikios Theodosius ist geschichtlich belegt. Als die Byzantiner 838 in Kleinasien durch die Araber empfindliche Verluste erlitten, reiste er durchs Abendland und vergab Rüstungsaufträge, warb Soldaten und Verbündete an. Zwischen 840 und 842 hielt sich der Chef der kaiserlich-byzantischen Rüstkammer in Venedig auf und in Trier, am Hofe des Kaisers Lothar I. Es wäre also möglich, daß er einen Abstecher an die Schlei gemacht hat.

Außer Sklaven, Tuchen und Pelzen wurden auf dem Markt von Haithabu noch andere Waren feilgeboten, zum Beispiel Fisch. Davon gab es an der Küste in Hülle und Fülle. Allein in den Grabungskampagnen von 1966 bis 1969 sammelten die Archäologen in Haithabu Gräten und Knochen von insgesamt 14 000 Fischen. Sie konnten 26 Spezies unterscheiden, und zwar Süßwasser- und Meeresfische, was bei Haithabus Lage nicht weiter verwundert. Allerdings fanden sich in den unteren, den älteren Schichten, überwiegend Meeresfische, vor allem Hering (38,6 Prozent), während in jüngerer Zeit mehr Süßwasserfische wie Flußbarsch (24,9 Prozent) gegessen wurden. Die Heringsgräten hatten sich im Schnitt weitaus besser gehalten als andere Abfälle, vermutlich, weil sie eingesalzen waren. Noch in späterer Zeit war Salzhering an Bord der Schiffe eine willkommene Abwechslung zum Klippfisch.

Bleisiegel des Patrikios Theodosios, dem die kaiserlich-byzantinische Rüstkammer unterstand. Dieser Fund aus Haithabu beweist, daß im 9. Jahrhundert Geschäftsbeziehungen zum Orient bestanden.

Daß in Haithabu Heringe knapp wurden, mag an einer Eigenart dieses Fisches gelegen haben. Unerwartet taucht er in riesigen Schwärmen auf, macht ganze Landstriche wohlhabend, und verschwindet dann wieder für lange Jahre. Die älteste „Heringsperiode“, die sich nachweisen läßt, soll um das Jahr 1000 herum gelegen haben, was durchaus ins Fundbild von Haithabu paßt.

Geschriebene Rezepte sind zwar nicht überliefert, dennoch haben sich einige typische Gerichte der frühen Bewohner Schleswig-Holsteins bis auf den heutigen Tag als Hausmannskost erhalten und erlauben Rückschlüsse auf den Küchenzettel der Leute von Haithabu. „Planten die Wikinger Besonderes“, schreibt Jutta Kürtz in ihrem Norddeutschen Kochbuch, „dann fischten sie einen Zander als Köstlichkeit oder rösteten Haselnüsse, pflückten wilde Beeren oder jagten Wild. Und wenn die Wenden nicht gewesen wären, die schließlich im Norden begannen, Sinn für Nahrung zu nähren, wer weiß, ob es dann im Schweinebacken-Land das schaurigschöne Schwarzsauer gäbe, das schon bei den Griechen eine Opferspeise gewesen ist und bis zum heutigen Tag so manche Alteinheimische in hellstes Entzücken versetzt. Die Wenden nämlich, Heiden durch und durch, liebten zum Entsetzen späterer Gastrosophen und Gastronomen Blut in der Nahrung über alles. Sie gelten als Väter der guten deutschen Blutwurst, und sie sollen nicht gezögert haben, schon kurz nach der Jahrtausendwende auf mühsam am Flackern gehaltenen Feuerquellen diverse warme Gerichte auch aus Blut zu bereiten.“

Ob Schweine und Rinder in Haithabu gehalten wurden, ist nicht ganz klar. Es könnte durchaus sein, daß sie nur kurze Zeit in den Verschlägen standen, die in einigen Hinterhöfen gefunden wurden. Vieles spricht dafür, daß der Ort von Bauern aus dem Umland mit Lebensmitteln versorgt wurde. Wenigstens zur Saison, wenn die Kaufleute anreisten. Das schließt natürlich nicht aus, daß die eine oder andere Familie, die von den Kaufleuten lebte und sich deshalb vielleicht entschlossen hatte, das ganze Jahr über im Halbkreiswall zu wohnen, ein paar Schweine, vielleicht auch eine Kuh für den eigenen Bedarf hielt. Geschlachtet und verspeist jedenfalls wurden die Tiere im Ort.

Die Hälfte aller Haustierknochen im Halbkreiswall stammt von Schweinen, die meist im Alter von eineinhalb bis zwei Jahren geschlachtet wurden. Später aß man in Haithabu wie in anderen frühmittelalterlichen Orten häufiger Rindfleisch. Die Menschen ließen damals nichts umkommen, selbst die Knochen der Schlachttiere wurden noch zur Befestigung der Wege verwendet.

Fische und Muscheln standen zuerst überwiegend auf dem Speisezettel der Küstenbewohner. Das änderte sich, als immer mehr Menschen zum Christentum übertraten und die Fastenzeiten streng eingehalten wurden. So kam es, daß mit der Ausbreitung des Christentums der Fischverzehr der Binnenlandbewohner ständig stieg, was den Küstenländern steigende Umsätze bescherte. Besonders bei Hering und Stockfisch.

In manchen Gegenden waren für die Klöster pro Jahr bis zu 200 Fastentage angesetzt. Kein Wunder, daß die frommen Brüder und Schwestern trotz aller Erfindungskünste der Küchenmeister Fische allmählich nicht mehr sehen konnten, ob sie nun von der Küste kamen oder aus den klostereigenen Teichen stammten. Häufig versuchte der Koch mit viel Phantasie die eintönige Kost zu variieren. Da gab es Würste aus Krebsfleisch, Omelett mit Biberfüllung, aus Weißfisch und Mandeln zauberte der Bruder Küchenmeister eine *Speckseite*; Fischfleisch mit Weinbeeren, Wein und Mehl verknetet, wurde auf einen Spieß gesteckt, mit Mandeln gespickt und mit Honig bestrichen – fertig war der *Rehbraten*.

Zu Zeiten waren aber sogar Butter, Hühnerfleisch und Eier als Fastenspeise tabu. Wer will es da den Nonnen und Mönchen verdenken, wenn sie hin und wieder zu einer List griffen. Dann wurde ein Huhn zu einem Hecht geformt, ein Kalbsbraten nahm die Form eines dicken Karpfens an. Gelegentlich machte der Abt das Ganze hochoffiziell, indem er ein Spanferkel mit den Worten „Ego te papto carpam!" in einen Karpfen verwandelte. Wenn die Taufe einen Heiden zum Christen machte, konnte sie ebenso gut ein Spanferkel in einen Karpfen verwandeln.

Bisher besitzen wir keinen Beweis dafür, daß auf dem Markt von Haithabu Gewürze angeboten wurden. Dennoch können wir getrost davon ausgehen, daß Pfeffer, Zimt und Ingwer, Nelken und Muskat wichtige Handelsposten waren.

Mit der Eroberung Alexandrias im Jahre 641 hatten die Araber das Gewürzmonopol an sich gerissen, und sie blockierten erfolgreich den Handel im Mittelmeer. Die Kaufleute aber wußten sich zu helfen. Sie wichen auf eine andere Handelsroute aus. Sie führte von Konstantinopel über die Flüsse Don, Dnjepr, Wolga – via Kiew und Nowgorod – in den Ostseeraum und nach Haithabu.

Gewürze waren im Mittelalter aus der Küche der Wohlhabenden nicht wegzudenken. Wenn auch ein Pfund Safran soviel kostete wie ein Pferd, zwei Pfund Muskatblüte soviel wie eine Kuh, man zahlte es, um den penetranten Geruch zu lange gelagerten Fleisches und den strengen Geschmack der Pökellake zu überdecken. Aus dieser Zeit stammt ein Rezept, mit dem ein Kaufmann aus Paris verrät, wie man zehn oder zwölf

Jahre alten Stockfisch genießbar macht. Man müsse ihn, so rät er, „eine volle Stunde mit einem hölzernen Hammer klopfen, volle zwei Stunden oder noch länger in warmem Wasser einweichen und sodann kochen und gründlich putzen... Dann ißt man ihn mit Senf oder in Butter getaucht."

Anno 1393 war in Deutschland der Preis für Muskatnüsse derart in die Höhe geklettert, daß man für ein einziges Pfund des Gewürzes, das auch Getränke veredelte, sieben fette Ochsen geben mußte. Mancher Kaufmann verdiente sich mit den kostbaren Spezereien eine goldene Nase.

Zeitweilig galten Gewürze gar als Zahlungsmittel. Im 13. Jahrhundert wurden Gold- und Silbermünzen knapp, und da konnten Steuern, Zölle und Pacht buchstäblich Korn für Korn mit Pfeffer beglichen werden.

Selbst die Engländer, deren Küche bis heute als recht einfallslos gilt, waren schon früh auf den Geschmack gekommen. Sie mochten die exotischen Aromen – und das Geschäft mit ihnen – nicht mehr missen. Noch im 17. und 18. Jahrhundert lieferten sie sich mit Portugal und den Niederlanden blutige Gefechte um das Gewürzmonopol.

Im frühen Mittelalter, als es noch keine britischen Kolonien gab, tauschten die Engländer Wolle gegen Gewürze. Die Geschäfte waren offenbar zufriedenstellend, denn König Ethelred erließ im 10. Jahrhundert ein Gesetz, nach dem die „Easterlings", wie die deutschen Kaufleute aus dem Ostseegebiet und den späteren Hansestädten in Britannien allgemein hießen, eine Abgabe zahlen mußten, wenn sie mit Londoner Händlern ins Geschäft kommen wollten. Zu dieser Steuer gehörten unter anderem zehn Pfund Pfeffer. Für damalige Verhältnisse ein beträchtlicher Wert. Es heißt sogar, daß sich die englische Währung, der Sterling, von „Easterling" ableitet, von jenen Gewürzhändlern, die einst den Engländern Spezereien aus dem Osten lieferten.

Der direkte Handel zwischen dem Mittelmeer und Westeuropa war weitgehend gedrosselt, völlig aufgehört aber hat er nie. Im Jahre 973 kam der maurische Arzt und Kaufmann Ibrahim Ibn Yaacub nach Mainz, und der zeigte sich außerordentlich überrascht, daß trotz der arabischen Blockade in diesem „fernen Winkel der westlichen Welt" Nelken, Ingwer und Pfeffer feilgeboten wurden. Höchstwahrscheinlich waren diese Gewürze nicht über die Nowgorod-Route ins Rheinland gekommen, eher werden jüdische Kaufleute sie mitgebracht haben. Diese „Radaniten" durften nach wie vor den Eisernen Vorhang passieren. Sie hielten zur Zeit der Mittelmeerblockade die internationalen Handelsbeziehungen aufrecht, sorgten dafür, daß die Verbindungen zwischen Orient, Mittelmeerraum und Westeuropa niemals ganz zum Erliegen kamen.

So richtig in Schwung kam der Gewürzhandel aber erst, als Haithabu schon vergessen war. Im Jahre 1096 wälzte sich der Erste Kreuzzug ins Heilige Land, drei Jahre später war Jerusalem erobert, 70 000 Einwohner, Juden und Muslime, hingemetzelt. Schiffe, die Gläubige und Abenteurer ins Heilige Land transportierten, brachten auf dem Rückweg Edelsteine, kostbare Stoffe und Gewürze mit. Im Jahre 1123 vernichteten die Venezianer bei Ashkalon die arabische Flotte – die italienischen Seestädte beherrschten nun das Mittelmeer. Doch nicht nur Venedig, Genua und Pisa erlebten im Zuge des Heiligen Kriegs einen ungeahnten wirtschaftlichen Aufschwung. Auch die Kaufleute aus Nürnberg und Augsburg wurden nicht zuletzt durch den neuerblühten Gewürzhandel zu Millionären.

Geld und Politik

Fernhandelskaufleute begründeten Haithabus Ruhm, und doch hinterließen gerade sie keine nennenswerten Spuren ihrer Anwesenheit. Erstaunlich ist das nicht, denn sie besaßen dort ja weder Läden noch feste Lagerhäuser. Sie kauften und verkauften en gros und brachten ihre Waren dann auf dem schnellsten Wege heim zu den eigentlichen Absatzmärkten. In Krisenzeiten sorgten sie ohne Zweifel dafür, daß Felle, Tuche, Sklaven, Schmuck und Gewürze rechtzeitig in Sicherheit gebracht wurden. Wenn ihnen das nicht gelang, schleppten die Sieger die Beute mit sich fort.

Zurück blieben Feinwaagen, Gewichte, Münzen – und vielleicht ein Kaufvertrag. Nach den Münzen zu urteilen, überwog vom 8. bis zur Mitte des 10. Jahrhunderts der Handel mit dem Osten. Dann müssen die Geschäftsverbindungen zum Westen immer mehr in den Vordergrund getreten sein, die arabischen Münzen verschwinden. Doch ein Großteil der Waren wurde wie eh und je mit ungeprägtem Edelmetall bezahlt. Darauf lassen die Feinwaagen und die Gewichte, die nach unterschiedlichen Maßsystemen ausgerichtet waren, schließen.

Bei dem *Kaufvertrag* handelt es sich um einen hölzernen Stab von 162 Millimeter Länge, in den Runen eingeschnitten sind. Ein echter „rúnakefli“. Wenn der Norweger Aslak Liestöl die Zeichen richtig gelesen hat – er selbst sieht seine Deutung eher als Vorschlag –, dann besäßen wir mit diesem Runenstab

Münzen, Gewichte und Feinwaagen erinnern an die Kaufleute von Haithabu. Mit diesen Waagen wog man ungeprägtes Gold, die internationale Währung jener Zeit.

ein Originaldokument aus der Zeit des Missionars Ansgar und den Beweis, daß Runen im Wirtschaftsleben Haithabus eine Rolle spielten.

„Oddulfr lies dies!", so beginnt der Text. Er ist in Kurzzweigrunen abgefaßt, einer Schriftart, die vorwiegend von Kaufleuten benutzt wurde. Dabei kerbte man die *Zweige* nicht ins Holz, man stach sie einfach mit der Messerspitze ein, was schneller ging. Schreibfehler konnten ohne weiteres ausradiert werden, indem man einen Span an der betreffenden Stelle abschnitzte und aufs neue zustach.

Das einzige vollständige Alphabet dieser *Handelskurzschrift* mit 16 Zeichen kam ebenfalls in Haithabu ans Licht. Die Entzifferung des Wirtschaftstextes war schwierig, denn einige Zeichen sind beschädigt, und außerdem scheint der Verfasser in der Kunst des Schreibens nicht ganz sattelfest gewesen zu sein. Liestöl deutet den Text dahingehend, daß zwei Männer einen Tauschhandel abschlossen: Eyrikr erhielt von Oddulfr einen Schild und gab dafür ein Otterfell. Ob es sich bei dem Runenstab um eine Quittung oder um einen Brief an einen Dritten handelt, muß offen bleiben.

Daß Politik und Wirtschaftsinteressen schlecht voneinander zu trennen sind, ist eine Binsenweisheit. Seit jeher mußten Fernhandelskaufleute mit Land und Leuten vertraut sein, sich in der Politik auskennen und diplomatisches Geschick besitzen, Eigenschaften, die sich Kaiser und Könige zunutze machten. Wenn man so will auch umgekehrt Eigenschaften, durch die sich die Handelsherren bei Hofe unentbehrlich machten.

Als der Dänenkönig Göttrik im Jahre 808 die blühende Handelsstadt Rerik im slawischen Obotritenland zerstörte, wußte er genau, daß er damit Vergeltungsmaßnahmen seines Widersachers, Karls des Großen, heraufbeschwor. Der nämlich hatte sich mit den Wenden verbündet, um endlich die Sachsen in den Griff zu bekommen. Doch Göttrik, dessen Vater im Jahre 776 dem Sachsenherzog Widukind politisches Asyl gewährt hatte, baute auf die Sonderstellung der Kaufleute. Nach dem Überfall beauftragte er einige von ihnen, bei Karl vorstellig zu werden. Der Däne hatte sich nicht verrechnet. Die Kaufleute brachten den Kaiser dazu, mit Göttrik zu verhandeln. Nur zwei Jahre danach brach Göttrik allerdings mit 200 Langschiffen auf, um diesmal direkt gegen den Kaiser ins Feld zu ziehen. Wenig später wurde der Däne von einem Gefolgsmann umgebracht, und sein Nachfolger schloß Frieden mit Karl dem Großen.

Alte Holzschnitte und Stiche beschwören das Bild jener Männer herauf, die Not und Gefahr auf sich nahmen, um Luxusgüter herbeizuschaffen und Profit zu machen. „Grob und dauerhaft war sein Reisekleid, aus festem Leder die roten Schuhe“, so beschreibt der Kulturhistoriker Georg Steinhausen die Kaufleute. „Den Rock hält ein starker Gurt zusammen, an dem die Geldtasche hängt und ein langes Messer. Am Sattel – meist zog er nur mit einem Lastpferd umher – hing der Futtersack und zuweilen das Schwert... Ebenso begleitete ihn über See nicht nur die Schifferjacke, sondern auch das Kettenhemd, das ihn wappnete gegen Stoß und Schlag im Kampf mit den Seeräubern. Denn er zog oft aus wie ein Kriegshauptmann an der Spitze seiner Schar und vertraute nicht nur dem Schutze seines Geleits.“

Die reichen Kaufleute hatten zwar oft die Herrscher des Reiches in der Hand, oder besser in der Tasche, doch die Stadtherren waren den Kaufmannsgilden meist nicht sehr gewogen. Genossen die Pfeffersäcke doch reichlich Sonderprivilegien und wurden darüber hinaus durch wachsenden Wohlstand ständig mächtiger.

Der Kirche waren außerdem die heidnischen Bräuche der Kaufmannschaft ein Dorn im Auge. „Gildegelage und Gildegerichte sind die kennzeichnenden äußeren Indizien aller Kaufmannsgilden. In den Gildegelagen lebte die germanische Tischgemeinschaft mit ihrer gemeinschaftsbildenden Kraft fort. Die Toten der Gilde wurden darin durch Trankopfer gefeiert. Der Totenkult für die Brüder war eine Hauptaufgabe der Gilde. Sie stand somit an Stelle der Sippe, die damals nur auf dem Lande noch die alten Funktionen besaß. Die Gilde brachte die in der Sippe lebenden Ideen des Friedens und der Ehre zu neuer Wirksamkeit. Sie war eine künstliche Sippe, durch Schwurbrüderschaft gegründet. Die Gildebrüder waren zu Rache und brüderlicher Treue verbunden. Der Feind eines Bruders war der Feind aller. Und jeder mußte für den anderen einstehen, ihm Eideshilfe und Beistand im Zweikampf leisten, ihm auf der Reise, bei Krankheit, Schiffbruch, Gefangenschaft und drückenden Schulden helfen." Soweit der Historiker Hans Planitz zum Hintergrund der Kaufmannsgilden.

Offiziell verurteilte die Kirche Bankiers und Kaufleute, gestützt auf diverse Bibelstellen. Wohlweislich aber ließ sie den schwarzen Schafen ein Hintertürchen offen. Auch ihnen blieb die Hoffnung auf Vergebung ihrer Sünden, wenn sie ihren, nach Ansicht der Kirche unehrlich erworbenen Reichtum an die Armen, besser noch an die Kirche selbst abtraten. Diese Gnade kam nicht von ungefähr. Auch geistliche Würdenträger waren für all die Luxusgüter aus fernen Ländern empfänglich.

Wie leicht man sich die Gunst eines Herrschers verscherzen konnte, mußten 1186 die deutschen Kaufleute in Bergen erfahren. Der norwegische König Sverrir, dessen Männer sich im Rausch wieder einmal in die Haare geraten waren, sagte ihnen recht unverblümt, was er von ihnen hielt: „Wir wollen für ihre Herkunft allen englischen Männern danken, die Weizen, Honig, fein Mehl und Gewand herbringen; ebenso wollen wir danken allen, die Leinwand und Linnen, Wachs und Kessel zuführten, das sind die von den Orkneys und Hialtland, von den Faereys und Island; auch allen übrigen danken wir, die uns brachten, was man nicht missen kann und was diesem Lande nützt. Aber die Deutschen, die Butter und dürre Fische zum Schaden des Landes fortschleppen und dafür Wein geben, diesen Südmännern weiß ich für ihre Fahrt großen Undank und sagte ihnen, sofern sie ihr Leben und ihr Geld behalten wollen, daß sie aufs schleunigste davon fahren. Denn ihr Gewerbe thut uns und unserm Reiche nicht not."

Im allgemeinen aber genossen die Kaufleute den Schutz der Mächtigen. Sie konnten sich durch Abgaben die „Königsmunt" erkaufen, die zwar teuer war, indes erhebliche Vorteile verschaffte. Überall und immer jedoch galt dieser Freibrief nicht, und so waren Reisen niemals ungefährlich. Der Sicherheit wegen schloß sich ein Kaufmann nach Möglichkeit einigen Gefährten an, die denselben Weg hatten. Aus diesen zunächst lockeren und mehr zufälligen Reisegemeinschaften entwickelte sich nach und nach die Gilde der Fernhandelskaufleute.

Allem Anschein nach gab es in Haithabu bereits um die Mitte des 10. Jahrhunderts eine solche Bruderschaft. Es könnte sein, daß der arabische Kaufmann At-Tartuschi das Fest dieser Gilde beobachtet und beschrieben hat.

„Schleswig ist eine sehr große Stadt am äußeren Ende des Weltmeeres. In ihrem Innern gibt es Quellen süßen Wassers. Ihre Bewohner sind Siriusanbeter, außer einer kleinen Anzahl, welche Christen sind, die dort eine Kirche besitzen. Sie feiern ein Fest, an dem sie alle zusammenkommen, um den Gott zu ehren und um zu essen und zu trinken. Wer ein Opfertier schlachtet, errichtet an der Tür seines Gehöftes Pfähle und tut das Opfertier darauf, sei es ein Rind oder ein Widder oder ein Ziegenbock oder ein Schwein, damit die Leute wissen, daß er es seinem Gotte zu Ehren opfert."

Ob der Araber wirklich ein Fest der Kaufmannsgilde miterlebt hat, oder ob es sich um eine ganz andere Feierlichkeit handelte, sei dahingestellt. Bruderschaften jedoch gab es, und Kaufleute, die ihnen angehörten, sind in Haithabu gewesen. Das beweist ein Runenstein, der um das Jahr 1000 hergestellt worden sein muß. Insgesamt fanden sich am Haddebyer Noor vier Runensteine, doch in diesem Zusammenhang ist nur der sogenannte Erikstein von Interesse. Der Schleswiger Archäologe Herbert Jankuhn hat sich mit der Inschrift und ihrer Bedeutung eingehend auseinandergesetzt.

Vier Runensteine wurden am Hadebyer Noor gefunden. Hier der Erikstein, den ein Mann namens Thorulf zum Gedenken an seinen „sturimatr" setzte, der bei Kämpfen um Haithabu fiel.

„Thorulf, der Gefolgsmann (felagi) Svens, errichtete diesen Stein für seinen Genossen (felagi) Erik, der den Tod fand, als die Krieger Haithabu belagerten, und er war ein Steuermann (sturimatr), ein wohlgeborener Krieger", so lautet die Inschrift.

Das ist auf den ersten Blick eine jener Widmungen, die bei Gedenksteinen der Wikingerzeit üblich waren. Doch schaut man sich zwei Wörter ein wenig näher an, dann stellt sich heraus, daß in dieser kurzen Inschrift sehr viel mehr steckt.

Thorulf bezeichnet den toten Erik als „felagi". Dieses Wort ist noch im englischen „fellow" enthalten, es bedeutet soviel wie Gefährte, Kamerad. Ursprünglich jedoch, so Jankuhn, „bezeichnet dieses Wort einen Mann, der sein Geld (fe) mit einem anderen zusammenlegt und mit ihm auf genossenschaftlicher Basis Handel treibt, wobei Gewinn oder Verlust nach dem Verhältnis des eingebrachten Kapitals geteilt werden." Thorulf und Erik hatten also geschäftlich miteinander zu tun, sie waren Gefährten auf der Handelsfahrt.

Erik war ein „sturimatr". Damit ist kein Steuermann im heutigen Sinne gemeint. Bei der nordischen Kriegsmarine war der „sturimatr" der Führer eines Kampfschiffes. In der Handelsschiffahrt trug der Eigentümer eines Schiffes diesen Titel, auf See hatte er die Funktion eines Kapitäns inne. Die Arbeiten an Bord verrichteten Besatzungsmitglieder, die keine Matrosen mit fester Heuer waren. Die meisten kamen mit eigener Ware an Bord. Anstatt für die Schiffspassage zu zahlen, verpflichteten sie sich, die Überfahrt abzuarbeiten. Einige mögen auch zum Gesinde des Kapitäns gehört haben.

„Der ‚sturimatr' war also Eigentümer eines Handelsschiffes, der in der Regel wohl mit einer auf genossenschaftlicher Basis zusammengeschlossenen Bootsbesatzung auf Handelsfahrt ging. Ihm fiel die Aufgabe der navigatorischen Führung auf See zu, er hatte die Pflicht, die Fahrt sorgfältig vorzubereiten. Die bei ihm liegende Schiffsgewalt geht wohl auf das Eigentum am Fahrzeug zurück. Der ‚sturimatr' genoß eine höhere gesellschaftliche Wertschätzung als die übrigen Besatzungsmitglieder. Diese treten auch noch in den Rechtsaufzeichnungen späterer Zeit nicht als ‚Matrosen' auf, sondern werden als ‚genossenschaftlichen Handel treibende Kaufleute' aufgefaßt. Der altnordischen Kauffahrt liegen also andere Organisationsformen zugrunde als der modernen Schiffahrt."

Thorulf, inzwischen Gefolgsmann des Königs Sven Gabelbart, errichtete den Gedenkstein also für seinen ehemaligen Handelsgenossen und Kapitän, der bei Kämpfen um Haithabu fiel.

Ob Erik bei Gefechten an Land umkam, oder ob er mit einem Kriegsschiff im Hafen unterging, wird nicht gesagt. Wir wissen nicht einmal genau, bei welchen Auseinandersetzungen und auf wessen Seite der „wohlgeborene Krieger" den Tod fand. Denn um Haithabu wurde nicht nur einmal gekämpft.

Schon früh hatten sich Handwerker in Haithabu niedergelassen, ob ständig oder nur saionweise ist noch offen. Auf alle Fälle hinterließen sie deutliche Spuren, denn anders als die Kaufleute produzierten sie Waren. Dazu brauchten sie Werkstätten. Die große Frage ist, für wen all die Handwerker arbeiteten. Waren ihre Erzeugnisse für die Menschen in Haithabu und Umgebung bestimmt, für den Eigenbedarf also, oder fertigten sie Güter für den Export? Die Zulieferung von Rohstoffen jedenfalls war in Haithabu gewährleistet, des gleichen bestanden gute Absatzmöglichkeiten.

Parierstangen für Schwerter und gediegene Schmuckstücke zeigen, daß sich die einheimischen Gold- und Silberschmiede auf die hohe Kunst der Filigranarbeit verstanden. In der Siedlung wurde schwedisches See-Erz verhüttet, Gießereien produzierten Gerätschaften und Gefäße aus Bronze. Schlackenfunde verraten, daß es Schmiedewerkstätten gab, Töpfer formten auf Scheiben Vorratsgefäße und Kochgeschirr; Steinmetze bearbeiteten Mahlsteine, die als Halbfertigprodukte aus der Eifel importiert wurden.

Die Funde, die der Boden hergab, beweisen zwar, daß all diese Fachleute in Haithabu arbeiteten, über die einzelnen Menschen verraten sie nichts. Wir kennen nicht einmal ihre Namen. Wir werden nie erfahren, was aus dem Bernsteinhandwerker wurde, dessen Werkstatt im 8. Jahrhundert niederbrannte, und niemand weiß, woher jener Glasfabrikant stammte, der an der Schlei seine Hütte einrichtete. Sie wurde schon 1913 ausgegraben.

„Es fand sich... auf dem Rest eines gestampften Lehmfußbodens von unregelmäßiger Form noch mit einzelnen Steinen umsetzt und vom Feuer hartgebrannt, ein kleiner aus faust- bis kinderkopfgroßen Steinen aufgesetzter Glasofen, der freilich zerstört, doch deutlich als solcher anzusprechen war. Die ihn umschließenden Steine waren mit hartgebranntem Lehm eingepackt. Das Innere enthielt außer vielen Holzkohlen, Glasschlacken und zerkleinerten verbrannten Knochen viele Scherben von dünnem Glas, dabei das Fragment eines Glasbechers, wie solche aus Funden der Wikingerzeit bekannt sind. In der Nähe dieses Platzes waren auch Glasstäbchen und Schmelztropfen häufiger."

Diese Glashütte erklärt, warum die Archäologen am Haddebyer Noor nur selten Glasscherben fanden: Zerbrochenes wurde eingeschmolzen und aufs neue verarbeitet. Ungewöhnlich ist, daß der Glasbläser mitten im Ort wohnte. Normalerweise lagen die Glashütten zur Karolinger- und Merowingerzeit, wegen der Unmengen an Holzkohlen, die sie verschlangen, im Walde. Glashütten in der Stadt, das kannte man bisher nur aus alten Römerstädten, aus Köln zum Beispiel, wo sich die Glasfabrikanten am Eigelstein und bei der St. Apernstraße niedergelassen hatten.

Ein regelrechtes Handwerkerviertel scheint es in Haithabu nicht gegeben zu haben. Einzig bei den Betrieben, die Buntmetall verarbeiteten, speziell bei den Metallgießereien, deutet das Fundmaterial auf gewisse Schwerpunkte hin. Ähnliches gilt für die Kammacher von Haithabu. Rund eine Viertelmillion Geweihstücke wurden am Noor geborgen. Sie fanden sich im gesamten Grabungsbereich, häuften sich jedoch an vier Stellen. Es wäre voreilig, von vier Werkstätten zu sprechen, denn ob so ein Kammacher von seiner Arbeit leben konnte, ist fraglich. Ingrid Ulbricht errechnete aus Kleinabfällen, daß in den 150 Jahren, für die Kammacher im Ort belegt sind, rund 2000 Kämme geschnitten wurden. Damit „bleiben selbst bei nicht gleichzeitiger Produktion verschiedener Werkstätten nicht mehr als 15 Kämme, die von einer Arbeitskraft pro Jahr hergestellt sein können." Kämme waren sicher nicht billig, man gab sie auch Verstorbenen mit ins Grab. Aber vom Erlös eines Kammes konnte sicher keine Familie einen Monat leben. Daher ist anzunehmen, daß die Kammacher noch andere Einnahmequellen hatten.

Für diese Annahme spricht auch eine andere Tatsache: Besonders kunstvoll waren die im Ort gefertigten Kämme nicht. All jene Stücke, die den Archäologen zunächst als Beweis dafür galten, daß die Kammacher von Haithabu wahre Künstler ihres Faches gewesen sein müssen, stammen gar nicht aus der Siedlung. Sie wurden allesamt importiert, und zwar in der frühen Phase, aus der kein einziger einheimischer Kamm vorliegt.

Fragen über Fragen, die zu klären sind, Berge von Funden, durch die sich die Wissenschaftler hindurcharbeiten müssen. Die Ausbeute der letzten Kampagnen stapelt sich kistenweise in Werkräumen und Magazinen: Knochen von rund 300 000 Hunden, Füchsen, Ziegen, Schafen, Schweinen, Katzen, Rindern, Gänsen, Hühnern und Enten sind zu sortieren, Tausende von Fischknochen und Gräten zu analysieren. Da gilt es, botanisches Material auszuwerten, das an Menge alles übertrifft, was bei Ausgrabungen auf deutschem Boden insgesamt ans Licht kam – zum Beispiel der größte Komplex an Obstkernen, der jemals ausgegraben wurde. Von Arbeits- und Haushaltsgeräten, Schmuck und Münzen oder Holz- und Lederobjekten, die sich massenweise erhalten haben, ganz zu schweigen.

Haithabu wird seit Anfang dieses Jahrhunderts erforscht, und noch ist kein Ende abzusehen. Mehr als 70 Fachwissenschaftler aus ganz Europa, jeder von ihnen ein As auf seinem Gebiet, sind dabei, das Material auszuwerten. Eine interdisziplinäre Zusammenarbeit dieser Größenordnung war für die Bundesrepublik bisher ungewöhnlich. Das ist den Umständen durchaus angemessen. „An keiner Stelle im Norden Europas", sagt der Gottorfer Archäologe Kurt Schietzel, „gibt es im frühen Mittelalter einen vergleichbar großen, archäologisch zugänglichen Siedlungsraum, in dem Wohnbebauung und Gräberfelder, Höhen- und Seebefestigungen, gestaffelte Landwehren, umfangreiche Hafenanlagen sowie Zeugnisse kirchlicher und weltlicher Herrschaft vereinigt sind."

Die letzte Schlacht am Hafen

Daß man in Haithabu auf Überraschungen gefaßt sein muß, haben die Untersuchungen des alten Hafenbeckens gezeigt. Dabei ging es zunächst einmal um ein Schiffswrack, das 1953 bei Taucherarbeiten entdeckt wurde. Sechzehn Meter maß die Bordwand noch, die geklinkerten Planken aus Eiche, die Spanten aus Eschenholz waren gut erhalten. Sogar der Mast, ein sieben Meter langes Rundholz, wurde seinerzeit geborgen. Das Wrack wurde 1980 gehoben.

Der dänische Schiffbauingenieur und Fachmann für nordische Schiffahrt, Ole Crumli-Pedersen, identifizierte das Wrack als Kriegs- und Passagierschiff, das frühestens im 9. Jahrhundert gebaut worden sein kann. Nordische Schiffstypen sind leicht zu erkennen am „Klinkerbau mit Kiel und geschwungenem Steven, den an beiden Schiffsseiten gleich hohen Spanten, die an die Planken der Außenhaut in regelmäßigen Zwischenräumen festgezurrt oder mit Holznägeln befestigt sind, und schließlich der Anbringung von 'biten' (Querbalken) über allen Spanten."

Die Isländer, die 982 mit Erik dem Roten nach Grönland aufbrachen, luden ihr Hab und Gut in solche Frachtschiffe. Diese Knorre oder Knarr mag 18 Meter lang und fünf Meter breit gewesen sein, mit hohem Bord und tiefem Kiel. Die Rekonstruktionen stützen sich auf Einzelfunde, die aus verschiedenen Zeiten stammen. Auf alle Fälle war eine *Knorre* so geräumig und seetüchtig, daß man auch Vieh auf ihr transportieren konnte.

Hochseereisen, bei denen tagelang kein Land in Sicht kam, waren schon um 800 in Nordeuropa nichts Besonderes. Die Klinkerboote der Wikinger schafften am Tag 200 Kilometer und mehr. Wenn die Wikinger es eilig hatten, wenn sie auf Raubzüge gingen und schnell den Rückzug antreten mußten, stiegen sie in ihre Langboote. Sie sollen Geschwindigkeiten bis zu 16 Knoten erreicht haben, das sind knapp 30 Stundenkilometer. Bei Flaute und bei der Fahrt auf Flüssen wurde das Rahsegel eingeholt, dann legten sich die Nordmänner in die Riemen. 40 Ruderer hatte ein normales Langschiff, 20 auf jeder Seite. Es gab jedoch auch größere Boote, und einige davon müssen prachtvoll ausgesehen haben mit den buntbemalten Bordwänden und farbigen Segeln.

Auf Kriegsfahrt unterwegs, steckten die Nordmänner ihren Schiffen Drachenköpfe auf. Sobald sie sich aber der Heimat näherten, mußten die Ungeheuer verschwinden, so befahl es das Gesetz.

Die Wikinger nutzten, je nach Zweck ihrer Reisen, unterschiedliche Schiffstypen. Im Hafen von Haithabu fand sich ein Kriegsschiff, das 20 Meter lang war und 15 Paar Ruderern Platz bot.

Ole Crumlin-Pedersen ist der Ansicht, daß es gar nicht diese Fabeltiere waren, denen die Kriegsschiffe der Wikinger den Namen Drachenboote verdanken. Vielmehr hätte die Klinkerbau-Schalentechnik bewirkt, daß die langen, schlanken Schiffe gerade bei Seegang elastisch wie Schlangenleiber durch die Wellen glitten. So manchem Feind müssen sie wie Seeungeheuer erschienen sein.

Das Kriegsschiff von Haithabu mag an die 20 Meter lang gewesen sein und Platz für 15 Paar Ruderer gehabt haben. Es sank nicht von ungefähr, es stand lichterloh in Flammen. Der Brand an Bord muß ungewöhnlich heftig gewütet haben, denn das Boot brannte über einen Teil der Länge bis zur Wasserlinie ab, „einer tiefliegenden Wasserlinie wie bei einem leeren Schiff oder einer gewissen Krängung." Ohne Zweifel war dieser Brand die Ursache des Untergangs. Warum aber das Schiff brannte, das ist nicht so leicht nachzuvollziehen.

Fünf Erklärungen kommen für den Brand in Betracht: Vielleicht brannte es im Hafenviertel und das Schiff fing Feuer; möglicherweise war der Kahn auch alt, man wollte sich die Mühe des Abwrackens ersparen und zündete ihn einfach an. Unwahrscheinlich, doch nicht völlig von der Hand zu weisen ist die dritte Vermutung. Danach hätten wir es mit einem Totenschiff zu tun, auf dem der Leichnam eines Königs aufgebahrt war. Dann wurde das Fahrzeug in Brand gesetzt, und in einem Flammenmeer ging der Tote an Bord auf seine letzte Reise. Von derartigen Zeremonien gibt es Berichte, nachgewiesen sind diese Begräbnisse bisher jedoch nicht.

Am plausibelsten klingen die folgenden Erklärungen. Das Schiff ging mit Mann und Maus im Gefecht unter. Dafür würden die menschlichen Skeletteile sprechen, die sich im Wrack fanden, besonders ein Schädel, der Stichverletzungen am Jochbein aufwies, die tödlich gewesen sein müssen. Oder aber man legte im Boot absichtlich Feuer und ließ es als „Brander" gegen Befestigungsanlagen und Barrikaden treiben, um den Feind auszuräuchern.

Das Wasser im Noor ist trübe, man sieht kaum die Hand vor Augen. Im Laufe der Jahrhunderte hat sich am Boden eine Schicht aus Faulschlamm abgesetzt, die zwar Objekte wie das Kriegsschiff schützte und konservierte, die jedoch die Sicht unter Wasser erheblich einschränkt. Wirklich erkennen kann ein Taucher wenig, er ist weitgehend aufs Tasten angewiesen. Aus diesem Grunde begann 1977 der Kieler Geophysiker Harald Stümpel, mit seismischen Wellen nach Objekten unter Wasser zu fahnden. Auf diese Weise wurde eine Bronzeglocke samt Klöppel entdeckt, eine Kirchenglocke. Ein seltenes Stück, eine sogenannte Theophilus-Glocke, von der insgesamt nur drei Exemplare bekannt sind.

Wenn es wirklich jene Glocke ist, die laut Urkunde 854 in Haithabu geweiht wurde, dann besäßen die Archäologen den greifbaren Beweis für jene Kirche, die der Hamburger Missionar Ansgar 849 in der Kaufmannssiedlung gebaut haben soll. Die Christengemeinde am Noor hatte jedoch weder Bedeutung noch Bestand. Erst König Gorm der Alte, der bis 940 über Dänemark herrschte und das Land zu einigen begann, und sein Sohn Harald Blauzahn, der 960 vom Bremer Erzbischof getauft wurde, bemühten sich wieder darum, daß das Christentum in Haithabu Fuß fassen konnte. Kurz darauf jedoch vertrieb Blauzahns Sohn Sven Gabelbart die Christen wieder, zog nach England – und ließ sich taufen. Sven war weder geistesgestört, noch durch ein Wunder bekehrt worden. Dieser Schachzug war vielmehr ein wohlberechneter Affront gegen die deutsche Mission, die im Norden von Hamburg und Bremen ausging und von den sächsischen Kaisern unterstützt wurde. Die Feindseligkeiten hatten ihren Grund. 934 hatte der Sachse Heinrich I. den Kleinkönig Knuba von Haithabu besiegt und tributpflichtig gemacht. 948 ernannte Otto I., ebenfalls Sachse, anläßlich der Synode von Ingelheim Bischöfe für Schleswig, Ripen und Aarhus. Das verdroß den Dänenherrscher gewaltig.

Die erstaunlichste Entdeckung Harald Stümpels aber waren die alten Hafenanlagen von Haithabu. Sie zeigen klipp und klar, daß die Bedeutung des Ortes größer war, als die Grabungen an Land vermuten lassen. Pfahlgruppen unter Wasser waren ehemals Stege und Plattformen für Gebäude, dafür sprechen die Funde in ihrer Nähe. Daß an diesen Brücken auch Schiffe be- und entladen wurden, beweisen Ballaststeine, aber auch Metallbarren und gebündelte Knochennadeln, die ins Wasser fielen. Ob Frachtschiffe diese Brücken direkt anliefen, oder ob sie weiter draußen ankerten, ist noch nicht geklärt. Vermutlich wurde ein slawischer Schiffstyp ohne Kiel mit flachem Boden als Leichter eingesetzt für den Transport zwischen Hafenkai und den weiter draußen liegenden Schiffen.

Die Hafenanlagen beschränken sich aber nicht nur auf die ufernahe Zone. Wenn man nur die durch Taucharbeiten belegten Pfahlgruppen berücksichtigt, dann reichen die Anlagen mindestens 100 Meter weit ins alte Hafenbecken, über eine Uferbreite von mehr als 600 Metern. Den Seismogrammen ist zu entnehmen, daß sie in Wirklichkeit noch ausgedehnter waren. Damit hatte niemand gerechnet. Derartig umfassende Bauten sind von keiner wikingerzeitlichen Siedlung bekannt, und bis 1981 waren auch die Archäologen von Schloß Gottorf davon ausgegangen, daß der Hafen von Haithabu eher eine einfache Schiffslände für Schlickrutscher war.

1050 wurde Haithabu im Zuge der dänisch-norwegischen Thronkämpfe zerstört. Zu diesem Zeitpunkt kann der Ort schon nicht mehr der blühende Umschlagplatz gewesen sein, den Reisende aus aller Herren Länder besuchten. Der letzte Brunnen wurde bereits 1020 angelegt. Die Ursache des Niedergangs war vermutlich eine Weiterentwicklung in der Schiff-

fahrt: Die herkömmlichen Bootstypen, die „Knorre" und die „Cog", hatten sich zum hochseegängigen Handelsschiff gemausert, zur Kogge. Dieses Schiff mit größerem Tiefgang aber braucht „Wasser unter den Kiel", wie die Seeleute sagen. Hafenstädte, die kein tiefes Fahrwasser zu bieten hatten, wurden – das ist heute nicht anders – nicht mehr angelaufen. Die Koggen mußten dann nämlich so weit draußen ankern, daß Laden und Löschen umständlich, zeitraubend und damit unrentabel wurden.

Reste von Schiffsbrücken und Landungsstegen am Haddebyer Noor beweisen, daß ein Großteil des Transportes auf dem Seeweg abgewickelt wurde.

Eine gewisse Bedeutung muß die Handelsniederlassung um die Mitte des 11. Jahrhunderts dennoch besessen haben, sonst hätte sich der norwegische König Harald Sigurdsson, genannt Hardrade, nicht damit gebrüstet, im Krieg gegen den Dänen Svend Estridsen die Kaufmannssiedlung in Schutt und Asche gelegt zu haben, wie es in den Sagas überliefert ist.

Von einem End' zum andern
Ausbrannt' Hed'by grause
Wut des Streites. Stattlich
Schein' die Großtat, mein' ich
Arg Svend sollt' sich ärgern.
Ich faßt' vor dem Zwielicht
Fuß schon auf der Feste
Flamm', hoh', vom Dach loh'te.

Auch nach diesen Kämpfen lebten noch Menschen am Noor. Erst 1066, als die Wenden einfielen und Hedeby erneut dem Erdboden gleichmachten, wurde die Siedlung aufgegeben. Haithabus Ruhm verblaßte, und schon bald konnte sich niemand mehr erinnern, wo der Ort eigentlich gelegen hatte.

Im Jahre 1066 ereilte auch Harald Hardrade das Schicksal. Der „Donnerkeil des Nordens" schickte sich an, England zu erobern. Dort hatte nach dem Tode Eduard des Bekenners Graf Harold Godwinson die Macht übernommen. Doch Harald Hardrade war nicht der einzige, den es nach Englands Krone gelüstete. In Frankreich rüstete Wilhelm der Normanne zum Sturm auf das Inselreich. Im Herbst des Jahres 1066, so der Historiker Howard La Fay, „schlugen innerhalb dreier Wochen Harald Hardrade, der archetypische Wikinger, Harold Godwinson, ebenfalls ein Wikingerabkömmling, und Wilhelm, der auch Wikingerblut in sich trug, zwei Schlachten, die nicht nur das Schicksal von England, sondern das von ganz Europa entscheidend beeinflußten".

Godwinson besiegte zwar zunächst den Norweger, doch am 14. Oktober war Wilhelm der Normanne, der von nun an „der Eroberer" hieß, nach der Schlacht von Hastings Herrscher über England.

Ein sehr junger Ableger der Spatenforschung ist die Archäo-Astronomie. Von den meisten Archäologen wird sie noch nicht richtig ernst genommen. Ich möchte hier trotzdem auf eine Beobachtung eingehen, die Astronomen des NASA-Zentrums in Greenbelt/Maryland machten.

Ab dem 4. Juli 1054 strahlte ein Planet im Sternbild Stier 23 Tage lang heller als die Sonne. Ein Himmelskörper brach zusammen, 5000 Lichtjahre von uns entfernt. Dabei wurde soviel Energie auf einmal freigesetzt, wie sie unsere Sonne in Millionen von Jahren abgibt. Diese „Taurus-Supernova", wie die Astronomen den sterbenden Stern tauften, hinterließ Spuren, die mit bloßem Auge am nächtlichen Sternenhimmel zu erkennen sind: eine Gaswolke, den sogenannten „Krabben-Nebel".

Die NASA-Astronomen fanden heraus, daß die Pueblo-Indianer in Arizona und Neumexiko dieses gigantische Schauspiel festgehalten haben. Auf ihren Felszeichnungen bildeten sie wieder und wieder denselben Stern ab, in unmittelbarer Nähe eines Halbmondes. Die Chinesen haben den explodierenden Stern ebenfalls beobachtet und Berichte über das Himmelsereignis aufgeschrieben. Nach einigem Suchen glaubten die Archäo-Astronomen auch in Europa eine Überlieferung dieser Katastrophe aufgespürt zu haben. Es ist eine Szene aus dem berühmten Wandteppich von Bayeux. Dieser gestickte Teppich ist 77 Meter lang und schildert die Eroberung Englands durch Wilhelm den Normannen. Ein Ausschnitt des Bildfrieses zeigt eine erregte Menschenmenge. Ursache der Aufregung ist ein Stern, der über dem Haupt von Harold Godwinson steht.

Daß es sich bei diesem Ereignis tatsächlich um die Taurus-Supernova handelt, ist nicht gesagt, denn um 1054 begann Godwinsons Aufstieg erst. Näher liegt ein anderer Schluß. Im Jahre 1066, als die Wenden Haithabu dem Erdboden gleichmachten, streifte, wie alle 75 Jahre, wieder einmal der Halleysche Komet an der Erde vorbei. Im selben Jahr, im Zeichen des gefürchteten Kometen, mußte Harold Godwinson dem „Eroberer" unterliegen.

Schleswig, der Weg vom Wik zur Stadt

Haithabu war allem Anschein nach noch keine Stadt, sondern ein „Wik“. Die unterschiedlichen Definitionen dieses Begriffes führten in der Vergangenheit zu allerlei Mißverständnissen. Daher schlagen immer mehr Historiker vor, diese etwas unglückliche Bezeichnung zu vermeiden. Der Begriff „Frühstadt“ oder „Fernhandelsmarkt“ umreiße dieses Mittelding zwischen Dorf und Stadt weitaus konkreter.

Der Historiker Hans Planitz nimmt an, daß sich das Wort Wik (Braunschweig, Bardowick, Wyk auf Föhr) vom römischen „vicus“, soviel wie Handelsniederlassung, ableitet. Im Germanischen bedeutet „wiken“ soviel wie Zufluchtsort. Weil nun beide Bedeutungen für diese Ortschaften zutrafen, bürgerte sich der Name wohl schnell ein. Denn noch im Hochmittelalter sprach man vom Wikbild, dem Weichbild, wenn es um das Recht ging, das innerhalb der Stadt galt.

Mit der Entstehung der Wik-Siedlungen oder Fernhandelsmärkte im 8. Jahrhundert „lösten sich erstmalig aus der bäuerlichen Gesellschaft der germanischen Stämme einzelne berufsständische Gruppen heraus, siedelten sich geschlossen an und gewannen ihre Existenzgrundlage nicht mehr auf dem Wege der Urproduktion. Die sich so bildenden neuen Siedlungsgemeinschaften führten in jahrhundertelanger Entwicklung aus einer herrschaftsrechtlich organisierten Welt zur Freiheit der Stadt und legten damit den Grund für die Entwicklung der Neuzeit.“

Städte im späteren Rechtssinn, wie zum Beispiel Schleswig oder Lübeck, waren diese Anlagen, die anfänglich meist nur eine einzige einseitig bebaute Straße säumten, nicht. Hier bestimmte keine Stadtgemeinde, sondern der Stadtherr. Er nahm seine Rechte durch einen königlichen Beamten, den Wikgrafen, wahr. „Der Präpositus war aber nicht nur Richter“, schreibt Hans Planitz. „Eingesetzt wurde er offenbar, um den königlichen Schutz für die Kaufleute auf der Handelsfahrt durchzuführen und von ihnen die Abgaben einzutreiben, die sie dem König für dessen Schutz schuldeten. Er hieß Hansegraf, weil er die Hansefahrten der Kaufleute zu betreuen hatte, Wikgraf, weil er innerhalb des Wik, der Kaufmannssiedlung, verwaltend und richtend tätig sein sollte. Schließlich wurde die

Abgabe selbst als Hanse bezeichnet, weil sie von dem Gewinn der jährlichen Hansefahrt zu leisten war."

Die meisten Wike, zum Beispiel Hamburg, Bremen, Mainz oder Köln, sind heute überbaut. Gründliche Untersuchungen sind lediglich noch im schwedischen Birka und in Haithabu möglich, zwei Orte, die damals in Randbezirken lagen, wenn man davon ausgeht, daß das richtungsgebende Zentrum der Wiklandschaft an der flandrisch-friesischen Küste und in den Flußtälern zwischen Seine und Rhein gelegen hat.

Als Haithabu entdeckt war und damit feststand, daß der „Ort auf der Heide" und Sliasthorp/Schleswig zwei eigenständige Siedlungen waren, taten sich neue Probleme auf: In welchem Verhältnis standen die beiden Ortschaften zueinander? Wurden Haithabu und Schleswig zur gleichen Zeit gegründet, oder entstanden sie nacheinander? Wenn ja, in welcher Reihenfolge? Erlebten sie gleichzeitig wirtschaftlichen Aufschwung und Blütezeit, oder lösten sie einander ab in ihrer Bedeutung als Handelsplatz? Haben wir es überhaupt schon mit richtigen Städten zu tun oder noch mit einfachen Warenumschlagplätzen? Fragen, die letztenendes nur die Archäologen klären können, denn über die Anfänge Schleswigs schweigen sich die schriftlichen Quellen aus.

Das mußten die Schleswiger Archäologen schon bei den Grabungen auf dem Grundstück Süderdomstraße 15 feststellen, auf dem einst St. Nikolai stand. Die alte Kaufmannskirche wird in den Urkunden 1196 zum erstenmal erwähnt. Drei Münzen, die in den ältesten Schichten des Gotteshauses lagen, verrieten, daß der Bau viel älter sein muß. Zwei Geldstücke stammen aus der Prägestätte in Lund, aus dem Jahre 1065. Damals regierte in Dänemark König Sven Estridsen, der bei Haithabu Harald Sigurdsson unterlag. Die dritte Münze, ein Denar des Hermann von Kalvelage, kommt aus Emden und kann spätestens 1051 gemünzt worden sein. St. Nikolai wurde im Jahre 1568 abgebrochen, und damals ging es mit der Stadt, die sich rühmen kann, die älteste im gesamten Ostseeraum zu sein, längst bergab. „...Die ehemals sehr große und reiche Stadt hat jetzt ein im ganzen beklagenswertes Aussehen", heißt es in einem zeitgenössischen Bericht, „denn wie den Menschen, so sind auch den Königreichen, Staaten und Städten ihre Tage gezählt. Es sind dort etwa 400 Bürger, unter ihnen zehn Brauer. Nahe dabei liegt das Schloß Gottorf mit einem berühmten Zoll, bei dem bisweilen in einem Jahr 50 000 Ochsen nach Deutschland durchpassiert sind."

Einhundert Jahre lang hat das alte Sliaswich nahezu den gesamten Handel zwischen Westeuropa und Skandinavien,

Rußland sowie der von Slawen besiedelten baltischen Küste konkurrenzlos beherrscht.

Von 1970 bis 1981 arbeiteten die Wissenschaftler im Schleswiger Stadtkern. Um sich nicht zu verzetteln, hatten sie von vornherein sechs Grabungsschwerpunkte festgelegt: zwei Kirchen, St. Michaelis und St. Nikolai, zwei Klöster, das Dominikaner- und das Franziskanerkloster, zwei große Siedlungsausschnitte, Rathausmarkt und Plessenstraße. Vorbereitet und ergänzt wurden die archäologischen Arbeiten durch die Quellenauswertung der Historiker.

Gegen die Mitte des 12. Jahrhunderts besaß Schleswig nach Auskunft der Urkunden bereits alle Kennzeichen einer Stadt: Stadtrecht, Umwallung, Markt, eine Schwurgilde der Fernhandelskaufleute mit hoheitlichen Rechten, ein weltliches und ein geistliches Herrschaftszentrum – alle Bedingungen für eine frühmittelalterliche Stadt im Rechtssinn waren damit erfüllt. Für Haithabu konnten vorerst nur einige dieser Voraussetzungen nachgewiesen werden. Daher sprechen die Historiker lieber von einer wikingerzeitlichen Kaufleutesiedlung, wenn das alte Hedeby gemeint ist.

Auf dem Flurstück Plessenstraße 83/3 stand früher einmal ein Dominikanerkloster, 1239 gegründet. Genau dort fanden die Gottorfer Archäologen den alten Schleswiger Hafen.

Seinerzeit verlief das Ufer der Schlei 60 bis 120 Meter weiter nördlich. Anders als die moderne, künstlich geschaffene Küstenlinie, die in Nordwest-Südwest-Richtung führt, schwang sich das alte Ufer im flachen Bogen von Westen nach Nordosten. Das Gelände stieg vom flachen Strand nach Norden hin allmählich an. Verfärbungen im Boden verrieten, daß hier in der zweiten Hälfte des 11. Jahrhunderts, vielleicht auch schon früher, hölzerne Gebäude gestanden haben.

Eine aufregende Entdeckung, denn zu diesem Zeitpunkt hatte Haithabu, falls es noch nicht von den Wenden zerstört war, seine Blütezeit hinter sich. Die Archäologen waren also geradewegs in jene Periode vorgestoßen, die allein darüber Auskunft geben kann, in welchem zeitlichen Zusammenhang Haithabu und Schleswig standen.

Die Arbeiten schritten voran, die Wissenschaftler verzeichneten jedes noch so nebensächlich erscheinende Detail. Allmählich verdichteten sich Tausende von Einzelheiten zu einem Bild: Unter dem ehemaligen Dominikanerkloster lagen die ältesten mittelalterlichen Hafeneinrichtungen Nordeuropas, von denen bauliche Einzelheiten bekannt sind.

Ganz zu Anfang, so stellte sich heraus, befestigten die Schleswiger das Ufer mit einer Faschinenpackung aus einfachen Reisigbündeln. Diese Maßnahme scheint nicht ausgereicht zu haben, denn schon bald, so Volker Vogel von Schloß Gottorf, der in Schleswig gegraben hatte, wurde „entlang der Uferlinie einige Meter parallel zur östlichen Faschinenpackung... eine schnurgerade Spundwand aus Eichenbohlen errichtet, deren genaue Funktion noch nicht hinreichend geklärt ist. Diesen vom archäologischen Befund her ältesten uferparallelen Bauten folgen zeitlich zwei Anlangen nach, die von größter Bedeutung für die Geschichte der Handelsstadt Schleswig sind: Bauten aus senkrechten Spundwänden, die nicht am Ufer, sondern im Wasser errichtet wurden. Beide", so Vogel, „hatten eine uferparallele Wasserfront und zwei auf das Ufer weisende und ursprünglich auch bis zum Ufer reichende, nord-süd verlaufende Wangen. Das Innere der Anlange war trockengelegt und mit trockenen Materialien aufgefüllt worden." Mit dieser Konstruktion hatten die Schleswiger Hafenbauer einen entscheidenden Schritt vorwärts gemacht – von der einfachen Schiffslände zur Kaianlage.

Ein wunderbarer Stapellauf

Der Ausbau des Hafens muß unter Knud dem Heiligen (1080 bis 1086) begonnen haben, sein Nachfolger setzte die Arbeiten dann verstärkt fort. Der älteste Teil der eigentlichen Hafenanlage, eine Kaimauer, stammt aus dem Jahre 1087. Die etwa dreizehn Meter lange Spundwand aus gespaltenen Eichenbohlen verläuft in einem Abstand von etwa zehn Metern parallel zum Ufer. Östlich davon ragt eine neun Meter breite Landebrücke dreizehn Meter weit in die Schlei hinein. Sie entstand zur selben Zeit wie die Kaimauer.

Nur wenig später gingen die Schleswiger erneut daran, ihren Hafen auszubauen. In den Jahren 1094 bis 1095 kamen zwei neue Landungsbrücken und eine weitere Kaimauer hinzu, die Wasserfront schob sich ein Stück weiter südlich in die Schlei vor, gleichzeitig rückte auch die Siedlung dichter ans Wasser.

Schleswig besaß damals eine Monopolstellung als Einfuhrhafen für feinste Wildpelze aus Nord- und Osteuropa. Um das Jahr 1120 brach eine Schleswiger Handelsgesellschaft zu einer neunwöchigen Reise ins Rhônedelta auf. Im damals berühmten Wallfahrtsort St. Gilles, der dem Heiligen Ägidius geweiht war, boten sie kostbare Zobelpelze feil. Zwischen

Schleswig und dem Samland bestand seinerzeit ein regelrechter Linienverkehr. Aus dem Osten brachten die Schiffe vor allem Wachs und Honig für Kerzen, wonach Kirchen und Klöster unablässig verlangten. Von Westeuropa aus gingen in der Hauptsache Tuche, Wein und Edelmetalle via Schleswig in den Osten.

Noch vierzehn weitere Jahre wurde der Hafen fieberhaft ausgebaut. Doch alle Anstrengungen, die Kaianlagen immer weiter ins tiefere Wasser vorzutreiben, waren umsonst.

Ab 1158 beherrschte Lübeck den Handel im Ostseeraum. Als 1239 das Dominikanerkloster gebaut wurde, gab es die alte Siedlung zwischen Dom und Hafen längst nicht mehr.

Für den Bau der ersten Kaianlage und für die ständige Erweiterung des Hafens gibt es nur eine einzige Erklärung: Die Schleswiger versuchten, im Fernhandel konkurrenzfähig zu bleiben. Ihre Bemühungen mußten scheitern, weil die Schlei einfach nicht tief genug war. Aus demselben Grund war etwas früher schon Haithabu ruiniert.

„Die nunmehr entdeckten Kaianlagen in Schleswig", so Volker Vogel, „müssen daher die Frage aufwerfen, ob die Verlegung des Handelsplatzes vom Haddebyer Noor auf das Nordufer der Schlei im Verlaufe des 11. Jahrhunderts nicht – analog zu bekannten Fällen in Westeuropa – letzten Endes auch eine Folge der... schiffbautechnischen Entwicklung war."

Die Kogge, die wesentlich mehr Fracht fassen konnte als etwa die offene Knorre, war einfach wirtschaftlicher. Ohne den neuen Schiffstyp, der allerdings nicht am Reißbrett entworfen wurde, sondern sich am Vorbild der friesischen „Cog" entwickelte, hätten die Hansestädte niemals ihre spätere Vormachtstellung erringen können.

Christian Radtke, Historiker in Schloß Gottorf, hat den Beweis dafür gefunden, daß die Schleswiger nicht nur ihren Hafen ausbauten, um mithalten zu können. Sie haben auf eigener Werft mindestens ein großes Lastschiff gebaut. Radtke entdeckte einen Bericht über den Bau eines „Dickschiffes" in den „Mirakeln des heiligen Thomas von Canterbury", die um 1175 aufgezeichnet wurden. Thomas Becket (1115 – 1170) war damals Kanzler von England und Erzbischof von Canterbury. Als Kanzler Heinrichs II. kämpfte er zunächst gegen das Papsttum, als Erzbischof jedoch trat er dann für die kirchlichen Machtansprüche gegen den König ein. Am 29. November 1170 erschlugen ihn Anhänger Heinrichs II. in der Kathedrale von Canterbury. Drei Jahre später wurde Becket heiliggesprochen und war bis zur Reformation der Nationalheilige Englands.

„Ein reicher Mann in Dänemark“, so heißt es in den *Mirakeln*, „Bürger der Stadt Schleswig, baute für viel Geld ein großes Schiff. Und der König des Landes beschloß, (mit ihm) einen Handelsbund zu schließen und am Gewinn teilzuhaben. Und als er die Hälfte des Kapitals erstattet hatte, war er anteilmäßig Mitbesitzer. Als das Schiff gebaut war und ins Wasser gelassen werden sollte, konnte es wegen des ungeheuren Umfangs seines Rumpfes nicht bewegt werden, und obwohl man es immer wieder anschob, Gleitkissen unterlegte und Zugtaue einsetzte, blieb die Anstrengung ohne Erfolg. Ein jeder sah danach ein, daß das Schiff abgewrackt werden mußte. Damit dem verzagten Schiffseigner seine Mühen und finanziellen Aufwendungen jedoch nicht verloren gingen, beschloß er, die Fürsprache des neuen Märtyrers Thomas von Canterbury einzuholen. Er wandte sich an ihn mit den Worten: ‚Schaffe mir den besagten Apparat ins tiefe Wasser, Märtyrer, und ich verspreche dir von jeder seiner Handelsfahrten 100 Pfund Wachs‘. Mit bloßen Händen und weit geringerem Kraftaufwand als zuvor in Bewegung gebracht, tauchte das Schiff über irgend etwas Glattes gleitend darauf in leichtem Lauf in die Wellen. Und die durch das Gelübde eingegangene Verpflichtung besteht bis in unsere Tage.“

Dieser Bericht enthält einige interessante Hinweise. Zum einen hatten die Schleswiger mit dem Bau der Riesenschiffe offenbar keinerlei Erfahrung. Zum anderen sollte der Neubau bei Fahrten an die baltische Küste eingesetzt werden, denn von dort kamen Wachs und Honig. Profitabel muß dieser Handel wohl gewesen sein, sonst hätte der Eigner nicht ohne weiteres von jeder Reise 100 Pfund Wachs für den Heiligen Thomas abzweigen können. Sonst hätte sich ganz sicher auch nicht der König am Handel beteiligt.

Obgleich Lübeck immer mächtiger wurde, gab es auch in der zweiten Hälfte des 12. Jahrhunderts in Schleswig also „eine regelmäßige, gewinnträchtige Rußlandfahrt in eigener Regie, bei der der König Partnereigner sein kann, auf eigenen Schiffen, deren Größe und Tiefgang anfangs technische Probleme aufwarfen“.

Daß man auch am Schreibtisch archäologische Entdeckungen machen kann, beweist ein anderer Fund Christian Radtkes. Beim Betrachten der Schleswiger Stadtpläne war dem Historiker aufgefallen, daß die heutige Hafenstraße beim Haus Schiffbrücke Nummer sieben einen Knick aufweist, der eigentlich keinen Sinn ergibt. Diese Unregelmäßigkeit konnte nur mit einer alten Siedlungsgrenze zusammenhängen. Grabungen an Ort und Stelle gaben Radtke recht. Am Ende der

Hafenstraße hat im 11. Jahrhundert eine dritte Landungsbrücke gelegen. In der Schiffbrücke des 20. Jahrhunderts und der Hafenstraße blieben also über 900 Jahre die alten Wegführungen erhalten.

Die Häuser am Schleswiger Hafen aus dem 11. Jahrhundert waren nur noch an Verfärbungen im Boden zu erkennen. An anderen Stellen der Schleswiger Altstadt war es jedoch möglich, zum Teil recht genau zu rekonstruieren, wie man an der Schlei wohnte. Die Grundstücke „Auf dem Schild" zum Beispiel waren durch Flechtzäune voneinander getrennt, gelegentlich waren ein Hof oder ein Garten durch einen zusätzlichen Querzaun abgegrenzt. Zwischen Haus und Zaun führte meist ein Weg aus Bohlen oder Brettern in das hintere Grundstück.

Leider lassen sich Wohnhäuser und Werkstattgebäude selten identifizieren, denn Bauplatz war auch in Schleswig knapp. Wenn ein Haus abbrannte oder baufällig geworden war, so räumte man den Schutt völlig beiseite und errichtete den Neubau an derselben Stelle. Lediglich Ställe sind zu erkennen, wenn die Mistschicht schon so hoch lag, daß die unteren Partien der Stallwände im Dung begraben lagen und erhalten blieben.

Recht verblüfft waren die Archäologen, als sie die Schleswiger Häuser mit denen von Haithabu verglichen. Sie waren grundsätzlich verschieden. In der Siedlung am Haddebyer Noor hatte man die Bohlen- und Flechtwerkwände tief in die Erde eingegraben, damit sie stabil genug waren, um die Dächer der pfostenlosen Hallenhäuser zu tragen. In Schleswig dagegen errichtete man Stabbauhäuser. Dazu Volker Vogel:

„Bis auf zwei kleine Grubenhäuser, in den Boden eingetiefte und mit Flechtwänden versehene Ställe, handelt es sich bei Wohn- und Stallgebäuden ausnahmslos um Pfostenbauten mit Schwellbohlenkonstruktion. Eck- und Wandpfosten, meist kantig zugehauen, wurden in den Boden gegraben. Sie halten in senkrechten Nuten die horizontal verlegten Schwellbohlen, die meist ohne Unterlage und weitere Verankerung auf dem Boden aufliegen. In die Nut, die auf der Oberkante der Schwellbohle verläuft, ist die senkrecht Wandverbretterung – oder seltener die Flechtwand – eingelassen.

Dieses Grundschema tritt in verschiedenen Variationen auf. In einem Fall deutet der L-förmige Querschnitt der beiden Schwellbohlen an den gegenüberliegenden Langseiten eines Hauses die Möglichkeit einer Fußbodenverbretterung an. In der Regel bestehen die Fußböden aus eingebrachtem Sand. Herdstellen und Backöfen waren in keinem Falle in der

Mitte eines Raumes, vielmehr immer an einer der Außenwände oder in einer Hausecke zu finden."

Natürlich ist kein Haus in Schleswig samt Einrichtungsgegenständen erhalten geblieben. Dennoch wissen wir ungefähr, wie eine Küche des frühen Mittelalters eingerichtet war.

Besonders viele Küchengeräte gab es nicht. Die Ausrüstung eines durchschnittlichen Haushaltes bestand aus ein, zwei Messern, einer Schöpfkelle, einer Pfanne, einem Bratspieß, einem eisernen Dreifuß als Topfständer. Und natürlich dem Kessel, „das wichtigste Gerät und sozusagen das Zentrum der nordeuropäischen Küche", so Reay Tannahill in ihrer Kulturgeschichte des Essens. „Dieser Kessel diktierte die Zubereitungsart der meisten Speisen im Ablauf des Jahres." Das blieb so bis ins 18. Jahrhundert. „Dieser Kessel, der ursprüngliche *pot au feu*, lieferte eine immer wieder aufgekochte, aber ständig wechselnde Brühe, die Tag für Tag mit dem bereichert wurde, was man gerade zur Hand hatte, und außer in der fleischlosen Fastenzeit wurde er nur selten ganz geleert und gereinigt."

Das Kneipengedicht in Runenschrift

Archäologen und Historiker sind von Natur aus sachlich und dementsprechend zurückhaltend mit Aussagen, die über den nüchternen Tatbestand – Bodenfunde und schriftliche Quellen – hinausgehen. Diese Sachlichkeit wird ihnen häufig als Mangel an Phantasie angekreidet. Sehr zu Unrecht. Denn wenn jeder Archäologe seine Funde aufs Geratewohl interpretierte, seine Berichte mit Mutmaßungen und Möglichkeiten anreicherte, dann wäre die Situation noch verwickelter als sie es ohnehin schon ist.

Ab und zu jedoch kommen Dinge aus der Erde, die einen so direkten Bezug zu ganz bestimmten Menschen vergangener Zeiten haben, daß es selbst einem Wissenschaftler schwerfällt, das Fundobjekt rein sachlich zu betrachten. In diese Kategorie fallen zweifellos die neun Runeninschriften aus Schleswig.

Der Erikstein von Haithabu ist ein Gedenkstein mit kunstvoll eingemeißelten Runen. Beim *Kaufvertrag* benutzte der Schreiber aus praktischen Gründen das Kurzzweigrunen-Alphabet von 16 Zeichen. Den Inschriften aus der Schleswiger Altstadt liegt das *normale* Runenalphabet mit eingekerbten Zweigen, das „Futhark" mit 24 Zeichen, zugrunde. Bei sämtlichen Stücken handelt es sich um Volkskunst. Einige der Knochen und Hölzer tragen recht drastische Bezeichnungen für bestimmte menschliche Körperteile, andere irgendeine Geheimschrift oder einfach das Futhark-Alphabet.

Wann und wo die Runenschrift entstand, ist zur Zeit noch nicht zufriedenstellend geklärt. Funde aus Schleswig-Holstein und Ostfriesland beweisen jedoch, daß sie 600 Jahre früher bekannt war, als angenommen, nämlich bereits im 3. Jahrhundert v. Chr.

Das Wort selbst bedeutet „Geheimnis, Rat, Beratung, Schrift", aber auch „Lied, Geraune, planen, sich verschwören oder schwätzen". Verbürgt ist, daß sie in germanischen Ritualen als Vorzeichen, als Orakel, eine Rolle spielten. So berichtet Tacitus: „Das herkömmliche Verfahren beim Losen ist einfach. Sie zerschneiden den dünnen Zweig eines fruchttragenden Baumes in kleine Stücke, machen diese durch gewisse Zeichen kenntlich und streuen sie dann über ein weißes Laken hin, ganz aufs Geratewohl und wie es der Zufall fügt." Der Priester oder das Familienoberhaupt nahm dann drei der Stäbe auf und deutete sie mit Hilfe der eingeritzten Zeichen.

Den Germanen waren Bäume heilig, aus Holz schnitten sie ihre Götter und die Stäbe, die *aufgelesen* wurden. Das englische Wort für „lesen", to read, deutet noch auf das Loswerfen. Es hängt mit „raten" zusammen, und „riddle" ist das Rätsel.

„Fast alle Runen", so Kluges Etymologisches Wörterbuch, „haben einen senkrechten Hauptstrich, den Stab, nach dem das ganze Zeichen asächs. stab, sgs. (run)-stoef, anord. (runa)-stafr heißt. Im Unterschied zu den Runen heißen die lat. Schriftzeichen, weil sie zum Gebrauch im Buch (nicht auf Holz, Stein, Metall, Elfenbein) bestimmt sind, ags. boestoef, anord. bokstafr, asächs. bokstaf, ahd. buohstap." Das „Buch" wiederum wurde benannt „nach dem Buchenholz, aus dem die Schreibtafeln zuerst geschnitten wurden".

Jede Rune hat einen Begriffswert, ihren Namen – zum Beispiel „isan", Eis – und einen Lautwert, in diesem Falle „i". „Nach Auffassung der alten Runenmeister", so der Experte Klaus Düwel, „dienten die den Göttern entstammenden Runen der Kommunikation mit übermenschlichen Wesen... Strittig ist dabei, ob die Runen von sich aus magische Bedeutung hatten, oder ob erst die mit ihnen geritzten Wörter diese erzielten."

Als die Schleswiger Inschriften entstanden, hatten die alten Götter schon an Macht verloren. Der *Spazierstock* kam bei Grabungen am Schleswiger Rathausmarkt zutage. Er ist in einer Länge von 65 Zentimetern erhalten, jedoch in vier Teile

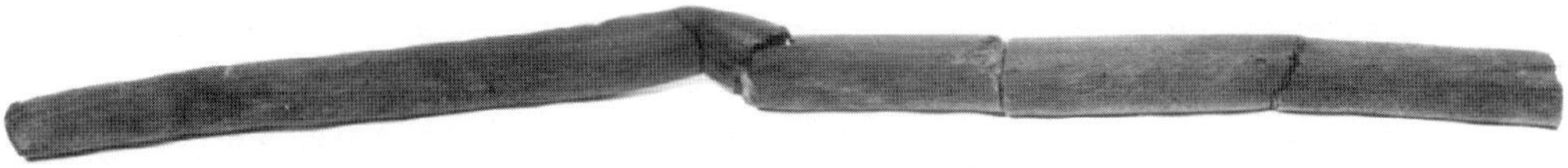

„Christ helfe Svend Harpere“ steht in Runenschrift auf diesem Spazierstock, der bei Grabungen am Schleswiger Rathausplatz zutage kam.

zerbrochen. Es ist eigentlich kein richtiger *Spazierstock*, sondern eher ein Stecken oder Wanderstab, der aus einem leicht gebogenen, drei Zentimeter dicken Buchenast zurechtgeschnitten wurde. In die entrindete Oberfläche sind vier Runeninschriften eingekerbt, zwei davon lassen sich übersetzen. Beide bedeuten dasselbe: „Christ helfe Svend Harfenspieler.“

Nur eine Inschrift ist fehlerfrei geschrieben. Svend Harpere war demnach im Schreiben nicht sehr geübt. Das stark verformte Ende des Steckens verrät langen Gebrauch. Ob sein Eigentümer indes wirklich auf der Harfe spielte, ist nicht sicher. Harpere könnte ebenso gut auch ein Familienname sein, meint Erik Moltke, der die Inschriften bearbeitete. „Aber wir wollen gern glauben, daß unser Svend ein guter Harfenspieler gewesen und mit seinem Knotenstock und dem Instrument auf dem Rücken durch Stadt und Land gewandert ist. Und vielleicht hat er, wenn er in Not war oder zu tief in den Becher geschaut oder gar mit dem anderen Geschlecht gesündigt hatte, reumütig die Inschriften in seinen getreuen Begleiter eingeritzt, der jetzt unter dem Namen *Schleswiger Spazierstock* verewigt ist.“

Ein ungewöhnlicher Fund: Ein Runengedicht, in Ebenholz geschnitten. Es mag um 1075 in einer Schleswiger Kneipe verfaßt worden sein.

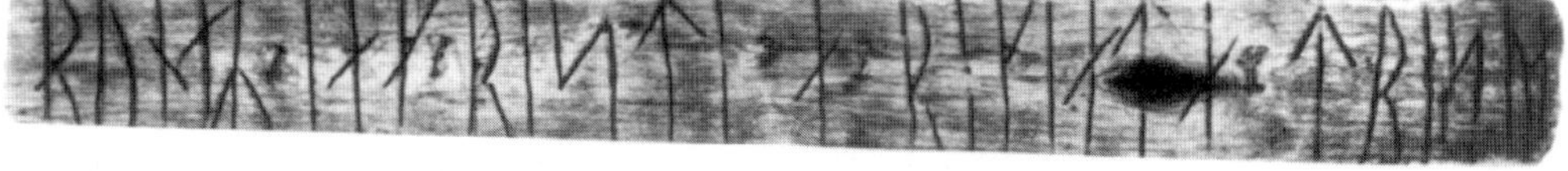

Ebenfalls vom Rathausmarkt stammt ein sorgfältig bearbeitetes Stück Eibenholz. Es ist vierkantig zugeschnitten, die Seiten sind geglättet, eine Stirnseite trägt ein gleicharmiges

Kreuz. Die Inschrift ist im altnordischen Edda-Versmaß abgefaßt und lautet in der Übersetzung: „Runen ritzte ich auf steuerndes Holz, so deutete der mächtige Herr sie: Die Asen aus uralten Tagen, die Huller und Buller, werden reden: Für dich ist Arsch wie Magen."

Über die Entstehung dieses Gedichtes vermerkt der dänische Runenfachmann Moltke folgendes: „Ich stelle mir vor, daß einige junge Menschen in einer Kneipe in Schleswig sitzen. Sie trinken, scherzen und necken einander, wie es junge Menschen nun einmal tun, ohne eigentliche Bosheit. Die Sprache ist einfach und derb, wie sie in Kneipen sein kann. In ihrer Mitte ist einer, der ein Poet und gleichzeitig schriftkundig ist – wenn nicht ein anderer die beschwingten Worte des Poeten ritzte – und ein zweiter, der offensichtlich für seinen guten Appetit bekannt ist. Er ist kurz gesagt ein Vielfraß und als solcher Zielscheibe für die Spötteleien der übrigen Tischgenossen, was der Poet nun in einen kleinen Gesang umsetzt."

Damit klärt sich auch die letzte Zeile des Verses, die zunächst rätselhaft scheint. Der Dichter sagte seinem Kumpel schlicht: „Du frißt und frißt, bis du eben soviel im Arsch wie im Magen hast, oder mit einem heute noch gebräuchlichen jütländischen Kraftspruch ausgedrückt: Es hat der Arme auch einen Boden, aber erst, wenn der erste Bissen auf dem Sitz steht. Ein überraschender Inhalt dieses Gedichtes, das etwa 1075 in der Stadt Schleswig geschrieben wurde."

Der Niedergang

Haithabu und Schleswig haben, auch wenn sie kurze Zeit nebeneinander bestanden, einander nie Konkurrenz gemacht. Schleswig trat die Nachfolge der Handelsniederlassung am Noor an, als diese ihre Blütezeit längst überschritten hatte.

Im Südwesten Schleswigs legten die Archäologen auf etwa 3000 Quadratmetern die mittelalterliche Uferzone der Schlei frei. Die Untersuchungen erfaßten, so erläutert Volker Vogel, „Ausschnitte einer geordneten Siedlung mit Wegen und Uferschutz und mit wasserseitig vorgelagerten, ausgedehnten Hafenanlagen. Vereinzelte Fundmünzen, spezifische Keramik und die Dendrochronologie datieren die Entstehung der Uferrandsiedlung und der Hafeneinrichtungen in die zweite Hälfte des 11. Jahrhunderts. Der beträchtliche Umfang, der festgestellte kurzfristige Ausbau in den Jahren zwischen 1081 und

1095 und die Funktion des Hafens an sich bezeugen, daß hier der wirtschaftliche Mittelpunkt einer Siedlung angetroffen wurde." Im frühen 13. Jahrhundert lagen Siedlung und Hafen verlassen, das Dominikanerkloster wurde auf ödem Gelände erbaut.

Fünfzig Meter nordwestlich kamen die Reste von St. Nikolai aus dem späten 13. Jahrhundert zutage. Unter den Fundamenten lagen ein älterer Friedhof, den Münzen spätestens um 1075 datieren, und ein hölzerner Kirchenbau, der aus derselben Zeit stammen muß – wohl die Kirche des Hafenviertels.

In der Stadtmitte stießen die Archäologen auf Siedlungsschichten, die bis zu sieben Meter dick waren. Nördlich des Rathausmarktes sind zwei unterschiedliche Besiedlungsphasen auszumachen. Im späten 12. oder frühen 13. Jahrhundert haben sich die Grundstücksgrenzen verändert, und zwar ganz erheblich. Der heutige Marktplatz jedenfalls gehört in den jüngeren Zeitabschnitt. Vorher, das heißt, spätestens seit Ende des 11. Jahrhunderts, stand an dieser Stelle eine Feldsteinkirche mit einem größeren Friedhof.

Unter dem Franziskanerkloster St. Paul schließlich, am Ostrand Schleswigs, fanden die Archäologen den Grundriß des dänischen Königshofes, der wohl in die zweite Hälfte des 12. Jahrhunderts einzuordnen ist.

Wo die älteste Domkirche ist – stand noch offen, das Bistum Schleswig jedenfalls wurde in der Mitte des 10. Jahrhunderts gegründet. Die Wissenschaftler aus Schloß Gottorf halten es für „durchaus denkbar, daß das Nordufer der Schlei als Sitz des Königs und des Bischofs eine in das 10. Jahrhundert zurückreichende Tradition hat, daß also königliche wie kirchliche Macht sich schon vor dem Übergehen der Handelsfunktion von Haithabu auf Schleswig räumlich getrennt von der Fernhändlersiedlung im sicheren Schutze des Danewerkes auf der Schleswiger Altstadthalbinsel niedergelassen hatten."

Rund einhundert Jahre lang war Schleswig im Ostseehandel tonangebend. Ab 1026 war der Bischof an der Schlei ansässig, ab 1040 besuchten die dänischen Könige immer wieder die Stadt. Das blieb auch so, als Lübeck schon die Ostsee beherrschte, denn aus politischer Sicht besaß Schleswig als Bischofs- und Herzogssitz noch immer überregionale Instanzen.

Trotz Königshof und Dom, geordnetem Siedlungsbild und Hafenausbau war das Leben in Schleswig nicht so gemütlich, wie es scheinen mag. Die Zeiten waren unruhig. Die politischen Verhältnisse in Skandinavien waren noch nicht gefestigt, unter den Fürsten des deutschen Reiches herrschte Zwietracht, zudem machten hier oben im Grenzland die Slawen das Land unsicher mit plötzlichen Überfällen. Unter der Führung ihres Königs Heinrich, der in Alt Lübeck saß, so Radtke, „beherrschten die slawischen Truppen und Piraten die Ostseeküsten, heerten und raubten ungehindert zwischen den Inseln und drangen auf dem Landweg über die Eider auf Schleswig zu, so daß König Niels sich in seiner eigenen Stadt nachts nur im Schutz bewaffneter Bürger sicher fühlen konnte".

Unter Herzog Knud Laward besserten sich die Zustände. Doch in dem Maße, wie Laward Ordnung schaffte und Sicherheit, wuchs auch das Mißtrauen seiner königlichen Verwandten gegen ihn. Der Herzog hatte längere Zeit am Hofe des Lothar von Supplinburg verbracht und dort sächsische Kultur und Lebensart kennen und schätzen gelernt.

Nach dem Tode des Heinrich von Alt Lübeck setzte Lothar, der inzwischen König war, im Jahre 1128 Laward als Nachfolger des Obotritenkönigs ein. Laward war also Herzog und König. Durch seine Hochzeit mit der Fürstentochter Ingeborg aus Nowgorod stärkte er die Verbindungen zu diesem Handelszentrum der östlichen Ostsee. Unter Knud Laward stieg Schleswig zu wirtschaftlicher und politischer Blüte auf. Er sorgte auch dafür, daß der Wasserweg abgesichert wurde.

Ein Blick auf die Landkarte zeigt, daß ein Feind gar nicht die Stadt Schleswig direkt angreifen muß, um ihren Lebensnerv zu treffen. Es genügt, wenn er die Schleimündung erobert und den Schiffsverkehr unterbindet. An der schmalsten Stelle der Schlei, vielleicht an der Missunder Enge, ließ Laward zwei Befestigungen bauen, zwischen denen die Zufahrt gesperrt werden konnte.

Die Schleimündung wurde geschützt durch die Burg Oldenburg, auch Gammelburg – alte Burg – genannt. Sie muß in den zwanziger Jahren des 12. Jahrhunderts erbaut worden sein und wäre damit eine der ältesten skandinavischen Burgen des Mittelalters.

Die Oldenburg könnte, so Radtke, identisch sein mit dem Platz Slesmynne (Schleimünde), der in der ersten Hälfte des 12. Jahrhunderts als Zollstation genannt wird. Die Hauptaufgabe der Anlage wird jedoch die „Sicherung der schleswigschen Ostseeküste und insbesondere der Schleieinfahrt gegen Überfälle der ostholsteinischen und mecklenburgischen Slawen" gewesen sein.

Wenn Herzog Laward über eine Burganlage in strategisch derart entscheidender Position verfügte, dann muß er in der Tat sehr mächtig gewesen sein. Unverwundbar war es deshalb nicht.

Am 7. Januar 1131 ermordete Magnus, der Sohn des Dänenkönigs Niels, seinen Vetter Knud Laward. „Als er nun so schlimme Kunde vernahm“, heißt es in Helmolds Slawenchronik, „war Kaiser Lothar samt seiner Gattin Richenza sehr traurig darüber, daß ein dem Reiche so freundschaftlich verbundener Mann gefallen war, und er zog mit einem großen Heere in die Nähe der Stadt Schleswig bis an jenen berühmten Danewerk-Wall, um den traurigen Tod des trefflichen Knut zu rächen.“ Magnus jedoch ließ es nicht auf einen Kampf ankommen. Er zahlte ein hohes Bußgeld und leistete Kaiser Lothar den Lehnseid.

Die Kaufleute der Schleswiger Fernhandelsgilde aber hatten einen Gildeeid auf Blutrache an König Niels geschworen, um den Tod ihres „aldermans“ zu sühnen. Drei Jahre später war Laward gerächt. Er wurde heiliggesprochen und jene Stelle im Wald bei Ringstedt, wo er den Tod fand, rückte alsbald in den Mittelpunkt des Knud-Kultes.

Daß Schleswig ins wirtschaftliche Abseits geriet, hängt nicht ausschließlich mit der Entwicklung in der Schiffahrt zusammen. Der Prozeß wurde beschleunigt durch die Haltung König Sven Grathes, der sich auswärtigen Kaufleuten gegenüber ausgesprochen unfreundlich benahm. Als 1158 gar königliche Truppen die Handelsflotte aus Nowgorod plünderten, die im Schleswiger Hafen überwinterte, war es um den guten Ruf der Stadt endgültig geschehen.

Mission und Botschaft

In der Zeit, in der wir uns jetzt aufhalten – als Händlerkarawanen zu Messen nach Haithabu zogen und der Araber At-Tartuschi den Ort auf der Heide besuchte, als die Schleswiger fieberhaft ihren Hafen ausbauten, um konkurrenzfähig zu bleiben und doch ihre Vormachtstellung im Ostseeraum an Lübeck verloren – in dieser Zeit konnte in Europa außer den Mönchen kaum jemand lesen und schreiben. Im Norden verstand sich zwar manch einer aufs Runenschneiden, doch die Inschriften auf den Gedenksteinen sind kurz und im Text sehr ähnlich, die wenigen uns erhaltenen privaten oder geschäftlichen Mitteilungen oft mit Schreibfehlern gespickt.

Das Wissen um Dinge wie Haushalt, Landwirtschaft, Viehzucht oder handwerkliche Fertigkeiten lernten die Jüngeren von den Älteren in der Praxis. Historische Ereignisse und merkwürdige Begebenheiten, aber auch das, was die Menschen im Innersten bewegte, wurde mündlich weitergegeben, in Sagen, Märchen und Liedern. Sie kamen Wort für Wort mit einer Genauigkeit von einer Generation auf die nächste, daß selbst Jacob und Wilhelm Grimm staunten, als sie im 19. Jahrhundert daran gingen, Mythen und Märchen zu sammeln. Es geschah immer wieder, daß ihnen in ganz verschiedenen Ortschaften dieselbe Geschichte erzählt wurde, mit fast denselben Worten.

Aufgeschrieben wurden im frühen Mittelalter in erster Linie Verträge, Verordnungen, Gesetze, also Urkunden. Es gab aber auch Bücher: Hofberichte, Lebensbeschreibungen von Heiligen und Kirchenmännern, denn diese Dinge lagen den Schreibkundigen am Herzen. Und natürlich die Bibel. Allerdings neigten Kaiser und Klerus dazu, Ereignisse und Zustände so zu interpretieren, daß sie ihnen selbst zu Ruhm und Vorteil gereichten. Daher sind die Angaben mit Vorsicht zu genießen.

Bücher waren kostbar. Es dauerte seine Zeit, bis sie mit der Hand auf dauerhaftes Pergament geschrieben waren. Mit einer Kette ans Lesepult geschmiedet, dienten sie Generationen von Mönchen zum Studium.

Unser Wort Papier leitet sich von Papyrus ab, jenem Schreibmaterial, das die alten Ägypter benutzten. Etwa 1000 Jahre lang wußte niemand mehr, wie Papyrus gemacht wird. Erst vor kurzem gelang es einem ägyptischen Wissenschaftler nach jahrelangem Experimentieren, Papyrus herzustellen, so wie ihn seine Vorfahren benutzt haben.

Einer der ältesten Texte aus dem Land am Nil, der aus der Zeit um 2200 v. Chr. datiert und sich mit Mathematik befaßt, steht allerdings auf einer Lederrolle. Dieses Material verwendeten auch die Hebräer. Bis auf den heutigen Tag dürfen die mosaischen Gesetze, weil der Talmud, das heilige Buch der Juden, es befiehlt, nur auf Leder geschrieben werden.

Griechen und Römer verwendeten Pergament, das auch bei uns jahrhundertelang zum Schreiben benutzt wurde. Es ist dauerhafter als Papyrus und besitzt eine glattere Oberfläche, auf der Form und Farbe besonders gut zur Geltung kommen. Noch heute haben die Buchmalereien, die in den abendländischen Klöstern entstanden sind, nichts von ihrem Zauber eingebüßt, auch wenn sie hinter Glas in Museumsvitrinen liegen.

Das Pergament hat seinen Namen von der Stadt Pergamon in Kleinasien. Es wird hergestellt aus den Häuten von Rindern, Schafen, Ziegen, Eseln oder Schweinen. Die Arbeit ist zwar mühselig, aber recht unkompliziert. Sobald das Fell gewaschen ist, Haare und Fett abgeschabt sind, muß die Haut ein paar Tage in einer Kalkgrube weichen. Anschließend wird sie auf einen Rahmen gespannt, beide Seiten werden noch einmal behutsam abgeschabt. Danach befeuchtet man sie erneut, streut Kreidepulver darüber und reibt sie schließlich mit Bimsstein glatt.

Weder die Herstellungsmethode des Schreibmaterials noch das Schreiben von Hand waren geeignet, Bücher in großen Auflagen herauszugeben. Dafür war im frühen Mittelalter auch gar kein Bedarf, weil ja nur verhältnismäßig wenige Menschen in Europa lesen konnten.

In China war das anders. Dort produzierte man längst Papier, und schon im 10. Jahrhundert gab es im Land der Mitte private Druckereien, die mit beweglichen Lettern arbeiteten.

Die Schwarze Kunst

Dem Mainzer Patriziersohn Johann Henne Gensfleisch von Sorgenloch, der unter dem Namen Johannes Gutenberg als Erfinder der Schwarzen Kunst in die Geschichte einging, hätten seine Kenntnisse von der Druckerei wenig genützt, wenn nicht um 1400, als er geboren wurde, die Kunst der Papierfabrikation in den Westen vorgedrungen wäre. Hinzu kam, daß immer mehr Menschen lesen und schreiben lernten, die Nachfrage nach Büchern stieg. Zumindest eine Bibel gehörte in jeden gebildeten Haushalt. Also wagte Gutenberg das für damalige Verhältnisse unglaubliche Unternehmen und druckte die Heilige Schrift in einer Auflage von knapp 200 Exemplaren. 1282 Folioseiten umfaßte das Werk. Noch nie zuvor hatte jemand im Abendland so viel Papier auf einmal gebraucht, wie dieser Buchdrucker aus Mainz, und es kostete ungeahnte Anstrengungen und eine gehörige Summe Geld, um die erforderliche Menge herbeizuschaffen.

Etwa vierzig Exemplare dieser Bibel blieben erhalten. Das Gutenberg-Museum in Mainz besitzt eine komplette Ausgabe, eine weitere befindet sich in der Frankfurter Stadt- und Universitätsbibliothek. Hier werden an die 10 000 Handschriften aus dem Mittelalter aufbewahrt, eine erstaunliche Anzahl, wenn man bedenkt, wie viele Manuskripte im Laufe der Jahrhunderte verbrannten, geraubt oder in der Neuzeit achtlos fortgeworfen wurden. Die älteste Handschrift der Frankfurter Sammlung ist ein Fuldaer Psalter aus dem 8. Jahrhundert, gefolgt von der zweieinhalb Meter langen Lorscher Litanei, die um die Mitte des 9. Jahrhunderts im Auftrag Ludwigs des Deutschen entstand. Die einzige liturgische Buchrolle, die nördlich der Alpen aus der Karolingerzeit erhalten blieb.

Archäologen, die sich mit dem Mittelalter beschäftigen, können also in glücklichen Fällen die Aussagen von Grabungsbefunden und schriftliche Urkunden miteinander vergleichen. Für die Wissenschaftler in Schleswig und Lübeck, die sich mit den Verhältnissen im Grenzgebiet zwischen Skandinaviern, Slawen und Deutschen beschäftigen, sind gleich zwei Bücher von unschätzbarem Wert: Die „Gesta Danorum" des Saxo Grammaticus und die „Chronica Slavorum" des Pfarrers Helmold von Bosau. Beide Bücher stammen aus dem 12. Jahrhundert.

Saxo Grammaticus wurde um 1150 geboren und starb um 1216. Er gehörte zum Gefolge des dänischen Bischofs Absalon, der in Paris studierte, 1167 Kopenhagen gründete und persönlich gegen die Wenden ins Feld zog. Eine Niederlage erlitt der streitbare Bischof allerdings, als er in Schonen für die Priester den Zölibat einführen und bei den Bauern durchsetzen wollte, daß der Kirchenzehnte ausschließlich in Form von Getreide entrichtet wurde. Es kam zu einem Aufstand und alles blieb beim alten.

Im ersten Teil der „Taten der Dänen" geht es um alte Sagen. Von Saxo Grammaticus stammt unter anderem die älteste Fassung des Hamlet-Themas. Im zweiten Teil geht es um den Krieg gegen die Wenden, der 1185 zuende war, und in dessen Verlauf die Burg Arkona auf Rügen eingenommen, das Heiligtum des slawischen Gottes Swantewit zerstört wurde. Offenbar nahm Saxo nicht am Wendenfeldzug teil. Nach eigenen Angaben schrieb er vielmehr die Berichte und Erzählungen seines Dienstherrn Absalon nieder.

Daß die „Gesta Danorum" erhalten blieb, ist allein der Tatsache zu verdanken, daß sie 1514 in Paris gedruckt wurde. Die Handschriften sind bis auf wenige Bruchstücke verschollen.

Auch das genaue Geburtsjahr des Pfarrers Helmold ist nicht bekannt. Er kam um 1119 im Harzvorland zur Welt und wuchs bei Segeberg auf. Sein Vater war offenbar „einer jener Burgmannen oder auch für Brunnenbau sachkundigen ‚Montani' des Rammelsberges", die Kaiser Lothar nach Segeberg holte, als er 1134 einen festen Stützpunkt, die Kalkbergburg, dort anlegte. Helmold besuchte als Knabe die Klosterschule, die Vizelin, erster Bischof der 1149 wieder errichteten Diözese Oldenburg und Abt von Neumünster, am Fuß der Burg Segeberg errichtet hatte. Nach der Zerstörung Segebergs durch den Slawenfürsten Pribislaw setzte er seine Ausbildung in Braunschweig fort.

Ab 1143 hielt er sich in Neumünster, das damals Faldera hieß, auf, und erlebte dort elf Jahre später den Tod des von ihm verehrten Bischofs Vizelin. Nachfolger wurde Gerold, der Helmold in den Braunschweiger Jahren unterrichtet hatte. Gerold war bis zum Tode der Witwe Kaiser Lothars Burgkaplan in Braunschweig. Er blieb den Welfen weiterhin verbunden und zählte zur Partei Heinrichs des Löwen, dem Enkel des Lothar und der Richenza.

Spätestens ab 1156 begleitete Helmold den Bischof auf seinen Amtsreisen, etwa zur selben Zeit erhielt er das Pfarramt von Bosau. 1163, im Todesjahr Gerolds, begann Helmold das erste Buch seiner Slawenchronik niederzuschreiben. Es muß gegen 1168 fertig gewesen sein. Das zweite Buch folgte 1172.

Für die Vorgänge bis 1066 stützte sich Helmold weitgehend auf den Bericht Adams von Bremen. Die Ereignisse bis 1115 rekonstruierte er aus der mündlichen Überlieferung. Das Geschehen bis 1172 war für ihn Zeitgeschichte, die er teilweise aus unmittelbarer Nähe erlebte und beobachtete.

Seine „Chronica Slavorum" ist unsere „einzige ausführlicher und dabei bemerkenswert objektiv berichtende Quelle über die Ostbewegung und die von ihr im westslawischen Raume angetroffenen kulturellen, wirtschaftlichen und politischen Verhältnisse", vermerkt der Literaturwissenschaftler Heinz Barüske.

Im Namen des Herrn

„Mir ist gegeben alle Gewalt im Himmel und auf Erden“, sagte der auferstandene Jesus zu Ostern zu seinen elf Jüngern – Judas war bereits zum Verräter geworden –, „darum gehe hin und lehret alle Völke und taufet sie im Namen des Vaters und des Sohnes und des Heiligen Geistes, und lehret sie halten alles, was ich euch befohlen habe.“ Auf diese Worte gestützt, sandte die Kirche Missionare aus, die alle bekehren sollten, die sich nicht aus freien Stücken zum Christentum bekannten.

Papst Gregor I., später der Große genannt, schickte im Jahre 596 Benediktinermönche unter der Leitung Augustins nach England, doch erst ein Jahr später kamen sie dort an. Augustin hatte nämlich unterwegs gehört, daß die Angeln keinesfalls „engelsgleich“ seien, und versuchte, den Auftrag rückgängig zu machen. Gregor blieb bei seinem Befehl. Von England aus zogen dann die Mönche ins heidnische Germanien. Allerdings hatten sie nicht nur im einstmals Freien Germanien alle Hände voll zu tun, sondern auch in Süddeutschland, in den ehemals römisch besetzten Gebieten, deren Einwohner schon früher mit dem Christentum in Kontakt gekommen waren.

Zwischen 650 und 750 zogen Columbanus und Gallus den Rhein entlang, Fridolin gründete das Doppelkloster Säckingen, Pirminius unter anderem das Kloster auf der Insel Reichenau im Bodensee. Rupertus wirkte in der Gegend um Salzburg, Emeran und Korbinian bekehrten die Baiern, Kilian ließ sein Leben für den Glauben im Thüringischen, der Heilige Willibrord nahm sich die Friesen vor. Am berühmtesten jedoch wurde Winfried von Wessex, der als Bonifatius in die Geschichte einging. Vierzig Jahre alt, begann er seine Missionstätigkeit an der Nordseeküste. Dreißig Jahre lang bemühte er sich um die starrköpfigen Heiden: zwei Jahre Mission in Hessen – in Geismar bei Fritzlar fällte er eine tausendjährige Eiche, ohne daß ihn der Blitz traf –, zehn Jahre Mission in Thüringen, sechs in Bayern. Anschließend organisierte er wiederum sechs Jahre lang die kirchlichen Angelegenheiten in Bayern und Mittelgermanien, verbrachte noch einmal sechs Jahre mit der Reform der fränkischen Kirche. Im Jahre 754, als er auf sein Schiff wartete, das ihn nach England zurückbringen sollte, erschlugen ihn bei Dokkum heidnische Friesen.

Reparaturen, Umbauten und vor allem die Installation von Heizungsanlagen in Gotteshäusern haben nach dem Krieg zu einer neuen Sparte der Altertumskunde geführt, der Kirchenarchäologie. Bei den Grabungen stellte sich immer wieder heraus, daß Gräber und Kapellen, die unter berühmten Domen ruhen, oft weitaus umfassender und exakter Auskunft geben als schriftliche Quellen.

So hinterließ Ermenrich von Ellwangen, der 866 Bischof von Passau wurde und Bulgarien missionieren sollte, eine Lebensbeschreibung des angelsäschsischen Mönches Sola. Ermenrich hatte bei so berühmten Gelehrten wie Walafried Strabo auf der Insel Reichenau, Magister Rudolf und Rabanus Maurus in Fulda studiert. Rabanus selbst absolvierte die Hofakademie Karls des Großen, an der sich die berühmtesten Männer jener Zeit versammelten. 822 wurde Rabanus Abt des Klosters Fulda. In seiner Amtszeit stieg die Zahl der Fuldaer Mönche auf erstaunliche 600 an.

Das ganze Mittelalter hindurch war Rabanus wegen seiner Dichtungen, seiner umfassenden Kenntnisse auf den Gebieten der Theologie, Astronomie und Militärwissenschaft hoch angesehen. Doch über allem Wissen vernachlässigte er die Seelsorge nicht. Er förderte die Dänen- und Schwedenmission durch Sachspenden und gewährte den dort tätigen Missionaren geistlichen Beistand. Mit Rücksicht auf die Heidenbekehrung und die Vertiefung des christlichen Glaubens bei den schon dem Christentum Gewonnenen förderte er auch die Dichtung in althochdeutscher und altsächsischer Sprache. Man kann also davon ausgehen, daß Ermenrich ein hochgebildeter Mann war. Von den Verhältnissen in der Propstei Solnhofen aber hatte er keine Ahnung – oder er hat schlichtweg geschwindelt. Das brachten die Archäologen an den Tag.

Die Propstei Solnhofen, die zum Kloster Fulda gehörte, liegt an der Altmühl, in Mittelfranken. In den Steinbrüchen rings um den Ort gewinnt man Plattenkalkstein, der wegen der Einschlüsse von Tieren und Pflanzen aus der Urzeit weltberühmt ist. Aus Solnhofen stammt zum Beispiel das erste vollständige Exemplar des sagenhaften Urvogels Archäopteryx.

Die Ausgrabungen der Propstei waren deshalb interessant für Archäologen und Historiker, weil die „Vita Sancti Sualonis" des Ermenrich über die Gründung dieses Ortes berichtet. Der Lebensbericht des Sola entstand zwischen 839 und 842. Ermenrich hatte den Neffen des Rabanus, der der Propstei Solnhofen vorstand, persönlich aufgesucht. Er muß also den Ort besichtigt, Zeitzeugen befragt und Gespräche mit dem Neffen des Rabanus Marus geführt haben.

Sola war seinerzeit mit Bonifatius aus England herüber gekommen, in Fulda zum Mönch und zum Priester geweiht worden und dann in die Einsamkeit gezogen. Er gab dem Ort, den er aufsuchte, seinen Namen – Solnhofen. Als Bonifatius erschlagen worden war, unterstützten ihn die Äbte von Eichstädt und Heidenheim. Karl der Große machte ihn zu seinem ständigen *Orator*, zu einem Priester, der ein Oratorium betreut. Unmittelbar vor seinem Tode schenkte Sola den gesamten Grundbesitz dem Kloster Fulda.

Aus den schriftlichen Überlieferungen ergaben sich demnach folgende Phasen für die Propstei:

1. Niederlassung des Sola in der *Wildnis*, Gründung der kleinen und unansehnlichen Behausung mit einem Oratorium zwischen 742 und 762.
2. Übereignung der Einsiedelei an das Kloster Fulda 794, und sogleich dessen Ausbau zum Zwecke einer klösterlichen Cella
3. Eine Ausstattung der Cella mit Gütern durch Ludwig den Frommen (vor 833), und von Fulda aus die Errichtung einer „Basilika" mit zwei Säulenreihen aus dem Fundament.

Es stellte sich jedoch heraus, daß die Wirklichkeit anders aussah. Der Archäologe Vladimir Milojčič mußte feststellen, daß Sola um die Mitte des 8. Jahrhunderts keineswegs in der unberührten Wildnis ein Gotteshaus gebaut hat. Vor den angelsächsischen Mönchen hatte es dort – und zwar spätestens um 700 – bereits eine „alpine norditalienische Mission" gegeben. Diese Mönche hatten drei Neubauten errichtet, an denen sich insgesamt vier Bauperioden nachweisen lassen.

Eine sorgfältige Analyse der Scherben, die sich in den Schichten der einzelnen Bauten fanden, und baugeschichtliche Vergleiche ergaben, daß die beiden ältesten Steinkirchen in die erste Hälfte des 7. Jahrhunderts gehören, daß der älteste Doppelapsidenbau möglicherweise sogar schon um 600 entstanden ist.

Daß im baierisch-alamannischen Raum schon um die Mitte des 6. Jahrhunderts nicht nur eine adlige Oberschicht, sondern auch ein beachtlicher Teil der Landbevölkerung Christen waren, beweisen nicht nur die Ausgrabungen der Propstei Solnhofen und anderer Kirchen, sondern auch die Gräber. Die Archäologen stellten fest, daß nicht erst Bonifatius die Baiern bekehrte. Er sorgte lediglich dafür, daß ihr Glaube fränkisch-angelsächsisch/römisch-katholisch ausgerichtet wurde. Denn, so schrieb P. Reinecke bereits 1925: „Die Baiern sind sicherlich schon als Christen, wenn auch zunächst noch als Arianer über die Donau eingewandert. In der in Betracht kommenden Zeit war bei ihnen wie bei den Franken, Alamannnen, Thüringern, Burgundern, Langobarden und Westgoten günstigenfalls nur ein geringer, zudem rasch verschwindender Prozentsatz der Bevölkerung nicht christlich." Allerdings waren sie meist Anhänger des Arius aus Alexandrien, der lehrte, daß Christus nicht Gott selbst sei, sondern vielmehr von ihm erschaffen wurde.

Allem Anschein nach hat also Ermenrich in voller Absicht verschwiegen, daß bereits vor Bonifatius und seinen Männern christliche Mönche die Bevölkerung bekehrt hatten – denn sie gehörten ja dem *falschen Lager* an.

Im Norden lagen die Dinge anders. Die Römer hatten, abgesehen von ein paar Erkundigungszügen und Strafexpeditionen, hier nicht Fuß fassen können. In dieser Region begann die Christianisierung tatsächlich erst im 8. bis 9. Jahrhundert, und es sollte noch lange dauern, bis sich schließlich auch die Skandinavier und die Slawen endgültig zur neuen Lehre bekannten. Seit dem Ende des 4. Jahrhunderts, als der römische Kaiser Theodosius I. das Christentum auf dem Konzil zu Konstantinopel im Jahre 381 zur Staatsreligion erklärt hatte – und zwar das Nicäische Glaubensbekenntnis – und 392 den heidnischen Kultus völlig verbot, waren Kirche und Staat eng miteinander verbunden. Speziell die Christianisierung der Slawen zeigt, wie machtpolitische Interessen mit den Dingen des Glaubens Hand in Hand gingen.

Ludwig der Fromme wurde 781 König von Aquitanien und 813 Mitregent Karls des Großen. Zu seinen engsten Vertrauten gehörte Ebo, ein Sachse, den der Kaiser aus der Leibeigenschaft befreit hatte. Ebo wurde Erzbischof von Reims und beschäftigte sich ab 819 mit dem Plan, die Skandinavier zum Christentum zu bekehren. 822 erteilte Papst Paschalis ihm dafür die Erlaubnis.

Karl der Große hatte ähnliches vor, als er Sachsen und Wigmodier zwischen Elbe und Weser deportierte und dafür Obotriten, später auch Franken, ins Sachsenland holte. Ebo fiel allerdings in Ungnade, als er versuchte, die Kirche vom Staat zu trennen und die Rebellion der Söhne Ludwigs des Frommen unterstützte. Er wurde ins Kloster Fulda verbannt und der Aufsicht des Rabanus Maurus unterstellt. Später, nach seiner Rehabilitation, wurde er Bischof von Hildesheim und starb dort 851.

Mit den Dänen schien die Sache zunächst recht einfach zu laufen, denn Harald Klak, dem die Söhne Göttriks die Herrschaft streitig machten, reiste 826 höchstpersönlich zum Kaiser, um Hilfe zu erbitten. Der sagte militärische Unterstützung zu – unter der Bedingung, daß der Däne sich taufen ließe.

Harald schlug ein, ließ sich taufen und nahm auf der Rückreise den jungen Benediktinermönch Ansgar aus dem Kloster Corvey mit. In der Lebensbeschreibung des Ansgar liest sich das so:

„Auch ihr Schützer Harald, getauft, doch kaum belehrt, wußte nicht, wie man Diener Gottes behandelt. Nicht mehr kümmerten sich seine neubekehrten, aber ganz anders gesitteten Gefolgsleute um sie. So bereitete ihnen bereits die Reise bis Köln schweres Ungemach. Dort erbarmte sich der damalige hochwürdige Erzbischof Hadubald ihrer Not; er schenkte ihnen zum Verstauen ihrer Ausrüstung ein stattliches Schiff, auf dem sich zwei recht bequem eingerichtete Kajüten befanden. Als Harald das sah, entschloß er sich, selbst dieses Schiff gemeinsam mit den beiden zu benutzen; er wollte die eine, sie sollten die andere Kajüte beziehen. Dadurch wurden sie allmählich vertrauter und aufgeschlossener. Auch Haralds Leute leisteten ihnen seitdem mit größerer Aufmerksamkeit Handreichungen. Von Köln ging die Fahrt über Dorestad und durch das benachbarte Friesland bis nahe an dänisches Gebiet. Weil sich König Harald jedoch in seinem Reiche friedlich nicht behaupten konnte, hatte ihm der Kaiser jenseits der Elbe ein Lehen verliehen, wo er sich im Notfalle aufhalten sollte."

Ärger um ein Hemd

Weder Taufe noch kaiserliche Hilfe wirkten, ein Jahr später mußte Harald Dänemark verlassen. Ansgar blieb bis 829 im Land Rüstringen, das Ludwig der Fromme Harald als Lehen gegeben hatte.

Wenn sich die Dänen um die christlichen Inhalte auch den Teufel scherten, so scheint doch die Taufe selbst einen gewissen Eindruck auf sie gemacht zu haben. Vor allem zur Osterzeit kamen sie zuhauf an den Hof Ludwigs des Frommen, um sich taufen zu lassen. Der schönen Hemden wegen. Einmal war der Andrang besonders groß, und der Hemdenvorrat ging zur Neige. Kurzerhand ließ der Kaiser aus Bettzeug zusätzliche Gewänder schneidern. Damit jedoch erregte er den Zorn eines

Dänenhäuptlings. Zehnmal, so brüllte dieser, hätte er sich nun schon taufen lassen, und jedesmal hätte er ein wunderschönes Hemd erhalten. Ein solcher Sack wie dieser stünde jedoch keinem Häuptling an. Wenn er sich nicht schämen würde, nackt zu gehen, dann würde er dem Kaiser samt seinem Gott diesen Lappen an den Kopf werfen!

829 erhielt Ansgar den Auftrag, als Missionar nach Schweden zu ziehen. Ein Jahr später brach er auf, reiste über Dorestad und Haithabu nach Birka im Mälarsee. Die Reise war sehr unangenehm. Unterwegs geriet sein Schiff in Seenot und der Missionar verlor alle Geschenke für den schwedischen König, dazu vierzig kostbare Bücher.

831 begab sich Ansgar nach Italien und erhielt dort von Papst Gregor IV. den Missionsauftrag für Dänemark und Skandinavien, gleichzeitig wurde er zum Erzbischof des neu eingerichteten Erzbistums Hamburg bestellt.

Trotz allem kam die Christianisierung im Norden und Osten nur schleppend voran, selbst wenn sich der eine oder andere Stammesfürst taufen ließ, konnten die Missionare damit rechnen, daß sein Nachfolger anderen Sinnes war und die alten Götter wieder zu Ehren kommen ließ. So war es Karl dem Großen zwar schließlich gelungen, die Sachsen zu bekehren, wobei er mindestens ebenso viel Grausamkeit an den Tag gelegt hat wie seine heidnischen Widersacher, die er seinem und dem Reich Gottes zuführen wollte. Doch mehr als ein Lippenbekenntnis erreichte er bei den Besiegten zunächst nicht.

Auf die Dauer als sehr wirksam erwies sich ein psychologisch äußerst raffinierter Trick der Kirchenmänner. Sie bauten die alten Götter und ihre Heiligtümer in ihr Glaubenssystem ein. Genau genommen bot sich das an. Denn auch das Alte Testament berichtet nicht von einem einzigen Gott, sondern von mehreren Stammesgöttern.

Bereits zur Zeit der Etablierung des Christentums im 4. Jahrhundert waren immer mehr griechische Mythen in die neue Lehre eingeflossen, die aus denselben orientalischen Quellen stammen wie die Wurzeln des Alten Testamentes. So verwandelte sich Maria, die ursprünglich als Ehefrau Josephs und Mutter der Geschwister Jesu beschrieben wurde, in die Jungfrau Maria. Vor allem drei Göttinnen standen bei dieser Umwandlung Pate: die griechische Erdmutter Demeter, die Mysteriengöttin Isis der Ägypter und die Artemis von Ephesus. Allesamt Versionen der Großen Mutter des Vorderen Orients, eng verbunden mit dem Fruchtbarkeitskult der frühen Bauern. Die Griechen hatten der Artemis, die gelegentlich mit Stierhoden geschmückt dargestellt wurde, den Beinamen „im-

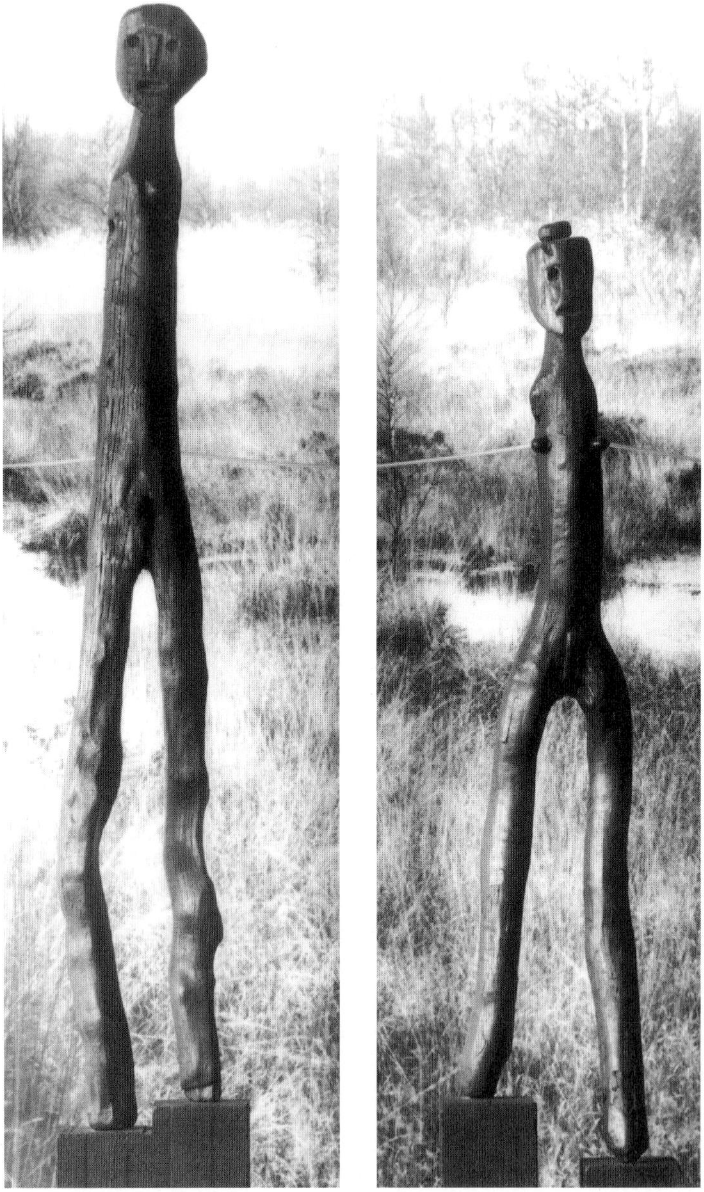

Übermenschlich groß wachten diese Götter über ein Heiligtum im Ankamper Moor bei Eutin. Es könnten die Germanengötter Freya und Freyr sein, die noch lange nach der Zeitenwende verehrt wurden.

merwährende Jungfrau" verliehen. Genau das Prädikat verlieh nun die Kirche der Maria.

Nach derselben Methode, die Altes beibehält und ihm einen neuen Mantel umhängt, verfuhren auch noch später die Sendboten des Christentums. Man kann mit einiger Sicherheit davon ausgehen, daß fast jedes frühe Gotteshaus über einem heidnischen Kultplatz errichtet wurde, etwa in Heiligen Hainen oder an verehrten Quellen, die einheimischen Gottheiten geweiht waren. Das geschah zum Beispiel in dem Dorf Thossen bei Plauen. „Um aber die heidnischen Slawen mit desto besserem Erfolge zu dieser Kirche zu bekehren, erlaubte man sich den frommen Betrug, die auf dem Altar aufgestellten Heiligenbilder mit slawischen Gottheiten zu verschmelzen“, heißt es im „Sagenschatz des Königreichs Sachsen“, einem Buch, das 1874 erschien. Die alte Gottheit Thor wurde kurzerhand zum Heiligen Martin, dem die neue Kirche geweiht war, die Göttinnen Om und Hira verschmolzen zur Jungfrau Maria. Für die Einheimischen hatte sich damit wenig geändert.

In diesem Zusammenhang ist der Sinn des Wortes *glauben* aufschlußreich. Es bedeutete ursprünglich soviel wie „sich etwas lieb, vertraut machen“ – das steckt noch im englischen „believe“. Die Fügung „Glauben an Gott“ hat erst Martin Luther eingeführt. Das Wort „fromm“ bedeutete im Norden „vorzüglich, förderlich, tapfer“, in späterer Zeit dann auch „Nutzen, Vorteil“. Wer die Gelegenheit nutzte und sich die neuen Götter „lieb und vertraut machte“, war also „fromm“.

Ebenso nutzten die Missionare auch die heidnischen Feste. Noch heute denkt jedes Kind bei Ostern zunächst an die bunten Eier und die Hasen der Frühlings- und Fruchtbarkeitsgöttin Ostara, und zu Weihnachten symbolisiert das Kind in der Krippe nichts anderes als das Licht in der Dunkelheit, das in der finstersten Zeit des Jahres die Wiederkehr der Sonne verheißt.

Daneben gibt es auch Hinweise darauf, daß sich bereits in ferner Vergangenheit Menschen einen Himmelsgott vorstellten, einen Schöpfergott, der freilich kaum greifbar wird, weil sich kein Kult um ihn rankt.

Die Christen glauben an die komplizierte Dreieinigkeit von Vater, Sohn und Heiligem Geist, sie bitten die Jungfrau Maria um Fürsprache, darüber hinaus steht eine Unzahl von heiligen Männern und Frauen für die großen und kleinen Sorgen, Wünsche, Mißgeschicke zur Verfügung. Selbst heute noch werden Menschen, die leibhaftig auf Erden wandelten, heiliggesprochen, die katholische Kirche besteht noch immer darauf, daß es Geister und Dämonen gibt, die ausgetrieben werden können.

Die spärlichen Berichte der frühen Missionare sind ohne Zweifel tendenziös, steht doch immer das Sendungsbewußtsein im Vordergrund, das stets und ständig Wunder wittert, ja wittern muß, damit die Leute glauben.

Jene Männer, die oft genug ganz allein auszogen, um den Heiden die Frohe Botschaft zu verkünden, waren gewiß tapfere und auch gläubige Menschen. Humor scheint nicht gerade ihre Stärke gewesen zu sein. Und darum möchte ich, bevor ich mich wieder den archäologischen Funden und historisch fundierten Ereignissen zuwende, den Dänen Frans G. Bengtsson zitieren, der in seinem Buch über den Wikinger Röde Orm, die Rote Schlange, sehr vergnüglich und ziemlich realistisch die Einstellung der Nordmänner zu den christlichen Missionaren schildert.

„Von Sachsen und England waren jetzt geschorene Männer gekommen, um in Schonen die christliche Lehre zu predigen. Sie hatten von gar vielem zu reden, und anfangs war man neugierig und hörte gern zu; und die Frauen fanden es lustig, von den Fremden getaucht zu werden und von ihnen ein langes weißes Hemd geschenkt zu bekommen. Aber bald war der Hemdenvorrat der Fremden zu Ende, und man hörte auf, ihren Predigten zu lauschen, die man nun ermüdend und wenig glaubwürdig fand; dazu war ihre Redeweise stockend und gab ihnen den Anschein, als seien sie kindischen Geistes. Sie mochten solches Reden in Hedeby oder auf den westlichen Inseln gelernt haben."

Der Reiz des Neuen verblaßte, der Eifer der Kirchenmänner wurde den Leuten lästig. Sie predigten Frieden und zerstörten die alten Heiligtümer. Nach guter Wikingerart machten die Einheimischen kurzen Prozeß: Sie hängten die Missionare in Heilige Eichen oder verkauften sie als Sklaven. Doch selbst dazu taugten sie nicht. „Einige von ihnen ließen sich nun als småländische Knechte das Haar wachsen, und wenig zufrieden mit Jehova taten sie als Arbeiter das ihre; aber die meisten wollten auch weiterhin die Götter stürzen und Frauen und Kinder ins Wasser tunken, lieber als Steine brechen und Korn mahlen; und sie machten ihren Herren soviel Verdruß, daß die von Göinge für einen richtigen Priester bald kein Paar dreijährige Ochsen mehr bekommen konnten, es sei denn, daß sie noch Salz und Wollstoff dazugaben. Deshalb war man in den Grenzlanden den Geschorenen nicht wohlgesinnt."

Anders war es, wenn die Kirchenmänner mit Wundern aufwarten konnten. Für derlei Dinge waren die Heiden allemal empfänglich. Auf diese Weise ließ sich zum Beispiel der dänische König Harald Blauzahn davon überzeugen, daß der Christengott stärker sein mußte als Thor und Odin. Den Wikinger plagten nämlich die Rückenschmerzen so arg, daß er weder an Frauen noch an Bier seine Freude hatte. Erst als man seinen

Rücken mit geweihtem Bärenfett und Kräuterwasser einrieb und zwischen seinen Schultern das Kreuzzeichen schlug, konnte Harald sich wieder den schönsten Dingen im Leben eines Wikingers zuwenden. Kurzentschlossen ließ er sich taufen und befahl seinen Leuten dasselbe zu tun. In Seenot allerdings und bei Krankheit des Viehs, wenn es also um die Existenz ging, vertrauten die Nordmänner weiterhin auf die alten Götter.

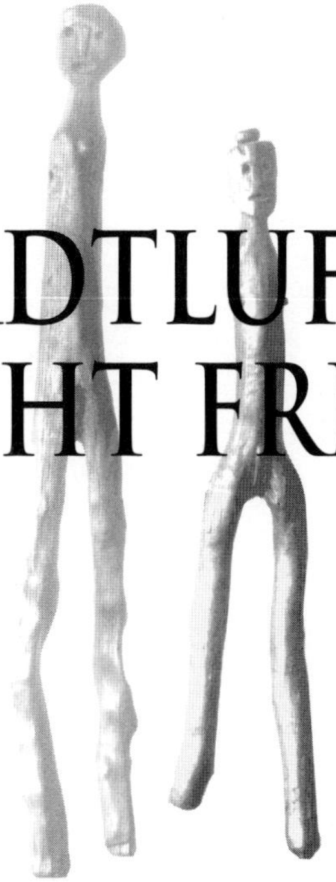

STADTLUFT MACHT FREI

Frühe Chronisten

Im Jahre 1168 war der Zweite Kreuzzug beendet. Pisa, Venedig und Genua standen auf dem Höhepunkt ihrer Macht und Pracht, die ersten Universitäten des Abendlandes wurden gegründet. Friedrich I., Barbarossa, herrschte über Deutschland; Heinrich der Löwe, Herzog von Braunschweig, heiratete die englische Prinzessin Matilde. England war 100 Jahre früher von den Normannen erobert worden, knapp 50 Jahre später sollte die Schweizer Eidgenossenschaft gegründet werden.

Überfall auf Kap Arkona

In diesem Jahr 1168 fand ein Ereignis statt, das die Weltgeschichte nicht erschüttert hat und das in den Geschichtsbüchern höchstens am Rande erwähnt wird: Die Dänen überfielen die slawische Insel Rügen, plünderten die Burg und den Tempel von Kap Arkona.

Nun waren derartige Überfälle zwischen Skandinaviern und Slawen keine Seltenheit, obgleich sie schon recht früh Handel miteinander betrieben. Die Rügenslawen, die Alt-Lübeck zerstörten, waren zeitweilig die ungekrönten Herrscher der westlichen Ostsee, die nach ihnen auch Mare Rugianorum genannt wurde.

Von Bedeutung ist dieses Ereignis deshalb, weil der Däne Saxo Grammaticus den Feldzug und das slawische Heiligtum Arkona in seiner „Gesta Danorum“ detailliert beschrieben hat, und weil auf Rügen archäologische Ausgrabungen stattfanden, die die Schilderungen Saxos bestätigten.

Hier der ausführliche Bericht des dänischen Geschichtsschreibers: „Diese (die Burg Arkona) liegt auf der Spitze eines hohen Vorgebirges und ist im Osten, Süden und Norden nicht durch künstliche, sondern durch natürliche Steilhänge gesichert, die Uferwände sind wie Mauern, deren Höhenrand durch einen Geschützpfeil unten vom Meere nicht erreicht werden kann. An den drei genannten Seiten ist sie vom Meer umflossen, im Westen aber wird sie durch einen Wall abgeschlossen, der 50 Ellen hoch ist, dessen untere Hälfte aus Erde war, die obere bestand aus Holz und Erdfüllung. Auf der Nordseite fließt eine Quelle, zu der die Burgbewohner auf einem befestigten Pfad gelangten. Diesen Zugang hatte ihnen einst Erich abgeschnitten, so daß sie nicht weniger durch Durst als durch Waffengewalt bedrängt wurden.

Inmitten der Burg ist ein ebener Platz, auf dem sich ein aus Holz erbauter Tempel erhob, von feiner Arbeit, ehrwürdig nicht nur durch die Pracht der Ausstattung, sondern auch durch die Weihe des in ihm aufgestellten Götzenbildes. Der äußere Umgang des Tempels erstrahlte durch seine sorgfältig gearbeiteten Skulpturen; er war mit rohen und unbeholfenen Bildwerken verschiedener Art geschmückt. Für die Eintretenden war ein einziger Eingang offen...

Das Heiligtum selbst war von zwei Einhegungen umschlossen. Die äußere, aus Wänden zusammengefügt, war mit einem purpurnen Dach bedeckt; die innere, auf vier Pfosten gestützt, erglänzte statt der Wände durch Vorhänge; dieser Teil hatte außer dem Dach und dem wenigen Tafelwerk mit dem äußeren nichts gemein. Im Tempel stand ein gewaltiges Götterbild, den menschlichen Körper an Größe weit übertreffend, wunderlich anzusehen durch seine vier Köpfe und ebensoviel Hälse. Zwei dieser Köpfe schienen nach der Brust und ebenso viele nach dem Rücken zu sehen. Im übrigen schien von den vorderen wie von den hinteren der eine nach rechts, der andere nach links zu blicken. Die Bärte waren rasiert dargestellt, die Art der Rugianer in der Pflege der Haare nachgeahmt. In der Rechten hielt die Figur ein Trinkhorn, aus verschiedenen Metallen gebildet, das der Priester jährlich neu zu füllen gewohnt war, um aus der Beschaffenheit der Flüssigkeit die Ernte des kommenden Jahres zu weissagen. Der linke Arm bildete, in die Seite gestemmt, einen Bogen. Der Rock war so beschaffen, daß er an die Schenkel reichte, die aus verschiedenem Holz geformt waren und so mit dem Kniegelenk verbunden waren, daß man den Ort der Verbindung nur bei genauem Hinsehen erkennen konnte. Die Füße berührten den Boden, ihre Basis war in der Erde verborgen. Nicht weit davon hingen Zaum und Sattel und andere ‚Herrschaftszeichen' der Gottheit; seine Bewunderungswürdigkeit vermehrte ein Schwert von ungeheurer Größe, dessen Scheide und Griff, abgesehen von dem sehr schönen Treibwerk, das silberne Äußere auszeichnete."

Die Dänen belagerten Arkona und nahmen den Tempel schließlich ein. Dazu Saxo: „Am folgenden Tage erhielten Esbernus und Suno vom König den Befehl, das Götzenbild zu stürzen, das man ohne Hilfe von Eisenwerkzeugen nicht abreißen konnte, und es wurden die Vorhänge, die das Heiligtum bedeckten, heruntergerissen. Sie befahlen ihren Knechten, die Aufgabe zu übernehmen, es abzuhauen, aber aufzupassen, daß sie gegenüber seiner so schweren, stürzenden Masse vorsichtig seien, damit sie nicht, von dem Gewicht erdrückt, als Racheopfer der feindlichen Gottheit erschienen. Inzwischen hatte sich die Menge der Burgbewohner um den Tempel versammelt, in der Hoffnung, daß Swantewit für einen solchen Frevel die Anstifter strafen würde. Aber das Standbild, im untersten Teil der Schienbeine durchgehauen, schlug von oben her gegen die nahegelegene Wand. Um es herauszuziehen, befahl Suno, die Wand einzustürzen; er ermunterte die Diener, sie sollten sich aber in acht nehmen und im Eifer die Gefahr nicht gering achten, damit sie nicht, durch Unachtsamkeit vernichtet, getötet würden. Das Götzenbild stürzte mit lautem Krach zu Boden...

Außerdem umgab es die Purpurdecke dicht und glänzend, aber sie war schon so morsch, daß sie nicht unversehrt hervorgezogen werden konnte. Es fehlten auch nicht ungewöhnliche Hörner von wilden Tieren, nicht weniger durch ihr natürliches Aussehen als durch die Bearbeitung bewunderungswürdig. Der böse Geist entwich aus seinem Inneren in Gestalt eines schwarzen Tieres und entzog sich plötzlich den Augen der Umstehenden.

Die Burgbewohner sollten dem Götzenbild Stricke umwerfen und es herausziehen. Sie wagten es aus Furcht vor ihrem früheren Glauben nicht. Da wurde den Gefangenen und Fremden, die am Ort ihrem Erwerb nachgingen, befohlen, daß sie es herauszögen (in der Absicht), die Köpfe unwürdiger Menschen dem Gotte preiszugeben. Denn natürlich vermuteten sie, daß die Gottheit, die sie durch eine solche Behandlung beleidigten, ihren Verletzern schwere Strafen auferlegen würde. Damals wurden verschiedene Äußerungen der Einwohner vernommen. Die einen beklagten den Frevel gegen ihren Gott, die anderen behandelten ihn mit Spott. Zweifellos befiel dem klügeren Teil der Burgbewohner die Scham, daß sie sich in ihrer Einfalt lange Zeit für einen so törichten Glauben entscheiden konnten. Als das Götzenbild ins Lager geschleift wurde, bestaunten es die zusammengelaufenen Soldaten..."

Saxos Bericht liest sich so anschaulich, als hätte der damals Achtzehnjährige den Überfall miterlebt. Tatsächlich jedoch stützt sich der Chronist auf die Schilderungen von Gewährsleuten, die am Kampf teilnahmen und Zeugen des Bildersturmes wurden.

Im Jahre 1921 ging der Archäologe C. Schuchardt daran, das Ranen-Heiligtum auszugraben. Er stieß auf Mauerrest und Gräben und war davon überzeugt, den Swantewit-Tempel aus dem Bericht des Saxo gefunden zu haben. Schuchardt irrte.

Fünfzig Jahre später stellte sich heraus, daß der Tempel von Kap Arkona längst vom Meer verschlungen wurde. Das Kliff, auf dem sich einst die stolze Anlage erhob, fällt heute 40 Meter steil in die Tiefe. Seit den ersten Grabungsarbeiten fraß sich die Ostsee weiter ins Land vor. Selbst wenn man davon ausgeht, daß nur 10 bis 20 Meter Grundfläche in jedem Jahrhundert von Wind und Wellen abgetragen wurden, ergibt das für 1000 Jahre schon 100 bis 200 Meter auf jeder Seite des Kliffs, das ist ein beträchtliches Stück. Und noch immer mißt die Fläche des Burginneren etwa 90 Meter in Ostwest- und 160 Meter in Nordsüdrichtung. Der Tempel des Swantewit muß einst in der Tat ein imposantes Heiligtum gewesen sein. Zu diesem Ergebnis kamen auch die Wissenschaftler vom Ostberliner Zentralinstitut für Alte Geschichte und Archäologie, die in den Jahren 1969 bis 1971 unter der Leitung von Joachim Herrmann dort gruben und sorgfältige Messungen vornahmen.

„In der Mitte des 12. Jahrhunderts wäre die Burgfläche wenigstens doppelt, wahrscheinlich aber dreimal so groß wie die heute noch bestehende Fläche gewesen. Wird diese Möglichkeit zu Ende gedacht, so ergäbe sich eine Burgfläche von etwa 300 bis 350 Meter Ostwest-Ausdehnung und wenigstens 350 Meter Nordsüd-Ausdehnung in der Sehne hinter dem Wall. Die Burg von Arkona war – gemessen an den übrigen Burgen des Gebietes zwischen Oder und Elbe nicht nur im Hinblick auf den außerordentlich mächtigen Wall, sondern auch in der Flächenausdehnung – danach wahrhaftig von gewaltiger Größe."

Burganlage und Tempel stürzten ins Meer, übriggeblieben sind lediglich Teile des Walles und vereinzelt Reste von Behausungen. Zu den interessantesten Schätzen, die Herrmann und sein Team hier zutage förderten, zählt der Verwahrfund eines Kaufmanns, eine Art Musterkoffer. Der Händler scheint seine Waren im 9. Jahrhundert, als unruhige Zeiten hereinbrachen, in einer hölzernen Lade unter einem Zelt oder einer Hütte versteckt zu haben. Die Eisenbeschläge des Kastens waren erhalten, das übrige Material – Holz oder Leder – längst vermodert. Erhalten blieb die Kollektion des Kaufmanns: Drei Äxte mit stumpfer, nicht geschliffener Schneide, mehr oder weniger gut erhaltene Teile von wenigstens 20 Messern verschiedener Form, ein Sichelrest, ein Feuerschlageisen, eine Dolchspitze, ein Kettenhaken, mindestens dreizehn Pfeilspitzen verschiedener Form, Reste eines Angelhakens, mehrere Rohlinge für Nietplatten aus noch zusammenhängenden, vorgelochten Blechen. Auch 40 Nägel und drei Krampen gehörten wohl eher zum Inhalt des Kastens als zum Kasten selbst, weiterhin fanden sich Reste von Eimerreifen und Teile eines eisernen Kessels oder Brustpanzers. Außerdem enthielt die Sammlung: zwei bronzene Klappwaagen und eine Waagschale mit gravierter Außenseite, zwei U-förmige Bronzebeschläge mit herzförmigen Gesichtsdarstellungen, einen vergoldeten Bronzebeschlag aus Preßblech, an den vier Ecken mit Radwirbeln und im Zentrum mit einer Palmette verziert, und schließlich Teile eines Dreilagenkammes aus Hirschgeweih mit Eisennieten sowie einen Knochenpfriem.

Die Klappwaagen aus Bronze gehören zu den ältesten dieser Art, die im Ostseegebiet gefunden wurden.

Die Burg muß im 9. Jahrhundert angelegt worden sein, und ohne Zweifel spielte sie eine bedeutende Rolle für die Ranen und ihre Fernhandelsbeziehungen. Denn daß Arkona im 9. und 10. Jahrhundert bereits fest an den Ostseehandel angeschlossen war, bestätigten Grabungen im nahegelegenen Ralswiek, einem Ort, der im 8. Jahrhundert entstand. Zu den 15 bis 20 Gehöften, die auf erhöhtem Gelände zwischen Jasmunder Bodden und einem verlandeten See lagen, gehörten zur Seeseite hin Schiffsliegeplätze.

„Die Gehöfte", so Joachim Hermann, „bestanden aus einem Haupthaus und kleinen Gebäuden, sowie Werkplätzen für Horn- und Knochen-, Eisen-, Holz-, Bernstein- und vereinzelt Glas- und Silberverarbeitung. In den Schichten der Siedlung fand sich eine Vielzahl von Importfunden aus Skandinavien und den baltischen Gebieten. Neben Speckstein aus Norwegen, gotländischen Ringfibeln und Schalenfibeln aus Schweden wurde in einem Haus aus der Mitte des 9. Jahrhunderts in einem Korb aus Rutengeflecht auch ein Silberschatz mit 2270 arabischen Münzen beziehungsweise Münzbruchstücken und einem Armring... gefunden." Dieser Schatz mit arabischen Münzen aus der Zeit vor 850 muß einem Ralswieker Kaufmann gehört haben.

Die drei Schiffe von Ralswiek stammen aus dem 9. bis 10. Jahrhundert. Eines davon maß 14 Meter in der Länge, knapp dreieinhalb Meter in der Breite und vermochte neun Tonnen Fracht zu transportieren.

Die Insel Rügen muß nach allem seit dem 8. Jahrhundert weithin bekannt gewesen sein, und so liegt es nahe, daß relativ früh Missionare dorthin kamen. Einigen Quellen zufolge sollen bereits zur Zeit Ludwigs des Frommen Mönche des Klosters Corvey nach Rügen gezogen sein, andere Chronisten schreiben dieses Unternehmen der Initiative Karls des Großen zu.

Belegt ist, daß Ludwig Anno 826 den Mönch Ansgar aus Corvey nach Dänemark schickte. Es wäre durchaus möglich, daß es im Rahmen dieser Missionstätigkeit im Ostseegebiet auch zu Kontakten mit den Ranen kam. Mit dem Ziel, slawische Stämme im Küstengebiet zu bekehren, könnte Ansgar neben Knaben dänischer Herkunft auch slawische Knaben gekauft haben, um sie zu Priestern auszubilden.

Wie dem auch gewesen sei – allzu viel Erfolg war den frühen Missionaren auf Rügen nicht beschieden. Noch 200 Jahre später war die Macht des Gottes Swantewit ungebrochen. Und so war auch der Pfarrer Helmold von Bosau, der den Flottenüberfall der Rugianer auf Alt-Lübeck zu Beginn des 12. Jahrhunderts beschrieb, nicht gut auf sie zu sprechen. „Nun sind die Ranen... ein grausames Volk; sie wohnen inmitten des Meeres, sind unmäßig dem Aberglauben ergeben, nehmen unter allen Slawenvölkern den Vorrang in Anspruch, haben einen König und ein sehr berühmtes Heiligtum...“

Der Tempel des Swantewit

„Wegen des besonderen Dienstes an diesem Tempel behaupten sie nach dem Ansehen den ersten Rang, und während sie selbst vielen das Joch auflegen, dulden sie für sich keines, zumal sie bei der geschützten Lage ihrer Wohnsitze unangreifbar sind. Die Stämme, welche sie mit Waffengewalt unterworfen haben, machen sie ihrem Heiligtum zinsbar; der Oberpriester genießt bei ihnen größere Verehrung als der König. Wohin das Los weist, senden sie ihr Heer. Siegen sie, so bringen sie Gold und Silber in den Schatz ihres Gottes ein und teilen das übrige untereinander...“

Helmold berichtet weiter, daß die Slawen ihren Göttern Rinder und Schafe opferten – und Menschen. „Unter den vielgestaltigen Gottheiten der Slawen ragt hervor Swantewit, der Gott von Rügen; er soll die trefflichsten Orakel geben. Die anderen achten sie mit ihm verglichen nur wie Halbgötter. Darum pflegten sie ihm zur besonderen Ehre alljährlich einen Christen zu opfern, auf den das Los fiel.“

Die Ausgrabungen konnten nicht klären, ob der Tempel von Arkona bereits in den Anfängen kultischer Mittelpunkt war. Um 1100 jedoch gab es eine imposante Befestigungsanlage. Ein Wall, der die Burg begrenzt, kann, so Hermann, „kaum anders denn als Begrenzung für den Kult- oder Tempelplatz aufgefaßt werden, dessen Existenz sich aus der schriftlichen Überlieferung eindeutig ergibt, der jedoch durch Uferabsturz restlos verschwunden und daher der archäologischen Untersuchung nicht mehr zugänglich ist.“

Die Musterkollektion des unbekannten Kaufmanns läßt darauf schließen, daß schon sehr früh Händler die Burganlage aufsuchten. Im 11. und 12. Jahrhundert erschienen sie mit Sicherheit regelmäßig zu Märkten und Messen, das bezeugt auch Helmold, der berichtet, den Kaufleuten, die „an jenen Gestaden landen, steht Verkauf oder Kauf erst offen, wenn sie von ihren Waren dem Stammesgott jeweils die kostbarsten geopfert haben; dann endlich wird das Handelsgut für den Markt freigegeben.“ Eine Angabe, die die Ausgrabungen, wie wir noch sehen werden, bestätigten. Dasselbe galt für den Heringsmarkt, der alljährlich im November stattfand. Sobald dem Gott des Landes der ihm gebührende Zins abgeliefert worden war, stand dem Handel nichts mehr im Wege.

Ob die Burg von Kap Arkona allerdings das ganze Jahr über bewohnt war, ist fraglich. Ebenso wie in Haithabu ist der Ort Wind und Wetter preisgegeben. Zudem dürfte die Wasserversorgung auf dem Kliff stets problematisch gewesen sein. Die eigentliche Burgsiedlung lag wohl zwei Kilometer weiter südwestlich an einem kleinen Teich, am Westrand des heutigen Dorfes Putgarten. Auf einen Zusammenhang zwischen dem Ort und der Burg deutet auch der Name hin. Podgorno heißt „am Fuße der Burg gelegen“.

Das Heiligtum des Swantewit hat das Meer verschlungen. So bestand kaum Hoffnung, daß die Archäologen doch noch einige Fakten über das Kultzentrum der Rugianer in die Hand bekamen. Doch die Methoden der Altertumsforschung sind heute derart differenziert, daß selbst noch winzig kleine Pollenkörnchen wertvolle Hinweise auf die Pflanzen einer bestimmten Gegend und die Jahreszeit, in der ein Fund in die Erde kam, geben. Die Wissenschaftler, die auf Kap Arkona gruben, hatten mehr als nur ein paar Pollen gesammelt. Sie besaßen einen Zentner Knochen.

Ein Teil davon war in sehr schlechtem Zustand, doch blieben immerhin noch an die 4000 Einzelstücke, die die Zoologen einwandfrei zuordnen konnten. Die Mühe der Wissenschaftler lohnte sich. Das untersuchte Material stammt eindeutig aus zwei verschiedenen Zeitabschnitten. Ein Teil der Knochen gelangte im 9. bis 10. Jahrhundert in die Erde, der andere im 11. bis 12. Jahrhundert. Da es sich um einen Tempel handelt, dessen zugehörige Burg offenbar nicht ständig bewohnt war, müssen die Knochen von Opfertieren stammen.

Auch Saxo erwähnt ein Viehopfer, das der Weissagung des Oberpriesters vorausging.

„Der Gottheit wurde ein feierlicher Kult in folgender Weise dargebracht: Einmal im Jahr, nach der Ernte, beging die Menge der ganzen Insel vor dem Tempel des Götzenbildes nach einem Viehopfer ein festliches Mahl im Namen der Religion. Der Priester, der gegen die allgemeine Sitte durch seine Bart- und Haarlänge auffiel, pflegte am Tage vorher das Heiligtum, das allein er betreten durfte, mit einem Besen sorgfältig zu reinigen; er achtete darauf, nicht seinen Atem innerhalb des Tempels auszustoßen; sooft er ein- und auszuatmen genötigt war, lief er hinaus, damit die Gottheit nicht durch sterblichen Hauch befleckt würde. Am folgenden Tag, als das Volk draußen sich aufhielt, besah er sorgfältig den Becher, den er dem Götzenbild abgenommen hatte; war die Flüssigkeit vermindert, so sah er daraus einen Hinweis auf den Mangel des folgenden Jahres; wenn er das bemerkte, so ließ er die Früchte für die kommende Zeit aufbewahren. War nichts von der gewohnten Menge verschwunden, weissagte er, daß Zeiten der Fülle der Felder kommen würden. Entsprechend dieser Weissagung mahnte er, die Ernte des kommenden Jahres entweder sparsamer oder freigiebiger zu verwenden.

Nachdem er den alten Trank vor die Füße des Götzenbildes ausgegossen hatte, schenkte er den geleerten Becher neu ein. Indem er das Bild durch scheinbares Zutrinken geehrt hatte, erbat er mit feierlichen Worten sowohl für sich als auch für das Vaterland Güter und Sieg für die Einwohner. Nachdem er das beendet hatte, leerte er den Becher in großem Zug und gab ihn wieder in die Rechte des Götzenbildes zurück. Es wurde auch ein mit Honig zubereiteter Kuchen in runder Form, von einer Größe, daß sie fast Menschengröße gleichkam, als Opfer dargebracht. Diesen stellte der Priester in die Mitte zwischen sich und das Volk und fragte, ob die Rugianer ihn sähen. Als sie antworteten, daß sie ihn sähen, wünschte er, daß er in einem Jahr nicht mehr zu sehen wäre...

Es wurde dem Götterbild von jedem Mann und jeder Frau jährlich eine Münze als Abgabe für den Kult gezahlt. Ihm wurde auch von der Kriegsbeute ein dritter Teil zuerkannt, da sie ja durch seine Hilfe erlangt worden war. Dieser Gott hatte auch 300 ausgewählte Pferde und ebensoviel Reiter in seinen Diensten, deren gesamter Gewinn, durch Waffen oder Diebstahl erworben, unter Aufsicht des Priesters gestellt wurde, der aus dem Erlös dieser Dinge verschiedene Kultgegenstände und Tempelschmuck gießen ließ und sie in verschlossenen Räumen aufbewahrte, in denen außer viel Geld auch noch viele vom Alter beschädigte Purpurgewänder angehäuft waren...

Außerdem besaß sie (die Gottheit) ein Pferd von weißer Farbe; es galt als Frevel, aus Mähne oder Schweif Haare herauszureißen. Allein der Priester hatte das Recht, es zu pflegen und sich darauf zu setzen, damit das heilige Pferd nicht durch häufigen Gebrauch sein Ansehen verlieren sollte. Auf diesem Pferd führte nach Meinung der Rugianer Swantewit – das ist der Name des Götzen – Kriege gegen die Feinde seiner Heiligtümer. Dafür galt als besonderes Zeichen, daß es zur nächtlichen Zeit im Stalle stehend so sehr mit Schweiß und Lehm bedeckt war, als hätte es lange Wege hinter sich gebracht. Auch wurden durch dieses Pferd Weissagungen... vorgenommen."

Saxo berichtet also, daß dieses Fest zu Ehren des Swantewit nach der Ernte stattfand. Diese Angabe konnte durch die archäologischen Funde einwandfrei belegt werden. Die Analyse der Knochen von Kap Arkona ergab, daß man in der ersten Phase vorwiegend junge Tiere geschlachtet hat, und zwar zu einer ganz bestimmten Zeit. 74 Prozent der untersuchten Schaf- und Ziegenknochen stammen von Tieren, die nicht älter als vier Monate geworden sind. Geht man davon aus, daß Schafe und Ziegen im Frühjahr werfen, dann hat das Schlachtfest jeweils im Spätsommer oder im Frühherbst stattgefunden. "Wahrscheinlich", so Herrmann, "verlangte es der Ritus, junge Tiere zu opfern. Wie das Opfer vor sich ging, läßt sich an Hand des zoologischen Materials nicht ermitteln. Nach dem Ausgrabungsbefund kann jedoch gesagt werden, daß die geopferten Tiere nicht in Opfergruben bestattet, sondern – wahrscheinlich bei dem feierlichen Opfermahl von den Opfernden selbst – verzehrt wurden."

Zwar wurden in erster Linie Schafe und Ziegen geopfert und wohl auch zeremoniell verspeist, die Zoologen entdeckten jedoch, daß die Ranen dem Swantewit auch andere, und zwar ganz bestimmte Tiere darbrachten. Außer Haustieren wurden auch Wildtiere geopfert, die, so Hermann „in irgendeiner Weise hervorstechend waren." Hirsch, Hering und Kegelrobbe fielen durch ihre Größe auf. Kernbeißer und Tordalk durch ihr ungewöhnliches Aussehen. Wieder andere – zum Beispiel Maulwurf, Schlangenadler und Pollack – waren selten in dieser Gegend.

Doch der vierköpfige Swantewit oder Swentowit, der ursprünglich als Sonnen- und Feuergott dem „Schwarzen Gott" Tschernebog gegenübergestanden haben mag, ließ sich anscheinend nicht immer durch Tieropfer gnädig stimmen. Zunächst vereinzelt, dann immer häufiger verlangte er Menschen. Der archäologische Befund ist eindeutig: Die Knochen dieser Unglücklichen lagen zerstreut und zerschlagen zwischen denen der Tiere, gelegentlich sind noch Spuren von Beilhieben zu erkennen. Es sind ohne Zweifel Reste von geschlachteten und zerlegten Menschen.

Es läßt sich nicht mehr feststellen, ob das Klima ungünstiger und die Ernten immer häufiger schlecht ausfielen oder ob die Swantewit-Priester aus machtpolitischen Erwägungen den Kult blutrünstiger gestalteten. Jedenfalls fanden sich aus der ersten Phase *nur* 0,9 Prozent Menschenknochen. 96,7 Prozent entfielen auf Haustiere, der Rest auf wildlebende Arten. In der zweiten Phase stieg die Zahl der Menschenopfer auf 15,3 Prozent, bei 82,6 Prozent Haustieren und 2,1 Prozent wildlebenden Arten.

Dem Sonnen- und Feuergott heilig war der Hahn, daher stammt noch unser Ausdruck „roter Hahn“ für eine Feuersbrunst. In Böhmen wurde Swantewit später unter der Einwirkung des christlichen Glaubens zum Heiligen Vitus.

Ernteorakel und Göttertribut

Der Gott des Landes Rügen war zwar ein mächtiger, jedoch nicht der einzige Gott der Slawen. Sie verehrten eine ganze Schar von Göttern, die in heiligen Hainen wohnten, und eine Unzahl von Hausgöttern, über denen die Stammesgötter standen. So herrschte im Oldenburger Land der Gott Prove, die Polaben opferten der Gottheit Siwa, die Obotriten dem Radigast, um nur einige zu nennen. Das Heiligtum des Prove oder Prone hat der Pfarrer Helmold gesehen und eigenhändig mit zerstört, als er im Januar 1156 mit Bischof Gerold das alte Stargard-Oldenburg besuchte.

“Es traf sich aber, daß wir auf unserer Reise zu einem Walde kamen, dem einzigen in jenem Lande, denn dieses besteht ganz aus bebautem Feld. Da sahen wir unter sehr alten Bäumen heilige Eichen, welche dem Gotte jenes Landes mit Namen Prove geweiht waren. Diese Eichen umgab ein freier Hofraum und ein sehr sorgfältig aus Holz gebauter Zaun, in dem sich zwei Tore befanden. Denn außer den Hausgöttern... und Götterfiguren..., von denen es in den einzelnen Burgen wimmelt, war dieser Ort das Heiligtum des ganzen Landes und dafür ein besonderer Oberpriester sowie Feste und verschiedene Arten von Opfern bestimmt. Dort pflegte am zweiten Tag jeder Woche das Volk mit dem Priester und dem Fürsten... zur Rechtsprechung zusammenzukommen. Der Eintritt in den Hofraum war allen verwehrt, außer dem Priester und denen, die Opfer darbringen wollten oder die von Todesgefahr bedrängt wurden, denn diesen wurde ein Asyl an dieser Stelle nicht verweigert. Die Slawen haben nämlich solche Ehrfurcht vor ihrem Heiligtum, daß sie es nicht dulden, wenn ein solcher Bezirk mit Blut, sei es auch von den Feinden, befleckt würde...

Die Slawen haben vielerlei Götzendienst, denn sie stimmen nicht alle derselben Art von Aberglauben überein. Die einen stellen nämlich phantastische Götzenbilder in den Tempeln zur Schau, wie zum Beispiel das Götterbild in Plön, mit Namen Podaga, andere bewohnen Wälder und Haine wie der Gott Prove zu Oldenburg; von solchen gibt es keine Bilder..."

Joachim Herrmann, der die Ausgrabungen von Kap Arkona leitete, geht davon aus, daß sich baltoslawische Stämme schon „im Neolithikum als sprachliche und kulturelle Gruppierung aus der Gruppe indoeuropäischer Stämme" abgesondert haben. Die Germanen nannten die benachbarten Slawen „Wenden", der römische Geschichtsschreiber Tacitus bezeichnet sie als „Veneti".

Die Wenden siedelten bis in die Gegend von Braunschweig, und östlich der Elbe bewahrten sie bis in unsere Zeit hinein mancherlei *heidnische* Tradition. Nach der Überlieferung gab es bei den Wenden außerordentlich strenge Ehegesetze, und sie sollen auch die Witwenverbrennung praktiziert haben. Recht kurzen Prozeß machten sie mit den Alten. In einem zeitgenössischen Bericht heißt es: „Herr Lewin von Schulenburg, Ober-Amtshauptmann in der Altmark, ist ums Jahr 1580 einstmals unter die Wenden gereiset, da etliche einen alten Mann geführt, die er gefragt: ‚Wohin mit diesem Alten?' Darauf sie geantwortet: ‚Zu Gott'. Meineten, sie wollten denselben Gott aufopfern, weil er mit Arbeiten seine Nahrung nicht gewinnen könnte. Als der Hauptmann dieses verstanden, hat er den Alten mit Gewalt entledigt, ihn mit sich heimgenommen und zu einem Thorwächter gemacht, in welchem Dienste er noch 20 Jahre gelebt und zugebracht haben soll."

Slawen und Germanen

„Die Slawen also“, schrieb der Pfarrer Helmold von Bosau, „bestehen aus vielen Stämmen; sie wohnen am Ufer der Ostsee... Dieses Meer umwohnen viele Völker; und zwar haben die Dänen und Schweden, welche wir Nordmannen nennen, den nördlichen Strand und alle Inseln inne. Den südlichen dagegen bebauen die Völker der Slawen; das erste von Osten sind die Russen, es folgen die Polen, welche im Norden von den Preußen, im Süden von den Böhmen, den sogenannten Mährern oder Kärntnern, und den Sorben umgeben sind. Fügt man noch Ungarn dem Slawenlande zu, wie manche wollen, weil es weder nach Sitte noch Sprache abweicht, dann vergrößert sich die Ausbreitung der slawischen Sprache soweit, daß es fast unvorstellbar ist.“

Die Heimat der Slawen liegt nördlich der Karpaten, etwa zwischen dem Weichselbogen und dem mittleren Dnjepr. Von dort breiteten sie sich nach Osten und Südosten aus. Mehrere Jahrhunderte lang war Ostholstein der am weitesten nach Nordwesten vorgeschobene Bereich eines in sich geschlossenen slawischen Siedlungsgebietes.

Im 5. bis 6. Jahrhundert hatten die germanischen Stämme das Land verlassen, die Angeln und Sachsen waren nach England abgewandert. Bis auf eine unbedeutende Restbevölkerung lag das Land menschenleer. Dann rückten slawische Stämme aus dem Osten nach. Die Archäologen aus Schleswig und Lübeck konnten ihre Anwesenheit in Ostholstein für das frühe 8. Jahrhundert nachweisen, ältere Spuren wurden bisher nicht gefunden. Joachim Herrmann, ehemals Direktor am Zentralinstitut für Alte Geschichte und Archäologie der Akademie der Wissenschaften der DDR in Ostberlin, setzt die Ankunft der westslawischen Stämme unterschiedlicher Herkunft früher an.

„Die südlichen Küstengebiete der Ostsee wurden von slawischen Stämmen in unterschiedlichem Maße, zu verschiedenen Zeiten und unter verschiedenen Bedingungen erreicht. Eine geschlossene slawische Ansiedlung erfolgte seit dem 5. bis 6. Jahrhundert zwischen Weichselmündung und Kieler Bucht beziehungsweise unterer Elbe... Den westlichen Küstenabschnitt nahm der Stammesverband der Obodriten ein, dem die vier Stämme der Wagrier, Polaben, Warnower und Obodriten angehörten. Östlich der Obodriten bis zur Oder ließen sich die

Wilzen nieder. An der Odermündung fanden die Woliner ihre Wohnsitze und östlich davon bildete sich der Stamm der Pomoranen heraus, benannt nach ihren Wohnsitzen am Meer (po morzane – Meeresanwohner)."

Historisch bezeugt sind die Obotriten – auch Obodriten oder Abodriten genannt – auf holsteinischem Boden zum ersten Mal für das Jahr 798. Karl der Große hatte sie als Verbündete gegen die Sachsen benutzt und ihnen als Dank für ihre tatkräftige Hilfe im Jahre 804 offenbar ganz Holstein abgetreten.

Ein Grenzwall, von Burgen gesäumt

Gleichzeitig schuf er durch diesen Schachzug eine Pufferzone an der Nordostgrenze seines Reiches. Im Jahre 808 machten die Franken das Bündnis mit den Obotriten rückgängig, sie marschierten selbst in Nordalbingien ein. Wenig später ließ der Kaiser, dem die einstigen Verbündeten nicht mehr geheuer waren, jene Grenze ziehen, die Adam von Bremen im 11. Jahrhundert als Limes Saxoniae bezeichnete. Sein Verlauf, der sich nach natürlichen Gegebenheiten wie Geländeeinschnitten, Gewässern und Niederungen richtet, begrenzte das slawische Siedlungsgebiet auf den östlichen und südlichen Teil Holsteins. Nach Karl W. Struve verlief diese Grenze „als Ödlandzone von der heutigen Stadt Kiel nach Südosten über Bad Segeberg, führte die Trave entlang bis Oldesloe und dann über die Billequelle bis an die Elbe bei Lauenburg. Erhalten hat sich die alte Grenze bis heute in den Ortsnamen, die diesseits sächsischen, jenseits slawischen Ursprungs sind." Diesseits und jenseits des sächsischen Limes standen Burgen. Im Gegensatz zu den Sachsenburgen, die zentral geplant aneinandergereiht waren und strategisch wichtige Punkte beherrschten, gehörten die Slawenburgen zu einem ganz anderen Typus der Befestigungsanlage.

Sie verteilten sich, so führt Karl W. Struve aus, „stützpunktartig gleichmaschig über das ganze Landesinnere. Sie bevorzugen ehe eine verkehrsfeindliche Versteckaage auf schwer zugänglichen Moränenkuppen, häufiger jedoch in Niederungen und Sümpfen, auf Halbinseln und Inseln."

Eine solche Burg lag einst bei Teterow in Mecklenburg. Im morastigen Untergrund hatten sich die Hölzer gut erhalten, und die Archäologen Ewald Schuldt und Wilhelm Unverzagt vom Museum für Ur- und Frühgeschichte in Schwerin konnten speziell die 750 Meter lange Brückenanlage auf der Insel im Teterower See in allen Einzelheiten der Konstruktion untersuchen. „Die Erbauer schlugen zunächst zwei Pfähle im Abstand der beabsichtigten Brückenbreite senkrecht in den Grund. Neben diesen wurde schräg dazu je ein Pfahl so eingeschlagen, daß er in der gewünschten Höhe der Jochbalken an dem senkrechten Pfahl anlag. Beide Pfahlpaare wurden durch einen eichenen Träger, dessen Enden vierkantig gelocht waren, miteinander verbunden. Dies geschah in der Art, daß man die Vierkantösen des Trägers auf die Standpfähle setzte und den Träger dann so weit herunterdrückte, bis er an den schrägen Stützpfählen auflag." Diese Joche hatten in Ufernähe einen Abstand von einhalb, in der Mitte der Brücke von zwei bis zweieinhalb Metern. Sie waren untereinander durch Rund- und Kanthölzer verbunden, die man als Unterzüge für den Brückenbelag auf die Joche gelegt hatte. Dreimal insgesamt wurde die Brücke erneuert. Ihr Belag bestand aus astfreien Eichenbohlen, mit der Axt gleichmäßig zugehauen, und sie war drei Meter breit. Mit der fortschreitenden Verlandung des Teterower Sees schüttete man einen Erddamm von etwa sieben Meter Breite auf. Die Hölzer der Brücke bewahrten diesen Damm vorm Absacken ins Moor.

Genau diesen Typ der slawischen Burg hatte schon der arabische Kaufmann Ibrahim ibn Yaacub geschildert, der im Jahre 973 das Gebiet zwischen Elbe und Oder bereiste. „So bauen die Slawen die meisten ihrer Burgen: Sie gehen zu Wiesen, reich an Wasser und Gestrüpp, stecken dort einen runden oder viereckigen Platz ab nach Form und Umfang der Burg, wie sie sie beabsichtigen, graben ringsherum und schichten die ausgehobene Erde auf, wobei sie mit Planken und Pfählen nach Weise von Bastionen gefestigt wird, bis die Mauer die beabsichtigte Höhe erreicht. Auch wird für die Burg ein Tor abgemessen, an welche Seite man will, und man geht auf einer hölzernen Brücke aus und ein."

Die älteste Brückenanlage von Teterow entstand im 9. Jahrhundert, die zweite wird datiert durch eine Silbermünze aus Lund, die zwischen 1035 und 1042 geprägt wurde. Von der jüngsten Brücke existieren kaum Funde, und keiner reicht ins 12. Jahrhundert hinein.

Brücken wie diese waren damals wie heute komplizierte Bauvorhaben, und sie beweisen sowohl technisches Können ihrer Erbauer, als auch Organisationstalent. Die slawischen Burgen waren offenbar ständig bewohnt und bildeten den Mittelpunkt von Siedlungskammern. Doch es gab, so Struve, noch einen weiteren Unterschied: „Der gesamte Siedlungsraum der in Schleswig-Holstein ansässigen Slawen betrug etwa 3500 Quadratkilometer, davon war die größte Fläche Wald. Geht man von einer fiktiven Bevölkerungsdichte von vier Menschen pro Quadratkilometer aus, dann wären die 22 gleichzeitigen Burgen samt befestigten Vorburgen wohl in der Lage gewesen, annähernd die gesamte Bevölkerung bei Kriegsgefahr kurzfristig aufzunehmen. Entsprechende Berechnungen für den sächsischen Holstengau zeigen, daß die dort vorhandenen Burgen nicht einmal für die Unterbringung eines Viertels der Bevölkerung ausgereicht hätten. Die Slawenburgen erfüllten im 9. bis 10. Jahrhundert demnach noch eine ständige Schutzfunktion, während die Sachsenburgen primär Sperrburgen waren und offensichtlich nur im Bedarfsfalle von bestimmten Kampfmannschaften besetzt wurden."

400 Jahre lang gab es am Limes Saxoniae immer wieder Kämpfe zwischen slawischen und germanischen Stämmen, nicht selten mischten sich die benachbarten Dänen ein. Geschwächt durch innenpolitische Auseinandersetzungen verloren die ostholsteinischen Slawen im zweiten Drittel des 12. Jahrhunderts ihre Selbständigkeit, ihre Sprache geriet schon bald in Vergessenheit. 1138/39 eroberten die Deutschen das Gebiet und siedelten Kolonisten an. Nur die Gegend um Lütjenburg und Oldenburg blieb noch einige Jahrzehnte slawisches Restgebiet mit einem eigenen Fürsten.

„Noch gibt es zahlreiche Spuren jener alten Bevölkerung", berichtet Helmold von Bosau etwa dreißig Jahre nach der deutschen Landnahme, „besonders in dem Walde, der sich von der Burg Lütjenburg über weite Strecken bis nach Schleswig hinzieht. In seiner unermeßlichen und fast undurchdringlichen Einsamkeit finden sich zwischen riesigen Urwaldstämmen (noch) Gräben, von denen einst die Äcker aufgeteilt wurden. Auch die Gestalt der Burgen oder Städte gibt der Aufbau ihrer Wälle an."

Im ostslawischen Wendland dagegen, das seit dem frühen Mittelalter unter deutscher Herrschaft stand, starb die slawische Sprache erst im 18. Jahrhundert aus, und in der Lausitz erhielt sich der sorbische Dialekt bis auf den heutigen Tag.

Zählebig waren auch die alten Stammestraditionen. Noch 1874 heißt es im *Sagenschatz des Königreichs Sachsen*, daß die Wenden in der Niederlausitz einen geheimen König hätten, „... den sie gemeinschaftlich aus ihrer Mitte wählen, ihm Krone und Scepter zustellen und jährlich zu seinem Unterhalte eine Kopfsteuer entrichten. Sie erweisen ihm alle königlichen Ehren und gehorchen seinem Befehle in allen, das ganze Volk betreffenden allgemeinen Angelegenheiten. Jedoch halten sie die Sache so geheim, daß alle Bemühungen, den rechten Grund zu erfahren und den König selbst unter den Bauersleuten ausfindig zu machen, bisher ohne Erfolg gewesen sind. Soviel nur weiß man, daß die Königswürde in einer gewissen Familie erblich ist. Diese Familie soll jedoch vor wenigen Jahren mit dem letzten Sproß des wendischen Königsstammes, einer alten siebzigjährigen Frau, ausgestorben sein. Diese alte Frau hat es noch vor ihrem Tode sehr beklagt, daß sie Niemandem offenbaren könne, was sie von der Sache wisse. Auch mehrere Oberlausitzer Wendengeschlechter in der Gegend von Bautzen rühmen sich königlicher Abkunft, im Spreewald knüpft sich die Sage vom letzten wendischen Fürsten an den Burgberg im Dorfe Burg, wo er residirt haben soll und wo man allerdings unter anderen Alterthümern goldene Diademe gefunden hat."

Die Container-Särge von Starigrad

Der Sonderforschungsbereich 17, Skandinavien und Ostseeraumforschung an der Universität Kiel „ist ein regional bestimmter, langfristig angelegter Forschungsschwerpunkt; er will die historische, kulturgeschichtliche, wirtschaftliche und politische Entwicklung der skandinavischen Länder einschließlich Islands sowie aller Ostseeanlieger besonders in ihrer Begegnung vom frühen Mittelalter bis in die Gegenwart erforschen". So wurde dieses Projekt, das von der Deutschen Forschungsgemeinschaft finanziert wird, vorgestellt. In den Projektbereich A fallen die archäologischen Arbeiten in Haithabu, Schleswig, Oldenburg und Lübeck. Hier werden ländliche Siedlung, Burg und Stadt vom 9. bis 15. Jahrhundert in der Kontaktzone zwischen Skandinaviern, Slawen und Deutschen erforscht.

Es hätte wenig Sinn, diese alten Handelsorte einzeln zu untersuchen, dafür waren sie zu eng miteinander verbunden.

„Die Seehandelsplätze an der südwestlichen Ostseeküste", erklärt Günter P. Fehring vom Amt für Vor- und Frühgeschichte in Lübeck, „waren im Mittelalter Umschlagplätze des Fernhandels zwischen dem westlichen Europa einerseits und dem Ostseeraum andererseits. Zu unterscheiden sind offenbar zwei in ihrer Bedeutung stark wechselnde Gruppen: an der Ost-Westverbindung über die jütische Landenge Haithabu und in dessen Nachfolge Schleswig. In Konkurrenz zu dieser Ost-Westverbindung bestand aber offenbar gleichzeitig eine Nord-Südverbindung mit dem 808 zerstörten Rerik im Gebiet der slawischen Abotriten. Im Zuge dieser Nord-Südverbindungen dürfte ferner der slawische Fürstensitz Starigard-Oldenburg in Wagrien während des 10./11. Jahrhunderts Handelsfunktionen innegehabt haben. Er wurde offenbar gegen Ende des 11. Jahrhunderts durch die abotritische Königsresidenz Liubice, Alt-Lübeck, an der Trave abgelöst, deren Bedeutung dann 1143 die deutsche Neugründung Lübeck übernahm."

Die räumlichen Zusammenhänge zwischen Haithabu, Schleswig, Oldenburg, Alt-Lübeck und Lübeck konnten durch Grabungen der vergangenen Jahre erhellt werden. Welche Rolle Rerik – oder auch Reric – spielte, ist ungewiß, denn der Ort wurde bisher nicht entdeckt. Niemand weiß, ob Rerik vielleicht mit einem bereits bekannten Handelsplatz identisch ist, oder ob er noch irgendwo unter der Erde ruht. Einige Archäologen vertreten die Ansicht, Rerik und das alte Starigard-Oldenburg seien ein- und derselbe Handelsplatz gewesen.

Oldenburg liegt auf der Wagrischen Halbinsel, gerade dort, wo die *Vogelfluglinie* den sogenannten Oldenburger Graben überquert. Schon lange vor dieser modernen Verkehrslinie verlief eine wichtige Verbindung durch diesen Raum, denn mit dem heute verlandeten Sund verfügte Oldenburg einst über einen Zugang zur Ostsee.

Der slawische Burgwall Starigard, vier Hektar groß, liegt im Norden des heutigen Stadtkerns, etwa dreizehn Meter über der angrenzenden Niederung, auf einer Moränenkuppe. Die ursprünglich einteilige Kernburg mit einem Durchmesser von 100 Metern entwickelte sich nach und nach zu einer mehrteiligen großen Siedlungsanlage.

Auf der Oldenburg war wiederholt gegraben worden. 1973 nahmen die Archäologen die Arbeit im Burgwall wieder auf, um im Rahmen des Sonderforschungsprogramms einen ganzen Katalog von Fragen zu klären: Ging eine germanische Siedlung oder Burg voraus? Spiegelt sich in dem allmählichen Ausbau zur mehrteiligen Burg die wachsende Macht des Burgherrn wider? Welche Rolle spielte die Burg im Ostseehandel? Läßt sich die These verifizieren, Oldenburg sei mit dem für das 9. Jahrhundert bezeugten Handelsplatz Rerik identisch? Inwieweit hatte Oldenburg schon den Charakter einer frühstädtischen Siedlung, und welchen Rang nahm es neben anderen vergleichbaren Plätzen an der südlichen Ostseeküste sowie im skandinavischen Bereich ein? Gab es schon, ähnlich wie später für Alt-Lübeck bezeugt, ein Quartier für Kaufleute oder eine Handwerkersiedlung? Lassen sich christliche Sakralbauten aus ottonischer Zeit, aus dem 11. Jahrhundert oder aus der Zeit der Neugründung des Bistums um 1150 nachweisen? Fragen also, die so oder ähnlich auch für die anderen Städte gestellt wurden.

Bei den Grabungskampagnen in den siebziger Jahren konzentrierten sich die Archäologen in der Oldenburg auf ein Gräberfeld des 10. Jahrhunderts, das im nördlichen Teil des östlichen Befestigungsringes liegt. Die Toten dort waren teils in Kisten, teils in dünnwandigen Baumsärgen begraben, Bestattungsformen, die zu jener Zeit in dieser Gegend üblich waren.

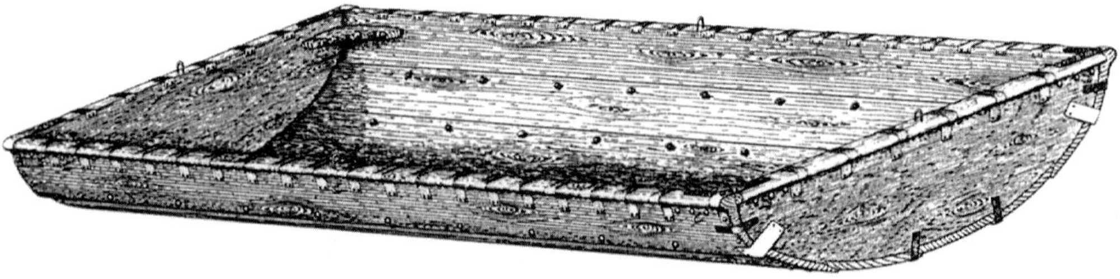

Genormte Behälter aus Holz dienten im Norden als Mehrzweck-Container. Sie paßten auf Wagengestelle und in Schiffe. Gelegentlich verwendete man sie auch als Särge.

Die große Überraschung kam mit dem Grab Nummer 34, kurz vor Abschluß der Kampagne. Sieben mal vier Fuß maß der Sarg, den es enthielt, das sind 1,96 mal 1,12 Meter. Gewebereste am Holz verrieten, daß ein Tuch über den Sarg gebreitet worden war, bevor man lose Bretter darüber legte. Auch das war an sich nichts Besonderes. Ganz ungewöhnlich aber waren eiserne Eckbeschläge, verzierte Randquerbleche und eine ganze Anzahl von Nieten, wie man sie beim Bootsbau verwendete. Das Holz war bis auf Reste im Boden vergangen, doch aus der Lage der Metallteile ließ sich rekonstruieren, wie der Behälter einst ausgesehen haben muß. Speziell die Art und Weise, wie die Ecken des Sarges verarbeitet waren, brachte die Wissenschaftler schließlich auf die Lösung des Rätsels. Dazu Ingo Gabriel, der die Arbeiten im slawischen Burgwall Starigard leitete:

„In Verbindung mit erhaltenen Holzfaserspuren läßt sich dazu die folgende Deutung geben: Die Befestigung der Ecken wurde nicht allein durch Eisenbeschläge und Nägel hergestellt, sondern insbesondere durch ein jeweils inwendig angenietetes Knieholz. Dieses Konstruktionsmerkmal ist uns von der frühgeschichtlichen Schiffsbautechnik her wohlbekannt. Das gilt auch für die Bootsnieten mit schräg zur Nagelachse angeschlagenen Nietplatten, wie sie auf jeder Langseite 14 bis 20 Zentimeter unterhalb des Randes und – etwas tiefer – in vier weiteren Reihen zum Vorschein kamen. Bei Berücksichtigung aller Einzelheiten wurde deutlich, daß hier ein trogartig gestalteter *Kasten* als Sarg benutzt worden ist, dessen sieben Längs- beziehungsweise Bodenplanken man nach Art einer Schiffslaibung in Klinkerbauweise miteinander vernietet hatte."

Der Tote lag – in einem Container. Das heißt, aller Wahrscheinlichkeit nach handelt es sich um eine Frau. Etwa zur selben Zeit, als Ingo Gabriel in Starigard Grab 34 öffnete, stießen seine Kollegen, die in Thumby-Bienebek gruben, auf ganz ähnliche Särge.

Das Gut Bienebek liegt 25 Kilometer nordöstlich von Schleswig, und der Friedhof gehörte offenbar zu einer ländlichen Siedlung, die den Fernhandelsort Haithabu mit Lebensmitteln versorgte. In Bienebek sprechen die Beigaben in all jenen Kammergräbern, die Särge in Form von Wagenkästen enthielten, für weibliche Bestattungen.

Mit kriminalistischem Spürsinn gingen die Wissenschaftler an die Rekonstruktion der Särge. „An allen diesen Teilen hafteten durch Rost konservierte Holzreste. Da man voraussetzen kann, daß ihre Faserrichtung der Längsrichtung eines Brettes entsprach, und da auch Hirnholz durch seine körnige Struktur stets deutlich zu erkennen war, mußte sich die Anordnung von Brettern und Beschlägen fast zwangsläufig ergeben. Mit Hilfe eines Übersichtsplanes, auf dem für jedes Grab die im Laufe der Ausgrabung nacheinander freigelegten Gegenstände in eine einzige Ebene projiziert worden waren, scheint eine Rekonstruktion der Särge möglich. Man hatte erstens die Abmessungen in der Fläche und konnte zweitens den Eisenteilen selbst detaillierte Informationen entnehmen. So ergab sich zum Beispiel die Stärke der Bodenbretter durch Halbierung des Abstandes zwischen Nietköpfen und Nietplatten – ein Maß, das sich auch an den Holzresten der dazugehörigen Nägel und Eisenwinkel überprüfen ließ. Sogar die Holzart war noch festzustellen: alle Stichproben ergaben Eiche."

Daß die Rekonstruktionen der Särge von Bienebek und Starigard stimmen, beweisen Funde aus Skandinavien. Das schönste und am besten erhaltene Beispiel für einen wannenförmigen Kasten in Schiffsbautechnik stammt aus Norwegen. Bei Oseberg am Oslo-Fjord hatte man im 9. Jahrhundert eine Wikingerfürstin mit wahrhaft königlichen Grabbeigaben bestattet. Neben allerlei Hausrat gab man ihr auch einen wundervoll geschnitzten vierrädrigen Wagen mit ins Grab. Der abnehmbare Kasten, der „Container", hat fast dieselben Abmessungen wie jener aus Grab 34 im slawischen Burgwall Starigard-Oldenburg.

Bereits 1966 beschrieb der norwegische Wikinger-Experte Bertil Almgren den Oseberg-Wagen folgendermaßen:

„Der Wagenkasten ist von einer eigentümlichen wannenförmigen Gestalt, und seine Wandungen sind mit einer fast übertriebenen Sorgfalt zusammengefügt. Beides erklärt sich aus der Tatsache, daß dieser Wagenteil in Wirklichkeit als wasserdichter Behälter gedacht und dazu bestimmt war, vom Rädergestell abgehoben und auf ein Boot gesetzt zu werden, in das er genau einpaßte... Das einzige Mittel, diesen Behälter auf den holperigen skandinavischen Straßen sicher mit dem Fahrgestell zu verbinden, waren Stricke, die man an den hakenartigen Bärten jener geschnitzten Männerköpfe befestigte, welche die Endungen der bogig aufschwingenden Lager des Wagenkastens schmücken."

Diese Kästen konnten also ohne Komplikationen für den Warenumschlag zwischen Land- und Wasserfahrzeugen eingesetzt werden. Voraussetzung für ein solches Container-System waren Wagen und Schiffe mit entsprechend genormten Maßen.

Diese Wagenkästen gab es auch als Staatskarossen mit einer Vorrichtung für die Befestigung eines Sessels. „In Oldenburg hat man an Stelle der Ringe einfache Krampen angebracht, geeignet, jeweils ein Tau von zwölf oder 16 Millimeter Stärke durchzubinden. Dafür ist ihre Anzahl größer, nämlich je eine Krampe zu beiden Seiten aller vier Ecken, je zwei auf der Randmitte jeder Längsseite und eine Krampe auf der Randmitte der Schmalseite." Ingo Gabriel machte bei der Vermessung der Särge noch eine weitere Beobachtung; man verwendete in Oldenburg ein ganz bestimmtes Maß: 28 Zentimeter, und das entspricht einem Fuß.

Alles in allem zeichnet sich das Oldenburger Gräberfeld durch den Aufwand aus, das gilt nicht nur für die Gräber selbst, sondern auch für die zum Teil kostbaren Beigaben. So fanden sich unter anderem Sporen, die sicherlich als Statussymbol der berittenen Aristokratie vorbehalten waren. In diesen Zusammenhang gehört ein Grab, das schon 1965 bei Bienebek gefunden wurde. Man hatte dem Toten, der zu Lebzeiten in hohem Ansehen gestanden haben muß, ein Pferd samt Zaumzeug, Reitkleidung, Waffen und Steigbügel mitgegeben.

Uns scheint es selbstverständlich, daß zur Reitausrüstung auch Steigbügel gehören. Als aber der Mann von Bienebek lebte, zur Wikingerzeit, waren sie in Europa noch gar nicht so lange bekannt, und sicherlich war er recht stolz auf sie. Nach den geometrischen Einlagen aus feinen Silber- und Kupferstreifen zu urteilen, stammen sie aus Süd- oder Mitteldeutschland.

Der Steigbügel oder die Geburt der Kavallerie

Wer die Steigbügel erfunden hat, ist unbekannt, vielleicht waren es die Chinesen. Vom Reich der Mitte jedenfalls breiteten sie sich seit dem 5. Jahrhundert über Zentralasien westwärts aus. In Europa wurden sie seit dem frühen 8. Jahrhundert benutzt, zur Zeit Karl Martells. Auf jeden Fall haben weder die alten Griechen und Römer noch die Völker des Nahen Ostens diese auf den ersten Blick unscheinbaren Dinge gekannt. Dennoch haben sie es in sich.

„Wenige Erfindungen", so schreibt der amerikanische Historiker Lynn White jr., „sind so einfach gewesen wie die Erfindung des Steigbügels, aber wenige nur haben einen so umwälzenden Einfluß auf die Geschichte ausgeübt." Der Sattel war im Westen schon länger bekannt. Im 1. Jahrhundert nach Christi Geburt tauchte er gleichzeitig mit einer neuen schwereren Pferderasse bei uns auf, die kräftig genug war, einen gepanzerten Krieger tragen zu können. Diese Rüstungen wogen im Mittelalter zwischen zehn und 30 Kilogramm. Der Sattel verhinderte, daß der Reiter rücklings vom Pferd stürzte. Jedoch erst die Steigbügel gaben ihm auch seitlichen Halt. Ein Krieger, der die Füße in die Steigbügel stemmt, sitzt fest im Sattel und vermag sicher die Waffe zu führen, ohne ins Wanken zu geraten. Und so kam es, daß die Erfindung dieses an sich nicht aufsehenerregenden Zubehörs die Entwicklung einer neuen schlagkräftigen Waffengattung einleitete: die Kavallerie war geboren.

Der Friedhof von Oldenburg, davon ist Projektleiter Struve aus Schloß Gottorf überzeugt, kann mit dem Geschlecht des Fürsten Selibur in Verbindung gebracht werden. Sein Name wird nur ein einziges Mal erwähnt, und zwar 967 durch

Widukind von Corvey. Selibur herrschte damals über die Wagrier, ein anderer Mann namens Mistav über die Obotriten. Beide Fürsten waren Vasallen des Sachsenherzogs Hermann Billung, lebten jedoch in ständiger Feindschaft miteinander. Sie baten Billung, ihren Streit beizulegen, und der verurteilte Selibur, 15 Pfund Silber zu zahlen. Das erboste diesen so sehr, daß er sich gegen Billung stellte, was ihn seinen Posten und seine Burg kostete.

Diese Tonfigur lag in der slawischen Siedlung Oldenburg/Holstein in der Nähe von vier Kindergräbern. Götterbid, Zauberpuppe oder Spielzeug?

In Oldenburg gab es jedoch nicht nur das genannte Gräberfeld, Gräber fanden sich auch im westlichen Befestigungsring. Dort lag ein Hausplatz, in dessen unmittelbarer Nähe die Skelette von vier Kleinkindern beigesetzt waren. Dicht dabei fand sich zwischen Scherben und Hausrat eine kleine Tonfigur. Sie ist grob zurechtgeknetet, an der Oberfläche sind noch deutlich Fingerabdrücke zu erkennen. Der rundliche Kopf sitzt auf einem walzenförmigen Körper, das Gesicht besteht aus zwei seitlichen Fingereindrücken als Augen und einer länglich herausgekniffenen Nase. Ich zitiere Ingo Gabriel: „Der rechte Arm ist aus dem vollen Material herausgekniffen, eng am Körper anliegend reicht er bogenförmig bis in die Brustgegend, wo ein stummelartiges Ende als Hand hervorsteht. Der linke Arm dürfte ebenso geformt gewesen sein, das Ende ist jedoch abgebrochen. Desgleichen fehlt das rechte Bein, das linke ist indessen als rundlicher, kurzer Zapfen herausgearbeitet. Die Schenkel sind bei gespreizter Haltung schräg nach vorn gerichtet. Die Figur steht also nicht, angelehnt oder befestigt kann sie aber sitzen. Der abgeplattete Rücken läßt daran denken, die Figur sei liegend konzipiert."

Ob diese Figur nun Götterbild, Zauberpuppe oder Spielzeug war, läßt sich nicht mehr sagen, doch sie könnte mit den Kindergräbern zu tun haben. Vier Kinder waren im Haus gestorben, vielleicht sogar fünf, falls ein früher entdecktes Grab in der Nähe dazugehört. „Mindestens viermal hat die Bewohnerin ihre Neugeborenen verloren, vielleicht sogar fünfmal... In einem Fall kann es sich um eine Zwillingsgeburt gehandelt haben, eine Angelegenheit, die als mysteriös empfunden worden sein dürfte. Man mag jedenfalls besondere Veranlassung gesehen haben, schadenstiftende Mächte zu besänftigen, heilbringende Gottheiten und Schutzgeister zu stärken und vielleicht auch auf dem Wege des Analogiezaubers gesunden Nachwuchs herbeizuwünschen. Zu letzterem benutzte man gerne Puppen in Gestalt von Wickelkindern. Ein derartiges Gebilde könnte das simple Oldenburger Tonfigürchen schließlich auch gewesen sein, vor allem wenn man sich noch die passende Textilumwicklung hinzudenkt."

Lübeck – das Tor zur Ostsee

Am Beginn der Geschichte Lübecks stehen zwei slawische Burgwälle. Der eine, Liubice, gab der Stadt den Namen. Der andere, Buku, stand auf ihrem späteren Grund und Boden. Beide stammen aus frühslawischer Zeit.

Helmold berichtet in seiner „Slawenchronik", daß zur Regierungszeit des Fürsten Cruto (1066-1093) an der ehemaligen Landbrücke zur Halbinsel zwischen Trave und Wakenitz, dort, wo später das Lübecker Burgkloster stand, ein slawischer Burgwall gelegen habe, der Buku hieß.

Sechs Kilometer traveabwärts aber existierte ein weiterer Burgwall, ein Seehandelsplatz mit Kaufmanns- und Handwerkerniederlassung: Alt-Lübeck, in der städtischen Geschichtsschreibung auch Lubeke, Oldenlubeke oder Vetua Lubeca genannt.

Daß die Herren der beiden Burgwälle einander nicht grün waren, darf nicht weiter verwundern. Hier im Lübecker Becken, östlich des Limes Saxoniae, grenzten die Gebiete der Wagrier, Polaben und Obotriten aneinander. In der Zeit unmittelbar vor der Gründung der „deutschen Stadt" Lübeck im Jahre 1143 waren die Stämme untereinander zerstritten. Die Haltung des Obotritenfürsten Gottschalk und seines Sohnes Heinrich, die zu ihren christlichen deutschen Nachbarn freundschaftliche Beziehungen unterhielten, war der Anlaß zu heftigen innenpolitischen Auseinandersetzungen, die schließlich zur Auflösung des Obotritenstaates führten.

Die Bedeutung der beiden Burgen erklärt sich nicht allein aus der geopolitischen Situation im Dreistammeseck, sondern vor allem durch ihre verkehrsgeographische Lage an der Kreuzung des Nordsüd-Fernhandelsweges von Lüneburg und Bardowick über den Lübecker Stadthügel, Alt-Lübeck und Pansdorf nach Oldenburg in Holstein mit dem Schiffahrtsweg der Trave. Darüber hinaus sind die beiden Zentren als Residenzen der beiden konkurrierenden politischen Kräfte des Obotritenstaates zu verstehen. Auf der einen Seite Gottschalk und sein Sohn Heinrich in Alt-Lübeck, auf der anderen Seite Cruto als Herrscher von Buku, ein erklärter Feind der Christen und der Deutschen.

Schauen wir uns zunächst einmal Alt-Lübeck an. Sowohl den schriftlichen Quellen, als auch den älteren Grabungsbefunden ist zu entnehmen, daß diese Burganlage um die Wende vom 10. zum 11. Jahrhundert entstand. Zum spätobotritischen Herrschaftszentrum wurde Liubice erst im 11./12. Jahrhundert. Die archäologischen Untersuchungen korrigierten dieses Bild: Längst bevor der Ort unter Gottschalk und Heinrich überregionale Bedeutung erlangte, existierte eine ansehnliche Burganlage. Die Entstehung des Burgwalles um 817 ist dendrochronologisch abgesichert. Ihr Bau mag mit einer politischen Kehrtwendung der Obotriten zusammenhängen. Um diese Zeit verbündeten sie sich mit ihren früheren Gegnern, den Dänen, gegen die einstigen Freunde, die Franken. In der mittelslawischen Epoche allerdings mußten die Archäologen für Alt-Lübeck ebenso wie für Buku einen Rückgang der Siedlungsintensität verzeichnen. Möglicherweise waren sie zeitweilig sogar unbewohnt.

Es hat also den Anschein, als hätten die Obotriten Alt-Lübeck auf der schmalen Landzunge an der Einmündung der Schwartau in die Trave errichtet, um den Franken deutlich zu zeigen, was sie von deren Vormachtstellung in Nordalbingien hielten.

Mit der Datierung des Burgwalles aber gewinnt eine Theorie wieder an Bedeutung, die als abgetan galt. Der dänische Archäologe Hellmuth Andersen geht in seinem Bericht über die Grabungen von 1977/78 zwar nicht näher darauf ein, stellt seinen Ausführungen jedoch ein Zitat des Historikers Walther Vogel aus dem Jahre 1933 voran. „Für wahrscheinlicher halte ich doch die Lokalisierung von Reric in Alt-Lübeck, dessen tiefere Schichten wohl noch nicht vollständig genug durchforscht sind."

Im 11./12. Jahrhundert, in spätslawischer Zeit, rückt das Dreistammeseck im Lübecker Becken wieder in den Mittelpunkt des Geschehens. Wagrier, Polaben und Obotriten schließen sich zu einem einheitlichen Staat zusammen. Unter dem Slawenfürsten Gottschalk aus dem Obotritengeschlecht der Nakoniden wird Alt-Lübeck ausgebaut. Die Außenseite des Walles erhält eine fünf Meter breite Holzkonstruktion, der Erdwall wird wesentlich mächtiger, ein Tor öffnet sich zur Trave hin. Die Bäume für diese Baumaßnahmen wurden 1058 gefällt. Gottschalk hält sich allerdings nicht ständig in der Burg auf. Er residiert noch im alten Stammeszentrum Mecklenburg. Auch hier suchen einige Wissenschaftler das alte Rerik. Zur Königsresidenz des westslawischen Obotritenstaates wird Liubice erst ab 1093, als Gottschalks Sohn heimkehrt.

Heinrich war am dänischen Königshof christlich erzogen worden. Fürst Cruto vom Burgwall Buku tat sein Möglichstes, um die Rückkehr Heinrichs zu verhindern. Erst nachdem

Heinrich – so berichtet Helmold von Bosau – mehrere Male „Oldenburg und den ganzen slawischen Küstenstreifen" überfiel und das Land plünderte, lenkte Cruto ein. Doch insgeheim trachtete er dem Nakoniden-Fürsten nach dem Leben. Crutos Frau Slavina warnte Heinrich, auf den sie ein Auge geworfen hatte, „da ihr der ziemlich alt gewordene Gemahl zuwider war." Nach einem Gelage wird Cruto von einem Dänen umgebracht, Slavina heiratet Heinrich, der ab 1093 Alt-Lübeck zu seiner Residenz ausbaut.

Sein Herrschaftsbereich erstreckte sich im Osten bis zur Peenemündung, im Süden bis an die Prignitz und im Westen bis an den Limes Saxoniae und umfaßte damit die Stammesgebiete der Wagrier (Ostholstein), der Polaben (Teile des heutigen Kreises Herzogtum Lauenburg) und der Obotriten (Mecklenburg).

Heinrich unterhielt ebenso wie sein Vater ausgesprochen freundschaftliche Beziehungen zu seinen deutschen Nachbarn und war sehr bemüht, Kaufleute nach Liubice zu holen. Sein Angebot lockte vermutlich vor allem sächsische Händler, die von Bardowick kamen. Ob sich deutsche Kaufleute allerdings in Alt-Lübeck niederließen, oder ob sie, wie seinerzeit in Haithabu, nur anreisten, um Geschäfte abzuschließen, muß noch geklärt werden.

Schriftlich bezeugt sind für die Regierungszeit Heinrichs die Burg mit dem Haus des Fürsten, einer Leibwache und einer steinernen Kirche, eine offene Siedlung im Vorgelände mit einem Hafen und eine Kaufmannskolonie am jenseitigen (rechten) Ufer der Trave, zu der eine zweite Kirche gehörte. Diese Angaben wurden durch die Bodenfunde bestätigt.

Erste Ausgrabungen im Burgwall Alt-Lübeck fanden um die Mitte des vorigen Jahrhunderts statt. Pastor M. J. K. Klug stieß damals auf das Feldsteinfundament einer Kirche und mindestens sieben Gräber, aus denen er goldene Beigaben barg. Das Haus des Fürsten muß westlich der Kirche gelegen haben, denn hier kamen Münzen, Glasringe, Gold- und Bronzeschmuck aus dem Boden, für damalige Zeiten kostbare Dinge.

Stallmist, Hufeisen, Sporen und Waffen im östlichen Teil des Walles verraten, daß hier einst die Ställe und vermutlich auch die Unterkünfte der Leibwache standen. Westlich der Kirche führte eine Abwasserleitung durch das Burgtor hinaus ins südliche Vorgelände am Traveufer. Hier stießen die Archäologen auf die Siedlung der Handwerker. Im feuchten Gelände hatten sich die Unterbauten der etwa 16 Quadratmeter großen Blockhäuser nebst einer Menge Hausrat vorzüglich erhalten. Drei dieser Hütten ließen sich auf Grund der Gegenstände, die in ihnen gefunden wurden, bestimmten Berufen zuordnen. In der einen wohnte ein Drechsler, die zweite war eine Art Bauhütte, die dritte gehörte zu einer Schiffswerft. Nach der Qualität der Haushaltsgeräte und Werkzeuge zu urteilen, müssen diese Handwerker im ersten Drittel des 12. Jahrhunderts verhältnismäßig wohlhabend gewesen sein.

Die Burg, in der sich auch eine Münzprägestätte fand, und die Handwerkersiedlung waren durch einen Graben von weiteren Siedlungen getrennt. Denn nicht nur die fürstliche Familie, ihre Bediensteten und die Handwerker wohnten am Traveufer. Ablagerungen von Fischresten, vor allem im westlichen Teil des Geländes, deuten darauf hin, daß hier Fischer ihre Boote festmachten und ihren Fang ausluden. Westlich, vor dem Graben, fanden sich Bronzereste und Gußklumpen sowie verschlackte Scherben von einem Gießereibetrieb.

An die Kaufmannssiedlung, die in alten Urkunden erwähnt wird, glaubte niemand so recht. Sie ist für eine slawische Burganlage äußerst ungewöhnlich. Und doch hat sie existiert. Der Landmesser F. J. Arndt fand sie 1882 durch Zufall beim Durchstich der Trave. Auf einer Länge von 200 Metern wurden Reste von Häusern, Kaianlagen und einer Uferbefestigung angeschnitten.

Es war Heinrich also tatsächlich gelungen, Kaufleute an die Trave zu holen. In verhältnismäßig kurzer Zeit muß Liubice/Alt-Lübeck recht bedeutend und weithin bekannt geworden sein. Die Kirche der Siedlung diente, so berichtet Helmold, ab 1128 als Stützpunkt für einen erneuten Missionsversuch im Obotritenland, nachdem vorhergehende Bemühungen, die Slawen zum Christentum zu bekehren, fehlgeschlagen waren.

Heinrich erging es wie seinem Vater Gottschalk. Auch ihm wurden die guten Beziehungen zu den christlichen Nachbarn zum Verhängnis. Im Spätsommer 1138 überfiel Fürst Race von Rügen, ein Verwandter des Cruto vom Burgwall Buku, Alt-Lübeck und machte es dem Erdboden gleich.

Zur gleichen Zeit brandschatzte Heinrichs Vetter Pribislaw die Burg Segeberg, wo Helmold seine Jugendjahre verbracht hatte. Daraufhin zogen die Holsten gegen Pribislaw ins Feld und besiegten ihn. Sein Land wurde aufgeteilt. Wagrien fiel an Adolf II., den Grafen von Schauenburg und Holstein, das Gebiet der Polaben erhielt Graf Heinrich von Badewide. Beide waren Lehnsleute des Herzogs Heinrich der Löwe.

Fünf Jahre später gründete der Schauenburger Graf im Zuge der deutschen Ostkolonisation sechs Kilometer traveaufwärts eine neue Stadt, und zwar dort, wo der Pfarrer Helmold von Bosau jenen anderen slawischen Burgwall bezeugt – Buko, den „Buchenhügel“ des Cruto.

Lübeck galt lange Zeit als Prototyp der abendländischen Stadt des 12. Jahrhunderts. Die Historiker gingen nahezu einhellig davon aus, daß hier Idealvorstellungen jener Zeit verwirklicht wurden, eine Art Brasilia zwischen Trave und Wakenitz.

Den Archäologen dagegen schien das Beweismaterial der Historiker etwas mager, denn nach ihren praktischen Erfahrungen war es mit Stadtgründungen auf bis dahin unerschlossenem Gelände nicht weit her. Noch jedesmal hatte sich herausgestellt, daß unter der vielzitierten „grünen Wiese“ ältere Siedlungen lagen, die der angeblichen Erstgründung vorausgingen. Warum sollte ausgerechnet Lübeck eine Ausnahme bilden, eine Stadt, die gleich zweimal *gegründet* wurde?

Fünf Jahre nach der Zerstörung Alt-Lübecks „kam Graf Adolf an einen Ort namens Bukow und fand dort den Wall einer verlassenen Burg, die Kruto, der Feind Gottes, erbaut hatte, und eine sehr große, von zwei Flüssen umrahmte (Halb-) Insel. An der einen Seite floß die Trave, an der anderen die Wakenitz vorbei, beide mit sumpfigem, unwegsamem Ufer. Dort aber, wo sie landfest ist, liegt ein ziemlich schmaler Hügel, der dem Burgwall vorgelagert ist. Da nun der umsichtige Mann sah, wie passend die Lage und wie trefflich der Hafen war, begann er dort eine Stadt zu bauen und nannte sie Lübeck, weil sie von dem alten Hafen und Hauptort, den einst Fürst Heinrich angelegt hatte, nicht weit entfernt.” Soweit Helmold im 57. Kapitel seiner Slawenchronik.

Dreimal gegründet hält besser

Wahrscheinlicher ist, daß die Kaufleute selbst den Ort für die neue Niederlassung wählten, denn hier gab es mehr Siedlungsfläche und besseren Schutz vor Überfällen. Daß die neue Siedlung den alten Namen Liubice-Lubeca erhielt, kann eigentlich nur daran liegen, daß der slawische Handelsplatz weithin bekannt war und in Kaufmannskreisen einen guten Ruf hatte.

Vier Jahre nach der sogenannten Erstgründung von 1143 überfielen die Obotriten Lübeck, doch der Ort erholte sich schnell.

Die Rechnung des Schauenburgers schien aufzugehen. Mit den steigenden Umsätzen der Kaufleute von Lübeck und dem Salzhandel der Saline in Oldesloe füllten sich seine Kassen. Herzog Heinrich der Löwe, der damit beschäftigt war, Ansprüche auf Sachsen und Bayern durchzusetzen, merkte erst spät, daß sein Lehnsmann dabei war, ihm das Wasser abzugraben. Durch den Aufstieg Lübecks verlor Bardowick, bis dahin des Löwen Grenzhandelsort in Norden, an Bedeutung, und

Die spätere Hansestadt Lübeck wurde dreimal gegründet, unter anderem von Heinrich dem Löwen. Er liegt mit seiner Frau Mathilde im Braunschweiger Dom begraben.

die Saline in Oldesloe machte der in Lüneburg empfindliche Konkurrenz.

Diese Salinen brachten zwar Geld ein, doch sie waren auch kostspielig im Unterhalt. Für die Salzgewinnung in unseren sonnenarmen Gegenden braucht man Feuer. Die eisernen Sudpfannen wurden immer größer, sie waren schließlich über 200 Quadratmeter groß. Das Feuer wurde mit Holz bestückt, denn obwohl bei Lüttich schon um 1200 Steinkohle abgebaut wurde, kann von einer regelrechten Montanindustrie erst ab dem 15. Jahrhundert die Rede sein. Der Raubbau fraß die umliegenden Wälder, die Lüneburger Heide entstand, und im Spätmittelalter mußte das Brennmaterial mühsam über die Elbe und eigene Floßkanäle aus Mecklenburg herbeigeschafft werden.

Der Löwe forderte eine Beteiligung an den Einnahmen des Grafen Schauenburg. Der Graf war nicht bereit, mit seinem Lehnsherr zu teilen, der Streit ging hin und her, bis der Löwe kurzerhand die Saline Oldesloe zuschütten ließ und obendrein der Stadt Lübeck das Marktrecht entzog. Eine höchst unangenehmen Maßnahme, die den Handel in der aufstrebenden Metropole zum Erliegen brachte.

Graf Schauenburg hatte sich anscheinend auf eine längere Auseinandersetzung mit Heinrich dem Löwen eingerichtet, denn er ließ in seiner Burg im Norden des Stadthügels einen gewaltigen Brunnen anlegen. Zehn Meter Durchmesser hatte die Baugrube, in die der im Grundriß quadratische Holzbohlen-Brunnen mit 1,45 Meter lichtem Innenmaß eingebracht wurde. Der Lübecker Archäologe Günter Fehring legte ihn frei. Bis zu 18 mal 39 Zentimeter stark waren die Eichenbohlen, im Abstand von einem Meter hatten die Zimmerleute Eckkonsolen angebracht, damit man hinuntersteigen konnte. Die Brunnensohle lag bei zehneinhalb Meter Tiefe, sie war mit Findlingssteinen gepflastert.

Schon beim Bau des Brunnens gerieten wohl die beiden hölzernen Schaufeln und ein Lot in den Schacht. Der Daubeneimer muß später hineingefallen sein, vielleicht war das Aufzugsseil gerissen, das Fehring ebenfalls fand. Vielleicht aber benutzte man den Brunnen nur kurze Zeit, und das Seil verrottete, die Zugvorrichtung verfiel. Denn zwischen Knochen und Scherben lagen auch die Handkurbel und eine Seitenwange der Aufzugswinde, darüber Bretter, die eventuell von einem Brunnenhäuschen stammen.

Die Brunnenkonstruktion blieb im nassen Untergrund auf sechseinhalb Meter Länge hervorragend erhalten und stellt, so Fehring, „ein Meisterwerk der Zimmermannskunst und eine Gipfelleistung des mittelalterlichen Holzbrunnenbaus dar". Die Eichen, aus denen die Handwerker des Grafen Schauenburg den Brunnen zimmerten, wurden im Winter 1155/56 geschlagen. Ein Jahr später brach in Lübeck ein Großfeuer aus, und Kaufleute baten den Braunschweiger Herzog, er möge ihnen Land für eine neue Siedlung zuweisen. Herzog Heinrich gründete daraufhin 1158/59 die „Löwenstadt". Sie lag südlich von Lübeck, vermutlich in der Nähe des heutigen Herrenburg.

Doch auch hier wurden die Kaufleute ihres Lebens nicht froh, denn die Wakenitz ist viel zu flach und zu schmal für den Handelsschiffverkehr. Graf Adolf von Schauenburg gab endlich klein bei, vermutlich auf Drängen der Kaufleute. Der Lübecker Stadthügel ging in den Besitz des Welfenherzogs über. 1159 wurde Lübeck ganz offiziell zum letzten Mal gegründet.

1160 wurde der Bistumssitz von Oldenburg in Holstein nach Lübeck verlegt, 1163 der erste Dom geweiht. Heinrich der Löwe war bei den Feierlichkeiten zugegen und verlieh bei dieser Gelegenheit den Bürgern der Stadt erste Rechte. 1181 belagerte Friedrich I., „Barbarossa", die Stadt seines Widersachers. Die Bürger kapitulieren, handelten beim Kaiser jedoch dieselben Vorrechte aus, die sie unter dem Braunschweiger genossen hatten. 1201 wurde zum erstenmal der Rat von Lübeck erwähnt, um 1206 hatten die Lübecker eine neue Hauptverkehrsstraße. Parallel zur Breiten Straße verlief nun die Königstraße.

Lübeck geriet unter dänische Herrschaft, die 1227 mit der Niederlage Waldemars II. gegen die norddeutschen Fürsten und Städte in der Schlacht bei Bornhöved zuende ging. Ein Jahr früher, 1226, hatte Lübeck das Privileg der Reichsfreiheit erhalten. Die Stadt war damit dem Kaiser untertan.

Lübeck ging schließlich, wenn auch nur als geographische Abgrenzung, in die Dichtung ein. „Von der Seine bis an die Meere habe ich die Lande kennengelernt, und von dem Po bis an die Trave kenne ich aller Menschen Lebensweise", schrieb Walther von der Vogelweide, der bedeutendste deutschsprachige Lyriker des Mittelalters. Ob er die Stadt tatsächlich auch besucht hat, ist indes nicht verbürgt.

Bis 1975 gab es, abgesehen von Helmolds Bericht, nur einen einzigen greifbaren Hinweis darauf, daß vor den Deutschen schon Slawen auf der Halbinsel gewohnt hatten – eine Keramikscherbe, weiter nichts. Dann jedoch häuften sich die Funde. Heute besteht kein Zweifel mehr, daß sich die Slawen schon sehr früh auf der Halbinsel zwischen Trave und Wakenitz niederließen. „Die intensive slawische Vorbesiedlung des

Lübecker Stadthügels und der unerwartet späte Siedlungsbeginn im Marktviertel haben die überlieferten Vorstellungen von einem statischen Gründungsakt des deutschen Lübeck als dem ‚Prototyp der modernen abendländischen Stadt des 12. Jahrhunderts' stark in Frage gestellt", resümiert Fehring den Stand der Dinge. „Es muß damit gerechnet werden, daß die deutschen sogenannten Gründer vielleicht nicht unbedeutende slawische Wurzeln zu einer Fernhandelssiedlung ausbauten und schließlich zu einer Stadt im Rechtssinne weiter entwickelten. Vermöge einer solchen, zunächst offenbar nur zögernden Entwicklung, scheint sich Lübeck erst im frühen 13. Jahrhundert stärker zu seiner überragenden Bedeutung für den Ostseeraum und ganz Nordeuropa entfaltet zu haben. Das lassen die archäologisch-baugeschichtlichen Ergebnisse zur topographischen Entwicklung, zum Hausbau und zu den Handwerks- und Handelsgütern in Ansätzen deutlich erkennen. Am Ende dieser Entwicklung stellt sich Lübeck im Vergleich zu Schleswig und anderen skandinavischen Städten in den geschilderten Bezügen als eine Stadt neuen Typs dar, die für den Ostseeraum unwidersprochen als normbildend gilt."

Eine slawische Anlage ist ohne Zweifel der Burgwall Buku, der „Buchenhügel". Er lag im Norden des Stadthügels, an jener Stelle, wo sich die Wakenitz der Trave soweit nähert, daß nur ein schmaler Durchlaß bleibt, der sich bei Bedarf ohne weiteres absperren läßt. Hier verlief eine alte Fernhandelsstraße aus sächsischem Gebiet, über die neben anderen Gütern Salz aus Lüneburg über Bardowick, Mölln und Ratzeburg nach Alt-Lübeck und Oldenburg transportiert wurde.

Als Graf Adolf von Schauenburg nach Lübeck kam, war der Burgwall des Cruto schon verfallen. Der Graf errichtete darüber seine landesherrliche Burg, aus Holz und Erde, denn bis zur Mitte des 12. Jahrhunderts waren Steinbauten nördlich der Elbe und auch anderswo eine Seltenheit. Selbst der erste Lübecker Dom von 1160 war eine Holzkonstruktion.

Die Burg wurde 1227 aufgegeben und vom Burgkloster der Dominikaner überbaut. Günter Fehring grub im Inneren des Gebäudes und schnitt das alte Buku an. Insgesamt 5373 Keramikscherben barg er, die meisten stammen aus der frühslawischen Periode, aus dem 8. und dem frühen 9. Jahrhundert. Diese intensive frühe Besiedelung war eine große Überraschung. Aus der Zeit Crutos dagegen, den Helmold ja als mächtigen Widersacher der Herrscher von Alt-Lübeck schildert, kamen nur spärliche Reste zutage.

Südlich vor dem Burgwall lag ebenfalls im 8. Jahrhundert eine slawische Siedlung. Mittelslawische Funde des späten

9. und des 10. Jahrhunderts häufen sich auf dem Scheitel des Stadthügels nach Süden hin, auf dem Domhügel sind Siedlungsspuren nachgewiesen. Spätslawische Funde des 11. bis 12. Jahrhunderts finden sich auf dem Hügelsporn nach Westen zur Trave hin.

Die Funde verdichten sich also auf der Längsachse, die über den Hügel führt, und am Burgwall im Norden. Das aber bedeutet, daß wenigstens das Straßenrückgrat des deutschen Stadtplanes auf slawische Wegeführungen zurückgeht.

Wahrscheinlicher ist, daß eine oder mehrere slawische Siedlungen zu einem deutschen Fernhandelsplatz umfunktioniert und ausgebaut, und schließlich zur „Stadt neuen Typs" wurden. Der Lübecker Stadthügel war nämlich bereits vor der Erstgründung von 1143 eine „durchstrukturierte slawische Kulturlandschaft mit Wegenetz, mutmaßlichen Ackerfluren, mehreren Siedlungen – eine wohl als Hafensiedlung – sowie der strategisch günstig gelegenen Befestigung".

Was aus den Slawen wurde, die bei der Burg, auf dem Domhügel und am alten Hafen lebten, bevor die Deutschen kamen, berichtet Helmold nicht weiter. Straßennamen verraten jedoch, daß sie in Lübeck blieben. Sie lebten in eigenen Stadtvierteln, den „Kiezen".

Die Archäologen Wolfgang Erdmann und Manfred Gläser sind den alten Ortsbezeichnungen nachgegangen. Sie fanden heraus, daß sich Lübecker Straßennamen, wie Große und Kleine Kiesau auf eine solche Kiezsiedlung beziehen könnten. „Dafür sprechen die Randlage der Straßen und der sumpfige, daher keineswegs bevorzugte Baugrund. Der Name der benachbarten ‚Fischgrube' deutet für die Große Kiesau eine Fischersiedlung an. In der Nachbarschaft der Kleinen Kiesau weist der Straßenname ‚Marlesgrube' einen slawischen Bezug auf. Hinzu kommt, daß noch im 14. Jahrhundert ein bestimmter Abschnitt des ‚Kolks', ebenfalls in unmittelbarer Nähe der Kleinen Kiesau, als das ‚Dorf des Bolkon' bezeichnet wurde – zweifellos ein Hinweis auf eine slawische Persönlichkeit."

Weitere Hinweise fanden die beiden Wissenschaftler in Listen aus den Jahren 1259 und 1317 bis 1356, in denen neu zugezogene Lübecker und ihre Bürgen aufgeführt sind. Demnach müssen verhältnismäßig viele Slawen in Lübeck gewohnt haben. Einigen von ihnen gelang der Aufstieg in die *bessere Gesellschaft.* Unter den Lübecker Ratsherren des 12. und 13. Jahrhunderts lassen sich immerhin acht slawische Namen nachweisen. Andere waren Priester, Domherren, auch slawische Kaufleute und Handwerker sind belegt. Die Mehrzahl der Slawen hatte jedoch keinen leichten Stand. Überraschend hoch ist ihr Anteil an weniger angesehen Berufen wie Bader, Fischer, Gärtner, Söldner, Wächter. Ein auffällig hoher Anteil slawischer Namen findet sich bei Personen, die wegen Diebstahl, Raub, Mord oder unerlaubter Makelei verurteilt wurden. Im 14. Jahrhundert verschlechterte sich ihre Lage noch weiter, denn nun mußte man in vielen deutschen Städten den Nachweis erbringen, daß man deutsche Vorfahren hatte. Wer dazu nicht imstande war, dem wurde die Aufenthaltserlaubnis verweigert. Es gab aber damals wie auch später durchaus Lücken in der Verordnung. Die Zünfte zum Beispiel nahmen im Spätmittelalter keine Slawen mehr auf – es sei denn, sie waren vermögend.

Genaugenommen war der Lübecker Markt ein Marktviertel. An der Nordweststrecke des heutigen Marktplatzes, unter dem neuen Postgebäude, stand das erste Rathaus. Zwischen 1230 und 1240 entstand an der Breiten Straße neben der Marienkirche ein Gewandhaus mit Tuchhalle für die Gewandschneider. Im Obergeschoß des östlichen Bautraktes tagte der Rat. Die Verkaufsbuden der Fleischhauer und Bäcker mußten im Zuge der Baumaßnahmen an die Nordostecke des Platzes verlegt werden. Die Fleischhauer boten ihre Ware fortan auf dem Schrangen feil. An die hundert Buden standen dort, in vier Reihen gruppiert. Jeder Stand hatte eine Länge von etwa drei Metern und war gut einen Meter breit. Der Platz wurde durch einen Graben entwässert, in dem die Archäologen dicke Knochenschichten fanden. Als um 1260 St. Marien um- und ausgebaut wurde, schüttete man den ausgehobenen Sand auf den Fleischmarkt, um den Untergrund zu festigen.

Nach Osten hin schloß die Fronerei den Fleischmarkt auf dem Schrangen ab. In diesem städtischen Gebäude amtierte der Frone, der Gerichtsbote, Büttel und Scharfrichter in einer Person war. In der Fronerei befand sich daher auch das Gefängnis, später die „wahrheitsfindende Folter“, samt den „Strafwerkzeugen“. Berühmtester Gefangener der Lübecker Fronerei war um die Mitte des 14. Jahrhunderts der Schelm und Volksnarr Till Eulenspiegel.

Koggen und Kontore

Der Fernhandels- und Umschlagsmarkt muß im Hafengebiet gelegen haben. Aufgrund der ungünstigen Beschaffenheit weiter Uferbereiche kommt für den Hafen und für die Kaufmannssiedlung von 1143 eigentlich nur eine einzige Stelle in Frage – die zur Trave hin gelegene Westseite des Stadthügels. Zwischen der Mengstraße und der Holstenstraße schiebt sich ein Hügelsporn zum heutigen Holstenhafen vor. Er bildete damals den einzigen festen Uferbereich, an dem ein Hafen angelegt werden konnte.

Nördlich und südlich an diesen Hügelsporn grenzte morastiges Gelände, das kaum zum Wohnen einlud und erst später aufgeschüttet wurde, eine Maßnahme, die die Archäologen durch Grabungen in der Großen Petersgrube sehr genau rekonstruieren können.

Die Große Petersgrube führt von der Trave nach St. Petri hinauf. Sie wird gekreuzt von der Kleinen Kiesau und dem Kolk, wo ehemals Slawen gelebt haben. Der Petrihügel, der obere Teil der Großen Petersgrube, Kolk und Kleine Kiesau waren schon um 1170 bebaut. Nach Westen hin fiel das Gelände noch steil zur sumpfigen Traveniederung ab.

Anfang des 13. Jahrhunderts, die Trave stand damals kaum niedriger als heute, erschloß die Stadt dieses Gebiet als Bauland. Abfall, in unregelmäßigen Abständen mit Holzlastenwerk befestigt, diente als Unterlage für die Aufschüttungen. Das älteste Bauholz wurde um 1209 geschlagen, die Arbeiten können also frühestens in diesem Jahr begonnen haben. Das Material für die Aufschüttung war gratis: Die Lübecker luden einfach ihren Unrat an der Baustelle ab.

Diese Müllkippe ist für Archäologen eine wahre Fundgrube: Tierknochen, Leder- und Stoffreste, Scherben, Laub, Mist, Holzspäne, Nägel, Holzgefäße, Metallschlacken und Gußkuchen, Holzkohle, Ziegel, Taureste, Faßdauben, Holzgeräte, Halb- und Fertigfabrikate aus Knochen, Hüttenlehm, bearbeiteter und unbearbeiteter Bernstein, gestanzte Kupferbleche, Krampen, Nieten, knöcherne Würfel, Nadeln, Spielsteine, ein geschnitzter Holzgriff, ein Adler aus Zinn, der um 1200 gegossen worden sein mag.

Als das Gelände hinreichend aufgeschüttet war, wurden die Grundstücke abgesteckt und zum Teil überbaut. Unglücklicherweise hatten die Baumeister nicht bedacht, daß der morastige Untergrund der Belastung durch Gebäude nicht gewachsen war. Die Häuser sackten ab, Um- und Neubauten wurden notwendig. In einigen Fällen wurden durch das Absinken der Häuser und durch die Aufschüttungen der Straße in der Großen Petersgrube aus Erdgeschossen Kellerräume.

Das Lübecker Straßensystem und seine Fluchten veränderten sich seit dem 13. Jahrhundert insgesamt nur unbedeutend. Selbst die Ausmaße der langen Grundstücke, die in der Breite meist nur 25 Fuß maßen, lassen sich bis in diese Zeit zurückverfolgen. Es gibt jedoch Ausnahmen: In der Hundestraße zum Beispiel verschoben sich die Grundstücksgrenzen teilweise erheblich, als man gegen Ende des 13. Jahrhunderts die Holzbauten durch steinerne Häuser ersetzte. Nachdem wiederholt ganze Stadtviertel in Flammen aufgegangen waren, verordnete der Rat nach dem letzten großen Stadtbrand von 1276, daß die Außenwände der Häuser aus Stein gemauert sein müßten. Diesen Erlaß, der ja in ihrem eigenen Interesse lag, scheinen die Lübecker Bürger relativ schnell befolgt zu haben. Offenbar kam es damals auch, wie vielleicht nach jedem Stadtbrand, zu einer Neueinteilung der Grundstücke, bei der die Längsbegrenzungen verändert wurden. Ähnliche Befunde liegen zum Beispiel auch aus Schleswig vor.

Daß man in Schleswig andere Häuser baute als in Haithabu, hatte die Archäologen zwar im ersten Augenblick überrascht. Genau genommen war dieser Unterschied im Hausbau aber so erstaunlich nicht. Denn Schleswig war ja, anders als die Handelsniederlassung am Haddebyer Noor, schon eine richtige frühmittelalterliche Stadt mit einer ansehnlichen Einwohnerzahl. Die Archäologen waren also darauf gefaßt, auch in Lübeck Pfostenbauten vorzufinden. Stattdessen stießen sie bei Untersuchungen im Bereich des Heiligen-Geist-Hospitals auf Reste eines Fachwerkbaus aus dem Jahre 1236.

Dieser Befund, so Fehring, „stellt nicht nur für Lübeck das älteste erfaßte und erste hölzerne Bürgerhaus dar, sondern möglicherweise das älteste Stadthaus dieser hier sicher belegten Konstruktionsweise in ganz Nordwesteuropa."

Etwa 55 Jahre jünger ist ein Fachwerkhaus in der Walter-Kolb-Straße in Frankfurt. Dieser Nordgiebelbau, mit einem Firstständer, der, aus einem einzigen Baumstamm gehauen, vom Boden bis zum Giebel reicht, hat 700 Jahre überdauert. Die massiven achtkantigen Eichenständer lagern nicht auf Schwellbalken, sondern auf schweren Fundamentsteinen. Die Wände bestehen aus Weidenrutengeflecht und waren einst mit einer Lehm-Stroh-Häckselmischung verstrichen. Die dendrochronologische Untersuchung ergab, daß die Bäume im Jahre 1291 gefällt wurden. Daß das Holz schon bald darauf zum Hausbau verwendet wurden, beweisen ganz spezielle Trockenlinien an deren Verzapfungen. Damit kann Frankfurt sich rühmen, mit dem Junghenshof in Sachsenhausen das älteste noch stehende Fachwerkhaus der Bundesrepublik zu besitzen, dicht gefolgt von Trier (1296), Gelnhausen und Marburg (1320 bis 1330).

Außer den Holzständerbauten war bei Bürgern und Adeligen im niederdeutschen und skandinavischen Raum seit dem 12. Jahrhundert eine Art Turmhaus aus massivem Backstein sehr beliebt, das sogenannte Steinwerk. Diese freistehenden Bauten lagen, wie in Lübeck, meist im rückwärtigen Grundstücksteil. Zur Straße hin standen Fachwerkhäuser.

Die *Steinwerke* mit einer Grundfläche von 20 Quadratmetern hatten im allgemeinen zwei Geschosse, obenauf saß ein steiles Satteldach. Gelegentlich war das Erdgeschoß eingetieft. Dort lagerten die Besitzer Gegenstände von Wert. Ein schweres Portal gewährte Eingang ins Erdgeschoß, das durch Lichtschlitze notdürftig erhellt wurde. Auf diese Weise versuchten sich die Wohlhabenden vor Einbruch zu sichern. Die eigentliche Wohnung, ein einziger Raum, lag im ersten Stock.

Um das Jahr 1300 lebten 14 Millionen Menschen in Deutschland – sechs Millionen mehr als 100 Jahre früher. Damit war die Bevölkerungsdichte auf 28 Personen pro Quadratkilometer angestiegen. Ein Vergleich dazu: 1979 kamen in der Bundesrepublik Deutschland 247 Personen auf einen Quadratkilometer.

Lübeck gehörte ebenso wie Köln, das um 1300 fast 40 000 Einwohner zählte, Metz, Straßburg, Nürnberg, Augsburg, Wien, Prag, Magdeburg und Danzig zu den größten Städten des Reiches. Das heißt, jede dieser Städte hatte mehr als 20 000 Einwohner. Es gab 16 weitere Städte mit jeweils über 10 000 Einwohnern, an die 200 Städte lagen etwas darunter, waren also nach heutigen Begriffen Kleinstädte. Die restlichen der insgesamt 4000 deutschen Städte, in denen 20 Prozent aller Menschen lebten, beherbergten zwischen 1000 und 2000 Bewohner in ihren Mauern. Die Mehrzahl der Bevölkerung, 80 Prozent, lebte auf dem Lande in schätzungsweise 170 000 Siedlungen.

Lübeck entwickelte sich anfangs langsam, aber stetig. Dann wuchs der Einfluß der Kaufleute immer schneller, bis die Stadt im Handel tonangebend war. 1241 schloß Lübeck mit Hamburg ein Bündnis zur Sicherung der Handelswege. Rund 50 Jahre später wandten sich die norddeutschen Städte in allen Fragen, die die gemeinsame Handelsniederlassung in Nowgorod betrafen, an den Lübecker Senat als oberste Rechtsinstanz. Um diese Zeit wurde die Schatztruhe des Deutschen Hofes in Nowgorod nicht mehr in Visby auf Gotland aufbewahrt, sie befand sich in Lübeck.

In der zweiten Hälfte des 13. Jahrhunderts begleiteten die Kaufleute ihre Waren nicht mehr selbst. Sie leiteten die geschäftlichen Unternehmungen aus ihren Kontoren. Teilhaber in anderen Städten und angehende Kaufleute, die ihre Lehrzeit absolvierten, kümmerten sich vor Ort um die Abwicklung der Geschäfte und um den Transport der Güter.

Daß auch in der guten alten Zeit nicht jeder Kaufmann ein ehrbarer war, zeigt ein Brief, den der Rat von Eisenach um 1300 an den Rat von Lübeck schickte. „In Antwort auf Eure Briefe, die Ihr gütigerweise an uns gerichtet habt, möchten wir Euch durch gegenwärtiges Schreiben unterrichten, daß wir Euer Ansuchen wegen Maßnahmen gegen Betrügereien im Hopfenhandel sehr gerne befolgen wollen und befriedigend zur Ausführung bringen werden. Dagegen erbitten wir freundlich und ehrerbietig von Euch, daß Ihr zusammen mit den Landesherren und mit den Euch benachbarten Städten anordnet, daß auch in die Mitte der Fässer Heringe von der gleichen Qualität wie oben und unten gelegt werden: von mehreren Seiten wird nämlich Klage erhoben, von den Unserigen wie auch von Fremden, daß die Heringe, die von Euch ausgeführt werden, oben und unten in den Fässern gut und frisch und in der Mitte wertlos und faul sind. Wir bitten Euch, künftig einer solchen Fälschung vorzubeugen und wir werden für Euch immer alles tun, was in Eurem Interesse steht, damit Ihr unsere Bürger, die zu Euch kommen, in der gleichen Weise fördert."

Daß die Lübecker Kaufleute damals schon wohlhabend waren, verraten nicht nur Urkunden, sondern auch die Ausgrabungen. In der Hansestadt lassen sich zum Teil die Namen der Hauseigentümer, in einigen Fällen sogar ihre Berufe, bis ins 13. Jahrhundert zurückverfolgen. Mit Hilfe der alten Grundbücher können die Wissenschaftler hin und wieder die Besitzer bestimmter Gegenstände identifizieren. Da ist zum Beispiel ein kostbares syrisches Glas, von dem nur noch ganz wenige Exemplare existieren. Es wurde um 1275 in einer Werkstatt in Aleppo angefertigt und gelangte in den Besitz der Kaufmanns- und Ratsfamilie von Pleskow, die es dann um die Mitte des 14. Jahrhunderts auf den Müll warf oder sonstwie verlor. Jedenfalls holten die Archäologen das teure Stück aus entsprechenden Schichten im Pleskowschen Grundstück. Vielleicht kam das Glas einem bezechten Gast abhanden, als der lübische Ratsherr Jakob Pleskow seine Reise nach Brügge feierte. Der erste allgemeine Hansetag von 1356 nämlich schickte ihn mit einer Gesandtschaft dorthin, die Angelegenheiten des Städtebundes in Flandern zu regeln, um die es durch den Hundertjährigen Krieg und das lasche Verhalten des Grafen von Flandern nicht zum besten stand.

1358 taucht zum erstenmal die Bezeichnung „Städte von der deutschen Hanse" auf. Die Hansestädte bestimmten schon

Ausgrabung des römischen Gräberfeldes Praunheim im Winter 1901/1902. Im Hintergrund das Niddatal und Frankfurt am Main. Zeitgenössisches Ölgemälde von F. Gumsheimer im Römisch-Germanischen Zentralmuseum Mainz.

bald den Handel auf dem Rhein und auf der Ostsee. In Lübeck, Köln, Hamburg, Bremen und anderswo galten die Kaufleute bald mehr als Herzöge und Grafen. Sie verkauften praktisch alles, bis hin zum Hanse-Fisch, gesalzen mit Hanse-Salz und auf Hanse-Schiffen verschifft, hinuntergespült mit Hanse-Bier. Daß sich die Fernhandelskaufleute zu Reisegemeinschaften und zu Gilden zusammenschlossen, wissen wir bereits aus Haithabu. Die Ursprünge der Zweckgemeinschaften klingen noch im Namen des Städtebundes nach. Hansa oder Hanse ist laut Lexikon ein altes deutsches Wort, „welches ursprünglich Schar, dann eine Vereinigung mehrerer Personen zu einem gemeinschaftlichen Zweck, eine Gesellschaft, Gilde bezeichnet, wie Hans das Mitglied eines solchen Vereins."

Eine der bekanntesten Kaufmannsgesellschaften jener Zeit war der Artushof zu Danzig, dessen Statuten aus der Zeit um 1390 überliefert sind. Hier eine Kostprobe: „Und niemandt soll Gäste bitten auf den hoff, er wiste den, das er des Hoffes würdig sey. Auch sollen die Gäste also sein, das Niemandt einige unlust von ihm habe, das der wirdt des gastes nicht entgelte, bey eine halben Last biersz. Auch soll Niemandt auf den Hoff gehen, er habe den eygenes guttes auff 20 Marck und nicht münder. Auch sollen da keine handtwercke Leute eingehen, sie sein auch wie sie wollen, noch der da Bier schenckett oder bey Pfenge verkaufft, sondern er wartte seiner Gäste daheime, oder die innerhalb einem Jahre haben umb Lohn gedienet..."

Andere Vorschriften lassen darauf schließen, daß die Handelsherren durchaus dazu neigten, bei geselligen Anlässen über die Stränge zu schlagen: „Es war", so der französische Historiker Philippe Dollinger, „bei Geldstrafe und sogar Ausschluß untersagt, sich gegenseitig das Eßgeschirr an den Kopf zu werfen, das Messer zu ziehen, um Geld zu würfeln, etwas in das Glas seines Nachbarn zu schütten, um ihn betrunken zu machen, schändliche Reden, besonders gegenüber den Frauen, zu•führen, und Beleidigungen, vor allem gegenüber der Obrigkeit, zu äußern."

Eine der bevorzugten Zerstreuungen waren Wetten, über die man peinlich genau Buch führte. „Man wettete auf alles: auf eine bevorstehende Heirat, auf die Dauer eines Krieges, auf den Heringspreis, auf den Ausgang einer Wahl oder eines Turniers. Manchmal war der Gegenstand abgeschmackt: So wettete einer, daß eine Köchin ihren Herrn als Vater ihrer beiden Kinder bezeichnen würde, ein anderer machte sich für zehn Gulden stark, sich ein Jahr lang nicht zu kämmen."

Auf der anderen Seite mußten sich deutsche Kaufleute, wenn sie im Ausland weilten, einer besonders strengen Disziplin unterwerfen. Denn selbst in den vier großen Kontoren der Hanse, in Brügge, Nowgorod, London und Bergen war die Sicherheit für Leib und Leben nicht immer gewährleistet. Vor allem im russischen Nowgorod kam es wiederholt zu Zwischenfällen.

Um das harte Leben in den Kontoren ein wenig aufzuheitern, veranstaltete die Kaufmannschaft hin und wieder Feste. Berühmt und berüchtigt waren die Bergener Spiele, die jährlich nach Ankunft der Hanseflotten stattfanden. Man beging das Fest des Frühlingsanfangs mit allerlei Tänzen, wilden Gelagen, Aufzügen und Maskeraden. Im Mittelpunkt der Veranstaltung aber standen, so berichtet Dollinger, „die Torturen, die die Gesellen der Bergenfahrer über sich ergehen lassen mußten, bevor sie als vollberechtigt aufgenommen wurden. Sie hatten drei Prüfungen abzulegen. Die erste war die Rauchprobe: Der Prüfling wurde an einem Strick bis zu einer Rauchöffnung hinaufgezogen, aus der beizender Qualm strömte, und mußte die albernsten Fragen beantworten, bevor man ihn halb erstickt wieder herabließ. Die zweite Probe war das Wasserspiel: Im Hafen wurde der Neue dreimal ins Wasser geworfen und mußte dann wieder in sein Boot steigen, wobei er durch die in anderen Schiffen stehenden älteren Gesellen reichlich ausgepeitscht wurde, nur mangelhaft geschützt durch einen stockbewaffneten Verteidiger. Die dritte Probe, die schlimmste, war die Prügelprobe. Berauscht, mit verbundenen Augen und nackt wurde der Prüfling in das ‚Paradies' geführt und bis aufs Blut ausgepeitscht, während seine Schreie durch den großen Lärm von Zimbeln und Pauken übertönt wurden; und danach mußte er noch vor den um die Tafel versammelten Altgesellen ein Lied singen..."

Tom Allen von der National Geographic Society reiste auf den Spuren der Hanse in die Vergangenheit. In Bergen, wo König Sverrir im Jahre 1185 die deutschen Kaufleute wegen ihrer Weinlieferungen recht unverblümt aus seinem Land hinauskomplimentiert hatte besuchte er „die Räume", wo die Meister und die Lehrlinge lebten und arbeiteten. Ein Meister hatte ein Zimmer für sich, wo er sich über seine Bücher beugte und seine Mahlzeiten einnahm.

Seine Lehrlinge lebten zu acht oder mehr in einem Raum, der wegen der Feuergefahr weder Heizung noch Licht besaß. Sie lebten nicht nur äußerlich wie Mönche, sie gelobten, bis sie ausgelernt hatten, auch Armut, Gehorsam und Zölibat. Das Kontor selbst war eine Welt, zu der Frauen keinen Zutritt hatten. Daß man den Zölibat so ernst nicht nahm, beweisen die Bordelle gleich hinter der *Brücke*. Feste wurden in der Gemeinschaftshalle gefeiert, doch für die Lehrlinge waren sie wiederum mit den Schrecken der Aufnahmeriten verbunden.

Daß diese Zeremonien kein Spaß waren, beweist das Beispiel eines jungen Mannes namens Hufanus oder Hofmann. Ihn zog man im Laufe des Rituals über einem mit Abfall geschürten Feuer den Schornstein hinauf. Dazu Tom Allan: „Im Gegensatz zu manch anderen überlebte er diese Rauchprobe; nun wurde er in Weintonnen voll eiskalten Wassers getaucht, und dann kam die letzte Prüfung: zum dumpfen Ton der Zimbeln peitschten die stärksten Männer ihn aus, bis sie müde wurden. Wenn er vom ‚Opferaltar' aufstehen konnte und während der ganzen langen Nacht der Prügel und des Trinkens bei Bewußtsein blieb, wurde er in die Hanse aufgenommen. Hufanus soll seiner Mutter in Deutschland zum Beweis seines Erfolgs sein blutiges Hemd geschickt haben. Seine zehnjährige Lehrzeit hatte begonnen. Bevor sie zu Ende war, wußte er wahrscheinlich mehr über die Transaktionen der Hanse als die Gelehrten von heute."

Unter der Flagge der „Dudeschen Hanse" segelten alle möglichen damals bekannten Schiffstypen. Das bekannteste und wichtigste Schiff der deutschen Hanse war vom Ende des 12. bis zum Ende des 14. Jahrhunderts die Kogge, deren Bild manche Stadt im Wappen trug.

Jene „großen, starken Seeschiffe", die Wolfram von Eschenbach im Parzival erwähnt, waren Koggen. Dieses höfische Epos muß zwischen 1198 und 1210 entstanden sein. Einen Teil des Buches schrieb der Minnesänger im Jahre 1203 auf der Wartburg des Landgrafen von Thüringen, wo gerade auch sein Kollege Walther von der Vogelweide zu Gast war.

Eine Kogge wird es wohl auch gewesen sein, deren Stapellauf kurz nach 1170 einem Schleswiger Reeder Schwierigkeiten machte, weil die Werft mit dem Bau solcher Schiffe keinerlei Erfahrungen besaß. Nach dem heutigen Stand der Forschung entwickelte sich die Kogge an der friesischen Nordseeküste, und Kaufmannsfamilien, die von dort in die neugegründeten Ostseestädte übersiedelten, brachten dann den neuen Schiffstyp mit.

Die dickbäuchige Kogge ist zwar auf alten Gemälden und Stichen abgebildet. Daß wir jedoch bautechnische Details kennen, verdanken wir einem Schiffsunglück auf der Weser. Während einer Sturmflut Anno 1380 versank eine Kogge unmittelbar vor ihrem Stapellauf im Hafen von Bremen. 1962 kamen bei Baggerarbeiten die ersten Reste des Wracks zum Vorschein, nach und nach wurden mehr als 2000 Einzelteile geborgen und im Schiffahrtsmuseum Bremerhaven zusammengesetzt.

„Die Identifizierung als Kogge gelang nach den Bildquellen", erläutert Günter Fehring. „Der Schiffskörper aus Eichenholz ist auf geradem Kiel gebaut, an den in scharfem Winkel die ebenfalls geraden Steven ansetzen; die Außenhaut ist mit Ausnahme des kraweelgebauten Bodens in Klinkerbauweise gefertigt und genagelt; die Steuerung erfolgte durch ein Heckruder; hinten befindet sich ein Kastellaufbau." Mast und Takelung gingen verloren, die Klobrille des Kapitäns aber blieb erhalten – ein Holzbrett mit Loch, das einst am Achterkastell über den Wogen thronte.

Die Bremer Kogge war 23,5 Meter lang und siebeneinhalb Meter breit. Das Ladevolumen wird auf 120 Tonnen geschätzt oder 65 Lasten. Eine Danziger und Bremer Roggenlast entsprach etwa 2000 Kilogramm und hatte einen Raumbedarf von annähernd 3,25 Kubikmetern; eine Hamburger Kommmerzlast dagegen hatte 3000 Kilogramm. Eine Roggenlast entsprach etwa 0,8 Heringslasten. Im westlichen Europa war das Weinfaß das Maß dieser Lasten, die Tonne. Eine Tonne war soviel wie eine halbe Last.

Bei der dendrochronologischen Untersuchung der Schiffshölzer stellte sich heraus, daß zumindest ein Teil der Eichenstämme, aus denen Balken gezimmert worden waren, im Jahre 1378 gefällt wurden, und zwar im Weserbergland. Die Stämme trieben auf der Weser als Flöße nach Bremen und wurden dort gelagert. „Diese Lagerzeit", folgert Josef Bauche, der Herkunft und Alter der Hölzer der Bremer Kogge untersuchte, „konnte jedoch nur kurz gewesen sein, da ein Befall des Splintholzes durch Mikroorganismen nicht erkennbar war. Beim Abwägen dieser verschiedenen Befunde gelangt man insgesamt zu dem Ergebnis, daß der Bau der Bremer Kogge etwa um 1380 erfolgt sein dürfte."

Lübeck wuchs zur größten Stadt Nordeuropas heran und verhalf direkt und indirekt ganz Europa, besonders aber dem Norden und Nordosten zu wirtschaftlicher und kultureller Blüte. England, Holland, Flandern und Frankreich räumten der Stadt Handelsprivilegien ein, und das mit gutem Grund, denn ohne Lübeck ging nichts.

Die Altstadt hat bis heute ihren Reiz bewahrt. Ein Senatsbeschluß garantiert behutsame Sanierung, das historische Straßennetz der Innenstadt soll bewahrt werden. Man nahm lediglich die Baufluchtlinien zurück, um breitere Straßen zu gewinnen, doch auch das nicht überall. Wenn man an einem frühen Dezemberabend durch die engen Gassen am Rathausmarkt geht, fällt es einem nicht schwer, sich vorzustellen, daß hinter diesem dunklen Tor ein Warenspeicher schwere Tuchballen oder kostbare Gewürze birgt, daß jene schwere, kunstvoll geschnitzte Eichentür ins Kontor eines Kaufmannes führt, der hinter seinem Schreibtisch sitzt und mit einem Federkiel in der Hand über seinem in Schweinsleder gebundenen Geschäftsbuch brütet. Seine Gedanken schweifen ab, er lächelt, denkt vielleicht an ein Fest, ein prunkvolles Gastmahl...

Zu feiern verstanden die Lübecker. So veranstaltete der Rat der Stadt Anno 1502 auf der Olausburg ein denkwürdiges Arbeitsessen, das von Bußgeldern finanziert wurde. Die Herren schmausten auf Kosten der armen Sünder gar köstlich. Es gab Schinken und Rinderbraten mit Senf und Öl, gesottenes Wild, Schaffleisch mit Gewürzpulver, Potthast mit Rosinen, Hirschbraten mit Apfelsinen, einen Schwan und einen Pfau als Schaugericht mit Wappen auf der Brust. Dazu Backwerk, Käse, Obst, Konfekt und Lombardische Nüsse. Man trank Hamburger und Einbecker Bier, Wein vom Rhein und aus der Gascogne. Und ganz sicher machte dieser Wein, der seit dem 13. Jahrhundert importiert wurde und in den Kellergewölben der Speicher zum weltweit gerühmten Rotspon reifte, schon um die Mittagszeit manchem Ratsherrn zu schaffen. Doch das Fest ging weiter. Abends gab es noch einmal fünf Gänge, darunter Fisch und Geflügel, und am nächsten Tag aß man sich wiederum zweimal durch ganze Reihen von Fleischgerichten. Die feinen Ratsherren speisten mit den Fingern. Gabeln kamen erst im 18. Jahrhundert nach und nach in Gebrauch. Noch Ende des letzten Jahrhunderts mußten die Matrosen der Britischen Marine auf Gabeln verzichten. Es hieß, diese Geräte seien der Männlichkeit und der Disziplin abträglich.

In Lübeck rückten, wie in anderen Städten auch, die Häuser immer dichter aneinander, säumten enge Gassen und ebenso enge Straßen. Die Landbewohner zog es in die Stadt, denn dort gab es keine Großgrundbesitzer, keine Leibeigenschaft. Als sich Herzog Heinrich der Löwe 1163 anläßlich der Domweihe in Lübeck aufhielt, verlieh er der Stadt unter anderem den Rechtssatz „Stadtluft macht frei". Danach durfte ein leibeigener Bauer oder Handwerker, der ein Jahr lang in der Stadt gelebt hatte, seinem ehemaligen Herrn nicht mehr ausgeliefert werden.

Brauereien in Wassernot

Die frühen Städte waren mit einigen Ausnahmen eher Dörfer mit einer aufgelockerten Bebauung. Mit dem stetigen Zustrom neuer Bürger vom Lande wurde es enger und enger, Bauland wurde knapp, die Menschen lebten immer dichter aufeinander. Die Versorgung der Städte mit Lebensmitteln war jedoch, zumindest in Friedenszeiten, gewährleistet. Den Bauern, Fischern und Handwerkern im Umfeld der Städte erschloß sich ein willkommener Absatzmarkt für ihre Erzeugnisse.

Darüber hinaus versorgten sich die Städter mit bestimmten Lebensmitteln zusätzlich noch lange Zeit selbst. Die meisten Häuser hatten im hinteren Bereich Gärten. Sie waren damals wie heute *umfriedet*, sei es mit einer Mauer, mit Hecken, Bohlenwänden oder einem Zaun aus Holz oder Flechtwerk, die vor Tieren und vor Wind und Wetter schützen. Bereits in den ältesten schriftlichen Überlieferungen ist die Rede von einer Dreiteilung des Nutzgartens, die sich bis zu unseren Schrebergärten erhalten hat: Gemüsegarten, Kräutergarten und Obstgarten, wobei heute meist Blumen die Kräuter ersetzen.

Die Berichte beziehen sich vorwiegend auf Klostergärten, doch es ist anzunehmen, daß auch auf den privaten Grundstücken Hülsenfrüchte, Kohl, Zwiebeln, Knoblauch, Mangold und Kräuter angebaut wurden. Als Obstbäume kommen Äpfel, Birnen, Kirschen, Pflaumen und Quitten in Frage.

In Haithabu fanden sich Reste von Pflaume, Süßkirsche, Apfel, Hopfen, Schlehe, Himbeere, Gagel, Sellerie, Lein und Saubohne, die aber ebenso gut auch auf Feldern des Umlandes angebaut worden sein können oder in den Gärten der bäuerlichen Siedlungen in der Nähe der Handelsniederlassung. Die paläo-ethnobotanischen Untersuchungen, so Walter Janssen, zeigten, „daß der einen Pflaumensorte von Haithabu in Schleswig wenig später eine Variantenvielfalt von vier verschieden Formentypen gegenübersteht, die recht deutlich eine systematische Züchtung und Veredelung, wahrscheinlich unter Einschluß der Pfropftechnik, erkennen läßt." Man geht davon aus, daß die Züchtung und Veredelung von Pflanzen im 11. Jahrhundert unter dem Einfluß der aufblühenden Klöster in Schleswig stattfand.

Für die Stadt Neuss sind ebenfalls vier verschiedene Pflaumensorten, außerdem Kirschen, Zwetschgen und Schlehen nachgewiesen. An Gemüsepflanzen fanden sich Amarant, Sellerie, Mangoldrübe, Möhre, Pastinak, Portulak, Linse und Erbse, an Blumen wurden Rosen, Margeriten, Vergißmeinnicht, Akelei und Judenkirsche nachgewiesen.

Auch in Lübeck gab es unbebaute Hinterhöfe mit Gärten, im Spätmittelalter zeichnete sich, so die Archäologen, eine regelrechte *Vergartung* ab.

In Göttingen wurden Gemüse-, Kräuter- und Obstgärten durch archäologische Ausgrabungen identifiziert, in schriftlichen Quellen wird nachdrücklich auf den umfangreichen Obstanbau und die Hopfengärten dieser Stadt hingewiesen. An Zierpflanzen werden Akelei, Madonnenlilie, Maiglöckchen, Osterglocke, Pfingstrose, Rose, Schwertlilie und Veilchen genannt, die ursprünglich aus Klostergärten stammen und ihrer Heilkraft wegen angebaut wurden.

Gerade so, als lebten sie noch auf dem Lande, hielt um 1400 nahezu jede Familie in der Stadt Schafe, Schweine und bis zu zwölf Kühen auf ihrem eigenen Grundstück oder auf den Gemeindewiesen. Das war nicht etwa eine Eigenart der Lübecker, das war überall so. Die Archäologen sprechen von einer „Verrinderung der Städte" im späten Mittelalter. Den Lübeckern wurde erst ab 1582 verboten, ihre Schweine frei auf der Straße umherlaufen zu lassen. Bereits 300 Jahre früher war es den Bürgern strengstens untersagt worden, ihren Unrat in die Trave zu werfen, weil der für die Stadt lebenswichtige Wasserweg zu verschlammen drohte.

All diese Verordnungen zur Reinhaltung der Straßen und Gewässer, die seit dem 13. Jahrhundert erlassen wurden, waren nicht umsonst. Lübeck galt als ungewöhnlich reinliche Stadt, ein Umstand, der sogar in der „Schedelschen Weltchronik“ von 1493 lobend vermerkt wurde. „Dise edle statt ist sawber vnd rayn von beden seyten ab der höhe gegen 8 mittel gesenck also das die wasser vnd vnsawberkeit frey abfliessen vnd von vilfeltige regen wegen die strassen vnd gassen rayn sind.“

Trotzdem war die Sterblichkeitsquote in Lübeck hoch. Machten die sauberen Straßen auch auf Reisende Eindruck, in den Hinterhöfen lauerte ständig Seuchengefahr. Dort nämlich lagen Trinkwasserbrunnen und Kloake meist unmittelbar nebeneinander. Zwar hatte man um die Wende vom 13. zum 14. Jahrhundert die bis dahin üblichen Gruben durch gemauerte Abfallschächte ersetzt. Die Untersuchungen ergaben jedoch, daß die Fugen zwischen den Ziegeln oft nur mit Lehm und Moos abgedichtet waren. Ein Bindemittel, das sich schnell zersetzt. Über kurz oder lang drang der flüssige Inhalt der Kloake ins umliegende Erdreich ein, der Boden verjauchte metertief. Denn auch um die regelmäßige Entleerung war es schlecht bestellt. Erst ab 1786, so stellten die Archäologen fest, wurden die Füllschichten der Kloaken merklich geringer. Zu dieser Zeit begannen die Lübecker, Mist und Fäkalien für ihre Gärten vor der Stadt zu nutzen, der Rat beschloß, die Abfuhr des Dunges zu verpachten. Eine amtliche Regelung der Beseitigung von Müll und Fäkalien besteht erst seit Ende des 19. Jahrhunderts. Die Benutzung der Trinkwasserbrunnen in den Hinterhöfen ist seit etwas mehr als hundert Jahren offiziell verboten.

So mancher Lübecker starb an Infektionskrankheiten, ohne um den Seuchenherd hinter dem Haus zu wissen: Der Inhalt der Kloake verschmutzte das Brunnenwasser, mit dem der Mensch Krankheitskeime aufnahm, und dann wieder in die Kloake abschied.

Es gab jedoch noch einen zweiten Infektionskreislauf: Das Abwasser lief nämlich durch hölzerne Rinnen auf die Straße und wurde beiderseits des Fahrdammes in offenen Gossen den Flüssen zugeführt, der Trave und der Wakenitz, aus denen die Lübecker ebenfalls Trinkwasser schöpften. „Wer am Ufer eines großen Flusses wohnte, lief obendrein noch Gefahr, durch das Wasser mit Ruhr oder Paratyphus infiziert zu werden“, sagt Fehring, der diesen Teufelskreis untersucht hat. „Die von der Wissenschaft lange vertretene Theorie, daß das Sonnenlicht und bakterienfressende Kleinlebewesen die Flüsse, in die Abwässer geleitet wurden, rasch wieder reinigten, wurde in jüngster Zeit ernstlich in Frage gestellt. Antikörper, die man in Fischen gefunden hat, legen... die Vermutung nahe, daß nicht nur das Wasser selbst, sondern auch die Fische, die darin schwammen,... Krankheitsträger gewesen sein müssen."

Als die Beschwerden der Bürger über das miserable Trinkwasser immer massiver wurden, mußte der Rat handeln. Den entscheidenden Schritt taten die Brauer. 1291 hatte man die Wakenitz am Hüxterdamm aufgestaut. Für die neuen Mühlen stand nun der Pegel des Flusses etwa vier Meter über dem Normalwasser der Trave. Das nutzten die Brauer, und 1294 errichteten sie die sogenannte *Brauerwasserkunst vor dem Hüxtertor*, eine Leitung, die Wasser aus der Wakenitz in die Stadt führte.

Für die damalige Zeit war das eine unerhört komfortable Einrichtung. Die Wasserleitung von Breslau, die 1272 verlegt wurde, und die von Lübeck waren seit der Zeit der Römerherrschaft die beiden ersten Anlagen dieser Art nördlich der Alpen. Bremen zum Beispiel erhielt erst 1394 eine Wasserleitung, Hamburg nicht vor 1531.

Die *Brauerwasserkunst* vor dem Hüxtertor funktionierte wie unsere Druckwasserleitung nach dem Prinzip der kommunizierenden Röhren. Ein hölzernes Rad, das von Schaufeln angetrieben wurde, schöpfte Wasser aus dem Fluß in einen Sammelbehälter, der auf einer Plattform ruhte. Von hier aus wurde der südöstliche Teil des Lübecker Stadthügels mit Trinkwasser versorgt.

1302 sorgten die Brauer an der Nordwestseite der Stadt dafür, daß auch sie Leitungswasser erhielten. Die *Brauerwasserkunst vor dem Burgtor* versorgte das Gebiet zwischen Großer Alter Fähre und der Beckergrube. Diese Anlage besaß keine Hebewerke, sie nutzte allein den hohen Pegelstand der Wakenitz. Das Wasser wurde durch ein im Fluß versenktes Einlaufrohr entnommen. Nach demselben Prinzip funktionierten vier kleinere Leitungen zwischen der Großen Gröpelgrube und der Glockengießerstraße. Der hochgelegene Markt blieb bis 1533 beziehungsweise 1540 ohne *Kunstwasser*. Dann wurde die *Kaufleute- oder Bürgerwasserkunst vor dem Hüxtertor* in Betrieb genommen.

Die Leitungsrohre, die „pipen" oder „Bäume", waren unterirdisch verlegt. Es waren Holzröhren von sieben Meter Länge. Die „Hauptbäume" unter den Straßen besaßen einen Durchmesser von zehn, die „Nebenbäume", die zu den Häusern führten, von etwa sechs Zentimetern. Die Längsdurchbohrung der Eichenstämme kann als respektable handwerkliche Leistung angesehen werden. In den zwanziger Jahren unseres

Jahrhunderts beschlossen Ingenieure der Lübecker Feuerwehr, diese „pipen“ nachzubauen. Es ist ihnen nicht gelungen.

Das Wasser floß in sogenannte Soden. Einige wurden von vielen Familien gemeinsam benutzt, in der Regel jedoch handelte es sich um Einzelanschlüsse von Privathaushalten. Über Stichleitungen floß das Wasser dann in Speicherbehälter, in „Haussode“, oder bei genügend hohem Wasserdruck in Steigesäulen, „sulen“, die mit Zapfhähnen versehen waren. Haussoden konnten eiförmige Behälter aus Ziegelsteinen sein oder aber Kästen aus starken Eichenbohlen, etwa zweieinhalb Meter hoch.

Trotz der beachtlichen technischen Raffinessen hatte die Lübecker Wasserleitung ihre Schwachstellen. Die einzelnen „pipen“ wurden durch genagelte Muffen aus Kupfer oder Blei verbunden, die alles andere als dicht abschlossen. Auf dem Weg zu den Einzelanschlüssen ging ein Großteil des Wassers verloren, und ohnehin selten trockene Straßen verschlammten hoffnungslos, so daß man schließlich dazu überging, das Wasser zu rationieren. Die einzelnen Straßen kamen nur noch an festgelegten Wochentagen in den Genuß des „Kunstwassers“. Abgesehen von diesen Unzulänglichkeiten galten die Lübecker Wasserkünste jahrhundertelang als eines der fortschrittlichsten Wasserversorgungssysteme. Doch leider nützte der ganze Fortschritt wenig, denn das Wasser aus der Wakenitz war schmutzig.

Die Abwässer von Privathäusern und Betrieben auf dem Stadthügel liefen ungeklärt in den Fluß, und kaum 60 Meter von den Wasserkünsten am Hüxtertor entfernt, flußaufwärts, am Ausgang der Fleischhauerstraße, lagen die städtischen Schlachthöfe. Auch ihr Abfall ergoß sich in die Wakenitz.

Daß trotz Wallfahrten und Prozessionen, Bittgottesdiensten und Gebeten immer wieder verheerende Epidemien ausbrachen, lag nicht allein am schmutzigen Trinkwasser aus Brunnen und Flüssen. Schuld daran, daß sich Seuchen geschwind ausbreiteten, waren die Ratten, oder besser der Rattenfloh, der Krankheiten wie die Pest überträgt.

Weder Wanderratte noch Hausratte waren ursprünglich in Europa heimisch. Sie stammen aus dem asiatischen Raum, und bis heute ist nicht geklärt, wann sie bei uns auftauchten. In Haithabu fanden sich Knochenreste, die eindeutig von Ratten stammen. Das ist nach Hans Reichstein vom Kieler Institut für Haustierkunde „insofern bemerkenswert, als es sich hierbei um den ersten naturgeschichtlichen Nachweis zum frühmittelalterlichen Auftreten von Hausratten im nördlichen Europa handelt.“

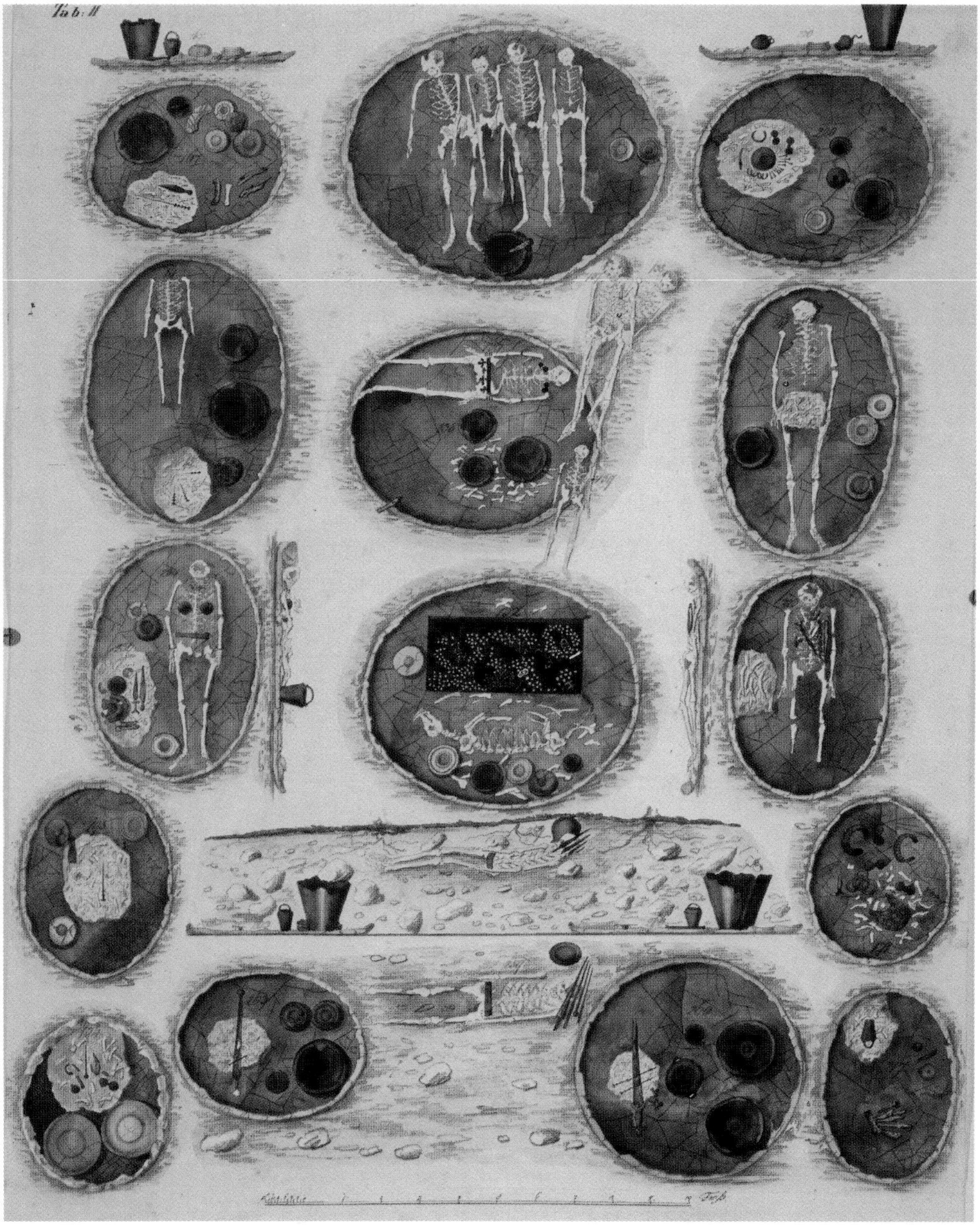

Archäologen haben oft mit Toten zu tun. Der österreichische Maler Isidor Engl fertigte Mitte des vergangenen Jahrhunderts eine ganze Reihe von Bildern an, die unterschiedliche Bestattungssitten auf dem keltischen Friedhof von Hallstatt zeigen.

Es gilt als unwahrscheinlich, daß die lästigen Nager auf dem Landweg einwanderten. Sie kamen offenbar als blinde Passagiere auf den Schiffen der Kaufleute und der Kreuzfahrer ins Abendland. In Southampton zum Beispiel gab es in zwischen 1250 und 1350 eine regelrechte Ratteninvasion.

Ratten zeichnen sich, wie Reichstein es ausdrückt, „durch

ihre besonders enge Bindung an den Menschen“ aus. Sie machten sich über die Vorräte in Haus und Keller her, sie lauerten in dunklen Ecken bei den Ständen und Fleischbänken der Wochenmärkte, sie wühlten in Gossen und Kloaken und brachten vielen tausend Menschen den Tod. Allein in den fünf Jahren zwischen 1347 und 1352 starb ein Viertel der Bevölkerung Europas an der Pest.

Das Gedicht „Dies Irae“ aus dem 13. Jahrhundert, das Thomas von Celano, einem Schüler des Franz von Assisi zugeschrieben wird, läßt ahnen, mit welcher Verzweiflung die Menschen das Ende der Welt erwarteten:

Tag des Zornes, Tag der Zähren,
Wird die Welt in Asche kehren,
Wie Sibyll' und David lehren.

Welch ein Graus wird sein und Zagen,
Wenn der Richter kommt, mit Fragen
Streng zu prüfen alle Klagen!

Laut wird die Posaune klingen
Mächtig in die Gräber dringen,
Hin zum Throne alle zwingen.

Schaudernd sehen Tod und Leben
Sich die Kreatur erheben,
Rechenschaft dem Herrn zu geben.

ANHANG

500 000 v. Chr.	**Alt-Paläolithikum**	500 000 Heidelberg 500 000 Miesenheim 320 000 Reilingen 300 000 Ariendorf 250 000 Steinheim 250 000 Kärlich	
180 000 v. Chr.	**Mittel-Paläolithikum**	150 000 Eifelvulkane "bewohnt" 125 000 Lehringen, Lanze	
120 000 v. Chr.	**Jung-Paläolithikum**	100 000 Salzgitter 50 000 Drachenloch 36 000 Geißenklösterle, die älteste Kunst 32 000 Hohlenstein-Stadel 13 000 Hamburger Rentierjäger 10 400 Gönnersdorf, Kunstgalerie	40 000 Besiedelung Amerikas 15 000 Hund als Haustier
10 000 v. Chr.	**Mesolithikum**	9 080 Laacher See Vulkan 8 000 Ahrensburger Rentierjäger	9 000 Ackerbau im Nahen Osten 9 000 Schaf und Ziege 7 500 Jericho 7 000 Schwein 6 500 Çatal Hüyük
6 000 v. Chr.	**Neolithikum**	4 500 Seeufer - Siedlungen 4 400 Merzbachtal 3 800 Heiligtum von Ludwigshafen 3 200 Mann vom Hauslabjoch 2 900 Megalithbauten 2 600 Moorwege, Rad und Wagen	3 500 Sumer 3 200 Schrift in Mesopotamien 3 100 Bronze in Mesopotamien 3 000 „Sintflut“ 2 900 Schrift in Ägypten 2 650 Pyramiden 2 600 Troja 2 500 Mohenjo Daro/Indien
2 300 v. Chr.	**Bronzezeit**	2 000 Hakenpflug 1 500 Observatorien	2 000 Eisen in Mesopotamien 1 700 Abraham 1 600 Knossos/Kreta 1 500 Teotihuacan/Mexiko 1 350 Tut-ench-Amun 1 250 Moses' Auszug aus Ägypten

1 200 v. Chr.	**Hallstatt-Zeit**	1 100 Hallstatt 700 Eisenverarbeitung 550 Fürst von Hochdorf	900 Etrusker 750 Gründung Roms 550 Pythagoras
500 v. Chr.	**La Tène-Zeit**	250 Wittemoor Verkehrsschilder 200 Runenschrift 170 Mann von Dätgen 120 Manching	500 Konfuzius 400 Sokrates, Platon, Aristoteles 336 Alexander der Große 58 Caesar erobert Gallien
0	**Römische Kaiserzeit**	100 Lochplattenofen von Weddinghausen 200 Junge aus dem Kayhausener Moor	0 Kaiser Augustus 9 n. Chr. Schlacht im Teutoburger Wald 45 n. Chr. 1. Missionsreise des Paulus 381 Christentum Staatsreligion 375 Völkerwanderung
5. - 10. Jh. n. Chr.	**Früh-Mittelalter**	413 Finsternis von Gallehus 600 Mission durch Benediktiner mönche 650 Abtei Solnhofen 750 Haithabu 808 Zerstörung Rerics 870 Sklavenauktion in Haithabu	450 Jüten, Angeln und Sachsen nach England 786 Harun-al-Raschid 793 Wikingerzeit, Lindisfarne 800 Karl der Große
11. - Mitte 13. Jh. n. Chr.	**Hoch-Mitttelalter**	1 050 Schleswig 1 143 Lübeck 1 168 Zerstörung des Swantewit -Tempels	1 096 1. Kreuzzug 1 125 Lothar von Supplinburg 1 152 Friedrich I., „Barbarossa“

Glossar

abri frz. Schutzdach oder Obdach. Nischen unter natürlichem Felsüberhang, die oft als Unterkunft benutzt wurden.

alignement Steinsetzung. In Carnac/Bretagne, bis zu dreizehn parallele Steinreihen, häufig im Zusammenhang mit Steingräbern oder Megalith-Observatorien.

Anthropologie griech. Menschenkunde. Befaßt sich auch mit der Erforschung „fossiler“ Menschenfunde.

Australopithecus „Südaffe“, älteste bekannte Hominiden oder Frühmenschen. Es gibt eine kleine grazile Art, ca.120 Zentimeter groß, um vierzig Kilogramm schwer, und eine größere Art, etwa 150 bis 155 Zentimeter groß und siebzig Kilogramm schwer.

Bandkeramik-Kulturen Erste Bauern in Mitteleuropa breiten sich ab Mitte des 6. Jahrtausends v. Chr. von der Donau bis zum Rhein aus. Ihre Siedlungen liegen bevorzugt auf Lößböden, z.B. Köln-Lindenthal, Merzbachtal.

Bronze Zunächst bestand dieses Metall aus Kupfer-Arsen-Legierungen. Diese Technik kam im 3. Jahrtausend v. Chr. aus dem Kaukasus nach Europa. Um 2000 v. Chr. kamen Kupfer-Zinn-Legierungen in Gebrauch. Das relativ seltene Zinn, das die Gußeigenschaften des Kupfers verbessert, stammte aus Fundstätten in Böhmen und Cornwall. Gegen Ende der Bronzezeit wurde aus wirtschaftlichen und gußtechnischen Erwägungen häufig Blei hinzugefügt.

Çatal Hüyük „Hügel am Scheideweg“, Siedlung der Jungsteinzeit am Rand der Konyaebene, südliches Zentralanatolien.

Cromagnon Ältere Bezeichnung für Jungpaläolithiker, nach einer Fundstätte in Südfrankreich benannt.

Cromlech Keltische Bezeichnung für einen Steinkreis.

Dendrochronologie griech. dendron = Baum, chronos =Zeit und logos = Wort. Auch Baumringkalender genannt. Jedes Jahr legt sich um einen Baum ein Wachstumsring, der jeweils aus einem weicheren Sommer- und einem härteren Winterwachstum besteht. Den Klimaschwankungen entsprechend (Trockenperioden, Regenperioden), schwankt die Dicke dieser Ringe. Man kann nicht nur das Alter eines Baumes durch Zählen der Jahresringe bestimmen, sondern einen regelrechten Kalender aus sich über schneidenden Jahresringsabfolgen zusammenstellen, denn die Abfolge von „Weiser-“ oder „Kennjahren“, die Jahresringe eines bestimmten Zeitraums, wiederholen sich in dieser typischen Reihenfolge praktisch nie.

Dolmen kelt. Steintisch. Megalithgrab mit vier bis sechs Tragsteinen und ein bis zwei Decksteinen.

Dolni Věstonice Jungpaläolithisches Lager von Mammutjägern im südmährischen Lößgebiet.

Domestikation Zuerst Nutzbarmachung, dann gezielte Züchtung von Tieren und Pflanzen.

Eisen Dieses Metall wurde bereits von den Hethitern verwendet, im 1. Jahrtausend v. Chr. breitet sich die Eisenindustrie nach Griechenland und Italien aus. Um 500 v. Chr. wird in ganz Europa statt der Bronze Eisen verwendet.

Eridu Stadt im südlichen Metopotamien, reicht bis in die Anfänge der südmesopotamischen Kultur zurück.

Ertebölle-Kultur Zeichnet sich durch riesige Muschel- und Abfallhaufen aus, nach letzteren auch Kökkenmöddinger genannt. Es handelt sich um eine Fischer- und Jägerbevölkerung, die in der Endphase Kontakt mit frühen Bauerngruppen hatten.

Faschinen Bündel aus Strauchwerk, mit denen man Deiche, Hafenanlagen und Ufer von Wasserläufen befestigte.

Fluortest Das Grundwasser enthält Fluor-Ionen, die dem Kalziumphosphat der im Boden ruhenden Knochen eingelagert werden. Je höher der Fluorgehalt, desto älter der Knochen. Jungpaläolithische Knochen enthalten ca. ein Prozent, altpaläolithische Knochen ca. zwei Prozent Flour.

Galeriegrab Form des Kammergrabes mit langer, schmaler, rechteckiger Kammer und kurzem Vorraum an einer Seite oder an einem Ende.

Ganggrab Megalithgräber, zu deren Kammer ein Gang aus Steinplatten führt.

Grime´s Graves Feuersteinmine in Norfolk/England, Areal von vierzehn Hektar. Gruben und Gänge sind bis zu zwölf Meter tief in den Kreidefels getrieben. Zwischen 2300 und 1700 v. Chr. in Betrieb.

Hamburger Kultur Rentierjägergruppen der Späteiszeit, zwischen 13 000 und 10 000 v. Chr.

Heuneburg Keltische Ringwallanlage zwischen Sigmaringen und Riedlingen/Baden-Württemberg.

Hohmichele Keltisches Fürstengrab in der Nähe der Heuneburg.

Hominiden „Menschenartige“, unterteilt in „Prähomininen“(s. Australopithecus) und „Homininen“.

Homininen Unterfamilie der „Hominiden", umfaßt die „echten Menschen" - Homo. Unterteilt in Archanthropinen (Homo erectus), Paläanthropinen (Neandertaler) und Neanthropinen (Homo sapiens).

Homo erectus Frühmenschen (Archanthropinen).

Jungpaläolithikum Jüngster Abschnitt der Altsteinzeit mit frühesten Kulturen des Homo sapiens. Klassische Aufteilung für Westeuropa: Châtelperronien (s. Perigordien), Aurignacien, Gravettien, Protomagdalénien, Solutréen und Magdalénien.

Kammergrab Grabkammer aus Steinen unter einem Erdhügel. Im Neolithikum von der Iberischen Halbinsel bis nach Skandinavien verbreitet.

Klein Aspergle In der Nähe des Grafenbühls gelegener Grabhügel, offenbar Verbindung zur keltischen Ringwallanlage auf dem Hohenasperg bei Ludwigsburg/Baden-Württemberg.

Kraniologischer Index Der Schädelindex wird ermittelt durch das prozentuale Verhältnis zwischen maximaler Schädelbreite und maximaler Schädellänge. Daüber hinaus geben die Beckenknochen Aufschluß über das Geschlecht, der Zustand der Schädelnähte und der Abnutzungsgrad der Zähne geben Auskunft über das Alter eines Menschen.

Langhügelgrab Längliche Hügelgräber mit Kollektivbestattungen ohne Kammern.

Leichenschatten Kalkarme Böden zehren die Knochen häufig soweit auf, daß bestenfalls eine dunklere Bodenverfärbung zurückbleibt.

Magdalénien Reichste Kunstepoche des Jungpaläolithikums, Erfindung von Speerschleuder und Harpune (Gönnersdorf).

Megalith-Idee In West- und und Nordeuropa vermutlich auf dem Seewege verbreitet. Kennzeichnend für die Kunst sind Spiralen, Bögen, Schlangenreliefs und das Augenmotiv.

Menhir breton. „Langer Stein". Vorwiegend in Frankreich und Deutschland errichtet, meist im Zusammenhang mit Megalithanlagen.

Mysterien Kulte, an denen nicht die gesamte Gemeinschaft, sondern nur Eingeweihte teilnehmen konnten. Im Gegensatz zum Kult, bei dem es um die Verbindung zu höheren Mächten ging, vermittelten die Mysterien Erkenntnisse. Am Anfang der Mysterien stehen wohl die Einweihungs- oder Initiationsriten, mit denen heranwachsende Jugendliche in die Stammesgemeinschaft als vollwertige Mitglieder aufgenommen wurden.

Neandertaler Moustérien-Kultur im Mittelpaläolithikum. Bärenkult und Totenbrauch geben erstmals Hinweise auf geistige Vorstellungen.

Neanthropinen Jetztmenschen, das sind wir und der die Homo-sapiens-Gruppe umfassende Zweig der Homininen.

Neolithikum Jungsteinzeit. Zeit der ersten Bauern- und Hirtenkulturen. Domestikation von Pflanzen und Tieren, Erfindung von Weben und Töpfern.

Newgrange Eine der größten Grabanlagen in Irland, ein megalithisches Ganggrab aus der Zeit zwischen 3300 und 2500 v. Chr.

Oppidum lat. Burgwall, fester Platz oder „geschützter Ort". Erste Städte nördlich der Alpen, von Kelten gegründet (Manching).

Oseberg In Südnorwegen fand man die bedeutendste Schiffsbestattung der Wikinger aus der Zeit zwischen 850 bis 900 n. Chr. Das Grab unter einem Torfhügel enthielt die Leichen von zwei Frauen und Beigaben: unter anderem drei Betten samt Bettzeug, Kästen, Fässer, Wandbehänge, Webstühle, einen vierrädrigen Wagen, Schlitten und eine Menge Kleinfunde.

Paläanthropologie Zweig der Paläontologie, der sich mit der Entwicklung fossiler Hominiden beschäftigt (Australopithecus, Archanthropinen).

Paläobotanik Wissenschaft der Pflanzengeschichte und des Erdklimas.

Paläolithikum Bildet zusammen mit dem Neolithikum die Steinzeit. Unterteilt in Alt-, Mittel- und Jungpaläolithikum. Im Jungpaläolithikum erscheint der echte Mensch, Homo sapianes.

Paläoökologie Beschäftigt sich mit den Umweltbedingungen der Vergangenheit.

Petrographische Analyse Ermöglicht die Ursprungsbestimmung von steinernen Werkzeugen.

Pollenanalyse Die Außenhaut der Blütenstaubkörner ist sehr widerstandsfähig. Der Pollenanalytiker untersucht Bodenproben, zählt Pollen aus, identifiziert sie und kann dann feststellen, welche Umweltbedingungen zu jener Zeit herrschten, als der Fund, bei dem die Pollen lagen, in die Erde kam.

Radiokarbon- oder C14-Datierung C-14 bildet sich in der Athmosphäre, wenn kosmische Strahlen auf Stickstoff treffen. Kohlenstoff ist in allen Lebewesen enthalten. Sobald ein Organismus stirbt, hört die Zufuhr auf. Das vorhandene C-14 zerfällt in einer annähernd bekannten

Zeit, der Halbwertzeit von knapp 6000 Jahren.
Mit Hilfe der C-14-Methode kann man die Zeitspanne messen, die seit dem Absterben eines bestimmten Organismus vergangen ist. Da die C-14-Strahlung ungleichmäßig ist, erhält man kein genaues Datum, sondern eine Zeitangabe innerhalb oberer und unterer Grenzen. Je älter das Material, umso größer wird die Spanne zwischen diesen Grenzwerten, die Datierungsgrenze liegt bei 50 000 Jahren.

Rössener Kultur Späte bandkeramische Kultur, ca. 3500 bis 3000 v. Chr.

Schnurkeramik In der zweiten Hälfte des 3. Jahrtausends v. Chr. begannen Gruppen im nördlichen Mitteleuropa ihre Toten einzeln in Rundhügelgräbern beizusetzen. Typische Waffen in den Männergräbern gaben der Kultur auch den Namen Streitaxt-Kultur.

Spektralanalyse Chemische Grundstoffe senden Licht aus, wenn sie stark erhitzt werden. Man zerlegt das Licht in die Spektralfarben und erhält durch die Lage der Spektrallinien Aufschluß über die Zusammensetzung des untersuchten Materials.

Trichterbecherkultur In viele Untergruppen gegliedert, älteste neolithische Kultur Südskandinaviens und der Tiefebene des nördlichen Mitteleuropas. Typische Keramik oft in Megalithgräbern gefunden (Denghoog auf Sylt).

Urnenfelderkultur Phase der späten Bronzezeit in Mitteleuropa. Brandbestattungen in Urnen auf Friedhöfen. Fluchtburgen und Waffen aus dieser Periode deuten auf kriegerische Auseinandersetzungen hin.

Literaturverzeichnis

Adam von Bremen, *Hamburgische Kirchengeschichte,* Essen, 1986

Allen Tom, „Das goldene Reich der Handelsfürsten“, in: *Kaiser, Ritter und Patrizier,* Luzern, 1975

Almgren, Bertil, *Die Wikinger,* Essen, 1968

Almgren, Bertil, *Lebendige Vorzeit – Die schwedischen Felsbilder der Bronzezeit und ihre Deutung,* Veröffentlichung des Helms-Museums, Nr. 36, Hamburg, 1980

Alsberg, Paul, *Der Ausbruch aus dem Gefängnis – zu den Entstehungsbedingungen des Menschen,* Gießen, 1975

Arnold, Volker; Drenckhahn, Ulrich und Meier, Dirk, *Frühe Siedler an der Küste,* Heide, 1991

Ausgrabungen in Deutschland, 4 Bde., Mainz, 1975

Bauch, Josef, „Die Bauzeit der Bremer Kogge“, in: *Die Bremer Hanse-Kogge, Monographien der Wittheit zu Bremen,* Band 8, Bremen, 1969

Becker, Cornelia, „Untersuchungen an Skelettresten von Haus- und Wildschweinen aus Haithabu“, in: *Ausgrabungen in Haithabu,* Bericht 15, Neumünster, 1980

Berg, Steffen; Rolle, Renate und Seemann, Henning, *Der Archäologe und der Tod – Archäologie und Gerichtsmedizin,* München, 1981

Biel, Jörg, in: *Der Keltenfürst von Hochdorf, Methoden und Ergebnisse der Landesarchäologie,* Stuttgart, 1985

Bilz, Rudolf, *Die unbewältigte Vergangenheit des Menschengeschlechts,* Frankfurt am Main, 1967

Binford, Lewis R., *Die Vorzeit war ganz anders,* Methoden und Ergebnisse der Neuen Archäologie, München, 1984

Bosinski, Gerhard, *Eiszeitjäger im Neuwieder Becken,* Koblenz, 1983

Bosinski, Gerhard, *Gönnersdorf – Eiszeitjäger am Mittelrhein,* Koblenz, 1981

Bosinski, Gerhard und Evers, Dietrich, *Jagd im Eiszeitalter,* Köln, 1979

Bouthoul, Gaston, *Kindermord aus Staatsraison,* Stuttgart, 1972

Bryggen – Das Hanseatische Kontor in Bergen, Det Hanseatiske Museums Skrifter Nr. 25, Bergen, 1982

Burl, Aubrey, *Rings of Stone,* London, 1979

Christiana Albertina 17, Neue Folge 1, *Forschungsbericht und Halbjahresschrift der Universität Kiel,* Oktober 1974

Coles, John, *Erlebte Steinzeit – Experimentelle Archäologie,* München, 1973
Crumlin-Pedersen, *Ausgrabungen in Haithabu: Das Haithabuschiff,* Bericht 3, Neumünster, 1969
Cunliffe, Barry, *Die Kelten und ihre Geschichte,* Bergisch-Gladbach, 1980
Dehnke, Rudolf, „Alteuropäische Geheimnisse auf Gold und Stein und ihre Deutung", in: *Rotenburger Schriften,* Heft 63, 1985
Denecke, Dietrich, „Straßen und Weg im Mittelalter als Lebensraum und Vermittler zwischen entfernten Orten", in: *Mensch und Umwelt im Mittelalter,* Stuttgart, 1986
Dollinger, Philippe, *Die Hanse,* Stuttgart, 1976
Dubos, René, *So Human an Animal,* NewYork, 1968
Düwel, Klaus, „Runeninschriften", in: *Sachsen und Angelsachsen,* Hamburg, 1978
Eccles, John C., *Das Gehirn des Menschen,* München, 1973
Egg, Markus, in: *Der Mann im Eis,* Innsbruck, 1992
Einhard, *Notker der Stammler, Leben und Taten Karls des Großen,* München, 1968
Einhard, *Jahrbücher,* Essen, 1986
Erdmann, Wolfgang, „Der Lübecker Stadthügel in slawischer Zeit (8. - 12. Jahrhundert)", in: *Archäologie in Lübeck,* Hefte zur Kunst und Kulturgeschichte der Hansestadt Lübeck, Nr. 3, Lübeck, 1980
Erdmann, Wolfgang und Gläser, Manfred, „Archäologische und historische Fragen nach dem Slawentum im hoch- und spätmittelalterlichen Lübeck", in: *Archäologie in Lübeck,* Hefte zur Kunst und Kulturgeschichte der Hansestadt Lübeck, Nr. 3, Lübeck, 1980
Erdmann, Wolfgang, „Besiedlungs- und Baugeschichte von Lübecks Hafenvierteln im 12. und 13. Jahrhundert", in: *Archäologie in Lübeck,* Lübeck, 1980
Faller, Adolf, *Der Körper des Menschen,* Stuttgart, 1972
Fehring, Günter P., „Der Beitrag der Archäologie zum Leben in der Stadt des späten Mittelalters", in: *Das Leben in der Stadt des Spätmittelalters,* Österreichische Akademie der Wissenschaften, Sitzungsberichte Band 325, Wien, 1977
Fehring, Günter P., „Alt-Lübeck und Lübeck in der Kontaktzone zwischen Skandinaviern, Slawen und Deutschen", in: *Die Heimat,* 83. Jg., Neumünster, 1976
Fehring, Günther P. und Gläser, Manfred, „Frühgeschichte slawischer Zeit", in: *Archäologie in Lübeck,* Hefte zur Kunst und Kulturgeschichte der Hansestadt Lübeck, Nr. 3, Lübeck, 1980

Fehring, Günter P., „Neue archäologische Erkenntnisse und Zielsetzungen zur frühen Geschichte der Hansestadt Lübeck", in: *Der Wagen*, Lübeck, 1978
Fehring, Günter P., „Alt-Lübeck und Lübeck in der Kontaktzone zwischen Skandinaviern, Slawen und Deutschen", in: *Die Heimat*, 83.Jg., Heft 6/7, Neumünster, 1976
Feldhaus, Franz M., *Die Technik*, München, 1970
Fester, Richard, *Protokolle der Steinzeit*, München, 1974
Findeisen, Hans, *Schamanentum*, Stuttgart, 1957
Foster, Norman, *Schlemmen hinter Klostermauern*, Hamburg, 1980
Fremantle, Anne, *Kaiser, Ritter und Scholaren*, Reinbek, 1973
Gabriel, Ingo, „Burg, Siedlung und Gräberfeld im frühmittelalterlichen Starigard (Oldenburg in Holstein)", in: *Archäologisches Korrespondenzblatt*, 5. Jg., Heft 3,Mainz, 1975
Gabriel, Ingo, „Das Gräberfeld aus dem slawischen Burgwall von Oldenburg in Holstein", in: *Die Heimat*, 83. Jg., Heft 4/5, Neumünster, 1976
Gadamer, Hans-Georg und Vogler, Paul, *Neue Anthropologie*, Bd. 1/2, Biologische Anthropologie, Stuttgart, 1972
Gadamer, Hans-Georg und Vogler, Paul, *Neue Anthropologie*, Bd. 4, Kulturanthropologie, Stuttgart, 1973
Gerdsen, Hermann, *Die Großen Steine von Kleinenkneten*, Wildeshausen, 1987
Gräße, Johann Georg Theodor, *Der Sagenschatz des Königreichs Sachsen*, Dresden, 1874
Hadingham, Evan, *Circles and Standing Stones*, London, 1975
Hahn, Joachim, *Kraft und Aggression – Die Botschaft der Eiszeitkunst im Aurignacien Süddeutschlands?*, Tübingen, 1986
Hamkens, Freerk Haye, *Der Externstein*, Tübingen, 1971
Harris, Marvin, *Fauler Zauber*, Stuttgart, 1993
Harris, Marvin, *Wohlgeschmack und Widerwillen*, Stuttgart, 1988
Harris, Marvin, *Kannibalen und Könige*, Frankfurt am Main, 1978
Hayen, Hajo, „Ein Vierradwagen des dritten Jahrtausends v. Chr. – Rekonstruktion und Nachbau", in: *Experimentelle Archäologie*, Oldenburg, 1990
Hayen, Hajo, „Moore und Moorfunde im Landkreis Oldenburg", in: *Der Landkreis Oldenburg*, Oldenburg
Heberer, Gerhard, *Moderne Anthropologie*, Reinbek, 1973
Helmold von Bosau, *Slawenchronik*, Darmstadt, 1980
Helmuth, Hermann, „Anthropologische Untersuchungen an menschlichen Skelettresten der frühmittelalterlichen Siedlung Haithabu", in: *Ausgrabungen in Haithabu*, Bericht 11, Neumünster, 1977

Henriot, Ernest, *Kurzgefaßte illustrierte Geschichte des Schiffbaus*, Bielefeld, 1971
Herrmann, Bernd, Hrsg. *Mensch und Umwelt im Mittelalter*, Stuttgart, 1986
Herrmann, Joachim, *Spuren des Prometheus*, Köln, 1977
Herrmann, Joachim, *Frühe Kulturen der Westslawen*, Leipzig, 1981
Hofstaetter, W., in: *Wolfram von Eschenbach*, Parzival, Stuttgart, 1959
Horn, Erna, *Köstliches und Curieuses aus alten Kloster- und Pfarrküchen* München, 1979
Jacob, G., *Arabische Berichte von Gesandten an germanischen Fürstenhöfen aus dem 9. und 10. Jahrhundert*, 1927
Jankuhn, Herbert, *Deutsche Agrargeschichte*, Vor- und Frühgeschichte vom Neolithikum bis zur Völkerwanderungszeit, Stuttgart, 1969
Jankuhn, Herbert, *Haithabu – Ein Handelsplatz der Wikingerzeit*, Neumünster, 1976
Jensen, Ad. E., *Die getötete Gottheit*, Stuttgart, 1966
Jonas, Doris F. und Jonas, A. David, *Das erste Wort*, Hamburg 1979
Kahlke, Hans-Dietrich, *Ausgrabungen in aller Welt*, Leipzig, 1972
Kaplan, Reinhard W., *Der Ursprung des Lebens*, Stuttgart, 1972
Kluge, Friedrich, *Etmologisches Wörterbuch der deutschen Sprache*, Berlin, 1975
Knorr, F., zitiert nach Herbert Jankuhn, *Haithabu*, Neumünster, 1976
Krupp, Edwin C., *Astronomen, Priester, Pyramiden, Das Abenteuer Archäoastronomie*, München, 1980
Kurtén, Björn, *Nicht von den Affen – Die Stammesgeschichte des Menschen*, Berlin, 1971
Kürtz, Jutta, *Großer Hans liebt Schweinebacke*, Lübeck, 1978
La Fay, Howard, *Kaiser, Ritter und Patrizier*, Luzern, 1975
Landström, Björn, *Das Schiff*, Gütersloh, 1976
Lange, Joachim, in: *Der Mann im Eis*, Innsbrucker Symposium, 1992
Laurent, Vitalien, „Ein byzantinisches Bleisiegel aus Haithabu", in: *Ausgrabungen in Haithabu*, Bericht 12, Neumünster, 1978
Lechner, G., „Die hansischen Pfundzollisten des Jahres 1368", in: *Quellen und Darstellungen zur hansischen Geschichte*, 10, 1934
Lenz, Widukind, *Medizinische Genetik*, Stuttgart, 1970
Lepiksaar, Johannes und Heinrich, Dirk, „Untersuchungen

an Fischresten aus der frühmittelalterlichen Siedlung Haithabu", in: *Ausgrabungen in Haithabu,* Bericht 10, Neumünster, 1977
Lieske, Wolfgang; Müller-Wille, Michael und Schäfer, Gottfried, „Wikingerzeitliches Gräberfeld von Thumby-Bienebek, Kreis Rendsburg-Eckernförde. Ergebnisse der Grabungen 1965 und 1972 - 1975", in: *Die Heimat,* 83. Jg., Heft 4/5, Neumünster, 1976
Liestöl, Aslak, „Runenstäbe aus Haithabu-Hedeby", in: *Ausgrabungen in Haithabu,* Bericht 6, Neumünster, 1973
Lloyd, Seton, *The Archaeology of Mesopotamia,* London, 1978
Linden, Eugene, *Apes, Men, and Language,* New York, 1970
Lorenz, Herbert, *Rundgang durch eine keltische Stadt,* Pfaffenhofen, 1986
Lüdeke, Torsten, „Vom Brunnenwasser zum Kunstwasser – die Wasserversorgung im mittelalterlichen und frühneuzeitlichen Lübeck", in: *Archäologie in Lübeck,* Lübeck, 1980
Maringer, Johannes, *Vorgeschichtliche Religion,* Siedeln, 1956
McMann, Jean, *Rätsel der Steinzeit,* Bergisch-Gladbach, 1980
Melcaart, James, *Çatal Hüyük – Stadt aus der Steinzeit,* Bergisch-Gladbach, 1967
Meurers-Balke, Jutta und Lüning, Jens, „Experimente zur frühen Landwirtschaft", in: *Experimentelle Archäologie,* Oldenburg, 1990
Molt, Paul Volquart, *Die ersten Karten auf Stein und Fels,* Lübeck, 1979
Moltke, Erik, „Runenschriften aus der Stadt Schleswig", in: *Ausgrabungen in Schleswig,* 6. Bericht, Schleswig, o. D.
Mooney, Pat Roy, *Saat-Multis und Welthunger,* Reinbek, 1981
Morin, Edgar, *Das Rätsel des Humanen,* München, 1974
Müller, Johannes, „Die Arbeitsleistung für das Großsteingrab Kleinenkneten 1" in: *Experimentelle Archäologie,* Oldenburg, 1990
Müller, Rolf, *Der Himmel über dem Menschen der Steinzeit,* München, 1970
Müller-Karpe, Hermann, *Geschichte der Steinzeit,* Müchen,1974
Narr, Karl J., *Handbuch der Urgeschichte,* Bd. 1 und 2, Bern, 1966
Neuburger, Albert, *Die Technik des Altertums,* Leipzig, 1919
Neugebauer, Werner, „Burgwallsiedlung Alt-Lübeck – Hansestadt Lübeck – Grundlinien der Frühgeschichte des Travemündungsgebietes", in: *Ausgrabungen in Deutschland,* Teil 3, Mainz, 1975
Neugebauer, Werner, „Der Burgwall Alt-Lübeck",

in: *Führer zu vor- und frühgeschichtlichen Denkmälern,* Nr. 10, Mainz, 1976
Neugebauer, Werner, Lübeck, „Die Geschichte einer alten Stadt wurde entdeckt", in: *Römer-Illustrierte* Nr. 2, Köln, 1975
Ottenjann, Helmut und Kaiser, Hermann, *Museumsdorf Cloppenburg-Niedersächsisches Freilichtmuseum,* Museumsführer, Zur Geschichte des niederdeutschen Hallenhauses, Cloppenburg, 1984
Pauli, R., *Aus den Mirakeln des H. Thomas von Canterbury,* 1875
Pfaffinger, Maria und Pleyer, Robert, „Rekonstruktion eines linearbandkeramischen Backofens", in: *Experimentelle Archäologie,* Oldenburg, 1990
Planitz, Hans, *Die deutsche Stadt im Mittelalter,* Wien, 1975
Portmann, Adolf, *An den Grenzen des Wissens – Vom Beitrag der Biologie zu einem neuen Weltbild,* Wien, 1974
Radtke, Christian, „Schleswig und Soest", in: *Soest – Stadt, Territorium – Reich,* Soest, 1981
Radtke, Christian, „Historische Untersuchungen zur Schleswiger Nikolaikirche", in: *Ausgrabungen in Schleswig,* 6. Bericht, Schleswig, o. D.
Radtke, Christian, „Die Oldenburg an der Schleimündung", in: *Offa,* Neumünster, 1981
Rind, Michael M., *Feuerstein: Rohstoff der Steinzeit – Bergbau und Bearbeitungstechnik,* Buch am Erlbach, 1987
Rösing, F.W., *Die fränkische Bevölkerung von Mannheim Vogelstang (6. - 7. Jh.) und die merowingerzeitlichen Germanengruppen Europas,* Diss. Hamburg, 1975
Rosengarten, Frederic, *The Book of Spices,* New York, 1973
Rust, Alfred, *Vor 20000 Jahren – Rentierjäger der Eiszeit,* Neumünster, 1972
Saggs, H. W. F., *Mesopotanien,* Essen, 1975
Schäfer, Gottfried, „Siedlungsfunde des 10. Jahrhunderts auf der Rendsburger Eiderinsel", in: *Die Heimat,* 82. Jg., Neumünster, 1975
Schedelsche Weltchronik, Nürnberg, 1493
Schietzel, Kurt, „Haithabu", in: *Ausgrabungen in Deutschland,* Teil 3, Mainz, 1975
Schietzel, Kurt, *Ausgrabungen in Haithabu,* Bericht 16, Stand der siedlungsarchäologischen Forschung in Haithabu – Ergebnisse und Probleme, Neumünster, 1981
Schietzel, Kurt, *Ausgrabungen in Haithabu,* Bericht 1, Die archäologischen Befunde, Neumünster, 1969
Schlichtherle, Helmut und Wahlster, Barbara, *Archäologie in Seen und Mooren,* Stuttgart, 1986

Schlichtherle, Helmut, u. a., *Siedlungsarchäologische Untersuchungen im Bodenseeraum*, Freiburg, 1987
Schmötzel, Hartmut, *Das Land der Sumer*, Stuttgart 1974
Schütz, Cornelia; Tillmann, Andreas; Weiner, Jürgen; Rieder, Karl Heinz und Unrath, Günter, „Das Ingolstadt-Experiment: Zerlegung von Damwild mit Steinartefakten“, in: *Experimentelle Archäologie*, Oldenburg, 1990
Schwidetzky, Ilse, *Über die Evolution der Sprache*, Frankfurt am Main, 1973
Sigerist, Henry E., *Anfänge der Medizin*, Zürich, 1963
Spindler, Konrad; Höpfel, Frank und Platzer, Werner, *Der Mann im Eis, Bericht über das Internationale Symposium 1992 in Insbruck*, Insbruck 1992
Spindler, Konrad, *Der Mann im Eis*, München, 1993
Steinhausen, Georg, *Kaufleute und Handelsherren in alten Zeiten*, Leipzig, 1899
Steuer, Heiko, „Gewichte aus Haithabu“, in: *Ausgrabungen in Haithabu*, Bericht 6, Neumünster, 1973
Stodiek, Ulrich, „Jungpaläolithische Speerschleuder und Speere – ein Rekonstruktionsversuch“, in: *Experimentelle Archäologie*, Oldenburg, 1990
Struve, Karl W., „Wärmeprobleme in vor- und frühgeschichtlichen Häusern“, in: *Die Heimat*, 85. Jg., Heft 12, Neumünster, 1978
Struve, Karl W., „Eine Sklavenfessel aus slawischer Zeit“, in: *Römer-Illustrierte* Nr. 2, Köln, 1975
Struve, Karl W., „Sächsische und slawische Burgen in Holstein“, in: *Führer zu vor- und frühgeschichtlichen Denkmälern*, Bd. 10, Mainz, 1976
Struve, Karl W., „Bauern und Viehzüchter, Slawen – Meister des Burgenbaus“, in: Römer-Illustrierte, Nr. 2, Köln, 1975
Struve, Karl W., „Ziel und Ergebnisse von Untersuchungen auf drei slawischen Burgwällen Ostholsteins“ in: *Ausgrabungen in Deutschland*, Mainz, 1975
Stümpel, Harald und Meissner, Rolf, „Haithabu – Entdeckung neuer Funde durch hochauflösende kleinseismische Messungen“, in: *Naturwissenschaften*, 69, Berlin, 1982
Tannahill, Reay, *Kulturgeschichte des Essens*, München, 1979
Turi, Johan, *Erzählung von dem Leben der Lappen*, Stuttgart, 1982
Ulbricht, Ingrid, „Einige Aspekte der Geweihverarbeitung in Haithabu“ in: *Archäologisches Korrespondenzblatt* 7, 1977
Veil, Stephan,„Die Nachbildung einer Jagdlanze der Neandertaler aus Lehringen, Ldkr. Verden“,

in: *Experimentelle Archäologie,* Oldenburg, 1990
Vogel, Volker, „Die Anfänge des Schleswiger Hafens“, in: *Ausgrabungen in Schleswig,* 7. Bericht, Neumünster, 1977
Vogel, Volker, „Die archäologischen Ausgrabungen im Stadtkern von Schleswig“, in: *Ausgrabungen in Deutschland,* Band 3, Mainz, 1975
Vogel, Volker, „Schleswig – ein stadtarchäologisches Forschungsprojekt“, in: *Ausgrabungen in Schleswig,* Band 1, Neumünster, 1982
Wells, Calvin, *Diagnose 5000 Jahre später – Krankheit und Heilkunst in der Frühzeit des Menschen,* Bergisch-Gladbach, 1967
Werner, Achim und Barth, Rolf, „Schmelzversuche im Rennfeuerofen“, in: *Das Rheinische Landesmuseum Bonn,* 3/92
White, Lynn, *Die mittelalterliche Technik und der Wandel der Gesellschaft,* München, 1968
Wickler, Wolfgang, *Stammesgeschichte und Ritualisierung,* Stuttgart, 1975
Wittig, Manfred und Wortmann, Gabriele, in: *Der Mann im Eis,* Innsbrucker Symposium, 1992

Wenningstedt,
Keitum
Tondern
Schleswig
Bienebek
Haithabu/
Haddebyer Noor
Kiel
Rendsburg
Weddinghusen
Dätgen
Eutin
Lübeck
Arkona
Ralswiek
Rostock
Hohen Viecheln
Teterow
Boitin-Güstrow
Schwerin
Ahrensburg
Stellmoor
Meiendorf
Hamburg
Scharmbeck
Rullstorf
Lüneburg
Elbe
Oldenburg
Wittemoor
bei Hude
Bremen
Ahlhornerheide/
Wildeshausen
Weser
Verden/ Aller
Aller
Friesack
Berlin
Oder
Ems
Großes Moor
am Dümmer
Hannover
Braunschweig
Salzgitter-Lebenstedt
Magdeburg
Externsteine
Weser
Elbe
Düsseldorf
Eisborn
Kassel
Sondershausen
Bad Frankenhausen/
Kyffhäuser
Neuss
Neandertal
Züschen/
Fritzlar
Bilzingsleben
Rhein
Erfurt
Weimar
Oberweimar
Dresden
Niedermerz
Bonn
Lommersum
Oberkassel
Ariendorf
Andernach/
Miesenheim
Weißenthurm
Neuwied
Laacher
See
Koblenz
Gönnersdorf
Kärlich
Thür/Mayen
Werra
Fulda
Plauen
Thossen
Vulkane
der Osteifel
im Neuwieder
Becken
Frankfurt a. M.
Mosel
Main
Tiefenellern
Petershöhle/
Velden
Mannheim
Heidelberg
Nürnberg
Reilingen
Mauer
Rhein
Steinheim/Murr
Solnhofen
Hochdorf
Bad Cannstatt
Vogelherd/
Lonetal bei
Heidenheim
Ingolstadt
Arnhofen
Stuttgart
Manching
Donau
Blaubeuren/
Brillenhöhle u.
Geißenklösterle
Neckar
Donau
Große Grotte
Ulm
Hohlenstein-
Stadel
Schelklingen
Sirgenstein
Isar
Freiburg
Federsee
München
Bodman
Ludwigshafen
Hornstaad
Bodensee
Holzhausen

Bildnachweise

Seiten 11 und 12: Thomas Stephan, Munderkingen
Seite 14: Ulmer Museum, Foto: K.-H. Augustin
Seite 15: Thomas Stephan, Munderkingen
Seite 22: Gerhard Bosinski, Museum für die Archäologie des Eiszeitalters, Schloß Monrepos, Neuwied
Seite 49 und 50: Thomas Stephan, Munderkingen
Seite 59: Zeichnung nach Alfred Czarnetzki, Osteologische Sammlung der Universität Tübingen
Seite 64: Alfred Czarnetzki, Osteologische Sammlung der Universität Tübingen
Seite 85, 87: Thomas Stephan, Munderkingen
Seite 91: Gerhard Bosinski, Museum für die Archäologie des Eiszeitalters, Schloß Monrepos, Neuwied
Seiten 96, 97: Ulrich Stodiek, Institut für Ur- und Frühgeschichte der Universität Köln
Seiten 102, 103, 106: Thomas Stephan, Munderkingen
Seiten 116, 120, 123: Alfred Rust, aus: Vor 2000 Jahren, Rentierjäger der Eiszeit. Mit freundlicher Genehmigung des Karl Wachholtz Verlages, Neumünster
Seite 124: Paul Volquart Molt nach einer Vorlage eines Fotos von Alfred Rust
Seite 134: Alfred Czarnetzki, Osteologische Sammlung der Universität Tübingen
Seite 135: Bildarchiv Preußischer Kulturbesitz, Berlin
Seiten 136, 137: Alfred Czarnetzki, Osteologische Sammlung der Universität Tübingen
Seiten 139, 141, 142, 145, 146, 148: Gerhard Bosinski, Museum für die Archäologie des Eiszeitalters, Schloß Monrepos, Neuwied
Seite 183: Foto: Karl Böhm, Landratsamt Straubing-Bogen, Bogen
Seiten 184, 185: Helmut Luley, Rheinisches Amt für Bodendenkmalpflege, Bonn
Seite 186: Jens Lüning, Seminar für Ur- und Frühgeschichte der Johann Wolfgang Goethe Universität, Frankfurt
Seiten 188, 189: Maria Pfaffinger, Robert Bleyer, Bayerisches Landesamt für Denkmalpflege, Landshut
Seite 197: Alfred Czarnetzki, Osteologische Sammlung der Universität Tübingen
Seite 210: Bildarchiv Preußischer Kulturbesitz, Berlin.

Seiten 212, 213: Mamoun Fansa, aus: Großsteingräber zwischen Weser und Ems, Isensee Verlag
Seite 214: Johannes Müller, Institut für Ur- und Frühgeschichte, Freiburg
Seite 218: Bildarchiv Preußischer Kulturbesitz, Berlin
Seiten 230, 231, 232, 233, 234, 235, 236, 237: Landesdenkmalamt Baden-Württemberg
Seiten 238, 241: Hajo Hayen, Varel
Seiten 258, 260, 261, 262, 263: Volker Krämer
Seiten 276, 286, 292, 295, 300, 303, 315, 330, 354, 358: Archäologisches Landesmuseum der Christian-Albrechts-Universität Schloß Gottorf, Schleswig
Seiten 279, 280, 282, 283: Volker Arnold, Heide
Seite 365: Bildarchiv Preußischer Kulturbesitz, Berlin
Seite 375: Römisch-Germanisches Zentralmuseum Mainz
Seite 385: Naturhistorisches Museum Wien, Prähistorische Abteilung

Verlag und Autorin danken für die Zuverfügungstellung des Bildmaterials. Trotz sorgfältiger Recherche war es nicht möglich, alle Rechteinhaber in Erfahrung zu bringen. Wir bitten diese, sich an den Verlag zu wenden.

Orts- und Personenregister

Die Kursivierungen der Ziffern verweisen auf Abbildungen.